요한계시록에서
만난 복음

요한계시록에서 만난 복음

초판 1쇄 발행 2021년 12월 25일

지은이 우남식
펴낸이 장길수
펴낸곳 지식과감성#
출판등록 제2012-000081호

교정 정은지
디자인 김한솔
편집 김한솔, 박예은
검수 오현석, 이현
마케팅 고은빛, 정연우

주소 서울시 금천구 벚꽃로298 대륭포스트타워6차 1212호
전화 070-4651-3730~4
팩스 070-4325-7006
이메일 ksbookup@naver.com
홈페이지 www.knsbookup.com

ISBN 979-11-392-0273-1(03230)
값 25,000원

지식과감성#
홈페이지 바로가기

THE GOSPEL FOUND IN THE REVELATION

요한계시록에서 만난 복음

우남식 지음

이것들을 증언하신 이가 이르시되 내가 진실로 속히 오리라 하시거늘
아멘 주 예수여 오시옵소서 계 22:20

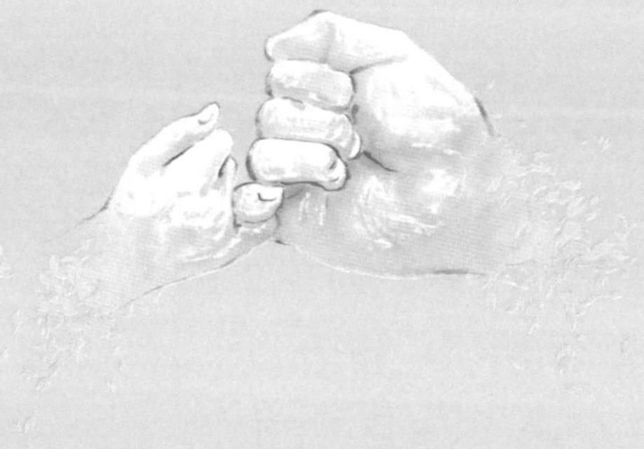

KING OF KINGS,
LORD OF LORDS

자화상

| 초점이 분명한 저서를 계속 출간함을 기뻐하며 |

《요한계시록에서 만난 복음》의 원고를 우남식 목사님으로부터 받아 읽으면서 우 목사님의 꾸준한 저작 노력에 감탄하였습니다. 이번에도 과거의 저서들과 마찬가지로 요한계시록에서 예수 그리스도와 복음을 찾아 전하시는 것에 고마움이 있고, 항상 초점이 분명한 저서를 계속 출간하시는 것을 기뻐합니다.

그리스도와 복음에 기독교 신앙의 모든 것을 거는 우 목사님의 노력은 우리 주위에서 흔히 볼 수 있는 일이 아닙니다. 모든 전망이 복음으로 귀착하는 것은 백번 옳은 접근입니다. 요한계시록은 쉬운 책은 아닙니다. 너무 많은 해석이 있고 이단은 난해한 요한계시록을 사용해서 이단의 이론을 만들어 믿는 자라도 미혹하기 때문입니다.

그러나 요한계시록은 구원받은 하나님의 자녀들에게는 읽고 듣고 믿고 살면 축복이 있다고 약속한 책입니다. 우 목사님은 학자들이 하는 세밀한 주석을 하지는 않지만, 평생 대학생들을 위한 사역을 해 오신 분처럼 요한계시록에 담긴 기본적이고 중요한 교훈들을 빠뜨리지 않고 요한계시록의 본래 목적대로 설명해 주고 있습니다.

그리고 항상 각 장의 끝에는 개인이나 소그룹 성경공부에서 토론하고 묵상해 볼 수 있도록 질문들을 제공하고 있어 도움이 됩니다.

우리는 지금 코로나 팬데믹으로 전 세계가 대혼란과 두려움을 겪고 있지만, 그리스도와 복음을 모르는 이들처럼 두려워하거나 염려하며 살지 않습니다. 왜냐하면, 역사의 미래가 어떻게 전개될지 소상하게 알려 주는 요한계시록 때문입니다.

오늘의 세계를 보면 요한계시록의 축소판 같다는 생각을 하게 됩니다. 모두가 이 저서를 통해 언제든지 주님 오실 그날을 기다리며 어떤 일이 있어도 주님이 함께하시는 하나님의 자녀답게 마지막 승리를 바라보며 믿음의 인내로 복된 삶을 살기를 바라며 기쁨으로 이 책을 추천합니다.

2021년 8월 2일

김상복 목사

횃불트리니티신학대학원대학교 명예총장

할렐루야교회 원로목사

| 요한계시록과 복음을 연결시킴에 감사하며 |

우남식 목사님께서 출간하는 시리즈의 하나로 이번에는 《요한계시록에서 만난 복음》이라는 대작이 나왔습니다. 이 시리즈 작업에 감사하며 요한계시록에 대한 이 책도 기쁨으로 추천합니다. 이 책을 추천하는 이유를 몇 가지로 말씀드립니다.

첫째는 이 시리즈의 성격, 그리고 우 목사님의 평생 사역의 성격에 맞게 요한계시록에서 복음을 찾아 제시하고 있습니다. 이것은 중요한 일입니다. 성경 전체에서 복음을 찾아내어 각 본문에서 복음을 전하는 것은 모든 사람에게 중요한 일입니다. 평생 이런 작업을 해 오시고, 그것을 정리하여 이 귀한 책을 발간하는 우 목사님께 감사드립니다.

둘째는 성경을 차분히 읽고 설명하는 것이 가장 건전한 성경 해석이란 것을 이 책에서 잘 보여 주고 있습니다. 모든 목회자는 전문적인 학자는 아니지만, 평생 성경을 차분히 읽고 설명하는 일을 하는 것입니다. 그런 점에서 이 책은 목회자가 과연 무엇을 하는 사람인지를 보여 주는 데 기여하고 있습니다.

셋째는 이 책이 요한계시록에 대한 무천년적 해석이 요한계시록 자체와도 잘 조화되며, 성경 전체와도 잘 어울리는 해석이라는 것을 잘 드러내고 있습니다. 이 점을 논지를 갖고 논의해 가지는 않으나 자연스럽게 곳곳에서 무천년적 해석을 드러내고 있습니다. 한 세대 전에 김승곤 목사님께서 하신 작업이 마음에 떠오릅니다.

넷째는 요한계시록 21장에 나타나는 새 예루살렘이 온전하게 된 하나님 백성을 표상적으로 표현하는 것이라는 점을 요한계시록을 주해하는 과정에서 잘 드러내고 있는 점이 이 책의 가장 큰 기여의 하나라고 할 수 있습니다.

학자들도 장소적 해석에 치우치든지, 최소한 장소와 백성이라는 이중적 해석을 드러내려고 하는데, 저자는 온전하게 된 하나님 백성에 대한 언급으로 나타난다는 것을 잘 드러냈습니다.

목사님들이 이와 같이 본문을 찬찬히 잘 설명하는 시도를 하셔서 청교도 시대에 본문 설교집이 많이 나온 것처럼 한국에도 그런 성경 주해서들이 점점 많아지는 것에 대해 감사하면서 이 책을 많은 분에게 추천합니다.

2021년 8월 2일

이승구 교수

합동신학대학원대학교 조직신학 교수

| 《요한계시록에서 만난 복음》을 펴내며 |

우리가 요한계시록 하면 666 숫자가 떠오르고, 또 부담이 가는 말씀, 읽기에 어려운 말씀, 이단들이 그릇되게 교묘하게 이용하는 말씀이라는 선입견으로 읽기가 쉽지 않습니다. 그러나 필자는 2020년 2월 18일에 한국교회 연합체인 한교연, 한교총, KNCC와 주요 교단에서 이단으로 규정한 신천지 대구 다대오지파에서 코로나19 첫 집단 확진자가 발생한 이후, 2020년 4월부터 매주 주일에 요한계시록 말씀으로 설교했습니다. 그 이유는 신천지 집단이 요한계시록 말씀을 왜곡하여 예수 그리스도의 몸 된 교회와 사회를 어지럽히기 때문이었습니다.

필자는 요한계시록을 바른 신학에 기초하여 바르게 해석하고 바르게 이해하지 않는 한, 이단들이 계속 나타나 요한계시록을 교묘히 이용하여 사람들의 인격과 가정과 사회와 교회를 무너뜨릴 수 있다고 봅니다. 그만큼 요한계시록의 바른 이해와 해석이 중요합니다. 필자는 《요한계시록에서 만난 복음》을 신학자요 시대의 목자요 스승이시고 설교자이신 김상복 목사님(할렐루야교회 원로목사, 횃불트리니티신학대학원대학교 명예총장)과 신학계에서 존경받는 조직신학자인 이승구 교수님(합동신학대학원대학교)의 검수를 받아 펴냅니다.

독자들이 《요한계시록에서 만난 복음》으로 요한계시록을 바르게 이해하여 만왕의 왕이요 만주의 주로 다시 오실 예수님을 더욱더 사모하고 소망하는 삶을 사셨으면 합니다.

성경은 창세기 1장 1절에서 "하나님이 천지를 창조하시니라"로 서장을 열고, 요한계시록 22장 20절에 "이것들을 증언하신 이가 이르시되 내가 진실로 속히 오리라 하시거늘 아멘 주 예수여 오시옵소서"

(계 22:20)로, 신, 구약성경의 대단원 막을 내립니다. 요한계시록에서 주 하나님께서 나는 알파와 오메가라고 말씀하셨습니다(계 1:8). 창세기가 '알파'(α)라면 요한계시록은 '오메가'(ω)라고 할 수 있습니다.

세계관에는 윤회설에 기초한 불교 세계관과 정반합(正反合)에 기초한 변증법 세계관, 그리고 기독교 세계관이 있습니다. 기독교 세계관은 시작과 끝이 있는 종말 세계관으로, 시작이 있으면 반드시 끝이 있습니다. 창조가 있으면 종말이 있습니다. 종말은 또 다른 시작입니다. 이 시작은 예수님의 재림으로 완성됩니다.

왜 사람들이 요한계시록을 어렵다고 생각합니까? 이것은 한마디로 성경에 대한 잘못된 생각 때문입니다. 성경은 어려운 경전이 아닙니다. 신, 구약성경은 누구나 읽고 구원받도록 기록된 하나님의 말씀입니다. 요한계시록도 누구나 읽고 예수님을 만나 구원받을 수 있는 성경 말씀입니다. 신, 구약성경의 핵심은 예수 그리스도입니다. 구약성경이 메시아의 예고라면, 신약성경은 구약에 예고한 메시아가 오셨고, 요한계시록은 부활 승천하신 예수님이 다시 오셔서 만유를 회복하시는 말씀입니다. 신, 구약성경과 요한계시록에 관통하는 핵심은 예수 그리스도입니다.

필자가 유년 시절에 선친께서 충남 당진 시골에서 '정일서사'(精一書舍)라는 서당을 여시고 인근 동네 청년들을 훈육하셨습니다. 이때 선친께서 《자치통감》[1]을 백독(百讀)하면 물리(物理)가 난다는 말씀을 하셨습니다. '물리'가 난다는 것은 사서삼경(四書三經)을 막힘없이 해석하여 사물의 이치를 알게 된다는 뜻입니다.

예수 그리스도를 믿는 모든 성도는 성경에 물리가 나야 합니다. 성경

1 중국 송나라 휘종 때 강지(江贄)가 사마광(司馬光)의 《자치통감(資治通鑑)》 중 대요를 뽑아 만든 역사서이다.

에 물리가 난다는 것은 성경 66권 주제가 예수 그리스도로 보이는 것입니다. 창세기를 읽으며 예수 그리스도가 보이고, 모세 5경을 읽으며 예수 그리스도가 보이고, 시가서와 역사서와 선지서를 읽어도 예수 그리스도가 보이고, 4복음서와 사도행전과 서신과 요한계시록을 읽어도 예수 그리스도가 보여야 합니다. 어떤 성경을 읽더라도 그 속에서 예수 그리스도가 보이고 해석하고 적용하면 성경에 물리가 난 것입니다. 그래서 필자는 신약성경이든, 구약성경이든 '~만난 복음'(예수님)이란 책명으로 출간합니다. 필자는 이번 요한계시록도 《요한계시록에서 만난 복음》으로 출간합니다.

필자의 《요한계시록에서 만난 복음》의 메시지는 단순명료합니다. 요한계시록의 핵심은 예수님께서 반드시 약속대로 다시 오셔서 만유(all things)를 회복하시고, 만왕의 왕이요 만주의 주(KING OF KINGS, LORD OF LORDS, 계 19:16)가 되셔서 영원히 사랑과 공의와 평화로 다스린다는 것입니다. 그렇다면 예수 그리스도를 믿고 구원받은 성도는 다시 오실 예수 그리스도를 사모하며 기다리는 사람들입니다. 그런 신앙의 여정에서 고난도 있고 박해도 있고 환난도 있습니다. 이 고난을 예수 그리스도 안에서 끝까지 인내할 때 하나님 나라가 소망으로 다가옵니다.

요한계시록의 서론 개요는 김상복 목사님이 출간하신 《당신은 확실히 준비하십니까》[2]를 참고했습니다. 총 30강으로 편집하였고, 매 강마다 '생각하기'를 만들어 소그룹 공부에 도움이 되고자 했습니다.

하나님께서 출간하도록 은혜 주심을 감사드립니다. 김상복(할렐루야 교회 원로 목사, 횃불트리니티신학대학원대학교 명예총장) 목사님께서 무

2 김상복, 《당신은 확실히 준비하십니까?》 (서울: 나침반, 2002).

더운 8월에 450여 페이지의 원고를 다 읽으시고 섬세하게 고쳐 주시며 변함없이 기도와 격려로 《창세기에서 만난 복음》에 이어 《요한계시록에서 만난 복음》까지 매번 추천서를 써 주심을 감사드립니다. 이승구 교수님(합동신학대학원대학교 조직신학 교수)께서 삼복더위에 450페이지 넘는 원고를 읽으시고 섬세하게 보완하여 주시고 헬라어와 깨진 히브리어, 그리고 홋대를 등대로 수정하여 주심을 감사합니다. 국제신학대학원대학교 나원 이사장님과 인하대학교 박영신 교수님 그리고 출판을 위해 기도해 주시는 모든 동역자님에게 고마움을 전합니다. 원고 교정과 출판에 후원해 주는 아내와 가족, 대학마을교회 동역자님들과 선교사님들, 지식과감성#사 사장님과 편집을 맡아 수고한 선생님들에게 고마움을 전합니다.

2021년 8월 2일

松柏 우남식 목사

대학마을교회 담임, 인하대학교 초빙교수

| 서론 |

기독교의 종말론이라 일컫는 요한계시록은 성경의 마지막 책입니다. 요한계시록은 성경 중 가장 기묘하고 찬란한 책입니다. 요한계시록은 성경 66권의 중심사상 중의 하나인 이 세상의 종말과 새로운 세계, 새 하늘과 새 땅의 도래에 대한 예고를 어떤 성경 말씀보다 자세하게 기록하고 있습니다. 그리고 다시 오실 예수님을 사모하며 깨어서 하나님의 말씀대로 살아가도록 권면합니다.

1. 저자

저자는 사도 요한입니다. 저자는 자신을 요한이라고 4번 밝혔습니다(계 1:1,4,9, 22:8). 그는 자기 자신을 "예수 그리스도의 종"(계 1:1), "너희 형제요 예수의 환난과 나라와 참음에 동참하는 자"(계 1:9), "이것들을 보고 들은 자는 나 요한"(계 22:8)임을 밝히고 있습니다.

2. 수신자

수신자는 소아시아의 일곱 교회입니다. 소아시아 일곱 교회는 과거와 현재, 미래에 존재하는 모든 지상교회를 뜻합니다.

3. 기록연대

기록연대는 도미티아누스(Titus Flavius Domitianus) 황제의 통치 기간인 A.D.81~96년으로 보고 있습니다.

4. 기록장소

기록장소는 그리스 에게해(Aegean Sea)에 있는 밧모섬입니다(계 1:9). 밧모섬은 남북 길이 16km, 동서길이 9km, 면적 40km^2, 해안은

60km에 이릅니다. 지표는 화성암(igneous rock)으로 이루어진 불모지입니다. 로마 시대에 종교와 정치범을 귀양 보냈던 유배지였습니다. 현재의 이름은 팔모스(Patmos)입니다.

5. 기록목적

첫째, 당시에는 로마 황제숭배 사상이 로마가 지배하는 전 지역을 휩쓸고 있었습니다. 이를 어길 시에는 가차 없이 처벌을 받는 어려운 시대였습니다. 초대 성도들은 이런 혹독한 시련과 고난으로 좌절하고 절망하였습니다. 이로써 교회의 존립마저 위태로웠습니다. 이런 중에도 오실 예수님을 바라보며 믿음을 잃지 않기 위해 기록했습니다.

둘째, 세월이 흐름에 따라 이단 사상이 교회 내에 파고들어 왔습니다. 행위와 전통을 중히 여기는 유대교와 이교도 사상이 침투하기 시작했습니다. 그뿐만 아니라 교회 내에 믿음이 퇴보하고 방종과 배교(背教)가 싹트기 시작했습니다. 이런 정황에서 성도들이 순수한 복음 진리를 회복하고 지키며 심판주로 다시 오실 예수님을 맞을 준비를 하도록 기록했습니다.

6. 요한계시록의 해석법

첫째는 과거의 일들로 보고 해석하는 방법입니다. 이 해석방법은 1세기경 아시아 교회들의 역사적인 상태를 서술한 것으로 요한계시록에 실린 사건과 상징들은 이미 모두 과거에 성취되었다는 견해입니다.

둘째는 역사적인 일들로 보고 해석하는 방법입니다. 이 해석방법은 교회사에 대한 예언적 고찰로, 사도 시대로부터 종말에 이르기까지 계속 전개될 것이라는 견해입니다.

셋째는 미래의 일들로 보고 해석하는 방법입니다. 요한계시록 1~3장을 제외한 모든 말씀은 그리스도의 재림을 전후한 종말의 시기에 관련

된다는 해석입니다.

넷째는 영적으로 해석하는 방법입니다. 이 견해는 본서에 나오는 상징들을 특정한 시대의 사건들과 동일시하기보다 하나님의 구원과 심판에 관한 실재를 나타내는 것으로 보고 있습니다.

요한계시록이 종말론적이며 예언적인 성격을 띠고 있는 것으로 볼 때, 필자는 미래적이고 영적인 해석방법이 가장 바람직하다고 여겨집니다.

7. 개요

요한계시록의 개요는 1장 19절에 제시되어 있습니다.

> "그러므로 네가 본 것과 지금 있는 일과 장차 될 일을 기록하라."
> (계 1:9)

이 말씀은 요한계시록이 과거와 현재와 미래에 대해 써놓은 책이라는 것을 밝히고 있습니다. 요한계시록 1장이 과거, 2~3장이 현재, 4~22장은 미래에 해당합니다.

요한계시록 1장은 승천하신 예수님의 영광스러운 모습을 묘사하였습니다.

요한계시록 2~3장에서 '지금 있는 일'이란 그 당시 존재했던 일곱 교회의 영적 상황에 대한 경고와 격려입니다.

요한계시록 4장부터 '장차 될 일', 곧 미래에 해당합니다. 엄밀히 말하면 요한계시록 6장부터가 미래입니다. 왜냐하면, 4~5장은 하늘 보좌의 장면이기 때문입니다.

요한계시록 6~18장에 세 가지 재앙인 일곱 인봉의 재앙, 일곱 나팔 재앙, 일곱 대접 재앙이 차례로 나타납니다.

요한계시록 17~18장에는 종교적인 바빌론과 정치적인 바빌론의 패망이 나옵니다. 종교가 하나로 합쳐졌을 때 적그리스도가 세계 정부의 통치자로 나타나 세계를 장악합니다. 적그리스도가 권력을 잡은 후에는 종교를 없애려고 합니다.

요한계시록 19장에는 지상에서 악의 세력이 멸망하자 오랫동안 기다렸다는 듯이 하늘에서 할렐루야 4중창이 울려 나오고 예수님이 재림하십니다.

요한계시록 20장에는 주께서 이 땅에 오셔서 천년 동안 다스리신다는 말씀이 나옵니다. '천년'이란 단어가 여섯 번이나 언급되어 있습니다. 성경학자들은 이를 기초하여 '천년왕국'이라는 말을 만들어 냈습니다. 그들은 천년왕국을 저마다 각기 주장을 달리합니다.

천년왕국은 크게 후천년설, 전천년설, 무천년설이 있습니다.[3] 후천년설(Posrmillennialism)은 천년왕국이 그리스도의 재림보다 앞선다는 학설입니다. 이 견해는 '천년'을 문자적으로 보며 예수 그리스도의 재림 전에 천년 동안 계속되는 것으로 봅니다. 이 견해는 성경에 근거하기보다 진화론에 근거합니다. 이 견해는 예수님께서 천년왕국을 다스리기 위해 재림하실 때, 성도의 육체의 부활과 성도가 부활하여 천년왕국에서 그리스도와 영원히 왕노릇한다는 사실을 배제합니다.

전천년설은 천년왕국이 이루어지기 전에 예수님이 재림한다는 견해입니다. 전천년설(Premillienialism)은 세대주의전천년설(Dispensationalism)과 역사적 전천년설(Historic premillennialism)로 나뉩니다. 세대주의전천년설은 예수님의 재림이 공중 재림과 지상 재림이 있다는 견해입니다. 반면에 역사적 전천년설은 세대주의전천년설과 달리 한 번의 재림과 그리스도께서 재림하실 때 성도의 부활과 휴거로 천년왕국이 지상에서 이루어지

3 강병도 편, 《호크마 종합주석, 요한계시록》(서울: 기독지혜사, 1993).

고 지상에서 왕노릇을 하게 된다고 봅니다.

무천년설(Amillienialism)은 천년을 문자적으로 보지 않고 완전한 기간, 즉 그리스도의 초림에서 재림 사이를 상징하는 기간으로 봅니다. 무천년설의 종말론은 예수 그리스도의 통치가 성도들의 마음에 이미 시작되었고, 이미 실현되었으나 아직 미래의 시점에 이루어진다는 것으로, 말세의 최후는 아직 오지 않았으나 지금 마지막 때를 살고 있다는 견해입니다.

필자는 복음서와 서신, 요한계시록을 볼 때 우리의 구원은 '이미 아직'(already, but not yet)으로, 그리스도의 통치가 시작되었으며 완성을 향해 가고 있다고 봅니다. 그 완성은 예수 그리스도의 재림으로 이루어집니다. 예수님의 재림과 더불어 예수님의 피로 구원받은 모든 성도는 육체의 부활로 영원한 하나님 나라에 입성하여 예수 그리스도와 더불어 영원히 왕노릇하게 됩니다. 그런 점에서 필자는 무천년설이 설득력이 있다고 봅니다.

요한계시록 21~22장에서는 새 예루살렘이 하늘로부터 내려오고 새 하늘과 새 땅이 전개되어 우리의 마지막 소망인 영원한 하나님 나라가 펼쳐집니다.

요한계시록에서 한 가지 주목할 만한 사실이 있습니다. 요한계시록 1장 10절을 보면 "주의 날에 내가 성령에 감동되어 내 뒤에서 나는 나팔 소리 같은 큰 음성을 들으니"라고 했습니다. 여기에서 '성령에 감동되어'는 사도 요한이 성령에 완전히 사로잡혀 있음을 알 수 있습니다. 성령이 역사하시는 가운데 요한은 아시아의 일곱 교회에 편지를 쓰라는 중요한 지시를 받았습니다.

요한계시록 4장 2절에 "내가 곧 성령에 감동되었더니 보라 하늘에 보좌를 베풀었고 그 보좌 위에 앉으신 이가 있는데"라고 했습니다. 요한계시록 2~3장의 지상의 일, 즉 일곱 교회에 관한 말씀에서 요한계시록 4장부터는 천상으로 그 장면이 바뀌어집니다.

바벨론이 멸망하는 요한계시록 17장 3절을 보면 "곧 성령으로 나를 데리고 광야로 가니라 내가 보니 여자가 붉은 빛 짐승을 탔는데 그 짐승의 몸에 하나님을 모독하는 이름들이 가득하고 일곱 머리와 열 뿔이 있으며"라고 했습니다. 대환란 말씀을 하시다가 드디어 이 세계가 멸망하는 말을 해야 할 부분에 성령이 또 나타나서 요한을 인도한 것입니다. 중요한 전환이 있을 때마다 성령이 나타나셔서 계시하신다는 사실을 볼 수 있습니다.

요한계시록을 장소로 구분해 보면 1~3장은 밧모섬, 4~16장은 하늘, 17:1~21:8절은 광야, 21:9~22:21절은 산입니다.

각 장의 내용과 주제를 살펴보면 요한계시록 1장은 부활하신 예수 그리스도의 환상입니다. 사도 요한은 예수님의 본래 모습을 보는 순간, 그 모습이 너무도 영광스러워서 그만 기절하였습니다. 그 모습은 변화산에서 베드로와 야고보와 함께 목격했던 바로 그 모습이었을 것입니다(마 17:2).

요한계시록 2장에는 에베소교회, 서머나교회, 버가모교회, 두아디라교회, 요한계시록 3장에는 사데교회, 빌라델비아교회, 라오디게아교회에 대한 내용입니다.

요한계시록 4장에는 24장로와 네 생물(천사)이 둘러선 하늘 보좌에 예수님께서 앉아 계신 장면이 나옵니다. 24장로는 하나님의 백성을 대표합니다. '24'라는 숫자는 구약 시대의 12지파와 신약 시대의 열두 제자를 합한 숫자와 같습니다.

요한계시록 5장에는 어린양이신 예수님에 초점이 맞추어집니다. 보좌에 앉으신 예수님의 손에는 일곱 인으로 봉한 두루마리가 들려 있습니다. '인봉'이란 초를 녹여 봉한 자리에 도장을 찍어 놓은 것을 말합니다. 옛날에는 편지를 보내는 사람이 발신인을 밝히기 위해 손에 낀 반지를 인장(도장)으로 사용했습니다. 미래에 대한 모든 비밀이 다 들어 있는 그 두루마리의 인봉을 뗄 자격이 있는 분은 오직 역사를 주관하시는 예수님밖에 없습니다.

예수님께서 인봉을 떼기 시작하는 요한계시록 6장부터 미래의 사건이 전개됩니다. 예수님께서 인봉을 하나씩 뗄 때마다 재앙이 하나씩 일어납니다. 특이한 것은 마지막 일곱째 인봉을 뗄 때 바로 나팔의 재앙이 시작되고, 또 마지막 일곱째 나팔을 불 때 대접의 재앙이 시작된다는 것입니다.

요한계시록 6장은 일곱 인에 담긴 심판으로 첫째 인을 떼시니 흰 말, 둘째 인을 떼시니 붉은 말, 셋째 인을 떼시니 검은 말, 넷째 인을 떼시니 청황색 말, 다섯째 인을 떼시니 성도들의 영혼, 여섯째 인을 떼시니 지진과 하늘의 징조들이 나타났습니다.

요한계시록 7장은 환란의 때 구원받은 하나님 종들의 이마에 인침받은 14만 4천 명이 나옵니다. 8, 9장은 일곱째 인을 떼심과 일곱 나팔 재앙에 대한 말씀입니다.

요한계시록 10장은 작은 두루마리가 나옵니다. 요한이 그것을 먹었을 때 입에는 단데 배에서는 썼다고 했습니다.

요한계시록 11장은 마지막 두 증인이 나오고, 12장에는 여자와 붉은 용이 나옵니다. 여자는 교회, 붉은 용은 사탄을 상징합니다. 13장에는 두 짐승, 곧 적그리스도와 거짓 선지자가 등장합니다. 14장에는 14

만 4천 명이 나오는데 요한계시록 7장과 달리 장소가 하늘로 옮겨집니다. 15~16장에는 일곱 대접을 가진 일곱 천사가 나타나서 마지막 재앙이 있게 됩니다.

요한계시록 17장에는 종교를 하나로 합쳤던 바빌론이 멸망합니다. 이 세상에는 두 개의 종교밖에 없습니다. 하나님의 은혜로 구원받는 종교와 자기 행위로 구원받는 종교입니다. 하나님의 은혜로 구원받는 종교는 기독교밖에 없습니다(엡 2:1~9). 다른 종교는 모두 행위로 구원받는 종교입니다. 따라서 종교 일치 운동은 있을 수 없습니다.

요즘 포스트모더니즘의 영향을 받아 종교 일치 운동과 더불어 정치가 하나가 되어야 한다는 운동이 전개되고 있습니다. 그러다가 강력한 독재자가 나타나면 정치적인 바빌론과 종교적인 바빌론이 병합되는데, 요한계시록 17, 18장에서 이런 악의 세력이 멸망하고 하나님이 승리합니다.

요한계시록 19장은 어린양의 혼인 잔치가 있고, 예수님께서 백마 타고 오십니다. 20장에서 천년왕국에 관한 말씀이 나옵니다. 21장에는 새 예루살렘이 나타나고 새 하늘과 새 땅이 펼쳐집니다.

22장은 계시가 확실하다는 것을 말씀하심으로 요한계시록의 대단원의 막이 내려집니다.

〈요한계시록 요약표〉

제1장 예수님의 영광스러운 모습(계 1:1~20)

예수 그리스도의 계시(계 1:1~3)
하나님, 성령, 예수 그리스도(계 1:4~8)
사망과 음부의 열쇠를 가지신 예수님(계 1:9~20)

제2장 이제 있는 일 – 일곱 교회를 향한 편지(계 2:1~3:22)

에베소교회(계 2:1~7)
서머나교회(계 2:8~11)
버가모교회(계 2:12~17)
두아디라교회(계 2:18~29)
사데교회(계 3:1~6)
빌라델비아교회(계 3:7~13)
라오디게아교회(계 3:14~22)

제3장 하늘 예배와 인으로 봉한 책(계 4:1~5:14)

하늘 예배(계 4:1~11)
일곱 인을 떼시는 어린양 예수님(계 5:1~14)

제4장 심판의 일곱 인(계 6:1~7:17)

심판의 시작(계 6:1~17)
- 첫째 인 – 흰 말(계 6:1~2)
- 둘째 인 – 붉은 말(계 6:3~4)
- 셋째 인 – 검은 말(계 6:5~6)
- 넷째 인 – 청황색 말(계 6:7~8)
- 다섯째 인 – 흰 두루마기(계 6:9~11)
- 여섯째 인 – 큰 지진(계 6:12~17)

이마에 인을 치라(계 7:1~17)
- 14만 4천 명(계 7:1~8)
- 흰옷 입은 큰 무리(계 7:9~17)

제5장 심판의 일곱 나팔(계 8:1~11:19)

일곱 나팔(계 8:1~13)

첫째 나팔 – 피 섞인 우박(계 8:1~7)

둘째 나팔 – 피로 물든 바다(계 8:8~9)

셋째 나팔 – 쑥이 된 강물(계 8:10~11)

넷째 나팔 – 어두움의 재앙(계 8:12~13)

다섯째 나팔 – 황충 재앙(계 9:1~12)

여섯째 나팔 – 마병대 등장(계 9:13~21)

작은 두루마리 책(계 10:1~11)

세세토록 왕노릇하실 주님(계 11:1~19)

두 증인(계 11:1~14)

일곱째 나팔 – 승리 나팔(계 11:15~19)

제6장 예언의 계시에 관한 설명(계 12:1~14:20)

어린양의 피와 증언하는 말씀으로 이기었다(계 12:1~17)

성도들의 인내와 믿음(계 13:1~18)

시온산에 어린양과 함께 서 있는 14만 4천 명(계 14:1~20)

제7장 일곱 대접 심판(계 15:1~16:21)

의롭고 참되신 하나님(계 15:1~8)

진노의 일곱 대접을 땅에 쏟으라(계 16:1~21)

첫째 대접 재앙 – 악한 종기(계 16:1~2)

둘째 대접 재앙 – 바다 재앙(계 16:3)

셋째 대접 재앙 – 강 재앙(계 16:4~7)

넷째 대접 재앙 – 태양 재앙(계 16:8~9)

다섯째 대접 재앙 – 짐승의 보좌 재앙(계 16:10~11)

여섯째 대접 재앙 – 큰 강 유브라데 재앙(계 16:12~16)

일곱째 대접 재앙 – 공중 재앙(계 16:17~21)

제8장 바빌론 멸망(계 17:1~18:24)

바빌론(종교)의 멸망(계 17:1~18)

바빌론(정치)의 멸망(계 18:1~24)

목 차

I 예수님의 영광스러운 모습 (계 1:1~20)

예수 그리스도의 계시(계 1:1~3)

하나님, 성령, 예수 그리스도(계 1:4~8)

사망과 음부의 열쇠를 가지신 예수님(계 1:9~20)

01 요한계시록 1:1~3

예수 그리스도의 계시

"예수 그리스도의 계시라 이는 하나님이 그에게 주사 반드시 속히 일어날 일들을 그 종들에게 보이시려고 그의 천사를 그 종 요한에게 보내어 알게 하신 것이라."(계 1:1)

요한계시록은 사도 요한이 A.D.81~96년에 유배지 밧모섬에서 기록했습니다. 그가 밧모섬(Patmos)에서 외롭고 소망이 보이지 않아 절망스러울 때 하나님께서 천사를 보내어 요한계시록을 기록하도록 하셨습니다. 신약성경의 복음서(마태복음, 마가복음, 누가복음, 요한복음)의 주제가 "오신 예수 그리스도"라면, 요한계시록의 주제는 "다시 오실 예수 그리스도"입니다.

사람들은 요한계시록이 어렵다고 생각합니다. 왜 그럴까요? 이것은 한마디로 성경에 대한 잘못된 생각 때문입니다. 성경은 어렵고 쉬운 것이 없습니다. 성경은 누구나 읽고 구원받을 수 있는 하나님의 말씀입니다. 요한계시록도 누구나 읽고 예수님을 만나 구원받을 수 있는 성경 말씀입니다. 특히 요한계시록은 듣고 읽고 지켜 행하면 복을 받는다고 했습니다.

신, 구약성경의 핵심은 예수 그리스도입니다. 구약성경이 메시아(그리스도)의 예고라면, 신약성경은 구약에 예고한 메시아(그리스도)가 오셨고, 요한계시록은 부활 승천하신 메시아(그리스도), 예수님이 다시 오셔서 만유(all things)를 회복하신다는 말씀입니다. 요한계시록을 포함한 신, 구약성경에 관통하는 사상과 핵심은 예수 그리스도입니다.

본문은 요한계시록의 서론으로, 사도 요한은 요한계시록이 자신의 계시가 아니라 '예수 그리스도의 계시'임을 천명하고, 계시의 내용을 밝힙니다.

예수 그리스도의 계시라

> "예수 그리스도의 계시라 이는 하나님이 그에게 주사 반드시 속히 일어날 일들을 그 종들에게 보이시려고 그의 천사를 그 종 요한에게 보내어 알게 하신 것이라."(계 1:1)

요한계시록의 주제는 "예수 그리스도의 계시"입니다. '계시'(revelation, Ἀποκάλυψις)란 '뚜껑을 연다', '나타낸다', '보여 준다'라는 뜻입니다. 이를 다시 말하면 가려져 있던 것을 치워서 그 안에 있는 실체를 드러내 보여 준다는 뜻입니다. 예를 들어 연극을 시작할 때 커튼 뒤에는 배우들도 있고 연극의 소품들이 있지만, 시간이 될 때까지 관객에게 보여 주지 않습니다. 그러다가 시간이 되어 커튼을 여는 순간, 그 안에 있던 모든 것이 드러나 보이는데, 계시도 이와 같습니다.

하나님의 구원계획은 오랜 기간 커튼에 가려져 있었습니다. 그러다가 하나님께서 예수 그리스도를 세상에 보내심으로 모든 비밀을 다 드러내셨습니다. 우리는 하나님의 계시로 예수 그리스도가 어떤 분인가를 알 수 있습니다.

사도 요한은 요한계시록이 자신의 꿈이나 환상이나 묵상이 아니라 '예수 그리스도의 계시'(The Revelation of Jesus Christ)라고 했습니다. 이 계시는 하나님이 예수 그리스도께 주셨습니다. '주사'(give, ἔδωκεν)는 맡겼다는 뜻도 있습니다. 하나님이 모든 계시를 예수 그리스도께 맡기셨습니다. 예수님은 계시의 통로가 아니라 계시 자체입니다. 예수님은 구원역사의 근원과 주관자이십니다.

하나님은 '반드시 속히 될 일'을 그 종들에게 보이시려고 천사를 요한에게 보냈습니다. '속히'(shortly, KJV)란 긴박함과 임박함을 뜻하는 것으로, 언제 어느 때라도 가능하다는 뜻입니다(마 24.27; 눅 21:36; 벧후 3:8.10). '종'은 소아시아 일곱 교회를 뜻합니다. '소아시아 일곱 교회'는 과거와 현재, 미래의 지상 모든 교회를 대표합니다.

사람들은 일을 만들고 마무리를 짓지 못하는 경우가 있습니다. 그런가 하면 일을 만들어 놓고 경영을 잘못하여 망치기도 합니다. 또 일단(一旦) 일을 만듭니다. 한국 사람의 특징 중 하나가 '일단' 해 보자고 합니다. 그래서 이단이나 삼단이나 사단보다 한국 사람이 말하는 일단이 무섭다는 말이 있습니다. 하는 것이 안 하는 것보다 일단 낫습니다. 그러나 일단 시작했으면 끝을 맺어야 합니다.

하나님은 치밀하게 계획을 세우시고, 세우신 계획은 반드시 완성하십니다. 예수님은 "진실로 너희에게 이르노니 천지가 없어지기 전에는 율법의 일점일획도 결코 없어지지 아니하고 다 이루리라"(마 5:18)라고 말씀하셨습니다. 성경 말씀은 신실하고 확실합니다. 하나님의 구원역사는 중단되거나 실패함이 없이 성경 말씀대로 반드시 이루어집니다. 사도 바울은 "너희 안에서 착한 일을 시작하신 이가 그리스도 예수의 날까지 이루실 줄을 우리는 확신하노라"(빌 1:6)라고 했습니다.

지금 사도 요한은 파도 소리만 들리는 밧모섬에 유배되어 고독한 나날을 보내고 있습니다. 그는 실패한 사람처럼 보입니다. 또한, 하나님의 사역이 실패한 것처럼 보입니다. 하나님은 이런 사도 요한에게 밧모섬에서 하나님의 계시를 보여 주시고, 그 내용을 편지로 여러 교회에 보내게 하심으로 교회를 더 든든하게 세워 나가셨습니다. 하나님은 실패가 없으신 분입니다.

하나님의 계시는 속히 이루어집니다(계 22:20). 예수님이 오실 날이 임박하면 임박할수록 사탄의 활동도 격렬합니다. 지금 마귀가 우는 사자와 같이 두루 다니며 삼킬 자를 찾아다닙니다(벧전 5:8). 마귀는 머리가 일곱 개요 뿔이 열 개입니다(계 13:1). 이런 마귀가 사방팔방에서 성도들을 공격합니다. 물질주의, 쾌락주의, 다원주의, 상대주의, 이단과 사교 집단을 이용하여 달콤한 말과 미사여구로 접근하기도 하고 절망과 회의와 두려움을 심어 공격하기도 합니다. 우리는 이럴 때일수록 예수 그리스도께서 오실 날이 임박함을 깨닫고 한시라도 영적 긴장을 풀어서는 안 됩니다.

하나님이 각기 사람을 사용하여 성경을 기록하실 때, 그 사람의 인격과 그 사람의 학식을 사용하셨습니다. 그러기에 성경마다 저자의 독특함이 있습니다. 그러면서도 그 주제가 "예수 그리스도"라는 통일성을 이루고 있습니다. 그런데 요한계시록은 요한의 인격과 생각과 다르게 천사가 마치 영화를 보여 주듯이 쫙 펼쳐 보여 주셨습니다. 그러기에 요한계시록은 사도 요한이 기록한 요한복음과 요한 서신의 문체와 형식과 달리 상징적인 숫자와 단어들이 많이 나옵니다.

그러면 하나님은 왜 천사를 보내어 요한계시록을 기록하도록 하셨을까요? 왜 요한복음과 달리 요한계시록에 난해한 표현들이 많이 나올까요? 이는 어느 때보다도 기독교가 박해를 많이 받고 있었기 때문입니다. 당시 로마 황제는 도미티아누스(Titus Flavius Domitianus; A.D.81~96재위)였습니다. 그는 로마 제국의 제11대 황제로 적그리스도의 표상이었습니다. 그는 황제로 즉위하자 "황제는 신이다"라고 강요하고, 이를 고백하지 않으면 누구도 죽임을 면하지 못했습니다. 그런 시대에 "예수님만이 왕이요 주님"이라고 편지를 써서 교회에 보내면 검열에 걸리게 되고 성도들은 고통과 죽임을 면할 수 없게 됩니다. 그래서 그들만이 이해할 수 있는 상징적인 단어로 말하고 쓸 수밖에 없었습니다.

요한계시록에 666이라는 숫자가 나옵니다. 이 666은 이름을 숫자로 표현한 것으로, 로마 네로(Neo Caesar, A.D.37~68 재위) 황제를 뜻합니다. 당시 히브리어는 숫자로도 표현했는데, 히브리어로 네론 카이사르(Neron Kaisar)의 음가를 숫자로 합하면 666이 됩니다. 이 말은 로마 황제를 하나님으로 믿고 경배해서는 안 된다는 뜻입니다. 그런데 로마 공안 당국이 666이 뭔지 알 수 없고, 설령 심증이 간다고 해도 물증이 없어 성도들을 처벌할 수 없었습니다.

초대 성도들은 예수그리스도를 믿는 사람들을 물고기로 표현했습니다. "예수님은 하나님의 아들 그리스도 구세주"라는 헬라어 첫 글자를 모으면 물고기[*ΙΧΘΥΣ*, 잌투스; *Ιησους*(예수) *Χχριστος*(그리스도) *Θεος*(하나님) *Υιος*(아들) *Σωτηριας*(구세주)]란 단어가 됩니다. 외부 사람들이 이 단어를 보면 생선 가게로 생각하지 예수님을 믿는 성도로 생각할 수 없습니다. 그러나 성도들은 이것을 금시 알 수 있습니다.

필자는 X국에 있는 선교사들에게 우리만이 알 수 있는 단어로 편지와 메일을 주고받습니다. 선교사들을 해외 직원, 하나님을 윗분, 교회를 회사, 하나님의 사역을 사업이라고 표현하고, 예수님을 윗분의 아들, 성도를 직원이라고 표현합니다. 그 나라의 공안 당국에서 선교사들의 메일을 검열해도 심증은 가는데 물증이 없기에 선교사님들을 추방할 수 없습니다.

이처럼 요한계시록에 상징과 숫자는 계시를 전달하는 방법의 하나로 외부 사람에게는 혼돈을 주고 성도들에게는 믿음과 소망을 확신하게 합니다.

이상에서 요한계시록은 사도 요한의 계시가 아니라 '예수 그리스도의 계시'입니다. 계시의 주제는 '다시 오실 예수 그리스도'입니다. 이 계시는 '반드시' '속히' 이루어집니다. 예수 그리스도께서 반드시 구원의 계획을 성취하시고 완성합니다. 하나님은 교회와 개인에게 두신 하나님의 뜻을 반드시 이루시고 성취하십니다.

본 것을 다 증언하는 사도 요한

"요한은 하나님의 말씀과 예수 그리스도의 증거 곧 자기가 본 것을 다 증언하였느니라."(계 1:2)

사도 요한은 부담스러운 말씀은 빼고 듣기 좋은 것만 기록하지 않았습니다. 요한은 하나님의 말씀과 예수 그리스도의 증거, 곧 자기가 본 것을 다 증언했습니다. 요한은 하나님의 무서운 심판과 진노도 가감하지 않고 모두 증언했습니다.

성경은 가감 없이 전해져야 합니다. 하나님은 계시를 어느 것은 빼고 어느 것은 더하여 자신의 입맛에 맞게 편집하여 전하면 생명나무와 거룩한 성에 참여함을 제하여 버리신다고 경고했습니다(계 22:18~19).

요즘 한국교회가 사교 집단과 이단에 빠지는 원인이 어디에 있습니까? 미혹의 영이 그렇게 만듭니다. 왜 미혹의 영이 교회에 파고들어 옵니까? 왜 사교 집단과 이단이 발흥합니까?

첫째는 교회가 성경을 힘써서 공부하지 않기 때문입니다. 1970~1990년대 초반까지 한국교회와 대학선교단체는 놀랍게 성장했습니다. 그 배경에는 열심히 성경을 공부했기 때문입니다. 그때 통일교와 그 아류인 원리연구회, JMS가 대학사회에 침투했지만 깊이 뿌리를 내리지 못했습니다. 그런데 언제부터 한국교회에 성경공부보다 삶을 나누는 프로그램이 도입되었습니다. 삶을 나누는 것이 잘못된 것은 아닙니다. 그러나 성경공부보다 삶을 나누다 보면 자칫 친목 단체가 될 우려가 없지 않고, 성경의 핵심인 십자가와 부활의 복음을 놓치기 쉽습니다.

교회가 이럴 때, 신천지는 성경을 자기들 입맛에 맞게 편집해서 거의 매일 공부하고 외워서 시험까지 보았다고 합니다. 그렇다면 지금 이단과 사교 집단이 대학을 점령하고 교회에 파고들어 와 혼란을 주는 것은 필자를 비롯하여 교회의 책임이 큽니다. 필자를 비롯하여 이제 한국교회는 성경을 열심히 공부하고 기도하고 전도하여 국가기관까지 점령하려고 하는 사교 집단과 이단이 이 땅에 발을 붙이지 못하게 해야 합니다.

둘째는 회개와 십자가의 메시지가 없고 축복의 말씀만 있기 때문입니다. 물론 예수님을 믿으면 하나님께서 축복하십니다. 그러나 성경에는 축복을 주신다는 말씀만 있는 것이 아니라 회개하도록 말씀하십니다. 성경은 '세속주의와 쾌락주의와 맘몬주의와 싸우라', '정과 욕심을 십자가에 못을 박아라', '거기에서 나오라'라고 말씀합니다.

예수님께서 이 세상에 오셔서 첫 메시지가 무엇입니까. "때가 찼고 하나님의 나라가 가까이 왔으니 회개하고 복음을 믿으라 하시더라"(막 1:15)입니다. 예수님의 사역은 십자가를 통한 영광입니다.

옥한흠 목사님은 "강대상에서 믿기만 하면 구원받는다고 하면 사람들은 '아멘!' 합니다. 믿음만 있으면 하늘의 복도 땅의 복도 다 받을 수 있다고 하면 '할렐루야!'라고 합니다. 그런데 행함이 따르지 않는 믿음은 거짓 믿음이요, 구원도 확신할 수 없다고 하면 얼굴이 금방 굳어 버리고, 말씀대로 살지 못한 죄를 지적하고, 십자가 얘기를 하면 예배가 싸늘해지더라"라고 언급한 적이 있습니다.

어느 미국교회에서 있었던 일입니다. 목사님이 설교하시며 "여러분 오늘의 교회는 주저앉아 있습니다. 이제 교회는 일어나 걸어야 합니다"

했더니, 회중들이 화답합니다. "맞습니다. 일어나 걸어야 합니다." 이어서 설교자는 "걷는 것으로 충분하지 않습니다. 오늘날 너무나 긴급합니다. 교회는 달려가야 합니다" 했더니, 또한 회중들이 화답합니다. "맞습니다. 달려가야 합니다. 달려갑시다." 이어서 설교자는 또한 "세상은 너무나 넓습니다, 열방 중에 복음을 선교하기 위해서 교회는 날아갈 필요가 있습니다" 했더니, 또다시 회중들이 화답합니다. "예, 맞습니다. 교회는 날아가야 합니다. 날아갑시다." 다시 설교자는 "여러분, 이런 선교의 과제를 위해서는 돈이 필요합니다. 우리 모두 구체적으로 지갑을 열어 돈으로 헌신합시다" 했더니 조용하더랍니다. 그러더니 어떤 성도가 이렇게 화답하더랍니다. "우리 교회 그냥 주저앉읍시다."

우리의 신앙고백이 헌신과 일치가 됩니까? 케임브리지 7인 중의 한 명인 스터드(Charles Thomas Studd) 선교사는 "주께서 십자가에서 자신의 생명을 주신 것이 참으로 사실이라면 우리의 어떤 희생도 결코 지나친 것일 수는 없다"라고 했습니다.

십자가가 없는 영광은 거짓되고 헛된 영광입니다. 대개 쓴 약에는 캡슐을 싸는데 이를 오블레이트(oblate)라고 합니다. 그러나 복음은 oblate가 없습니다. 복음의 핵심은 십자가와 부활입니다. 십자가 없는 영광은 없습니다(No Cross, No Crown). 그렇다면 성도는 예수님의 고난의 흔적이 많아야 합니다. 이런 성도가 진실한 성도입니다.

셋째는 예수님을 믿은 후에 어떻게 살아야 하는가에 대한 삶의 메시지, 성화(sanctification)의 메시지가 점점 사라져 가고 있습니다. 물론 사람들이 심신이 지쳐 있기에 위로의 메시지가 필요합니다. 살기가 힘드니 하나님의 축복이 필요합니다. 그러나 예수님을 믿은 후 성화가 없다면 이는 성인 아이(adult child)입니다.

김상복 목사님의 목회 철학은 3S(salvation, sanctification, service)입니다. 구원을 받았으면 이제 성화에 힘써서 성숙한 성도가 되고 더 나아가 섬겨야 한다는 것입니다.

성도는 예수님의 장성한 분량에 이르기까지 성장하여 성숙한 그리스도인이 되어야 합니다. 그렇지 않으면 불자(佛者)와 다름이 없습니다. 불자가 사찰에 가서 백 배, 천 배를 하는 것은 회개나 성화를 위한 것이 아니라 복을 받기 위한 것입니다.

우리가 건강을 유지하려면 음식을 골고루 섭취해야 합니다. 우리가 건강한 그리스도인이 되려면 성경을 편식하지 말고 골고루 섭취해야 합니다. 위로의 메시지도 필요하고 회개의 메시지도 필요합니다. 십자가와 부활의 메시지도 필요합니다. 그럴 때 균형 잡힌 건강한 그리스도인이 될 수 있습니다.

듣고 지키는 자는 복이 있나니

> "이 예언의 말씀을 읽는 자와 듣는 자와 그 가운데에 기록한 것을 지키는 자는 복이 있나니 때가 가까움이라."(계 1:3)

이 예언의 말씀을 읽고 듣고 기록한 것을 지키는 자는 복이 있습니다. 영어 성경에 보면 읽는 자(one who reads, NIV)는 단수이고, 듣는 자(those who hear, NIV)는 복수입니다. 지금처럼 성경이 널리 보급되어 있지 않고 양피에 기록해 교회에 두었으므로 보고 싶다고 아무나 볼 수 있는 것이 아니었습니다. 교회에서 목회자가 읽어 주어야 들을 수 있었습니다. 여기에서 우리가 생각해 볼 수 있는 것은 교회를 중심으로 교회의 보호와 사랑을 받으며 신앙생활을 해야 됨을 알 수 있습니다.

세상의 것은 사람들의 필요로 만들어졌습니다. 그러나 교회는 사람들의 필요로 세워진 것이 아닙니다. 교회는 하나님이 세우셨고, 예수 그리스도께서 머리가 되는 언약 공동체입니다. 사람들은 자기들이 필요하지 않다며 교회에 무관심합니다. 사람들이 교회에 무관심한 것은 이해가 됩니다. 문제는 성도들조차도 가나안(교회 안나가) 신자가 되어 간다는 것입니다. 특히 2020년 코로나로 가나안 신자가 점점 늘어나고 있다는 통계가 있습니다.

성도는 예수님의 피로 세우신 언약 공동체인 교회를 귀히 여겨야 합니다. 하나님은 교회에 말씀하시고 구원역사를 이루어가십니다. 그러므로 이웃은 내 몸처럼 사랑하고, 교회는 내 몸으로 사랑해야 합니다. 그리고 성경을 틈나는 대로 읽고 묵상해야 합니다. 특히 요한계시록은 읽기만 해도 복을 받는다고 하였습니다. 요한계시록을 열심히 읽어 하나님의 계시로 복을 받아야 합니다. 그러나 우리가 알아야 할 것은 "성경의 모든 예언은 사사로이 풀 것은 아니니"(벧후 1:20)라는 경고의 말씀을 기억해야 합니다.

지금 때가 가까워졌습니다. 데살로니가후서를 보면 예수 그리스도의 재림 때가 가까이 올 때 적그리스도가 나타난다고 했습니다. 지금 곳곳에서 적그리스도가 나타나고 있습니다. 특히 코로나19가 대구 신천지에서 창궐한 2020년 3월부터는 교회를 마음대로 출입할 수 없고, 교회에서 마음대로 예배를 드릴 수 없고, 마음대로 기도할 수 없고, 마음껏 찬양할 수 없는 상황에 놓여 있습니다. 모두가 어려움에 처해 있습니다. 우리는 이럴 때일수록 교회를 지키고 민족을 살리는 파수꾼이 되어야 합니다. 성도는 시대의 등불입니다. 그동안 한국교회는 민족이 어려우면 어려울수록 민족과 운명을 같이해 왔습니다. 우리는 이전보다 더 기도하고 더 말씀을 사랑하고 이웃의 고난과 함께해야 합니다.

하나님은 은혜로우시며 자비로우시며 노하기를 더디 하십니다. 이것은 한 영혼이라도 구원하고자 하시는 하나님의 상한 마음 때문입니다. 그러나 하나님 심판의 때가 점점 가까워지고 있습니다. 어느 때보다도 세속주의와 쾌락주의, 사교 집단이 발흥하고 있습니다. 이럴 때, 믿는 성도는 어떻게 살아야 합니까? 반드시 속히 다시 오실 예수님 앞에 믿음으로 깨어 있어야 합니다.

사도 요한은 예수 그리스도의 계시를 빼거나 더하지 않고 모두 증언했습니다. 이와 반해 은사 운동을 하는 사람들은 복음 가지고는 안 된다며 꼬리를 붙입니다. 복음+α, 믿음+α를 붙입니다. +믿음이라는 접두어를 붙이고, 직통 계시를 강조하고 무엇을 보았다고 합니다. 은사를 구원과 결부시킵니다. 은사는 구원과 별개입니다. 은사는 예수님을 믿는 자에게 주어지는 하나님의 선물이지 구원의 조건이 아닙니다. 행위가 구원의 조건이 아닙니다. 행위는 믿고 구원받아 그 은혜에 감사로 나타나는 결과입니다. 믿음은 크고 작은 것이 없습니다. 한 말씀이라도 온전히 믿는 것이 중요합니다(마 17:20).

'이단'(異端)이 무엇입니까? 끝이 다르다는 뜻입니다. 사람과 원숭이는 외모로 볼 때 비슷하지만 완연히 다릅니다. 원숭이는 꼬리가 있고, 사람은 꼬리가 없습니다. 이단은 복음에 꼬리를 붙입니다. 복음은 첨가물이 필요하지 않습니다. 복음은 십자가와 부활로 순백하고 담백합니다. 복음은 하나님의 은혜로 구원받는 은혜의 복음입니다.

요한계시록은 예수 그리스도의 계시이고, 신, 구약성경의 핵심은 예수 그리스도입니다. 따라서 요한계시록과 성경 말씀을 자기 편의로 편집해서 읽고 가르치면 안 됩니다. 우리가 성경을 읽을 때마다 문맥(context)을 따라 읽고 관찰(observation)하여 해석(interpretation)하고, 말씀을 내게 적용(application)하여 행해야(action) 합니다. 요한계시록을 읽고 듣고 기록한 것을 지키는 자가 복이 있습니다.

생각하기

1. 요한계시록의 저자와 수신자, 기록연대와 장소를 말해 보세요.
2. 요한계시록의 내용과 기록목적, 요한이 어떤 자세로 요한계시록을 기록했는가를 말해 보세요(계 1:1~2).
3. 요한계시록을 읽고 듣고 지키는 자는 복이 있다고 했습니다(계 1:3). 요한계시록을 듣고 읽고 지킴의 중요성을 말해 보세요.

02 요한계시록 1:4~8

하나님, 성령, 예수 그리스도

"또 충성된 증인으로 죽은 자들 가운데에서 먼저 나시고 땅의 임금들의 머리가 되신 예수 그리스도로 말미암아 은혜와 평강이 너희에게 있기를 원하노라 우리를 사랑하사 그의 피로 우리 죄에서 우리를 해방하시고."(계 1:5)

요한은 아시아의 일곱 교회에 편지를 쓰고 있습니다. 일곱 교회는 모든 교회를 대표합니다. 대표한다고 해서 규모가 크거나 유명한 교회만을 의미하지 않고 다양성에서의 일곱입니다.

사도 요한은 먼저 하나님과 성령과 예수 그리스도, 성삼위 하나님 이름으로 은혜와 평강을 기원했습니다. '은혜'(*χάρις*)란 헬라의 인사 표현으로 하나님이 죄인을 값없이 의롭게 하셨다는 끝없는 사랑을 뜻합니다. '평강'(*εἰρήνη*)은 히브리인의 인사로 은혜의 결과입니다(엡 2:15). 특히 평강은 예수 그리스도 안에서 유대인과 이방인이 하나가 되는 것을 뜻합니다.

본문에는 요한에게 나타나신 하나님과 성령, 예수님이 나옵니다. 우리는 본문에서 성삼위 하나님, 성령, 그리고 예수님이 어떤 분이며, 예수 그리스도로 말미암아 누릴 복, 예수 그리스도의 피로 죄에서 해방되어 나라와 제사장으로 복된 삶을 살게 되는 하나님의 놀라운 사랑과 은혜를 알 수 있습니다.

성부 하나님

"요한은 아시아에 있는 일곱 교회에 편지하노니 이제도 계시고 전에도 계셨고 장차 오실 이와."(계 1:4상)

하나님이 교회에 편지를 보낸 것은 사탄이 제일 먼저 교회를 공격하기 때문입니다. 사탄은 교회 중에도 살아 있는 교회를 공격합니다. 살아 있는 교회를 공격하여 죽은 교회로 만듭니다. 마귀는 황제숭배 사상으로 교회를 공격하였습니다. 하나님은 이런 절박한 상황에서 교회에 말씀을 주심으로 강력한 마귀의 공격을 이기도록 하셨습니다. 이 하나님은 어떤 분입니까?

첫째, 하나님은 영원합니다.

하나님은 전에도 계시고 지금도 계시고 장차 오실 분입니다. 이 하나님은 영원 전부터 계신 무한하신 분입니다. 시편 기자는 산이 생기기 전, 땅과 세계도 주께서 조성하시기 전 곧, 영원부터 영원까지(from everlasting to everlasting) 하나님이라고 했습니다(시 90:2). 하나님이 영원에서 영원까지 계신다는 것은 살아 계신 인격을 가진 분이라는 뜻입니다. 인격을 가진 분이란 모든 현상의 배후에서 섭리하신다는 것입니다. 바울은 오직 하나님에게만 죽지 아니함이 있다고 했습니다(딤전 6:16).

18세기에 유럽에서 프랑스의 볼테르와 독일을 중심으로 일어난 계몽주의는 인간의 이성과 자연의 잣대로 모든 것을 판단했습니다. 이 사상이 영국으로 건너가서 이신론(理神論)으로 나타납니다. 이신론은 하나님께서 창조하셨지만, 통치(섭리)는 하지 않는다는 것입니다. 이 이신론은 일찍이 욥기 22장에서 욥의 친구 엘리바스(Eliphaz)가 세 번째 변론에서 하나님은 세상 만물을 창조하셨지만 창조하신 세계를 섭리하시지 않는다고 주장했습니다. 그러나 하나님은 모든 만물을 창조하셨습니다(창 1:1). 하나님은 창조하신 모든 만물을 섭리하고 주관하십니다.

'장차 오신다'란 이 세상을 심판하시기 위해 오신다는 뜻입니다. 하나님은 지금 성경 말씀과 하나님의 뜻대로 살지 못하는 우리(나)를 향해 오고 계십니다. 하나님의 말씀과 하나님의 뜻을 대적하며 육신의 정욕과 안목의 정욕과 이생의 자랑을 따라 사는 자들을 향해 오고 계십니다. 세상은 악한 자들이 잘사는 것 같고 악이 선을 이기는 것 같지만 하나님께서 악한 자를 심판하시기 위해 오십니다. 세상을 창조하시고 간섭하시고 함께하시는 하나님께서 반드시 마지막 날에 예수 그리스도를 믿지 않고 하나님의 뜻과 말씀에 대항하는 자들을 심판하시기 위해 오십니다.

둘째, 하나님은 존재의 시작이요 마침이 됩니다.

요한계시록 1장 8절에 하나님은 '알파'(α)와 '오메가'(ω)라고 하였습니다. 알파와 오메가는 헬라어의 첫 글자와 마지막 글자입니다. 하나님이 알파와 오메가라고 하신 말씀이 요한계시록에 두 번 더 나옵니다(계 21:6, 22:13). 알파와 오메가는 '처음과 나중', '완전함', '충만함', '전존재'를 상징합니다.

알파와 오메가이신 하나님은 모든 존재의 시작이요, 만물의 기원이고 모든 것의 마침이 됩니다(창 1:1; 계 22:20하). 하나님은 유일무이하시며 절대자이십니다(사 41:4, 44:6). 이 세상 누구도 인류 역사를 닫고 열 수 없습니다. 오직 처음이요 마지막이신 알파와 오메가이신 하나님만이 닫고 열 수 있습니다.

성령 하나님

"그의 보좌 앞에 있는 일곱 영과"(계 1:4하)

신약에서 성령론은 크게 셋으로 나눌 수 있습니다. 복음서에서의 성령론과 사도행전에서의 성령론, 그리고 서신에서의 성령론입니다. 복음서에서 성령론은 개인 구원에 관한 것이라면 사도행전에서 성령론은 선교에 관한 것입니다. 그리고 서신에서 성령론은 개인 생활에 대한 적용입니다.

사람들은 보통 성령의 역사를 자아를 상실한 무아도취의 황홀경(ecstasy)으로 생각합니다. 그러나 성령은 지, 정, 의를 가진 인격입니다. '성령'은 그 보좌 앞에 일곱 영입니다. 일곱이란 완전수입니다. 성령은 완전하여 우리와 각 교회에 오셔서 악한 세력과 싸워 이기게 하고 거룩하게 합니다.

성령은 예수 그리스도의 영으로 보혜사 성령입니다. '보혜사'(*παράκλητος*)란 '곁에'(*παρά*), '부른다'(*κλητος*)란 합성어로 위로자(요 14:16), 대언자, 중보자(요일 2:1), 상담자(Counselor, 요 14:16)란 뜻으로, 성령은 좋은 안내자요, 우리를 위해 기도해 주시는 중보자입니다.

성령의 역사는 세상을 향한 성령의 역사(요 16:8~11)와 제자들을 향한 성령의 역사(요 16:12~15), 그리고 예수님을 믿는 각 사람에게 필요한 성령의 은사를 주시는 역사가 있습니다.

첫째, 세상을 향한 성령의 역사

세상을 향한 성령의 역사(요 16:8~11)는 죄와 의와 심판에 대해 책망합니다(요 16:8). '책망한다'(convict)란 유죄로 증명하다, 적극적으로 확신시켜 주고 각성시킨다, 판단하고 깨닫게 한다는 뜻입니다. 성령은 세

가지 면에서 깨닫게 하고 판단하여 확신시켜 줍니다.

첫째는 성령은 죄를 깨닫게 합니다(요 16:9). 사람들은 죄를 도덕과 윤리 개념으로 생각합니다. 그래서 다른 사람과 비교하여 좀 양심대로 살면 죄가 없다고 생각합니다. 그러나 성경은 예수님을 믿지 않는 것이 죄라고 규정합니다. 왜냐하면, 예수님을 믿지 않는 불신이 모든 죄의 근원이기 때문입니다(롬 1:21~32).

둘째는 성령은 의를 깨우쳐 줍니다(요 16:10). '의'는 하나님과 바른 관계를 말합니다. 사람들은 의롭게 살기 위해 선행을 베풉니다. 고행도 하고 양심대로 살고자 합니다. 유대인들은 율법을 지킴으로 의롭게 되고자 했습니다. 그러나 인간은 자기 의지나 행위로 의롭게 될 수 없습니다. 유대인들뿐만 아니라 세상의 모든 종교는 자기 행위로 구원받고자 하는 행위의 종교입니다. 그러나 자기 행위로 구원받을 자는 세상에 한 사람도 없습니다(갈 2:16). 자기 행위로 구원받고자 하는 사람은 예뻐 보이려고 화장을 하는 여인과 같습니다. 화장이 지워지면 본래의 모습으로 돌아옵니다(사 64:6).

'하나님의 의'(righteousness)는 예수 그리스도입니다. 하나님은 예수님을 십자가에 죽게 하심으로 죄인을 용서하시는 '새로운 살 길'(a new and living way)을 열어 주셨습니다(히 10:20). 예수님의 십자가만이 하나님과 바른 관계를 맺을 수 있고, 인간과 인간 사이에도 바른 관계를 맺을 수 있습니다.

셋째는 성령은 심판에 대하여 깨우쳐 줍니다(요 16:11). 사탄은 여자를 유혹하여 교만을 심고 하나님의 말씀을 불순종하게 했습니다. 이로써 인간은 사탄의 노예가 되었습니다. 사탄은 우리에게 사망이란 무기로 두려움과 불순종과 불안과 절망과 고통을 가져다줍니다. 사망은 독화살과 같습니다(고전 15:55). 이를 볼 때 우리의 씨름은 혈과 육을 상대하는 것이 아니라 사탄과 악한 영들입니다(엡 6:12). 그런데 사탄은 이미 심판을 받았습니다. 하나님은 마지막 심판의 날에 집행합니다(벧후 2:9).

둘째, 제자들을 향한 성령의 역사

제자들은 아직 어려서 성령께서 하실 일을 알지 못합니다. 반면에 세상에는 거짓 영이 많습니다. 진리의 길, 십자가의 길, 좁은 길에서 떠나서 넓고 쉬운 길로 가도록 유혹하는 미혹의 영이 있습니다(요일 4:1~2). 그러나 진리의 영이 오시면 거짓 영을 분별하게 하시고 진리로 인도합니다.

성령은 하나님의 영, 그리스도의 영, 그리스도의 별칭으로 스스로 창작하거나 독자적으로 활동하지 않습니다. 성령은 우리를 그리스도께로 인도하여 예수님을 그리스도로 고백하게 합니다(요 8:31~32, 14:6). 십자가의 은혜가 더 선명하게 느껴지고 더 가까이 다가가게 합니다. 성령은 천국의 소망과 메시아의 재림을 보여 주고, 환난과 박해를 이기게 하고 복음을 힘써서 전하게 합니다.

성령은 진리의 말씀을 깨닫게 하고 읽고 배웠던 성경을 생각나게 합니다(요 14:26). 성령은 우리의 마음 문을 열어서 말씀을 받아들이게 하고, 지혜를 깨닫게 하고, 순종하게 하고, 때로는 조용히 잠자는 것 같이 가만히 있다가 어떤 결정적인 순간에 이미 듣고 본 말씀들을 생각나게 합니다. 따라서 평소에 성경을 많이 읽고 묵상하고 예배를 드릴 때 집중하여 설교를 들어야 합니다. 그리고 성령은 그리스도의 성품을 닮도록 합니다. 그리스도의 성품은 사랑, 희락, 화평, 인내, 자비, 양선, 충성, 온유, 절제입니다.

셋째, 예수님을 믿는 각 사람에게 필요한 성령의 은사

예수님을 믿는 각 사람에게 필요한 성령의 은사를 줍니다. 성령의 은사는 로마서 12장에 예언, 섬기는 일, 교사, 권면, 헌금, 지도력, 긍휼의 은사, 고린도전서 12장에 지혜, 지식, 믿음, 신유, 영 분별, 방언, 방언 통역, 사도, 서로 돕는 일, 에베소서 4장에 복음 전하는 일, 목사가 있습니다. 그리고 독신, 순교, 대접하는 일, 선교사, 남을 위한 기도 등 27종류가 있습니다.

하나님께서 이런 성령의 은사를 주신 목적은 교회를 섬기도록 함에 있습니다. 교회를 섬김에서 가장 중요한 것은 덕스러움입니다(벧후 1:5). '덕'(goodness)은 사랑으로 나타납니다. 그래서 바울은 "너희는 더욱 큰 은사를 사모하라 내가 또한 가장 좋은 길을 너희에게 보이리라"(고전 12:31)라고 말씀하신 후, 사랑이 없으면 방언이나 천사의 말이나 예언하는 능력이나 모든 지식이 아무것도 아니고 아무 유익이 없다고 했습니다(고전 13:1~3).

요즘 코로나에 집값 상승으로 20대는 좌절하고, 30대는 분노하고, 40대는 절망하고, 50대는 무망하고, 60대는 포기하고, 70대는 노후가 마련되지 않아 할거(할아버지, 할머니 거지)로 모두가 불안을 안고 살아갑니다. 그러나 우리는 불안하거나 염려할 필요 없습니다. 왜냐하면, 성령께서 우리를 가장 안전하고 좋은 길, 하나님 나라로 섬세하게 인도해 주시기 때문입니다. 이는 마치 하나님께서 광야에서 이스라엘을 안전하게 가나안까지 인도하신 것과 같습니다.

출애굽한 이스라엘 백성이 가나안 입성을 위해 광야를 통과할 때 얼마나 불안하고 염려가 많았겠습니까? 필자가 시내 산을 다녀온 적이 있는데 광야는 풀 한 포기 없었습니다. 바위와 바람과 모래만 있었습니다. 거기다가 일교차가 심해 낮에는 뜨겁고 밤에는 추웠습니다. 하나님은 그런 그들에게 낮에는 구름 기둥으로 뜨거운 태양을 가리고, 밤에는 불기둥으로 추위를 가려 가나안으로 안전하게 인도하셨습니다(출 13:21~22, 14:19~20).

성자 예수님

"또 충성된 증인으로 죽은 자들 가운데에서 먼저 나시고 땅의 임금들의 머리가 되신 예수 그리스도로 말미암아 은혜와 평강이 너희에게 있기를 원하노라 우리를 사랑하사 그의 피로 우리 죄에서 우리를 해방하시고."(계 1:5)

예수님은 교회의 머리이시고 땅의 임금들의 머리이십니다. 예수 그리스도는 충성된 증인입니다. 이는 하나님과의 언약을 끝까지 지키셨다는 뜻입니다. 예수님은 세상에 계실 때 하나님 사역을 완성하셨습니다. 예수님께서 십자가에서 일곱 말씀을 남기셨는데 이를 가상칠언이라고 합니다. 가상칠언의 마지막 말씀이 "다 이루었다"(It is finished, *τέλειος*)입니다. 예수님은 십자가에서 메시아(그리스도) 사역을 완성하셨습니다. 메시아(그리스도)의 사역이 무엇입니까?

첫째, 예수 그리스도는 우리를 죄에서 해방하셨습니다.

성경에 자주 등장하는 죄는 헬라어로 바로 서야 할 자리에 바르게 서 있지 않는다는 '*παράπτομα*'(paraptoma), 넘어서는 안 될 선을 넘는다는 '*παράβασις*'(parabasis), 그리고 많이 쓰이는 '*ἁμαρτία*'(hamartia)가 있습니다. 이는 화살을 쏘았는데 표적에서 빗나간 것을 뜻합니다. 이를 종합해 보면 죄란 사람이 넘지 말아야 할 선을 넘거나 제 자리에 서 있지 않거나 하나님께서 원하시는 기대에 미치지 못하는 것을 뜻합니다.

하나님은 인간을 당신의 형상대로 남자와 여자를 지으시고 거룩한 사명과 계명을 주셨습니다(창 1:26~28, 2:16~17). 그런데 인간은 하나님의 말씀을 불순종했습니다. 인간은 죄를 지음으로 하나님이 원하시는 목적에서 빗나갔습니다. 이로써 인간은 하나님의 형상과 거룩한 사명을 상실했습니다. 죄에는 죄의 삯(wages of sin)이 있습니다. 그 삯은 사망입니다. 죄를 지은 인간이 한 번 죽는 것은 정한 것이지만 죽음 뒤에는 심판이 있습니다(롬 6:23; 히 9:27; 계 21:8). 하나님은 이런 인간을 버려두지 않고 예수님을 보내셨습니다. 예수님은 우리 죄를 위해 십자가에 죽으셨습니다. 예수님이 십자가에서 흘리신 피는 모든 죄를 사할 수 있는 죄 사함의 능력이 있습니다.

예수님은 십자가에서 나의 죄를 위해 피를 흘리심으로 죄와 사망의 법으로부터 해방하셨습니다(롬 8:1~2). '해방하다'(free, ηλευθερωσεν)의 헬라어 시제는 부정 과거형으로 이미 영원히 해방하셨다는 뜻입니다. 흠 없으신 예수님께서 속죄양이 되셔서 단번에 우리를 죄로부터 해방하셨으므로 이제 우리는 죄 사함을 받기 위해 더는 해야 할 일이 없습니다. 나의 있는 모습 그대로 예수 그리스도께로 나아가기만 하면 됩니다. 예수님은 미쁘시고 의로우셔서 우리 죄를 사하시며 모든 불의에서 우리를 깨끗하게 하십니다(요일 1:9).

하나님은 예수님을 믿고 세례를 받는 순간, 누구든지 의롭다고 하십니다(롬 3:24, 5:1). '의롭다'(justify)는 의롭다고 하다, 또는 칭의(稱義)하다는 법률 용어입니다. 이는 죄 없다고 인정받다, 사면을 받는다는 뜻입니다. 하나님은 죄인에게 죄 없다고 선언하시고 하나님과 바른 관계를 맺게 하십니다. 하나님께서 의롭다고 선언하는 순간에 하나님의 자녀가 됩니다. 죄의 종에서 의의 종이 됩니다. 율법의 매임에서 자유인이 됩니다. 따라서 누구도 정죄할 수 없습니다. 우리의 신분은 하나님의 자녀로 확고부동합니다.

우리가 신앙생활하다가 육신이 연약하여 불의에 빠지고 사탄의 유혹에 넘어질 수 있습니다. 그럴지라도 우리는 외칠 수 있어야 합니다. “정죄함이 결코 없다. 예수님을 믿는 순간, 그 누구도 하나님과의 관계를 끊을 수 없다. 그 어떤 세력도 나를 그리스도의 사랑에서 끊을 수 없다. 아멘.”

예수 그리스도를 믿는다는 것은 예수 그리스도 안에 있다는 것입니다. 예수 그리스도 안에 있으면 하나님 사랑의 줄에서 끊어지지 않습니다. 은혜의 세계에서 떨어져 나가지 않습니다(롬 8:33~39).

‘그리스도 안’이란 그리스도와 연합, 그리스도와 한 몸(one body)이 되었다는 뜻입니다. 예수님은 요한복음 15장에서 이를 포도나무와 가지로 비유하셨습니다. 포도나무와 가지는 떼려야 뗄 수 없습니다. 그러므로 ‘예수 그리스도 안’에 있으면, 예수님과 유기적인 관계로 떼려야 뗄 수 없습니다.

그리고 ‘그리스도 안’이란 ‘아담 안’과 대조됩니다. 우리가 아담 안에 있었을 때는 사망이 왕이 되어 우리를 지배했지만, 예수 그리스도 안에 있으면 예수님이 우리를 다스립니다.

우리가 이런 자유를 누리는 것은 내가 죄를 짓지 않아서도 아니고 온전해서도 아닙니다. 법이 달라져서 자유의 몸이 된 것입니다. 사람은 그대로인데 법이 달라지면 삶이 달라집니다. 북한 영국 공사였던 태영호씨는 북한 노동당 법으로는 아오지 탄광에 갈 사람입니다. 그런데 그는 남한에 와서 국민의힘 강남 지역구 국회의원이 되었습니다. 똑같은 사람인데 법에 따라 대우가 달라지고 신분이 달라졌습니다. 예수 그리스도의 법에 속하면 은혜의 사람이 되고, 죄와 사망의 법에 속하면 죄인이 됩니다. 어떤 법의 지배를 받느냐에 따라 사람의 신분이 달라지고 '나'란 존재가 달라집니다. 우리는 율법과 사망의 법에서 벗어나 예수 그리스도의 생명의 성령의 법의 지배를 받으므로 은혜의 사람, 영생을 소유한 사람이 되었습니다. 그러면 예수님의 피로 우리를 구원하신 목적이 무엇입니까?

둘째, 예수 그리스도는 우리를 나라와 제사장이 되게 하셨습니다.

> "그의 아버지 하나님을 위하여 우리를 나라와 제사장으로 삼으신 그에게 영광과 능력이 세세토록 있기를 원하노라. 아멘." (계 1:6)

하나님께서 우리를 구원하신 것은 우리를 나라와 제사장으로 삼고자 하심입니다. 로마 사람들에게 최고의 선망 대상은 왕이고 유대인들에게는 제사장입니다. 그런 그들은 왕과 제사장의 위엄과 영광을 누구보다도 잘 알고 있었습니다. 하나님은 이런 그들을 '나라'(*Βασιλείαν*)와 '제사장'(*ἱερεῖς*)으로 삼으셨습니다.

이 말씀은 출애굽기 19장을 배경으로 하고 있습니다. 하나님은 이스라엘 백성이 하나님의 말씀을 잘 듣고 순종하면 열국 중에서 하나님의 소유가 되고, 제사장 나라가 되며, 거룩한 백성으로 삼겠다고 약속하셨습니다(출 19:5~6). 그러나 이스라엘 백성은 말씀에 불순종했습니다. 이로써 하나님의 모든 축복이 그리스도로 말미암아 구원받은 새 이스라엘, 성도들에게 넘어오게 되었습니다. 베드로는 성도의 영적 신분을 택하신 족속, 거룩한 나라, 그의 소유된 백성, 왕 같은 제사장이라고 했습니다(벧전 2:9).

구약 시대에는 특수한 사람(레위 지파)에게만 제사장의 신분이 주어졌습니다. 그러나 예수 그리스도의 피로 구원받은 성도는 누구나 왕 같은 제사장이 됩니다. 왕 같은 제사장의 역할이 무엇입니까?

> "이 은혜는 곧 나로 이방인을 위하여 그리스도 예수의 일꾼이 되어 하나님의 복음의 제사장 직분을 하게 하사 이방인을 제물로 드리는 것이 성령 안에서 거룩하게 되어 받으실 만하게 하려 하심이라."(롬 15:16)

제사장의 역할은 이방인을 하나님의 제물로 드리는 것입니다. 하나님께 드리는 제물은 흠이 없고 깨끗해야 합니다. 그런데 이방인은 거룩하지 못합니다. 그들은 하나님의 제물이 될 수 없습니다. 제사장은 이런 이방인에게 복음을 전하여 예수님의 보배로운 피로 정결하게 하여 하나님이 받으실 수 있는 제물이 되도록 하는 것입니다.

그리고 제사장은 섬기는 사람입니다. '제사장'이란 히브리어로 코헨(כהן)으로 '서 있다'는 뜻입니다. 성막에는 의자가 없습니다. 의자가 없기에 늘 서 있어야 합니다. 제사장의 직임은 서서 섬기고 봉사하는 것입니다.

또 제사장은 기도하는 사람입니다. 제사장(Pontifex)은 라틴어로 '다리'(*pontem*)와 '놓는 사람'(*faciens*)의 합성어로 '다리를 놓는 사람'이라는 뜻입니다. 그리고 종교(religion)란 단어도 끊어진 끈을 다시 잇는다는 뜻입니다. 제사장은 하나님과 인간 사이의 다리 역할, 누군가를 위해 기도하는 사람입니다. 기도는 향기로운 제물입니다.

우리가 제사장이 되었으면 제사장다운 삶을 살아야 합니다. 제사장답게 복음을 전하고 섬기고 봉사하고 하나님과 인간 사이에 다리를 놓아 하나님과 바른 관계를 맺도록 해야 합니다. 인간과 인간 사이, 가정과 직장과 세상 사이에 깨진 관계를 회복하도록 돕고 전도하고 기도해야 합니다.

제사장인데 왕같은 제사장(royal priesthood)입니다. 왕은 왕도(kingship)가 있어야 합니다. 왕은 생각하는 범위(scale)가 넓고 크며 말과 행동이 기품이 있어야 합니다. 어떤 종류의 사람도 이해하고 품고 섬길 수 있는 깊은 이해심과 넓은 마음을 가져야 합니다.

초대 성도들은 박해와 고난 중에도 왕 같은 제사장으로 삼으신 하나님의 은혜와 특권에 감사하며 십자가와 부활의 복음과 기도로 세계를 바꾸고자 하는 거룩한 소망이 있었습니다. 우리 또한 왕 같은 제사장으로 삼으신 은혜와 특권을 가슴에 간직하고 그 직임을 잘 감당해야 합니다.

셋째, 예수 그리스도께서 다시 심판주로 오십니다.

> "볼지어다 구름을 타고 오시리라 각 사람의 눈이 그를 보겠고 그를 찌른 자들도 볼 것이요 땅에 있는 모든 족속이 그로 말미암아 애곡하리니 그러하리라 아멘 주 하나님이 이르시되 나는 알파와 오메가라 이제도 있고 전에도 있었고 장차 올 자요 전능한 자라 하시더라."(계 1:7~8)

그를 찌른 자들은 예수님을 직접 찌르는 사람을 의미하기도 하지만 교회를 박해하는 모든 사람을 뜻합니다. 예수님이 다시 오시는 그날에 예수님을 박해하던 사람들은 비로소 예수님이 구원자인 것을 알게 됩니다. 모든 사람이 예수님께 무릎을 꿇고 영광과 찬양을 드리게 됩니다.

예수님이 다시 오실 날이 가까워지고 있습니다. 예수님을 박해하고 거절하던 사람들이 슬피 울 날이 다가오고 있습니다. 하나님의 심판이 임박하고 있습니다. 예수님의 초림은 개인에게 역사하지만, 재림은 모든 족속, 모든 나라가 동시에 순간으로 볼 수 있도록 오십니다. 예수님은 밤에 오실지, 낮에 오실지 아무도 모릅니다. 우리는 주님이 언제 오시더라도 맞을 준비를 해야 합니다.

하나님은 영원하시고, 존재의 시작이요 마침입니다. 성령은 진리의 영으로 예수님을 그리스도로 알게 합니다. 예수님은 그의 피로 우리를 죄에서 해방하시고 나라와 제사장으로 삼으십니다. 예수님은 장차 심판 주로 모든 사람이 볼 수 있도록 오십니다. 그날에 믿는 이들은 기쁨이요 믿지 않는 자들은 애통입니다. 우리는 다시 오실 예수님을 소망하며 살아야 합니다.

생각하기

1. 요한은 아시아의 일곱 교회에 성삼위 하나님 이름으로 은혜와 평강을 기원했습니다(계 1:4). 은혜와 평강에 대해 말해 보세요.
2. 요한은 하나님을 이제도 전에도 계셨고 장차 오시고 알파와 오메가라고 하였습니다(계 1:4상, 8). 하나님에 대해 말해 보세요.
3. 요한은 성령을 그의 보좌 앞에 있는 일곱 영이라고 했습니다(계 1:4하). 성령과 그 역할에 대해 아는 바를 말해 보세요.
4. 예수님은 그의 피로 죄에서 우리를 해방하시고 하나님 나라와 제사장으로 삼으시고, 장차 모든 사람이 볼 수 있도록 오십니다(계 1:5~7). 예수님의 피의 은혜와 다시 오실 예수님에 대해 말해 보세요.

03 요한계시록 1:9~20

사망과 음부의 열쇠를 가지신 예수님

"곧 살아 있는 자라 내가 전에 죽었었노라 볼지어다 이제 세세토록 살아있어 사망과 음부의 열쇠를 가졌노니."(계 1:18)

사람에게 최대의 공포가 무엇일까요? 그것은 죽음입니다. 사람들이 왜 죽음을 두려워합니까? 첫째는 죽음의 건너편에 무엇이 있는지 정보를 전혀 모르기 때문입니다. 둘째는 죽음은 한 번밖에 경험하지 못하기 때문입니다. 셋째는 세상에 그 누구도 죽음을 지배하지 못했기 때문입니다. 세계를 제패했던 알렉산더 대왕도 죽음이란 단어 앞에 눈물을 흘렸다고 합니다. 제주도의 서귀포(西歸浦)란 지명도 중국을 통일했던 진시황제가 삼신산(三神山)의 하나인 영주산(한라산)에서 불로초를 구하도록 서복(徐福)이란 신하를 제주도로 보냈지만, 그가 빈손으로 서쪽으로 돌아갔다는 데서 유래되고 있습니다.

세상의 모든 것은 한 번 경험하고 다시 경험할 수 있습니다. 그런데 죽음만큼은 연습이 없고 두 번 경험할 수 없습니다. 죽음은 아담의 범죄 이후로부터 지금까지 절대 독재자가 되어 세상을 지배해 왔습니다. 지금도 코로나19란 감염병이 우리를 죽음의 두려움으로 몰아넣고 있습니다. 그러나 예수님은 죽은 자 가운데 살아나셔서 영원히 살아 계십니다. 예수님은 영원히 살아 계셔서 사망과 음부의 열쇠를 쥐고 계십니다. 예수님은 죽음 이후의 음부의 세계까지도 통치하십니다. 죽은 자 가운데서 부활하신 만왕의 왕 예수님은 지금도 살아 계셔서 생명과 지옥의 형벌을 그 손에 쥐고 계십니다.

성경은 죽음 이후의 모든 정보를 말씀해주고 있습니다. 성경은 예수님을 믿지 않는 자들에게는 심판의 부활로, 믿는 자들에게는 영생의 부활로 나타난다고 말씀하셨습니다. 죄의 삯은 사망이며(롬 6:23상), 사람이 죽는 것은 정한 이치이지만 후에는 반드시 심판이 있고(히 9:27), 그 심판은 제2의 죽음으로 유황불에 타는 못에 영원히 참여하게 된다고 말씀하였습니다(계 21:8).

반면에 믿는 자들에게는 그리스도 예수 안에 있는 영생이 약속되어 있습니다(롬 6:23하). 믿는 자들은 영광스러운 하나님의 나라에서 하나님의 보좌 우편에 계신 주님과 영원히 함께합니다(엡 2:6). 이곳은 슬픔도 죽음도 애통도 아픈 것도 어둠도 없습니다(벧전 1:3~4; 계 21:1~4). 이보다 더 확실한 정보가 어디 있습니까? 요즘 정보 시대인데 성경만큼 삶과 죽음에 관해 확실한 정보를 주는 책은 어디에도 없습니다.

본문을 보면 계시를 받은 요한 자신의 소개(계 1:9~11), 계시자이신 예수님의 모습(계 1:12~16), 계시자이신 예수님의 명령(계 1:17~20)이 나옵니다. 우리는 본문에서 죽음을 이기고 부활하신 예수님, 죽음과 음부까지도 지배하시는 예수님을 만날 수 있습니다.

계시를 받은 요한 자신의 소개

> "나 요한은 너희 형제요 예수의 환난과 나라와 참음에 동참하는 자라 하나님의 말씀과 예수를 증언하였음으로 말미암아 밧모라 하는 섬에 있었더니."(계 1:9)

요한은 자신을 소개할 때 '너희 형제'라고 소개하고 있습니다. '형제'는 출생의 근원이 같고, 또 서로 사랑하며 생사고락을 함께 나누는 관계입니다. 속담에 "기쁨은 나누면 배가 되고, 슬픔은 나누면 반이 된다"(有福同享 有難同當)는 말이 있습니다. 요한은 현재 밧모섬에서 유배되어 있지만 외롭지 않았습니다. 요한에게는 고난을 받을 때 위로받을 수 있는 주님 안에서 맺은 형제들이 있어서입니다. 혈육으로 맺어진 형제는 이 세상에서 살아 있는 동안 정을 나누지만, 예수 그리스도 안에서 맺어진 형제는 천국에 가서도 영원히 계속됩니다.

요한은 '예수의 환난과 나라와 참음에 동참하는 자'라고 자신을 소개하고 있습니다. '예수의 환난에 동참한다'는 것은 예수님으로 말미암아 당하는 환난을 뜻합니다. '나라'(the kingdom, KJV)는 왕국, 하나님 나라를 말합니다. 당시에 예수님을 믿다가 도미티아누스(Titus Flavius Domitianus) 황제의 핍박을 견디지 못해 배도하는 사람들이 있었습니다. 그러나 요한은 끝까지 신앙의 순결을 지키다가 밧모섬으로 유배되었습니다. 밧모섬은 사도 바울이 고별 메시지를 전한 밀레도 섬에서 서쪽으로 약 48km 떨어진 곳에 있는 작은 바위섬입니다.

사람들은 자기 죄로 고난을 받습니다. 반면에 요한은 예수 그리스도로 말미암아 고난을 받습니다. 사람들은 탐심과 정욕으로 어려움을 겪지만, 요한은 하나님 나라를 위해 고난을 받습니다. 사람들은 자기 영광을 구하다가 고통을 받으나 요한은 하나님의 영광을 위해 고난받습니다. 사람이 자기 자신의 잘못으로 받는 고난은 비극이지만, 예수님을 증언하다가 당하는 고난은 영광스럽습니다.

바울은 가는 곳마다 많은 환난과 박해가 기다리고 있었습니다. 바울은 내 몸에 예수의 흔적을 지니고 있다고 했습니다(갈 6:17). 바울은 복음을 전하다가 루스드라(Lystra)에서 돌에 맞아 죽었다가 살아나기도 했습니다. 그래서 그의 몸에는 상처가 많았습니다. 그 상처는 예수 그리스도의 종으로서의 영광스러운 흔적이었습니다. 그는 이 상처를 보여 주며 자랑했습니다.

한국에는 요한이 살던 시대와 같이 예수님을 믿는다고 옥에 보낸다든지, 불에 태워 죽인다든지, 원형경기장에서 성난 사자의 밥이 되게 한다든지, 외딴 섬으로 유배시킨다든지 등의 박해는 없습니다. 그러나 독일 신학자 칼 바르트(Karl Barth)는 복음에 대한 박해를 두 가지로 보았습니다. 첫째는 복음의 외적인 핍박이고, 둘째는 복음에 대한 무관심의 박해입니다.

한국에서는 복음에 대한 무관심의 박해가 있습니다. 우리가 학교에서, 직장에서, 지역에서 복음을 전하다 보면 사람들이 이전과 달리 복음을 외면합니다. 우리가 전도지를 나눠 줄 때 받는 사람보다 받지 않는 사람이 더 많습니다. 이는 두더지처럼 숨어서 활동하던 신천지가 코로나19로 그 실체가 드러난 이후부터 더욱 그러합니다. 우리가 복음을 전할 때 외면하면, 부끄럽기도 하고 자존심이 상하기도 합니다. 그러나 이런 고난은 영광스러운 고난입니다. 우리가 하나님 나라에 들어가려면 많은 환난을 받습니다. 환난과 박해를 받을 때 인내해야 합니다.

> "다만 이뿐 아니라 우리가 환난 중에도 즐거워하나니 이는 환난은 인내를, 인내는 연단을, 연단은 소망을 이루는 줄 앎이로다."
> (롬 5:3~4)

한국교회는 1884년에 황해도 소래교회에서 예배를 드린 후부터 138년 동안 예배가 멈추지 않았습니다. 일제강점기에 35년간 신사참배(神社參拜)를 강요하는 참혹한 박해와 민족의 비극 중의 비극인 6.25 동란과 유신 독재 체제에서도 예배드리는 것을 멈추지 않았습니다. 그런데 코로나19가 대구의 이단 집단에서 창궐하여 정부의 집합금지(3밀-밀접, 밀폐,

밀집) 명령이 내려져 한국교회 역사상 처음으로 교회에 모여 예배를 드리지 못하고 온라인으로 예배를 드리는 처지에 이르렀습니다. 이것은 한국뿐만 아니라 유럽과 북미도 그러합니다. 교회는 케리그마(κῆρυγμα, 복음 선포), 코이노니아(Κοινωνία, 교제), 디아코니아(διακονία, 봉사)와 유카리스티아(εὐχαριστία, 성찬)가 있어야 하는데, 온라인 예배는 케리그마(κῆρυγμα)만 있습니다. 이것은 기형적인 예배입니다.

'물리적 거리 두기'가 사람과 사람 사이의 '사회적 거리'로 둔갑되어 "뭉치면 죽고 헤어지면 산다"라는 조어가 등장하여 인간관계도 사랑과 신뢰의 관계에서 의심과 두려움의 관계로 되어 가고 있습니다. 인간은 사회적 존재이므로 인간 유대관계가 중요합니다. 유대관계는 삶의 거리에 비례합니다. 그래서 먼 친척보다 이웃사촌이 낫다는 말이 있습니다. 코로나19로 '물리적 거리 두기'가 계속되면 인간 유대관계가 단절되어 정서가 결핍될 수 있습니다.

요즘 코로나 블루(우울감, 무기력) 환자가 2019년 대비 2020년에 여성 6.1%, 남성 4.0% 증가가 이를 입증하고 있습니다. 그렇게 되면 각종 사회병리 현상으로 사회 자체가 무너질 수 있습니다. 이런 상황에서 우리는 어떻게 해야 합니까? 우리는 '물리적 거리 두기'를 하는 만큼 '죄와 거리 두기'를 하되 '사회적 거리'를 좁혀 더욱 형제애를 갖도록 힘써야 합니다.

계시자이신 예수님의 모습

> "주의 날에 내가 성령에 감동되어 내 뒤에서 나는 나팔 소리 같은 큰 음성을 들으니."(계 1:10)

'주의 날'(the Lord's Day)은 일주일의 첫날, 곧 주일(主日, Sunday)을

가리킵니다. 주일은 주님의 날입니다. 주일은 예수님께서 부활하신 날입니다. 주일은 성령께서 강림하신 날이기도 합니다. 주일은 하나님을 영과 진리로 예배드리는 날, 하나님이 주시는 신령한 은혜를 받아 누리는 복된 날입니다. 주일에 영과 진리로 예배를 드릴 때 우리의 영이 새로워지고 주님의 은혜를 경험하고, 기쁨과 행복이 임하게 됩니다.

요한은 유배지에서도 주님의 날인 주일에 영과 진리로 마음을 다하여 예배를 드리며 주님을 찬양하고 기도했습니다. 이때 요한은 성령에 감동되어 뒤에서 나팔 소리 같은 큰 음성을 들었습니다. '나팔 소리'는 승리의 소리요, 잠에서 깨어 일어나라는 기상나팔 소리입니다. 그는 "네가 보는 것을 두루마리에 써서 에베소, 서머나, 버가모, 두아디라, 사데, 빌라델비아, 라오디게아 일곱 등 교회에 보내라"(계 1:11)라고 했습니다. 일곱 교회는 교회를 대표합니다. 일곱 교회 속에는 우리 교회도 포함됩니다.

요한이 말한 음성을 알아보려고 뒤를 돌이킬 때 일곱 금 등대를 보았습니다. 구약의 성소에는 일곱의 금 등대가 있었습니다. 금 등대 위에 늘 불이 켜져서 어두움을 밝혔습니다. '일곱 금 등대'는 일곱 교회를 가리킵니다(계 1:20). 이 금 등대 사이에 인자 같은 이가 서 계시면서 이 등대들을 살피시고, 이 등대들이 불을 잘 밝히는가 보고 계셨습니다.

'인자 같은 이'는 큰 권세와 영광과 나라를 받은 그리스도를 가리킵니다(단 7:13~14). 예수님은 세상을 밝히기 위해 교회를 세우셨습니다. 예수님은 어느 교회가 환한 빛을 내는가, 어떤 교회가 가물가물한가를 보고 계십니다. 예수님은 요한에게 그가 보는 것을 책에 기록하여 교회에 보내어 다시 빛을 비추도록 하셨습니다. 교회의 생명은 어두움을 밝히는 데 있습니다(마 5:13~14; 벧전 2:9). 예수님의 모습이 어떠했습니까?

> "촛대(등대) 사이에 인자 같은 이가 발에 끌리는 옷을 입고 가슴에 금띠를 띠고 그의 머리와 털의 희기가 흰 양털 같고 눈 같으며 그의 눈은 불꽃 같고 그의 발은 풀무불에 단련한 빛난 주석 같고 그의 음성은 많은 물 소리와 같으며 그의 오른손에 일곱 별이 있고 그의 입에서 좌우에 날선 검이 나오고 그 얼굴은 해가 힘 있게 비치는 것 같더라."(계 1:13~16)

요한이 본 예수 그리스도는 예전에 보았던 그분의 모습이 아니었습니다. 요한이 갈릴리에서 보고 함께하셨던 예수님은 낮아져 섬기는 종의 모습이요, 죄인들의 친구와 같은 분이셨습니다. 그런데 지금 요한이 본 예수님은 종의 모습이 아니라 존귀로 높은 보좌에 앉으신 영화와 영광의 주님이셨습니다.

'발에 끌리는 옷'은 대제사장이신 예수님의 모습이었습니다. '금띠'는 왕이신 예수님의 모습입니다. '머리와 털의 희기가 양털 같고 눈 같다'는 것은 예수님의 순결성과 신성, 경륜을 말합니다. '그의 눈이 불꽃 같다'는 것은 우리의 내면을 살피시고, 감추어져 있는 모든 것을 꿰뚫어 보시고, 감찰하시며 우리의 숨은 생각까지 아시는 전지하신 분이심을 뜻합니다. '그의 발이 풀무불에 단련한 빛난 주석과 같다'는 것은 모든 원수에 대한 주님의 엄중한 심판을 뜻합니다. '그의 음성이 많은 물소리 같다'는 것은 믿지 않는 자들에 대한 경고와 심판의 말씀입니다. '오른손에 일곱 별이 있다'는 것은 하나님의 종들을 그 손안에 붙들고 계심을 의미합니다. '입에서 좌우에 날선 검이 나오는 것'은 모든 대적을 소멸하시는 말씀의 권세자이심을 뜻합니다. '얼굴이 해가 힘 있게 비치는 것 같다'는 것은 어떤 것과도 비교할 수 없는 예수 그리스도의 영광을 의미합니다. 에디슨(Thomas Alva Edison)이 발명한 전등이 아무리

밝다고 해도 태양 빛에 비교할 수 없듯이, 세상의 어떤 영광도 주님의 영광에 비하면 아무것도 아닙니다. 그리스도의 무궁한 영광의 빛을 본 요한은 놀라 죽은 자와 같이 되었습니다.

예수님은 왜 이런 모습을 요한에게 보여 주셨을까요? 지금 교회는 로마 황제의 핍박으로 교회가 위축되어 있었습니다. 배도하는 성도들로 실의와 좌절감에 빠져 있었습니다. 그들에 비친 예수님의 모습은 환난당하신 예수님의 모습이었습니다. 사람들로부터 멸시와 천대, 조롱과 미움을 받으시고 비참하게 십자가에 돌아가신 예수님의 모습이었습니다.

> "그는 멸시를 받아 사람들에게 버림받았으며 간고를 많이 겪었으며 질고를 아는 자라 마치 사람들이 그에게서 얼굴을 가리는 것 같이 멸시를 당하였고 우리도 그를 귀히 여기지 아니하였도다."(사 53:3)

그러나 예수님은 변화산에서 제자들에게 보여 주셨던 대로 영화로우시고 영광스럽고 거룩하신 분입니다(마 17:2). 예수님은 하늘나라의 높은 보좌에 앉으셔서 구원도 하시고 심판도 하시는 구원과 심판주이십니다. 예수님은 생명의 주님이십니다. 예수님은 다시 오실 만왕의 왕이십니다(막 8:38). 예수님은 경배와 찬양을 받으시기에 합당하신 분이십니다(계 4:10~11).

우리 또한 예수님을 생각하면 영광과 거룩함보다 고독하신 예수님, 배척받으시는 예수님, 초라하신 예수님, 십자가에 처절하게 돌아가신 예수님을 생각하기 쉽습니다. 그래서 신앙생활이란 십자가를 지고 죽도록 고생하다가 끝나는 것으로 생각하여 부담을 느낄 때가 있습니다.

우리가 부모님과 상사나 동료로부터 박해를 당할 때, 사랑과 진심을 쏟아부어 섬겼던 사람들이 교회를 떠날 때, 고난받으시고 홀로 십자가에 달리신 슬픈 예수님의 모습이 떠오릅니다.

그러나 우리는 십자가 고난 후에 부활하신 영광스러운 예수님, 승리의 예수님, 빛나고 높은 보좌에 앉아 계신 예수님, 장차 오실 영광의 예수님을 바라봐야 합니다. 이 예수님을 바라보면 현재 당하는 모든 슬픔과 고통과 고독과 아픔이 눈 녹듯이 사라집니다. 승리와 영광의 예수님을 바라보면 예수님을 믿음으로 말미암는 고난은 결코 고난이 아니고, 고난이 부담스럽지 않습니다. 이때 고난은 영광스러운 고난이 됩니다. 바울이 그토록 예수님의 고난을 사랑했던 이유는 장차 나타날 영광의 면류관을 바라보았기 때문입니다. 베드로 또한 마찬가지입니다.

> "나는 선한 싸움을 싸우고 나의 달려갈 길을 마치고 믿음을 지켰으니 이제 후로는 나를 위하여 의의 면류관이 예비되었으므로 주 곧 의로우신 재판장이 그 날에 내게 주실 것이며 내게만 아니라 주의 나타나심을 사모하는 모든 자에게도니라."(딤후 4:7~8)
>
> "사랑하는 자들아 너희를 연단하려고 오는 불 시험을 이상한 일 당하는 것 같이 이상히 여기지 말고 오히려 너희가 그리스도의 고난에 참여하는 것으로 즐거워하라 이는 그의 영광을 나타내실 때에 너희로 즐거워하고 기뻐하게 하려 함이라." (벧전 4:12~13)

예수님은 영광과 존귀를 받으시기에 합당하신 주님이십니다. 우리는 눈앞에 놓인 아픔과 슬픔에서 돌이켜 눈을 들어 영화로우시고 영광스러운 예수님을 바라볼 수 있어야 합니다.

계시자이신 예수님의 명령

이런 놀라운 모습을 본 요한은 그의 영광과 위엄에 압도되어 온몸에서 힘이 빠져 죽은 자와 같이 되어 그 발아래 엎드렸습니다. 복음서를 보면 요한은 예수님께 기대면서 어리광을 부리던 사람이었습니다. 그러나 부활하신 영광의 주님, 장차 오실 심판의 주님을 보는 순간, 그 위엄에 압도되어 죽은 자와 같이 되었습니다. 영광의 주님께서 그에게 오른손을 얹으며 말씀하셨습니다.

> "두려워하지 말라 나는 처음이요 마지막이니 곧 살아 있는 자라 내가 전에 죽었었노라 볼지어다 이제 세세토록 살아 있어 사망과 음부의 열쇠를 가졌노니 그러므로 네가 본 것과 지금 있는 일과 장차 될 일을 기록하라."(계 1:17하~19)

영원 전부터 계신 주님께서 우리 죄를 위해 대신하여 십자가에 죽으셨습니다. 그러나 예수님이 사망 권세를 이기시고 부활하셨습니다. 산 자와 죽은 자의 심판주가 되시며, 사망과 음부의 열쇠를 가지신 분이 되셨습니다. 그날에 예수님을 믿는 자는 생명의 부활로, 믿지 않는 자는 심판의 부활로 나타납니다. 예수님은 생명의 주인이십니다. 예수님은 인생의 성공과 실패를 좌우하시는 분이십니다. 그렇다면 우리는 어떤 삶을 살아야 합니까? 우리는 아무것도 두려워하지 말고 지금도 살아 계셔서 우리와 함께하시는 예수님을 믿고 의탁하며 주님의 영광을 위해 살아야 합니다.

로마 시대에 율리아누스(Flavius Claudius Julianus) 황제가 있었습니다. 그는 그리스도인들을 무자비하게 처형했습니다. 그 시대에 무명의 순교자가 원형경기장의 사자 밥이 되기 위해 서 있었습니다. 황제는 그에게 물었습니다. "넌 죽음이 두렵지 않느냐?" 무명의 순교자는 대답했습니다. "그렇습니다." 왕이 또 물었습니다. "어째서 죽음이 두렵지 않느냐?" 그가 대답했습니다. "나의 주, 예수님은 살아 계시기 때문입니다." 그러자 율리아누스 황제가 비웃으며 이렇게 말했습니다. "네가 믿는 주님이 살아 계시다? 그렇다면 지금 그 나사렛 목수는 무엇을 하고 있느냐?" 그가 대답했습니다. "폐하, 지금 나사렛 예수 그리스도는 폐하와 같은 사람을 위하여 관을 짜고 계십니다." 이는 A.D.361년에 일어난 사건인데, 그는 2년 후 A.D.363년에 전쟁터에서 죽었습니다. 그는 죽어 가며 이런 말을 남겼습니다. "오 갈릴리 사람이여, 그대가 승리자다!"

예수님은 나의 죄를 위하여 죽으시고 부활하셔서 승리와 영광의 주가 되셨습니다. 예수님은 사망과 음부의 열쇠를 가지고 계십니다. 예수님은 지금도 살아 계셔서 역사를 다스리시고 인생들의 생과 죽음을 주관하십니다. 예수님은 장차 영광으로 다시 오시는 만왕의 왕, 만주의 주이십니다.

생각하기

1. 요한은 자신을 형제라고 소개했습니다(계 1:9). 고난의 때 형제의 소중함을 말해 보세요.
2. 요한은 주의 날에 인자의 모습을 보았습니다(계 1:10~16). 이 예수님은 우리에게 어떤 분인가를 말해 보세요.
3. 예수님은 요한을 위로하시고 명령하셨습니다(계 1:17~20). 요한을 위로하시는 예수님과 그 명령을 말해 보세요.

Ⅱ. 이제 있는 일 - 일곱 교회를 향한 편지

(계 2:1~3:22)

처음 사랑으로 돌아가라(계 2:1~7) – 에베소교회

죽도록 충성하라(계 2:8~11) – 서머나교회

그러므로 회개하라(계 2:12~17) – 버가모교회

내가 올 때까지 굳게 잡으라(계 2:18~29) – 두아디라교회

그 남은 바 죽게 된 것을 굳건하게 하라(계 3:1~6) – 사데교회

내가 네 앞에 열린 문을 두었으되(계 3:7~13) – 빌라델비아교회

내가 문밖에 서서 두드리노니(계 3:14~22) – 라오디게아교회

〈소아시아 일곱 교회 지도〉

04 요한계시록 2:1~7

처음 사랑으로 돌아가라

"그러므로 어디서 떨어졌는지를 생각하고 회개하여 처음 행위를 가지라 만일 그리하지 아니하고 회개하지 아니하면 내가 네게 가서 네 촛대(등대)를 그 자리에서 옮기리라."(계 2:5)

교육심리학에 '학습 전이'(transfer of learning)란 이론이 있습니다. 이 이론 중에 기억과 망각의 이론이 있습니다. 기억이란 학습 경험과 내용을 저장하였다가 재생하여 인지해 내는 과정이고, 망각이란 기억한 정보가 시간이 지나거나 사용하지 않으면 약화, 혹은 소멸하여 재생되지 않는 현상입니다.

우리는 살아가면서 수많은 사건을 경험하지만 모두 기억할 수 없습니다. 그러나 처음 사랑은 시간이 지나가도 우리 마음속에 오래오래 남습니다. 이는 처음 사랑은 순수하고, 심장이 터질 듯 뛰고, 손에는 땀이 나고 떨리는 등 교감신경이 감정을 강렬하게 자극하였기 때문입니다.

사람의 뇌에는 생명을 주관하는 뇌간이 있고, 이성을 관장하는 좌뇌인 대뇌피질이 있으며, 감성을 지배하는 우뇌인 변연계가 있습니다. 이 변연계에 입력하면 기억이 오래오래 남습니다. 기억은 사용하지 않으면 잊어버리는 특성이 있기에 늘 기억하고 사용해야 합니다.

에베소교회는 모범을 보인 교회였습니다. 예수님은 그들의 행위와 수고와 인내를 안다고 하셨습니다. 에베소교회는 거짓 사도들을 용납하지 않았습니다. 그런 에베소교회에도 문제가 있었습니다. 그것은 '처음 사랑'(first love)을 잊은 것이었습니다. 하나님은 예수님께 대한 처음 사랑을 저버린 것을 심각한 문제로 여기셨습니다. 왜냐하면, 교회는 그리스도의 신부이기 때문입니다. 신부인 교회가 신랑이신 예수님께 대한 사랑이 식으면 교회의 책무를 충실히 행할 수 없습니다.

예수님은 요한복음 21장에서 부활하시고 승천 직전에 베드로에게 "네가 나를 사랑하느냐?"라고 물으셨습니다. 예수님은 베드로에게 오직 한 가지, 사랑을 원하셨습니다. 따라서 교회는 무엇보다도 예수 그리스도를 사랑해야 합니다. 처음 예수님을 만났을 때의 처음 사랑으로 돌아가 이전보다 더 예수님을 사랑해야 합니다.

교회를 붙들고 계시는 예수님

예수님은 자신을 오른손에 일곱 별을 붙들고 일곱 금 등대 사이를 다니시는 분으로 소개하셨습니다. 여기에서 일곱 별은 사역자들을 말하고 일곱 등대는 교회를 가리킵니다. 예수님은 사역자들을 붙들고 계셨고 교회를 친히 살피고 계셨습니다. 다시 말해 교회는 사람의 손에 있는 것이 아니라 예수님의 손에 달려 있습니다.

예수님이 왜 이런 모습으로 에베소교회에 나타나셨을까요? 에베소교회는 역사와 전통이 있는 교회로 예루살렘교회와 안디옥교회와 더불어 3대 교회 중의 하나였습니다.

에베소(Ephesus)는 소아시아의 항구 도시로 무역과 교통의 요지로 아시아의 수도라고 불렸습니다. 이곳에는 풍요의 여신이라는 아르테미스(Artemis; 다이애나, 로마)를 섬기는 큰 신전이 있었습니다. 이 신전은 고대 7대 불가사의 중의 하나로, 길이가 약 132m, 폭이 약 66m, 높이 약 18m로, 그리스의 유명한 파르테논(Parthenon) 신전의 네 배나 되었습니다. 특별히 이 신전은 범죄자의 도피처로 어떤 범죄자라도 신전 300m 이내에 들어오면 살 수 있었습니다. 이로써 에베소는 자연히 범죄자의 소굴이요 죄인들의 수용소가 되었습니다.

바울은 에베소가 선교 전략상 중요한 곳임을 알고 제3차 전도여행의 대부분을 에베소 선교를 위해 보냈습니다. 그는 처음에 유대인의 회당에서 복음을 전했습니다. 그런데 유대인들의 반발로 두란노 서원(Hall of Tyrannus)으로 옮겼습니다. 바울은 두란노 서원에서 12명을 뽑아 선택과 집중으로 제자를 양육하였습니다. 그의 밀레도 고별사를 보면 바울은 에베소에서 약 3년간 눈물과 겸손으로 성도들을 섬겼습니다(행 20:17~31). 이로써 에베소에 놀라운 복음 역사가 일어났습니다. 마술(sorcery) 하는 사람들이 책을 다 가져다가 불살랐는데, 그 액수가 자그마치 5만 드라크마(fifty thousand drachmas, NIV)나 되었습니다(행 19:19). '1 드라크마'는 노동자의 하루 품삯으로, 이를 오늘날로 환산하면 50억에 달하는 금액으로 추정할 수 있습니다. 바울은 이곳에서 말씀의 능력을 체험하고 로마 선교 비전을 보았습니다(행 19:20~21).

에베소교회는 어떤 교회보다 뛰어난 말씀의 종들로부터 양육받았습니다. 디모데(Timothy), 아굴라(Aquila)와 브리스길라(Priscilla), 아볼로(Apollos), 두기고(Tychicus)가 에베소교회를 섬겼습니다(딤전 1:3; 행 18:18~19,24; 딤후 4:12). 말년에 사도 요한이 에베소교회를 섬겼고, 오네시모(Onesimus)를 배출한 교회이기도 합니다(딤후 1:16).

에베소교회는 역사와 전통이 빛나는 교회였습니다. 역사와 전통이 빛나는 교회의 약점은 복음의 능력보다 "우리 교회는 몇십 년 된 교회, 이런 선배들을 배출한 교회, 로마 개척에 크게 공헌한 교회"라며 역사와 전통을 자랑하기 쉽습니다. 또 교회가 역사가 있고 큰 교회일수록 조직으로 움직이기 쉽습니다. 교회가 조직으로 움직이게 되면 한 사람의 중요성을 잊어버리기 쉽습니다. 유기적인 공동체보다 하나의 조직이 되기 쉽습니다. 조직의 생명은 조직 자체에 있는 것이 아니라 유기체(organism)에 있습니다.

교회가 조직으로 움직이면 교회의 머리이신 예수 그리스도가 중심이 되기보다 영향력이 있는 몇 사람과 조직이 중심되기 쉽습니다. 그러다 보면 교회가 예수님을 자랑하기보다 사람을 자랑하고 사람의 업적을 자랑하게 됩니다. 그래서 예수님은 에베소교회의 주인으로 나타나셨습니다.

교회의 주인은 예수 그리스도입니다. 교회를 섬기는 종들은 주님께서 부르셔서 쓰시는 도구에 불과합니다. 예수님은 교회를 순회하시면서 연약한 교회에는 힘을 주시고 잠든 교회는 깨우시고 사랑이 식은 교회에는 사랑의 불길을 일으키고 박해받는 교회를 위로하십니다. 주님은 특히 예수님의 첫사랑을 잊어버린 에베소교회에 찾아오셔서 예수님의 첫사랑을 다시 새롭게 불러일으키십니다.

그들의 수고를 칭찬하시는 예수님

> "내가 네 행위와 수고와 네 인내를 알고 또 악한 자들을 용납하지 아니한 것과 자칭 사도라 하되 아닌 자들을 시험하여 그의 거짓된 것을 네가 드러낸 것과 또 네가 참고 내 이름을 위하여 견디고 게으르지 아니한 것을 아노라."(계 2:2~3)

예수님은 에베소교회의 행위를 안다고 하셨습니다. '행위'(hard work)는 열심히 일하는 것을 말합니다. 그들은 열심히 예수님과 교회를 위해 수고했습니다. 그들은 적당하게 섬긴 것이 아니라 진이 빠지도록 섬겼습니다. 그들은 예수님을 위하여 인내하며 게으르지 않고 열심히 봉사하였습니다. 예수님은 그들의 이런 모습을 잘 아셨습니다. 예수님은 그들이 부지런히 전도하여 인근인 골로새교회와 라오디게아교회가 설립되고, 로마교회를 설립하는 데 쓰임 받은 것도 잘 아셨습니다.

그뿐만 아니라 그들은 신중하게 생각하며 거짓 사도들을 분별했습니다. 아마 예루살렘에서 온 사도라며 대접받으며 거짓 교훈을 가르치는 자들이 있었던 것 같습니다. 지금이야 카톡과 전화 한 통화로 그들의 신분을 알 수 있지만, 당시에는 그럴 수 없었습니다. 그렇다고 형제를 의심할 수 없었습니다. 그들은 함부로 사람을 배척하거나 정죄하지 않고 거짓 사도들과 거짓된 교훈을 밝혀냈습니다. 그들은 사람을 판단할 때 신중하였습니다.

그뿐만 아니라 그들은 이단인 니골라당을 미워했습니다(계 2:6). '니골라당'(Nicolaitans)은 율법 폐기론자들입니다. 니골라당은 예수님 안에서 모든 율법이 성취되었기에 더는 율법이 필요가 없고, 또 회개하면 용납하기 때문에 죄를 지으며 자유롭게 살아도 된다고 가르쳤습니다. 그들은 성화를 인정하지 않았습니다. 그러니 그들은 삶에 변화가 없었습니다.

니골라당은 율법의 기능을 알지 못했습니다. 바울은 로마서 7장에서 율법의 기능을 길게 증언하였습니다. 우리가 율법에 대해 죽어 율법의 매임에서 벗어난 것은 율법이 나빠서가 아닙니다. 율법은 죄를 깨닫게 합니다(롬 7:7). 율법이 없었을 때 사람들은 죄를 지으면서도 죄의식과 양심의 가책을 느끼지 못했습니다. 그러나 죄가 율법을 이용하여 우리 속에 있는 온갖 탐심으로 죄의식을 느끼도록 합니다.

바울은 십계명 중 열 번째인 "네 이웃의 집을 탐내지 말라"라는 계명을 예로 들어 설명했습니다. 이 계명은 다른 계명과 달리 내면의 문제입니다. 그리고 사람들은 탐심을 죄로 여기지 않기 쉽습니다. 오히려 생존경쟁이 치열한 자본주의 사회에서 살려면 어느 정도 욕심이 있어야 한다고 생각합니다. 그러나 욕심은 모든 죄의 근본입니다. 욕심이 잉태한즉 죄를 낳습니다(약 1:15). 탐심은 우상숭배입니다(골 3:5).

존 번연(John Bunyan)은 《천로역정》[4]에서 이를 재미있는 비유로 설명하였습니다. 기독도가 어떤 방에 들어갔더니 먼지가 수북하게 쌓여 있었습니다. 어떤 사람이 빗자루를 들고 그 방을 쓸기 시작했습니다. 그러자 먼지가 일어나서 질식해 죽을 지경이었습니다. 이때 한 사람이 나타나 물을 뿌리자 더는 먼지가 일지 않았습니다. 여기에서 방은 인간 내면의 부패한 모습입니다. 인간 내면은 먼지가 쌓인 상태와 같습니다. 빗자루를 들고 방을 쓴 사람은 율법이요, 물을 뿌린 사람은 은혜의 예수님입니다. 우리를 질식시켜 죽게 만든 것은 빗자루를 들고 방을 쓴 사람이 아니라 방에 쌓인 먼지였습니다. 우리는 자신 안에 먼지가 얼마나 많은가를 알지 못하고 살아왔습니다. 그런데 율법을 알게 되면 우리 안에 먼지가 많다는 것을 깨닫게 됩니다. 다시 말해 율법은 우리가 죄인임을 일깨워 줍니다. 죄는 숨어 있다가 율법으로 드러납니다.

율법을 알지 못했을 때 우리는 죄를 지으면서도 아무 죄의식과 양심의 고통을 느끼지 못했습니다. 왜냐하면, 내가 살아 있기 때문입니다(롬 7:9). 죄와 율법은 언제나 살아 있는 사람에게 역사합니다. 계명으로 생명을 얻어야 하는데 내가 살아 있기에 정반대로 내 속에 있던 죄가 계명을 이용해 나를 속이고 나를 죽였습니다(롬 7:10~11). 이를 볼 때 율법은 거룩하고 계명도 거룩하고 의로우며 선합니다(롬 7:12). 율법은 죄를 깨우쳐 주고 우리가 죄인이라는 사실을 깨닫게 합니다. 율법은 예수님의 필요성과 구원의 절박함을 알게 합니다(롬 7:13). 율법은 우리를 예수님께 나아가게 하고 우리의 구원을 준비시킵니다. 바울은 율법을 그리스도께로 인도하는 초등교사라고 했습니다(갈 3:24). 따라

4 존 번연(John Bunyan), 《천로역정》 (CLC. 기독교문서선교회, 2020).

서 율법은 거룩하고 선합니다. 율법은 은혜를 은혜 되게 합니다. 율법은 신분의 변화에서 높은 수준의 변화로 이끕니다. 에베소교회 성도들은 율법의 기능을 무시하고 계명을 지키지 않는 니골라당을 미워했습니다. 예수님은 이런 에베소 성도들을 칭찬하셨습니다.

한동안 문제를 일으킨 일명 구원파가 바로 니골라당입니다. 그들은 예수님을 믿으면 모든 죄가 용서받았다며 죄짓는 것을 커피 마시듯이 가볍게 여깁니다. 그리고 어떤 이들은 예수님을 믿으면서도 자신의 삶을 바꾸지 않고, 교회를 여가선용이나 부담 없는 교제의 장으로 생각합니다. 그런 사람들 또한 니골라당과 같은 자들입니다.

믿는 자는 믿는 자로서 삶의 방식이 있어야 합니다. 음란한 삶을 산 사람들은 음란을 청산하고 경건한 삶을 살아야 합니다. 탐욕스러운 사람은 탐욕을 회개하고 다른 사람들을 돕고 섬기는 사람이 되어야 합니다. 세상의 가치관과 삶의 방식대로 사는 사람은 그 길에서 떠나야 합니다. 부담 없이 믿는 것은 믿음이 아닙니다. 믿음이란 내 생각과 생활을 통제하고 하나님의 뜻대로 사는 것입니다.

처음 사랑을 잊어버린 것을 책망하시는 예수님

에베소교회는 겉으로 보면 책망받을 것이 없는 모범적이고 신실한 교회처럼 보였습니다. 그러나 주님이 보실 때 책망받을 것이 있었습니다.

> "그러나 너를 책망할 것이 있나니 너의 처음 사랑을 버렸느니라."
> (계 2:4)

그것은 바로 처음 사랑을 잊어버린 것이었습니다. '처음 사랑'이란 주님을 만났을 때의 감격과 기쁨, 하나님께 대한 순수한 사랑과 열정을 말합니다.

우리 모두에게는 예수님을 만난 처음 사랑이 있습니다. 예수님의 십자가의 보혈로 구원받은 은혜, 그 눈물, 그 어디에서도 체험할 수 없는 감격과 기쁨, 하나님께 대한 순수한 사랑과 열정을 가지고 있습니다. 나 같은 죄인을 구원하신 예수님의 사랑에 감사하여 눈물을 흘리며 간증한 경험이 있습니다. 그때 우리는 주님의 은혜와 사랑에 감격하여 내가 어떻게 되든, 무엇이 되든 상관하지 않았으며, 주님을 위해 무엇이든 할 수 있다고 고백했습니다. 또 가진 것이 없어도 마음이 부유했고 한없이 행복했습니다. 시간과 물질을 드려도 아깝지 않았습니다. 예수님이 내 삶의 첫째요 전부가 되었습니다. 예수님의 사랑으로 양들을 위해 눈물로 기도했습니다. 먹지 않고 성경을 공부하고 기도해도 피곤하지 않았고 마냥 기쁘기만 했습니다. 성서 통일 한국과 세계 선교를 위해 내 인생을 기꺼이 드리고자 결단했습니다.

예수님은 이 처음 사랑을 잊지 않고 살기를 원하십니다. 이 처음 사랑에 대한 감격과 기쁨을 늘 마음에 간직하며 살기를 원하십니다. 하나님께 대한 순수한 사랑과 열정을 가지고 살기를 원하십니다. 순수한 헌신과 믿음을 갖기를 원하십니다. 아름다운 처음 사랑의 고백을 잊지 않기를 원하십니다.

하나님은 성도와의 관계를 부부 관계로 설명하셨습니다(호 2:16). 부부 관계에서 제일 중요한 것은 처음 사랑을 기억하는 것입니다. 처음 만났을 때의 기다림과 설렘, 존경과 사랑을 생각하면 부부의 사랑이 다시 새로워지고 깊어집니다. 반면에 처음 사랑이 식으면 마음이 냉랭해집니다. 말이 거칠어집니다. 무관심하게 되고 부부싸움이 잦아집니다.

이처럼 우리가 예수님과의 처음 사랑을 잊어버릴 때 나타나는 현상은 신앙생활이 뜨거움이 없고, 감격이 없고, 설렘이 없고, 신앙생활이 무미건조합니다. 헌신이 부담스럽습니다. 기쁨과 사랑의 샘이 말라 가물어 메마른 땅과 같이 됩니다. 말씀을 읽어도 감격이 없고, 말씀을 들어도 무덤덤합니다. 간절한 기도가 없습니다. 죄에 대한 애통함이 없습니다. 찬송이 심령에서 우러나오지 않습니다. 모든 것을 환경과 사람 탓으로 돌립니다. 하나님은 이런 이들에게 '생각하라', '회개하라', '돌아서라'고 말씀하셨습니다.

> "그러므로 어디서 떨어졌는지를 생각하고 회개하여 처음 행위를 가지라 만일 그리하지 아니하고 회개하지 아니하면 내가 네게 가서 네 촛대(등대)를 그 자리에서 옮기리라."(계 2:5)

첫째, 생각하라(remember).

예수님은 생각하라고 하셨습니다. '생각하다'(remember)란 회상하라는 것입니다. 여기에서 생각, 회상은 계속의 뜻이 있습니다. 처음 그리스도에게로 나왔을 때와 비교해 '지금 나는 어떠한가', '지금 나는 어디에 서 있는가', 예수님을 처음 만났을 때보다 '그 감격이 얼마나 멀리 떠나 있는가', '내가 처음 사랑을 잊어버린 것이 언제부터인가', '내가 믿음이 약해진 것이 결혼한 후부터인가', '취직하고 나서부터인가', '승진하고 나서부터인가', '아기를 낳고 후부터인가', '아파트를 사고 난 후부터인가', 내가 처음 사랑을 잃어버린 계기가 무엇이며, 무엇이 나를 이렇게 만들었는가를 조용히 생각해 보고 찬찬히 회상해 보라는 것입니다.

대개 사람들이 처음 사랑을 잃어버리는 원인을 보면 하나님의 축복을 받은 후입니다. 사람이 역경 중에 타락하는 사람은 거의 없습니다. 사람이 역경 중일 때는 주님께 무릎을 꿇고 기도합니다. 우리는 이스라엘에서 이를 알 수 있습니다. 이스라엘이 언제 타락했습니까? 그들은 하나님의 축복을 받은 후부터입니다.

한국도 예외는 아닙니다. 한국은 하나님으로부터 많은 복을 받았습니다. 부존자원이 별로 없는 대한민국이 1953년 1인당 GDP 66달러에서 2020년에는 34,000달러가 되었고 세계 경제 10위권입니다. 그뿐만 아니라 2021년 7월 2일에 개발도상국가 A그룹에서 선진국인 B그룹이 되었습니다. 경제학자들이 이를 어떻게 설명할 수 있겠습니까? 아마 K모델이라고 할 것입니다. 그러나 필자는 한국이 이렇게까지 성장하고 발전한 것은 여러 요인이 있겠지만 하나님의 축복이라고 믿습니다. 우리 선배들은 새벽마다 나라를 위해 기도했습니다. 빌리 그래함 목사님은 한국교회의 새벽기도를 보며 감동과 영감을 받았다고 할 정도였습니다. 한국 성도들은 외국에 가는 곳마다 교회를 세웠습니다. 그래서 일본인은 가는 나라마다 Sony 지사를 세우고, 중국인은 가는 곳마다 식당을 차리고 한국인은 가는 나라마다 교회를 세운다는 말이 생겨났습니다. 필자는 하나님께서 선배들의 기도와 헌신을 보시고 한국을 축복하셨다고 봅니다.

그런데 현재는 어떠합니까? 점점 기독교 인구가 줄어들고 성도들은 전도와 헌신의 단어를 부담스러워합니다. 이제 우리는 이래서는 안 됩니다. 하나님이 축복하실 때, 무슨 일이 잘된다고 생각할 때 두렵고 떨림으로 주님의 은혜를 기억하고 주님을 더 사랑하고 더 잘 섬겨야 합니다.

둘째, 회개하라(repent).

이제 기억했으면 그 문제를 찾아 회개해야 합니다. 회개란 헬라어로 부정과거로, 계속의 동작이 아니라 단 한 번의 동작을 말합니다. 점진적인 것이 아니라 단번에 하는 것입니다. 회개란 생각해 보는 것이 아니고 행동으로 나타나는 것입니다. 회개는 차차 하는 것이 아니라 단번에 하는 것입니다. 예수님의 처음 사랑이 식었으면 차차 돌이켜 회개하는 것이 아니라 지금 즉시 돌아서야 합니다.

'차차 하다'가 지옥에 간 예화가 있습니다. 어느 날 사탄의 대장이 잔치를 베푼 자리에서 "지옥의 자리가 많이 비었다. 이 자리를 채울 사람이 필요한데 무슨 좋은 방법이 없느냐?"라고 물었습니다. 한 사탄이 세상에 가서 성경은 믿을 것이 못 된다고 하면 되겠다고 했고, 다른 사탄은 세상에 신은 없다고 하면 되겠다고 했습니다. 옆에서 잠자코 듣고 있던 막내 사탄이 세상에 내려가 사람들에게 "믿는 것도 좋지만 차차 믿어도 된다"라고 하면 되겠다고 했습니다. 얼마 후 두 사탄은 몇 명 데리고 왔지만, 막내 사탄이 많은 사람을 데리고 와서 지옥 자리를 채웠습니다. 그들은 '차차 봉사하겠다', '차차 믿겠다', '차차 하다'가 때를 놓친 사람들이었습니다. 지옥은 '차차 하다'가 '아차차' 하는 곳입니다.

셋째, 처음 사랑으로 돌아가라(restore).

생각하고 회개하였으면 처음에 시작했던 그 자리, 당연히 처음의 자리로 돌아가야 합니다. 여기에서 볼 때 생각이 지적이라면, 회개는 정적이고, 처음 자리로 돌아서는 것은 의지적인 삶의 결단입니다. 처음 사랑의 회복은 지, 정, 의로 해야 합니다.

지금 우리는 예수님의 처음 사랑을 잊어버려서 심정이 사라지고 냉랭해지고 습관과 타성에 젖은 신앙생활을 하지는 않습니까? 그렇다면 그 원인을 찾아 회개하고 처음 자리로 돌아서야 합니다. 하나님은 열심히 수고하고 인내로 교회를 섬기는 것도 중요하지만 예수님을 뜨겁게 사랑했던 처음 사랑을 회복하기를 더 원하십니다. 우리는 지금 주님을 향한 처음 사랑의 자리로 돌아가야 합니다.

예수님의 처음 사랑으로 돌아가지 않을 때 하나님의 경고가 무엇입니까? 그렇지 않으면 네 등대를 그 자리에서 옮기겠다고 하셨습니다. 이는 축복을 거두겠다는 것입니다. 하나님이 복을 거두게 되면 그 순간에 빈털터리가 되고 남는 것은 저주와 심판뿐입니다. 그렇다면 우리는 지금 어떤 삶을 살아야 합니까? 우리는 예수님의 처음 사랑으로 돌아가야 합니다. 그러기 위해 우리는 '3R', 생각하고(Remember), 회개하고(Repent), 돌아서야 합니다(Restore).

그러면 예수님이 그토록 처음 사랑으로 돌아가라고 하시는 이유가 무엇입니까? 이는 성도가 예수님의 사랑에 기초하지 않는 열심과 노력은 자기 자신의 의에 기초하기 때문입니다.

이면우 교수는 《신사고 이론 20》[5]에서 사회 발전을 가로막는 세 가지 부류의 사회 공적(公敵)을 들었습니다. 첫째는 무식한 사람이 전문직 자리에 앉아 있는 경우, 둘째는 무식한 사람이 소신으로 밀어붙이는 경우, 셋째는 무식한 사람이 부지런한 경우입니다. 무식한 사람이 가지 말아야 할 곳을 찾아다니며 참견하고 잔소리하면 그 사회는 금세 망하게 됩니다.

사람은 부지런하고 열심을 가지고 있어야 하지만, 무지한 열심보다는 차라리 게으른 것이 낫습니다. 게으른 사람은 자기로 끝나나 무지한 열심은 다른 사람들에게 피해를 줍니다. 열심히 하는 것도 중요하지만, 더 중요한 것은 바른 지식입니다. 바른 지식은 예수님의 사랑에 기초하는 것입니다. 바울은 이렇게 증언합니다.

"내가 증언하노니 그들이 하나님께 열심이 있으나 올바른 지식

5 이면우, 《신사고 이론 20》 (서울: 삶과꿈, 1995).

을 따르는 것이 아니니라 하나님의 의를 모르고 자기 의를 세우려 고 힘써 하나님의 의에 복종하지 아니하였느니라."(롬 10:2~3)

유대인들은 하나님을 섬기는 데 열심이었습니다. 그들은 만 6세만 되면 모세오경을 암송했습니다. 그들은 안식일이 되면 아무리 배고파도 밀 이삭을 잘라 비벼 먹지 않았습니다. 그들은 일주일에 두 번씩 금식하고 소득의 십일조를 엄격히 드렸습니다(눅 18:12). 그뿐만 아니라 전도도 열심히 했습니다. 교인 하나를 얻기 위해 바다와 육지를 두루 다녔습니다(마 23:15). 하나님을 향한 그들의 열심은 그 누구도 따라갈 수 없었습니다.

바울도 그런 사람 중의 한 명이었습니다. 그의 열심은 최초의 순교자 스데반을 죽이는 데 앞장을 섰습니다(행 7:58). 그는 그것으로도 부족해서 다메섹까지 가서 예수님을 믿는 사람들을 옥에 잡아넣겠다고 했습니다. 오늘날로 말하면 바울은 자기 나라에서 성이 차지 않자 다른 나라까지 가서 예수님을 믿는 사람들을 생포해 오고자 하는 사람이었습니다. 그의 무지한 열심은 그를 복음의 원수요 훼방자로 만들었습니다.

이처럼 무지한 열심은 하나님께로 멀어지게 합니다. 무지한 열심은 열을 낼수록 빛을 내는 발광(發光)이 아니라 사람을 미치게 하는 발광(發狂)하도록 합니다. 무지한 열심은 열심을 내는 만큼 하나님의 역사를 방해하고 교회를 세우는 것이 아니라 도리어 교회를 무너뜨립니다. 하나님의 의를 세우는 것이 아니라 자기 의를 세웁니다.

우리는 봉사하고 전도하고 주님과 교회를 열심히 섬겨야 합니다. 그런 모든 기초가 예수님의 사랑으로 해야 합니다. 그렇지 않으면 옳은 말만 하다가 사람들에게 상처를 줍니다. 자기 의를 내세우며 하나님의 의를 수용하지 않게 됩니다. 인간의 의는 아무리 좋은 것이라 할지라도 하나님이 보실 때 더러운 옷과 같습니다(사 64:6). 그래서 칼뱅(Calvin, Jean)은 "하나님의 의를 얻는 첫 번째 단계는 자기 의를 포기하는 것이다"라고 했습니다.

성경의 핵심은 십자가에 하나님의 의가 나타났다는 것입니다. 십자가에 나타난 하나님의 의는 행위로 얻어지는 것이 아니라 오직 믿음으로 얻어집니다. 예수님은 모든 믿는 자에게 의를 이루기 위해 율법의 마침이 되셨습니다(롬 10:4). 율법의 핵심은 하나님 사랑과 이웃 사랑입니다(마 22:37~39).

대개 돈이 사람들을 움직이는 동인이 됩니다. 월급을 많이 주면 열심히 일합니다. 특히 자본주의 사회에서의 돈의 위력은 큽니다. 성과급 제도는 인간의 원초적인 원욕을 최대한 이용하는 자본주의 산물입니다. 권력, 명예, 지식이 행동의 동기가 되기도 합니다. 그러나 무엇보다 사랑이 삶의 동인이 됩니다. 그래서 사랑하는 사람을 위해 목숨을 걸고 충성합니다. 바울이 예수님을 향한 열심과 충성의 동인은 주님의 은혜에 대한 사랑이었습니다(고후 5:14). 그리스도의 사랑을 생각하면 그의 심령에서 한없는 은혜와 감사가 솟아올라 죄의 홍수에 떠밀려 가는 불신자들을 가만히 바라보고 있을 수 없었습니다. 그는 예수님의 뜨거운 사랑을 잊지 않았습니다.

> "우리가 생각하건대 한 사람이 모든 사람을 대신하여 죽었은즉 모든 사람이 죽은 것이라."(고후 5:14하)

예수님은 모든 사람을 대신하여 죽으셨습니다. 모든 사람 속에는 나도 포함되어 있습니다. 예수님은 나를 죄로부터 구원하시기 위하여 십자가에 못 박혀 죽으셨습니다. 예수님은 나를 하나님의 심판과 형벌로부터 구원하시기 위하여 십자가에서 고통당하시고 고난받으시고 채찍 맞으시고 피를 흘리셨습니다. 예수님은 십자가에서 저주와 심판을 받으심으로 나의 죄를 속량해 주셨습니다. 예수님께서 율법의 저주를 받으심으로 율법의 저주에서 속량하여 주셨습니다(갈 3:13).

예수님의 십자가 사랑으로 구원받고 그 사랑에 감동된 사람은 마음의 중심에 예수님이 계십니다. 하나님이 나의 주인이 됩니다. 하나님의 사랑으로 생각하고, 하나님의 귀로 듣고, 하나님의 눈으로 바라봅니다. 그래서 예수님은 승천 직전에 베드로에게 "네가 나를 사랑하느냐?" 물으신 것입니다.

말씀을 듣고 이기는 자는 낙원에 있는 생명나무의 열매를 먹을 수 있습니다.

> "귀 있는 자는 성령이 교회들에게 하시는 말씀을 들을지어다 이기는 그에게는 내가 하나님의 낙원에 있는 생명나무의 열매를 주어 먹게 하리라."(계 2:7)

예수님의 처음 사랑으로 돌아가는 것은 생사가 달린 문제입니다. 이 말씀은 비단 에베소교회에만 주시는 말씀이 아니라 모든 시대와 세대의 교회, 우리에게도 주시는 말씀입니다.

지금 예수님 앞에 비친 우리(나)의 모습이 어떠합니까? 처음 사랑을 잃어버린 에베소교회와 같지는 않습니까? 예수님을 향한 뜨거운 사랑을 잃어버리고 있지는 않습니까? 예수 그리스도의 첫사랑이 있는 교회가 진정한 교회입니다. 바울은 고린도전서 13장에서 사랑을 자세히 소개했습니다. 바울은 믿음과 소망과 사랑 중에 제일은 사랑이라고 했습니다. 누구든지 주를 사랑하지 아니하면 저주를 받는다고 하였습니다

(고전 16:22).

우리는 지금 예수님의 처음 사랑을 잊어버리고 타성에 젖은 신앙생활을 하지는 않습니까? 외형에만 치우치는 신앙생활을 하지는 않습니까? 그렇다면 이제 우리는 어떻게 해야 합니까? 하나님께서 어떠한 사랑으로 나를 구원하셨는가를 기억하고 회개하여 예수님의 처음 사랑으로 돌아가야 합니다. 우리의 심장을 원하시는 주님 앞에서, 심장 수술을 하는 마음으로 회개하여 처음 사랑으로 돌아가야 합니다. 외식을 버리고 예수님을 사랑하고 예수님의 말씀을 사랑하고 예수님이 가신 길을 따라가야 합니다.

생각하기

1. 예수님은 오른손에 있는 일곱 별을 붙잡고 일곱 금 등대 사이를 다니시는 분으로 소개하셨습니다(계 2:1). 이에 대해 말해 보세요.
2. 예수님은 에베소교회를 칭찬하셨습니다(계 2:2~3). 예수님이 어떤 점에서 칭찬하셨는가를 말해 보세요.
3. 예수님은 처음 사랑을 잊어버린 에베소교회를 책망하셨습니다(계 2:4~7). 처음 사랑을 잊어버린 것이 왜 문제가 되고, 우리가 어떻게 처음 사랑을 회복할 수 있는가를 말해 보세요.

05 요한계시록 2:8~11

죽도록 충성하라

"네가 죽도록 충성하라 그리하면 내가 생명의 관을 네게 주리라."
(계 2:10하)

에베소교회는 열심 있는 교회였습니다. 에베소교회는 인내하는 교회였습니다. 에베소교회는 바른 신학을 가진 교회였습니다. 에베소교회는 핍박을 받지 않는 교회였습니다. 그러나 에베소교회에 문제가 있었습니다. 그것은 예수님의 처음 사랑(first love)을 저버린 것이었습니다. 에베소교회는 겉모습이 화려하였습니다. 그러나 복음의 능력이 없었습니다. 예수님은 이런 에베소교회에 '처음 사랑으로 돌아가라. 그러하지 않으면 등대를 옮기겠다'라고 하셨습니다.

본문에는 에베소교회와 전혀 다른 서머나교회가 나옵니다. 서머나교회는 예수님을 신실하게 믿었습니다. 이로써 서머나교회는 말할 수 없는 환난이 있었고 궁핍했습니다. 그런데도 그들은 끝까지 인내하여 믿음을 지켰습니다. 예수님은 이런 서머나교회의 모습을 아시고 "네가 죽도록 충성하라 그리하면 내가 생명의 관을 네게 주리라"(계 2:10하)라고 말씀하셨습니다. 우리는 고난과 궁핍 중에도 믿음의 중심을 지킨 서머나교회의 아름다운 모습을 배우고 큰 은혜를 받습니다. 예수님께서 서머나교회에 주시는 말씀이 우리에게 주시는 말씀이 되기를 기도합니다.

실상은 네가 부요한 자니라

서머나(Smyrna)는 오늘날 터키의 이즈미르(Izmir)로 에베소에서 약 56km 떨어진 항구 도시에 있었습니다. 서머나는 에베소와 버가모와 더불어 아시아의 3대 도시 중의 하나로 부요한 도시였습니다. 그런데 이곳에 세워진 서머나교회는 환난과 궁핍 중에 있었습니다.

> "내가 네 환난과 궁핍을 알거니와 실상은 네가 부요한 자니라 자칭 유대인이라 하는 자들의 비방도 알거니와 실상은 유대인이 아니요 사탄의 회당이라."(계 2:9)

'환난'은 큰 바위가 위에서 짓누른다는 뜻입니다. 큰 바위가 짓누를 때 그 고통이 얼마나 크겠습니까? 그들은 예수님을 믿는 것 하나로 원형경기장에서 굶주린 사자들의 밥이 되기도 하고, 몸에 불을 붙여 원형경기장의 조명이 되기도 했습니다. 네로 황제는 자신이 로마 시내에 불을 지르고 기독교인들이 불을 질렀다고 뒤집어씌워 죽이기도 했습니다. 황제 숭배를 거절하다가 많은 박해를 받았습니다. 유대인의 박해까지 있었습니다. 거기다가 서머나교회 성도들은 궁핍했습니다. 당시 대부분이 경제 사정이 좋지 않았지만, 있는 재산도 단지 그리스도인이라고 모두 몰수당했으니 얼마나 궁핍했겠습니까? 그들은 절대 빈곤에 처해 있었습니다. 히브리서는 그들의 환난과 궁핍을 이렇게 묘사했습니다.

> "또 어떤 이들은 조롱과 채찍질뿐 아니라 결박과 옥에 갇히는 시련도 받았으며 돌로 치는 것과 톱으로 켜는 것과 시험과 칼로 죽임을 당하고 양과 염소의 가죽을 입고 유리하여 궁핍과 환난과 학대를 받았으니."(히 11:36~37)

환란과 박해에다가 절대 빈곤에 처했으니 그들이 얼마나 힘들었겠습니까? 이때 주님의 말씀이 무엇입니까? 예수님은 그들이 당하는 환난과 궁핍과 유대인들의 학대를 안다고 하셨습니다. 예수님은 그들의 고통을 다 아셨습니다. 그들의 굶주림도 아셨고, 박해받는 것도 다 아셨습니다.

우리는 다른 사람이 어려움을 겪을 때, 그 사람이 처한 어려움과 아픔을 다 알 수도 없고 이해할 수도 없습니다. 그러나 예수님은 그들과 공감하셨습니다. 공감은 마음을 여는 열쇠입니다. "내가 너를 안다"라고 하셨습니다. 얼마나 은혜로운 말씀입니까? "내가 너를 안다." 이 말씀을 하시는 예수님은 어떤 분입니까?

> "서머나교회의 사자에게 편지하라 처음이며 마지막이요 죽었다가 살아나신 이가 이르시되."(계 2:8)

예수님은 처음도 아시고 끝도 아십니다. 우리의 고통도 아십니다. 고통의 절정인 죽음도 아십니다. 왜냐하면, 예수님은 우리가 당하는 모든 것을 다 경험하셨기 때문입니다. 예수님은 상처도 받으셨고, 오해도 받으셨고, 모든 수모를 다 받으셨습니다. 예수님은 십자가의 죽음도 경험하셨습니다. 그래서 예수님은 나의 모든 상처를 아시고 이해하십니다.

문제는 나와 비슷한 고통을 경험하여 내 사정을 알고 이해하고 공감한다고 내게 도움이 되는 것은 아닙니다. 그 문제를 해결하실 수 있어야 합니다. 예수님은 우리가 겪는 모든 문제를 공감하실 뿐만 아니라 해결하실 수 있습니다. 왜냐하면, 예수님께서 우리의 최대 원수인 죽음을 이기고 부활하셨기 때문입니다. 죽음을 이기고 부활하신 예수님께서 무엇인들 해결할 수 없겠습니까? 예수님은 위로자요 소망이십니다.

우리가 무슨 일을 하든 최종 평가가 중요합니다. 예수님께서 고통과 궁핍 중에 있는 서머나교회를 어떻게 평가하십니까? 예수님은 "실상은 네가 부요한 자니라"라고 하셨습니다. 현재 그들은 많은 고난과 절대 빈곤에 처해 있었습니다. 그런데 예수님은 그들이 실상은 부요하다고 하셨습니다(계 2:9). 그들이 비록 빈궁할지라도 믿음의 부자라는 말입니다. 믿음의 부자는 다른 사람이 어려울 때 어려움을 함께 나누고 돕습니다.

바울은 디모데전서 6장 17절에서 "네가 이 세대에서 부한 자들을 명하여 마음을 높이지 말고 정함이 없는 재물에 소망을 두지 말고 오직 우리에게 모든 것을 후히 주사 누리게 하시는 하나님께 두며"라고 했습니다. 이 말씀은 재물이 없다고 안타까워할 것도 없고 많다고 좋아할 것도 아니라는 것입니다. 문제는 재물이 많고 적음이 아니라 믿음에 있어서 부자냐 가난하냐가 중요하다는 것입니다. 성경은 믿음의 부자에 대해 이렇게 말씀하였습니다.

> "근심하는 자 같으나 항상 기뻐하고 가난한 자 같으나 많은 사람을 부요하게 하고 아무 것도 없는 자 같으나 모든 것을 가진 자로다."(고후 6:10)

우리는 하루만 굶어도 인상을 쓰고 다니어 다른 사람을 부담스럽게 합니다. 그러나 믿음의 부자는 환난과 궁핍 중에도 은혜와 기쁨이 넘칩니다. 극한 시련과 역경 중에도 인상을 쓰거나 원망하거나 불평하지 않습니다. 믿음의 부자는 얼굴에 늘 기쁨이 있습니다. 사랑과 소망으로 가득합니다. 처한 상황은 어렵고 힘들지라도 성도들 사이에 사랑이 풍성합니다. 콩 하나를 가지고 두 쪽으로 나눠 먹습니다. 그때 예수님의 은혜를 체험하고 피할 길도 주시는 주님의 손길을 체험할 수 있습니다.

우리는 예수님을 믿으며 물질에서 넉넉할 때보다 넉넉하지 못할 때가 더 많습니다. 그러나 믿음만큼은 가난해서는 안 됩니다. 대학마을교회는 학생선교단체로 출발한 가난한 교회입니다. 그러나 우리는 적극적으로 주는 믿음의 부자교회입니다. 1990년대에는 1년 교회 예산의 40% 이상을 세계 선교를 위해 지출했습니다. 특히 동구권과 러시아 선교를 위해 드렸고 가정 형편이 어려운 대학생들에게 학비도 지원했습니다. 이때 하나님은 교회와 mission house도 건축하게 하시고 60명의 선교사를 파송하게 하셨습니다. 2000년대 들어와서는 미국으로 파송하는 선교사에게 적지 않은 물질을 지원하기도 했고 신학생들에게 장학금도 지원했습니다.

2020년에는 코로나19로 어려운 선교사들을 지원했습니다. 부활절에 드린 헌금으로 북한을 돕는 남북나눔을 후원했습니다. 선교사들의 건강을 도와주는 병원을 후원했습니다. 루마니아 아가페교회에서 보낸 엠마 자매의 학비를 지원했습니다. 우리 교회 형편에서 볼 때 이것은 쉽지 않습니다. 그런데도 우리 교회는 힘을 다해 섬겼습니다. 이것은 우리보다 어렵고 힘든 분들을 도와야 한다는 믿음의 부자였기 때문입니다. 믿음의 부자는 내가 배가 고프더라도 다른 사람의 배를 채웁니다. 이것이 믿음의 부자입니다.

한국교회 광고에 '초대교회로 돌아가자'라고 합니다. 초대교회는 예루살렘교회와 안디옥교회입니다. 안디옥교회는 개척한 지 얼마 안 되어 예루살렘교회가 어렵다는 소식을 듣고 헌금으로 모교회 예루살렘교회를 도왔습니다. 중직들인 바울과 바나바를 뽑아 선교사로 파송했습니다(행 13:2). 그랬을 때 안디옥교회는 가장 모범적인 초대교회가 될 수 있었습니다.

그런데 성도들을 괴롭히고 복음 역사를 비방한 사람들은 이방인이 아니라 유대인이었습니다.

"자칭 유대인이라 하는 자들의 비방도 알거니와 실상은 유대

인이 아니요 사탄의 회당이라."(계 2:9하)

하나님을 가장 잘 믿고 율법을 잘 지킨다는 유대인들이 바울을 박해했습니다. 이는 이율배반입니다. 율법을 자랑하고 성전을 귀하게 여기며 하나님을 열심히 섬긴다는 유대인들이 왜 복음의 원수노릇을 했을까요? 첫째는 구약성경과 율법에 약속된 그리스도가 곧 예수님이시라는 것을 알지 못하는 영적인 무지 때문입니다. 둘째는 소속이 다르기 때문입니다. 서머나교회 성도들은 하나님 나라에 소속되어 있습니다. 그러나 그들은 겉으로 아브라함의 자손이라 했지만, 실상은 마귀에게 소속된 마귀에서 난 자들이었습니다(요 8:44).

필자는 교회 성도들이 불신자들보다 믿는 사람들로부터 박해받는 경우를 종종 경험합니다. 다시 말해 자칭 유대인 같은 자들입니다. 불신자들은 예수쟁이는 다 그렇다고 치부해 버립니다. 그런데 직장이나 학교에서 예수님을 믿는다는 사람들이 예수님을 제대로 믿는 사람들을 박해합니다. 그들은 "너만 예수 믿냐. 너만 교회 다니냐. 그렇게 유별나게 믿지 말라. 너만 예수 믿고 교회 다니는 사람처럼 행세하지 말라"며 은근히 비방하고 박해합니다.

그러나 예수님은 뭐라고 말씀하십니까? 예수님은 자칭 유대인이라 하는 자들의 비방도 알지만, 사실은 유대인이 아니라 사탄의 회당(synagogue of Satan)이라고 했습니다. 그들의 배후에는 사탄의 회당이 있다는 것입니다. 그들은 스스로 여호와의 회중이라고 했지만 악한 회중이었습니다(민 14:27, 35). 어둠이 그들을 지배했습니다. 그래서 바울은 "우리의 씨름은 혈과 육을 상대하는 것이 아니요 통치자들과 권세들과 이 어둠의 세상 주관자들과 하늘에 있는 악의 영들을 상대함이라"(엡 6:12)라고 했습니다.

우리는 박해를 받을 때 보이는 사람과 싸우기 쉽습니다. 그러나 우리의 씨름의 대상은 혈과 육이 아닙니다. 우리가 싸워야 할 대상은 첫째는 통치자(rulers, NIV; principalities, KJV)입니다. 통치자는 눈에 보이지 않는 악한 지배자들을 말합니다. 둘째는 권세들입니다. 권세들은 사탄의 권세를 뜻합니다(계 12:3). 셋째는 어둠의 세상 주관자들입니다. 사탄은 어둠의 세력을 주관합니다. 사탄은 힘을 가지고 세우고 건설하고 싶는 데 쓰지 않고 파괴하는 데 사용합니다. 넷째는 하늘에 있는 악의 영들입니다. 악의 영들은 사탄이 부리는 모든 악령과 귀신들의 세력을 의미합니다. 이처럼 우리는 보이는 사람과 싸우지 말고 뒤에 보이지 않는 사탄과 마귀와 싸워야 합니다.

죽도록 충성하라

우리가 고통과 환난과 궁핍함을 당할 때 어떻게 해야 합니까?

> "너는 장차 받을 고난을 두려워하지 말라 볼지어다 마귀가 장차 너희 가운데에서 몇 사람을 옥에 던져 시험을 받게 하리니 너희가 십 일 동안 환난을 받으리라."(계 2:10상)

지금 환란과 궁핍 중에 있는 서머나교회 성도들에게 "장차 받을 고난을 두려워하지 말라"라고 했습니다. 앞으로 더 큰 환난과 고통과 궁핍과 더 나아가 죽음의 고난도 있을 수 있습니다. 그런데 어떻게 두려워하지 않을 수 있습니까? 이는 시험을 받되 10일 동안이기 때문입니다. '10일'(ten days)이란 숫자는 히브리 사람들에게는 만 수를 뜻합니다. 물건을 셀 때도 열까지 세면 셈이 끝납니다. 그러므로 이 말씀은 하나님이 예비하신 고난을 그들이 다 받는다는 의미도 있고, 고난이 열밖에 안 간다는 뜻도 됩니다. 그다음은 없다는 것입니다.

그렇습니다. 우리는 여러 유형의 고통이 우리를 괴롭고 힘들게 합니다. 그러나 그 고통이 영원하지 않습니다. 코로나19도 언젠가는 멈출 날이 있습니다. 마스크를 벗고 이전처럼 예배당에서 마음껏 찬양하고 기도하고 예배드린 후에는 천향홀에서 둘러앉아 식사할 날이 올 것입니다. 믿는 자들에게 고통은 동굴이 아니라 터널입니다. 동굴은 입구만 있고 출구가 없지만, 터널은 입구가 있고 출구가 반드시 있습니다. 아무리 힘들고 어려운 환난이라도 반드시 끝이 있습니다. 또 하나님이 보실 때 환난은 잠깐입니다. 환난받는 당사자는 한 달이 수년처럼 느껴집니다. 그러나 환난이란 터널이 길게 보이지만, 지나고 보면 잠깐이라는 것을 체험한 베드로는 이렇게 증언했습니다.

> "그러므로 너희가 이제 여러 가지 시험으로 말미암아 잠깐 근심하게 되지 않을 수 없으나 오히려 크게 기뻐하는도다."(벧전 1:6)
> "모든 은혜의 하나님 곧 그리스도 안에서 너희를 부르사 자기의 영원한 영광에 들어가게 하신 이가 잠깐 고난을 당한 너희를 친히 온전하게 하시며 굳건하게 하시며 강하게 하시며 터를 견고하게 하시리라."(벧전 5:10)

밤이 깊어 새벽이 오지 않을 것 같지만 어두운 밤은 잠깐 지나갑니다. 바울은 "생각하건대 현재의 고난은 장차 우리에게 나타날 영광과 비교할 수 없도다"(롬 8:18)라고 했습니다. 또 환난은 성도에게 순금보다 더 귀한 믿음을 갖는 과정이므로 환난과 궁핍 중에도 기뻐할 수 있습니다. 세상에 욥만큼 환난과 궁핍함을 겪은 사람도 없을 것입니다. 그는 사탄의 시기로 많은 환난을 받았습니다. 그런 중에도 그는 원망하지 않고 인내했습니다. 왜냐하면, 그는 환난 뒤에 오는 결과를 알았기 때문입니다. 이에 그는 환난 중에도 기뻐할 수 있었습니다.

> "그러나 내가 가는 길을 그가 아시나니 그가 나를 단련하신 후에는 내가 순금 같이 되어 나오리라."(욥 23:10)

욥(Job)은 하나님께서 그가 가는 길, 그의 근심과 고난 등을 다 아시고 연단하여 불순물을 다 제거한 후에 순금같이 믿음의 사람으로 키우셔서 믿음이 순수해지고 속 사람이 강건하게 하실 줄로 알았습니다.

예수님은 의와 복음을 위해 핍박받을 때 크게 기뻐하고 즐거워하라고 하셨습니다. 이는 하늘에서의 상급이 크기 때문입니다(마 5:10~12). 성도의 고난 후에는 반드시 상급이 있습니다. 그 상급은 생명의 관입니다. 그래서 죽도록 충성할 수 있습니다.

> "네가 죽도록 충성하라 그리하면 내가 생명의 관을 네게 주리라."(계 2:10하)

'죽도록 충성하라'(Be faithful, even to the point of death, NIV)는 것은 죽을 정도로 충성하라는 것이 아닙니다. '죽음에 이르기까지', '죽는 순간에도'라는 뜻이 있습니다. 현대어 성경에 보면 "죽음에 직면하는 일이 있더라도"라고 번역했습니다. 지금 주님께 가지고 있는 태도를 일관하게, 죽음에 이를 때에라도 변하지 말고 최후의 승자가 되라는 것입니다.

헬라어에 '관'이란 단어가 둘이 있습니다. 디아데마와 스테파노스입니다. '디아데마'(*διαδήμα*)는 왕권과 권력(sign of power)을 상징하고, '스테파노스'(*στέφανός*)는 승리의 표상(sign of victory)입니다. 스테파노스는 오랫동안 수고하고 훈련하고 인내하고 절제한 그 절정에서 평가받는 관입니다. 본문의 관은 스테파노스를 말합니다. 올림픽에 출전하는 선수들을 보면 한 시간, 두 시간, 어떤 경기는 몇 분 하는 것도 있습니다. 그러나 그들은 이 짧은 시간을 위해 많이 수고하고 훈련합니다. 그렇게 수고하여 우승한 이들에게 씌워 주는 것이 스테파노스, 승리의 관입니다.

학자들이 공통으로 하는 말은 승리의 80%가 심력이고, 20%가 체력, 지력이라고 합니다. 그런데 그 체력과 지력도 심력(心力)에서 나온다고 합니다. 마음이 흐트러지면 다 무너집니다. 그래서 실패한 이들에게 마음을 다시 잡아 도전하자는 말을 하지 않습니까?

사람이 성공하려면 3M이 있어야 하되 균형을 이루어야 한다는 말이 있습니다. 3M은 Mission(사명), Meaning(의미), Money(돈)입니다. 이 셋이 균형으로 작용할 때 성공한다는 것입니다. mission, 사명의식이 투철해야 합니다. 사명은 곧 목적을 말합니다. 무슨 일을 하든지 목적이 분명해야 합니다. 그 목적은 높고 고상한 목적, 절대적인 목적을 말합니다. 그런 목적을 가질 때 힘과 용기와 지혜가 생깁니다. 다음에는 meaning, 보람과 의미를 말합니다. 똑같은 일을 하더라도 하는 일에 의미와 보람을 갖고 하는 것과 그렇지 않을 때의 차이는 하늘과 땅의 차이입니다. 그 다음에는 사명과 목적을 위해 money, 물질을 투자해야 합니다.

'충성'(faithfulness)은 믿음을 말합니다. 믿음은 신뢰이고, 신뢰(trustfulness)는 맡기는 것입니다. 충성은 내가 지향하는 목적에 온 정열을 다 기울이며 동시에 의미를 부여하고, 내가 하는 그 일 자체를 즐기는 것입니다. 행복학에서는 이를 과정에서 오는 성취감이라고 합니다.[6] 에리히 프롬(Erich Fromm)은 사랑에는 세 가지가 있는데, 대가성

6 우남식, 《행복과 긍정심리》(서울: 시그마프레스, 2015).

을 바라며 주는 사랑과 줄 수밖에 없어서 주는 사랑, 그리고 창조적으로 주는(creative giving) 사랑이라고 했습니다.[7] 창조적인 사랑은 주고 베풀고 나눠 주는 것을 즐거워하는 것입니다. 이것이 충성입니다. 그리고 충성이란 한자로 '中心 + 言成'의 합성어로 중심과 말을 이루는 것, 즉 언행일치입니다.

서머나교회의 충성을 설명하면서 빼놓을 수 없는 인물이 있는데, 그분은 서머나교회의 감독 폴리갑(Polýkarpos)입니다. 로마 총독이 폴리갑을 화형에 처하기 위해 장작더미를 쌓아 놓고 그를 올려 놓은 후 마지막 질문을 했습니다. "지금이라도 가이사 황제를 찬양하고, 그리스도를 욕하라. 한 번만 욕하라. 그리하면 내가 너를 놓아 줄 테니 조용히 다른 곳에 가서 여생을 살라." 그러나 그는 이런 유명한 말을 합니다. "나는 86년 동안 그리스도를 섬겨 왔노라. 주님은 나를 한 번도 배신하지 않은 고로 오늘도 나는 주님을 배반할 수가 없노라. 주님을 위해 죽는 것이 나에게 최고의 영광이기에!" 그는 불태워져 죽임을 당합니다.

한국교회의 주기철 목사님도 일제 만행의 신사참배를 거절하였습니다. 주기철 목사님은 일사각오(一死覺悟)로 끝까지 거절하다가 순교하셨습니다. 이것이 충성입니다. 그분들은 죽을 때까지 충성했고, 죽을지언정 충성했고, 죽는 것보다 충성을 더 높은 가치로 여겼습니다.

우리가 세상에 모든 것을 얻었을지라도 충성을 잃어버리면 아무것도 아닙니다. 진실을 잃어버리면 아무것도 아닙니다. 죽고 사는 것보다 가치를 위에 두고 사는 것이 충성입니다. 충성의 척도는 상황에 변하지 않고, 작은 일에 충성하고, 시간으로는 끝까지입니다. 처음과 끝이 한결같아야 합니다.

---

7 에리히 프롬, 황문수 역, 《사랑의 기술》 (서울: 문예출판사, 2019).

충성은 성령의 열매입니다(갈 5:22). 충성은 믿는 사람이 꼭 가져야 할 성품입니다. 하나님께서 우리에게 요구하시는 것은 재능이나 능력이 아니라 충성입니다. 바울은 "그리고 맡은 자들에게 구할 것은 충성이니라"(고전 4:2)라고 했습니다. 예수님은 지혜 있고 진실한 청지기는 그 집의 종들을 맡아 때를 따라 양식을 나누어 주는 자라고 했습니다(눅 12:42). 하나님은 인간의 능력을 보지 않고 신실한 충성심을 보십니다. 하나님은 양보다 질을 보십니다. 하나님은 충성스러운 사람에게는 무슨 일을 맡겨도 안심이 되기 때문에 더 큰 일을 맡기십니다. 그래서 바울은 충성된 사람에게 복음을 맡기라고 했습니다(딤후 2:2).

영국 런던의 캔터베리교회(Canterbury Curch)에 니콜라이(Nicolai) 집사가 있었습니다. 그는 열일곱 살에 교회를 관리하는 사찰 집사가 되어 평생 교회를 자기 몸으로 사랑하고 맡은 일에 헌신했습니다. 그가 하는 일 중의 하나가 시간에 맞추어 교회 종탑의 종을 치는 것이었습니다. 그는 교회 종을 얼마나 정확하게 쳤는지 런던의 시민들은 시계를 '니콜라이' 집사의 종소리에 맞췄습니다. 그는 교회에서 충실하면서도 두 아들을 잘 키워 케임브리지대학교와 옥스퍼드대학교의 교수가 되었습니다. 어느 날 두 아들이 아버지에게 말했습니다. "아버지, 이제 일 그만하세요." 아버지는 "아니야, 나는 끝까지 이 일을 해야 해." 그는 76살까지 종을 치며 교회를 사랑하고 관리하였습니다. 그가 노환으로 세상을 떠나게 되었을 때 가족들이 그의 임종을 보려고 모였습니다. 아버지는 종을 칠 시간이 되자 일어나 옷을 챙겨 입더니 비틀거리며 밖으로 나가 종을 쳤습니다. 그는 종을 치다가 종탑 아래서 세상을 떠났습니다.

이 이야기를 들은 엘리자베스(Elizabeth Alexandra Mary) 여왕은 감동하여 그에게 영국 황실 묘지를 내줬고, 그의 가족들을 귀족으로 대우했습니다. 모든 상가와 시민들은 그날 하루 일하지 않고 그의 죽음을 애도했습니다. 심지어 유흥주점까지도 영업하지 않자 열일곱 살 때부터 부지런하고 성실하게 종을 쳤던 '니콜라이'가 죽은 날이 자연스럽게 런던의 공휴일이 되었습니다. 엘리자베스 여왕 시대에 수많은 성직자가 죽었으나 황실의 묘지에 묻히지 못했습니다. 그러나 하찮게 보이는 작은 교회의 종지기 직분을 충성스럽게 한 이름 없는 그가 황실의 묘지에 묻히는 영광과 자기가 죽은 날이 공휴일이 되는 된 명예도 함께 얻었습니다. 하나님은 작은 일이라도, 맡은 일을 귀하게 여기고 충성하는 사람을 쓰십니다.

> "귀 있는 자는 성령이 교회들에게 하시는 말씀을 들을지어다 이기는 자는 둘째 사망의 해를 받지 아니하리라."(계 2:11)

이기는 자는 둘째 사망이 없습니다. 세상에 패자 없는 승자가 없습니다. win-win이라는 말이 있으나 이는 언어의 유희에 지나지 않습니다. 성도는 사탄의 세력과 싸워 이겨야 합니다. 사탄과 싸워 승리한 사람만이 둘째 사망의 해를 받지 않습니다.

온 인류가 코로나19로 많은 어려움을 겪고 있습니다. 교회들도 적지 않은 어려움이 있습니다. 우리는 이런 중에 어떤 삶을 살아야 합니까? 우리는 믿음의 부자로 살아야 합니다. 세상의 어떤 환난과 박해와 궁핍함이 닥쳐와도 죽도록 충성하여 생명의 관을 받는 주님의 자녀가 되어야 합니다.

생각하기

1. 예수님은 서머나교회에 자신을 처음이요 마지막으로 죽었다가 살아나신 이라고 소개했습니다(계 2:8). 이렇게 소개하는 예수님에 대해 말해 보세요.
2. 예수님은 서머나교회가 환란당하고 궁핍했지만, 실상은 부요하다고 하셨습니다(계 2:9). 믿음의 부자에 대해 말해 보세요.
3. 예수님은 서머나교회에 죽도록 충성하라고 하셨습니다(계 2:10~11). 죽도록 충성한다는 뜻과 죽도록 충성하는 이들에게 주시는 약속을 말해 보세요.

06 요한계시록 2:12~17

그러므로 회개하라

"그러므로 회개하라 그리하지 아니하면 내가 네게 속히 가서 내 입의 검으로 그들과 싸우리라."(계 2:16)

에베소교회는 핍박받지 않는 안정된 교회였습니다. 그러나 에베소교회는 처음 사랑을 저버렸습니다. 반면에 서머나교회는 에베소교회와 달리 상상할 수 없는 환란과 궁핍함을 겪었습니다. 그런데도 서머나교회는 믿음으로 환란과 궁핍함을 이겨 내는 살아 있는 교회, 믿음의 부자교회였습니다.

본문은 버가모교회에 관한 말씀입니다. 버가모(Pergamum)는 서머나에서 북쪽으로 100km 떨어진 해발 300m에 세워진 도시입니다. 버가모는 서머나와 에베소와 함께 아시아의 3대 도시 중의 하나로 아시아의 행정수도였습니다. 이 도시에는 높이가 12m나 되는 거대한 제우스 신전이 있었습니다. 제우스(Zeus; Jupiter, 로마)는 그리스 신화에 나오는 신 중에서 가장 우두머리 신입니다. 제우스는 하늘을 지배하고 전 세계를 통치하며 모든 신과 인간의 아버지라고 일컬었습니다. 또 제우스는 개인의 재산을 보호하고 결혼을 주관하며 인간의 모든 행불행을 좌우한다고 생각했습니다.

사람들은 제우스상에 절하며 복을 빌었습니다. 그래서 버가모 일대는 종일 제우스에게 드리는 제사 연기와 향불 냄새로 가득했습니다. 또, 버가모에는 뱀을 섬기는 아에스쿨라피우스(Aesculapius)라는 신전 병원이 있었습니다. 그들은 뱀 신이 인간의 생사를 가름한다고 생각했습니다. 그래서 각처에서 사람들이 치료받기 위해 아에스쿨라피우스 신전으로 몰려들었습니다. 지금도 병원의 문양이 뱀 두 마리가 지팡이에 올라가는 모습입니다.

그것뿐만 아니라 이곳은 B.C.29년에 제일 먼저 황제숭배를 위한 신전을 지었습니다. 로마 시민이라면 누구나 1년에 한 번은 이 신전에 가서 제사 드려야 했습니다. 그리고 이 도시는 책을 만드는 양피지의 생산지로, 에베소와 서머나가 상업의 중심지였다면 버가모는 문화의 중심지였습니다. 장서가 20만 권이나 되는 거대한 유메네스(Eumenes) 도서관이 있었습니다. 주로 우상에 관한 책이었을 것입니다.

버가모는 어느 도시보다 우상의 세력이 큰 도시였습니다. 주님도 이 도시를 '사탄의 권좌'(Satan's throne)가 있는 곳이라고 하셨습니다(계 2:13). 이런 우상의 도시에서 성도들이 믿음을 지킨다는 것이 얼마나 힘들겠습니까? 제우스와 황제숭배 신전은 그렇다 치고 병이 나면, 그것도 어린 자녀가 병이 나면, 코로나라는 역병이 발생하여 온 도시를 휩쓸 때 어쩔 수 없이 뱀 신전에 가야 했습니다. 그런데 이런 환경에서도 예수님의 충성스러운 증인으로 사는 성도들이 있었습니다. 반면에 발람과 니골라당을 좇는 무리가 있었습니다. 우리가 버가모교회를 보면서 어떤 역경 중에도 충성스러운 증인으로 살아야 함을 배웁니다.

순교자의 피가 흐르는 버가모교회

> "버가모교회의 사자에게 편지하라 좌우에 날선 검을 가지신 이가 이르시되."(계 2:12)

예수님은 "좌우에 날선 검을 가진 이"라고 표현했습니다. 왜 예수님이 버가모교회를 향해 '좌우에 날선 검을 가진 이'라고 소개했을까요?

당시 로마 황제가 버가모 집정관에게 '이우스 글라디이'(ius gladii)라는 검을 주면서 그에게 사형 집행권까지도 부여했다고 합니다. 그러니 버가모교회 성도들은 황제의 칼에 위협을 느낄 수밖에 없었습니다.

이런 성도들에게 예수님이 '좌우에 날선 검을 가지신 이'라고 하시니 얼마나 큰 힘이 되겠습니까? 예수님은 "몸은 죽여도 영혼은 능히 죽이지 못하는 자들을 두려워하지 말고 오직 몸과 영혼을 능히 지옥에 멸하실 수 있는 이를 두려워하라"(마 10:28)라고 말씀하셨습니다. 성도들을 핍박하는 자들은 영원히 파멸할 것처럼 위협합니다. 그런 그들은 성도들의 몸을 죽일 수 있지만 더는 할 수 없습니다.

그러나 예수님은 몸과 영혼까지도 지옥에 던져 멸하실 수 있는 이를 두려워하라고 하셨습니다(마 10:28). 성경은 "하나님의 말씀은 살아 있고 활력이 있어 좌우에 날선 어떤 검보다도 예리하여 혼과 영과 및 관절과 골수를 찔러 쪼개기까지 하며 또 마음의 생각과 뜻을 판단하나니"(히 4:12)라고 했습니다. 예수님의 말씀은 어떤 날선 검보다 예리하여 우리의 깊은 생각까지도 살피시고 뼛속에 있는 죄의 세력도 다 드러내어 심판합니다. 그러므로 우리는 세상의 어떤 날선 검보다도 예수님을 더 두려워해야 합니다.

요즘 성도들이 황제의 칼을 주님의 날선 검(double-edged sword)보다 더 두려워하여 세상과 쉽게 타협하며 살아갑니다. 세상의 눈초리, 친구들의 눈초리, 가족의 눈초리, 직장 상관과 동료의 눈초리가 두려워서 이들과 쉽게 타협합니다. 그러다 보면 그리스도인이 가지 말아야 할 길을 갑니다. 이로써 예수 그리스도의 이름을 더럽힙니다. 정치인들이 표를 의식하여 젊은 세대들의 눈치를 살핍니다. 그러나 기성세대는 그들의 잘못된 것은 책망할 수 있어야 합니다. 피터슨(Jordan B. Peterson)은

《질서 너머》[8]에서 어설픈 위로 대신에 현실의 냉엄함을 이야기하고, 자기 인생의 의미를 찾아 책임을 질 수 있는 어른이 되라고 주문하고 있습니다. 우리가 어떻게 이런 세상에서 믿는 성도답게 살 수 있습니까?

> "그런즉 사랑하는 자들아 이 약속을 가진 우리는 하나님을 두려워하는 가운데서 거룩함을 온전히 이루어 육과 영의 온갖 더러운 것에서 자신을 깨끗하게 하자."(고후 7:1)

우리가 하나님 앞에서 거룩한 두려움을 가질 때 경건하게 살 수 있습니다. 미켈란젤로는 창세기에서 영감을 얻어 이탈리아의 시스티나성당(Cappella Sistina) 천장에 '천지창조'를 그렸는데 이 그림에 무려 400명의 인물을 담아 냈습니다. 디스크로 고생하던 그에게는 엄청난 고통을 주는 작업이었습니다. 천장에 그림을 그릴 때는 고층 받침대를 만들고 그 위에 누워 그림을 그렸습니다. 4년여간의 작업 끝에 드디어 그림이 완성되었습니다. 친구들은 그가 너무 늙어 몰라봤습니다. 그가 눈에 잘 띄지 않는 부분까지 세심하게 그린 벽화를 보며 한 친구가 물었습니다. "왜 이런 곳까지 세심하게 그렸나?" 그의 대답은 간단했습니다. "하나님이 보신다네." 그렇다면 우리(나)는 누구 앞에서 삽니까? 누구를 두려워합니까? 하나님입니까? 눈앞에 있는 것들입니까? 우리는 거룩하신 하나님 앞에 살며 하나님을 두려워해야 합니다.

> "네가 어디에 사는지를 내가 아노니 거기는 사탄의 권좌가 있는 데라 네가 내 이름을 굳게 잡아서 내 충성된 증인 안디바가 너희 가운데 곧 사탄이 사는 곳에서 죽임을 당할 때에도 나를

8 조던 피터슨, 김한영 역, 《질서 넘어》 (서울: 웅진지식하우스, 2021).

믿는 믿음을 저버리지 아니하였도다."(계 2:13)

버가모교회는 사탄의 권좌가 있는 도시에 세워진 교회입니다. 우리는 이런 도시에서 믿음의 중심을 지키다가 순교한 아름다운 승리의 모습을 보는 동시에 패배도 보게 됩니다.

믿음으로 승리한 사람은 안디바(Antipas)입니다. 안디바는 주님의 충성된 증인으로 살았습니다. '증인'(*μάρτυς*)이란 '순교자'(martyr)라는 뜻입니다. 요한계시록 1장 5절에서 예수님을 가리켜 '충성된 증인'이라고 했습니다. 하나님은 안디바에게 예수님과 동일한 명칭인 '충성된 증인'이라고 하셨습니다. '안디바'란 뜻은 전부를 대적하는 자란 뜻으로, 모든 '악을 대항한다', '모든 어려움을 대항한다'라는 뜻입니다. 그의 이름대로 그는 우상의 도시, 사탄의 권좌가 있는 도시에서 악한 사탄의 세력과 싸웠습니다.

우리가 불신자들 사이에서 식(食) 기도도 쉽지 않습니다. 그런데 어떻게 그런 도시에서 충성된 증인으로 살 수 있었을까요? 그는 어떤 상황에서도 예수님의 이름을 굳게 잡았습니다. 그는 구원이 오직 예수님께 있음을 확신하고 예수님의 이름을 굳게 잡았습니다. 그는 예수님이 진리요 생명이요 길임을 굳게 믿었습니다. 그는 예수님이 그리스도요 주가 되심을 믿고, 만왕의 왕 되심을 확신했습니다.

기독교의 교부이자 '삼위일체' 신학 용어를 가장 먼저 사용한 터툴리안(Tertulian, A.D.150~225)에 의하면, 로마는 그런 안디바를 놋쇠 가마에 넣고 서서히 불을 때서 죽이는 형벌을 가했다고 합니다. 그런 참혹한 형벌을 받음에도 안디바는 끝까지 예수님이 주 되심을 많은 사람에게 증언하는 충성스러운 증인으로 살다가 순교했습니다. 이로써 서머나교회에는 폴리갑이 있고, 버가모교회에는 안디바가 있다는 말을 듣게 되었습니다.

버가모교회 성도들은 안디바의 충성된 증인의 삶을 보고 사탄의 권좌가 있는 도시에서 적극적으로 증인된 삶을 살았고 또 믿음으로 세상을 이겼습니다. 평소에 좋아 보이던 신앙이 어려운 상황에서 흔들리고 변절하면 참된 믿음이 아닙니다. 참된 믿음은 시련 속에서 순금보다 더 값진 믿음으로 나타납니다. 참된 믿음은 시련 속에서 꽃피고 열매를 맺습니다.

시대가 어려우면 사람들은 무당과 무녀, 역술인을 찾습니다. 유력한 정치인들이 선거 때만 되면 역술인을 찾는 것은 비밀이 아닌 현실입니다. 예수님을 믿는 사람들도 손이 없는 날을 찾아 이사합니다. 우리는 이런 환경에 살고 있습니다. 우리는 이런 문화와 동화되지 말아야 합니다.

현대의 최대 우상은 돈신입니다. 돈신은 오늘의 문제만은 아닙니다. 가나안 땅에 최고의 풍요의 신은 바알(Baal)이었습니다. 사람들은 돈 때문에 사람을 죽이고 돈 때문에 신의를 저버리고 돈 때문에 배교합니다. 성경은 이런 위험성을 아시고 돈을 사랑함이 일만 악의 뿌리라 했고, 또 이것을 탐하는 자들은 미혹을 받아 믿음에서 떠나 많은 근심으로써 자기를 찔렀다고 했습니다(딤전 6:10). 우리는 우상이 지배하는 문화에서 예수님이 주 되심을 고백하고 선포하는 충성된 증인으로 끝까지 살아야 합니다.

배교하는 버가모교회

안디바와 같이 끝까지 주님께 충성한 믿음의 증인들이 있는 반면에 배교하는 이들이 있었습니다.

"그러나 네게 두어 가지 책망할 것이 있나니 거기 네게 발람의 교훈을 지키는 자들이 있도다 발람이 발락을 가르쳐 이스라엘 자손 앞에 걸림돌을 놓아 우상의 제물을 먹게 하였고 또 행음하게 하였느니라 이와 같이 네게도 니골라 당의 교훈을 지키는 자들이 있도다."(계 2:14~15)

예수님은 이런 그들을 책망하셨습니다. 예수님께서 그들을 책망하시는 이유가 무엇입니까?

첫째, 그들은 발람의 길을 따랐기 때문입니다.

민수기 22장에 발람(Balaam)이란 거짓 예언자가 있었습니다. 발람이란 말 자체가 '백성을 파멸시키는 자'라는 뜻입니다. 모압왕 발락(Balak)은 출애굽한 이스라엘 백성의 소식을 듣고 크게 두려워하였습니다. 그래서 발락은 발람이 돈을 사랑하는 것을 알고 그에게 뇌물을 주면서 이스라엘을 저주하도록 부탁했습니다.

그런데 발람이 이스라엘을 저주하려고 하면 하나님께서 그의 입을 막고 도리어 축복하는 말을 하게 하셨습니다. 하나님은 이스라엘을 저주하려던 발람에게 나귀의 입으로 책망까지 하셨습니다. 발람은 이스라엘을 직접 저주할 수 없다는 것을 알고 발락에게 이스라엘이 하나님의 저주를 받을 수 있게 하는 다른 계책을 알려 주었습니다.

그 비책은 '나는 이스라엘을 도저히 저주할 수 없다. 이들을 망하게 할 방법 하나가 있다. 이들에게 우상의 제물을 먹도록 하게 하고, 그 우상을 섬기는 여자들과 음행하도록 하는 것이다. 그러면 하나님께서 이들을 저주하고 심판하실 것이다'(민 25:1~3)라는 것입니다. 발람의 계책이 딱 맞아떨어졌습니다. 발락이 아름답고 예쁜 모압 여자들을 뽑아 이스라엘로 보내는 미인계 수법을 사용했습니다. 이스라엘 백성은 모압 여자들의 매혹적인 자태에 넘어가 그들의 우상에게 절하고 제사 음식을 먹고 음행했습니다. 이로써 그들은 하나님의 무서운 진노와 심판을 받았습니다.

발람의 겉모습은 경건해 보였지만 위선자였습니다. 발람의 위선은 믿는 성도들을 넘어지게 했습니다(벧후 2:15~16). 그의 위선은 어린 신자들에게 악영향을 끼쳐 이중적인 삶을 살게 했습니다. 이중적인 삶은 두 마음을 품고 사는 사람입니다. 이런 사람은 발람과 같은 사람입니다. 이중적인 삶, 겉과 속이 다른 위선은 본인은 물론 다른 사람에게 좋지 못한 영향을 끼칩니다. 성경은 "개가 그 토하였던 것에 돌아가고 돼지가 씻었다가 더러운 구덩이에 도로 누웠다 하는 말이 그들에게 응하였도다"(벧후 2:22하)라고 했습니다.

사람이 발람처럼 돈에 눈이 멀면 삶의 표준을 상실하여 분별력을 잃게 됩니다. 선과 악을 구분할 수 없게 되고, 믿음과 불신을 구분할 수 없게 되고, 세속과 거룩함을 구분할 수 없게 됩니다. 내가 어디로 가는지, 삶의 방향 감각을 잃게 됩니다.

성도가 삶의 표준을 상실하면 자기도 모르게 신앙을 떠나 우상숭배자로 전락하게 됩니다. 그래서 성경은 곧 음란과 부정과 사욕과 악한 정욕과 탐심이니 탐심은 우상숭배라고 했습니다(골 3:5). 성경은 "오직 각 사람이 시험을 받는 것은 자기 욕심에 끌려 미혹됨이니 욕심이 잉태한즉 죄를 낳고 죄가 장성한즉 사망을 낳느니라"(약 1:14~15)라고 했습니다.

욕심이 가득한 사람은 자기 소유에 만족할 줄 모릅니다. 그래서 헬라에 "탐심을 가리켜 밑 빠진 독에 물 붓는 것과 같이 만족할 수 없다"라는 말이 있습니다. 이런 사람은 탐심을 하나님보다 위에 두므로 배(胃)

를 섬기는 배신자(背信者), 우상숭배자가 됩니다.

둘째, 그들은 니골라당의 교훈을 지켰기 때문입니다.

니골라당(Nicolaitans)은 율법 폐기론자들입니다. 그들은 예수님 안에서 모든 율법이 성취되었으므로 더는 율법이 필요 없고, 또 회개하면 용납되므로 죄를 지으며 자유롭게 살아도 된다고 했습니다. 그러나 믿는 이는 믿는 자로서의 길이 있고, 삶이 있고, 삶의 방식이 있어야 합니다. 믿는 사람이 세상 사람들과 똑같이 산다면 믿음의 사람으로서 자격이 없습니다. 그런 사람은 예수님의 은혜를 값싼 은혜로 여깁니다. 은혜가 헛되지 않으려면 자기 생각을 부인하고 자신의 생활을 통제하며 예수님이 주시는 십자가를 지고 하나님의 뜻대로 살아야 합니다(막 8:34). 하나님의 뜻은 좁은 길을 가는 것입니다(마 7:13~14).

천로역정에서 기독도는 장망성을 떠나 천성으로 향할 때 절망의 수렁에 빠져 고생합니다. 그때 함께 절망의 수렁에 빠진 언약이는 절망의 수렁을 벗어나자 더는 고생하기 싫어 곧 장망성으로 돌아갔습니다. 그러나 기독도는 절망의 수렁을 벗어나 끝까지 좁은 길로 갔습니다. 기독도는 좁은 길을 가면서 끊임없는 유혹을 받지만, 끝까지 좁은 길을 갑니다.

우리 또한 예수님을 따르는 좁은 길을 가고자 할 때 허례와 위선이 유혹합니다. 회의와 안일이 유혹합니다. 쾌락과 물질의 탐욕이 유혹합니다. 명예와 권세가 유혹합니다. 우리가 이런 유혹을 깨고 좁은 길을 가고자 할 때 고난과 박해가 따릅니다. 따라서 우리가 좁은 길을 가려면 끊임없는 절제와 인내가 필요합니다. 이것이 믿는 자의 삶입니다.

성도들이 회식 자리에서 술 한잔을 한다고 해서 믿음이 사라지는 것도 아닌데 하며 술도 마시고, 사주와 점을 보면서 적당히 신앙생활하는 일요일 크리스천(Sunday Christians)들이 있습니다. 이런 신앙은 세속화된 신앙, 진리와 순결을 상실한 신앙입니다. 이는 마치 결혼한 신부가 다른 남자의 손을 한번 잡아 본다고 뭐 변할 것이 뭐 있는가, 데이트 한 번 했다고 뭐, 마음만 변하지 않으면 된다는 생각과 다를 바 없습니다. 어떻게 외간 남자의 손을 잡고도 마음만 변하지 않으면 된다고 할 수 있습니까?

삼강오륜에 부부유별(夫婦有別)이 있습니다. 이는 외간 남자나 여자에게 일체 정결해야 한다는 것입니다. 그런데 하물며 예수님의 거룩한 피로 구원받은 성도가 세상 풍조와 짝하며 살아서 되겠습니까? 세속화된 신자, 자기 뜻과 마음대로 살아가는 자는 니골라당의 교훈을 따르는 사람입니다.

아마 버가모교회가 이렇게 된 것은 핍박을 견디다 못해 서서히 세상과 타협하였기 때문일 것입니다. 그들은 신전에 가서 한 번 절하고, 황제를 주라고 한 번 했다고 해서 뭐 어떤가, 마음으로 예수님을 믿으면 되는 것이 아닌가, 꼭 그렇게 고집스럽게 예수 냄새 나게 믿을 필요가 있는가, 마음만 변하지 않으면 되는 것이 아닌가 생각했던 것 같습니다.

일제식민지 시대에 신사참배를 한 사람들의 항변을 들어보면 교회의 문이 닫힐 위기에 처해 있었기에 교회를 보호하기 위해 어쩔 수 없었다고 말합니다. 신사참배는 하나의 국가의식이라고 합리화합니다. 그러나 신사참배는 일본 천황을 신으로 받드는 종교행사입니다.[9] 그런 중에도 한경직 목사님은 노벨상에 버금가는 템플상(Templeton Prize)을 수상한 자리에서 "나는 신사 참배한 죄인이다"라고 고백하고 회개하셨습니다. 목사님은 변명하지 않았습니다. 진정한 용기는 자신의 잘못을 회개하는 것입니다.

---

9 오창희, 《신사참배》(예영커뮤니티, 2021).

우리가 예수님을 믿어 죄 사함과 구원을 받는 것도 중요하지만, 이것 못지않게 예수님이 주(Lordship) 되심을 믿고 고백하는 것 또한 매우 중요합니다. 예수님이 주 되심을 인정하고 고백하지 않을 때 자기 자신이 왕이 되어 결국 자기가 자기를 다스리게 됩니다. 그런 사람은 의와 사랑과 평강의 열매를 맺을 수 없습니다. 예수님이 주 되심을 믿고 고백하고 선포하며 살 때 자유와 생명이 넘치고 평강의 열매를 맺게 됩니다.

주님의 경고

"그러므로 회개하라 그리하지 아니하면 내가 네게 속히 가서 내 입의 검으로 그들과 싸우리라."(계 2:16)

그러므로 예수님은 회개하라고 말씀하셨습니다. 회개란 무엇입니까? 과거의 도덕적인 죄의 목록을 갖고 조목조목 다 아뢰는 것이 회개가 아닙니다. 그것은 일부입니다. 회개란, 개선과 달리 우리의 삶의 방식을 근본적으로 뜯어고치는 것으로, 완전한 삶의 방향전환입니다. 나의 가치관과 세계관이 달라지고, 나의 삶의 방식이 달라지고, 삶의 모습이 변하는 것입니다. 세상을 사랑하던 데서 하나님을 사랑하는 것으로 변하는 것입니다.

예수님은 회개하지 않으면 속히 가서 내 입의 검으로 싸우겠다고 하셨습니다. '검'의 역할은 죽이고 멸하는 것입니다. 주님은 우상숭배와 음행을 회개하라는 경고를 듣고도 회개하지 않는 자들을 대적하고 멸하십니다. 역사상 우상숭배와 음행에 빠진 개인과 국가와 교회는 하나님의 심판을 받고 멸망했습니다. 반면에 영적으로 승리하는 자에게 주어지는 축복이 무엇입니까?

"귀 있는 자는 성령이 교회들에게 하시는 말씀을 들을지어다 이기는 그에게는 내가 감추었던 만나를 주고 또 흰 돌을 줄 터인데 그 돌 위에 새 이름을 기록한 것이 있나니 받는 자밖에는 그 이름을 알 사람이 없느니라."(계 2:17)

'이긴다'(overcomes)란 단어는 요한계시록의 주제 중 하나입니다. 승리의 기쁨과 감격은 승자만이 맛볼 수 있습니다. 그러면 구체적으로 이기는 자가 받을 상급과 영광이 무엇입니까?

첫째, 만나를 주십니다.

'만나'(manna)는 이스라엘이 광야 시절에 하나님께서 그의 백성에게 아침마다 주신 양식입니다. 하나님께서 매일 공급해 주시는 양식으로 이스라엘 백성은 광야에서도 굶주리지 않았습니다. '감추었던 만나'는 생명의 떡이신 예수님을 가리킵니다. 예수님은 나그네 인생길에 예수님을 믿는 이에게 생명의 떡이 되시고, 생수가 되셔서 주리지 않고 목마르지 않게 하십니다.

둘째, 흰 돌을 주십니다.

이기는 자에게는 새 이름이 새겨진 흰 돌을 주신다고 약속하셨습니다. 당시 '흰 돌'(white stone)은 잔치에 참여할 티켓이었습니다. 예수님은 믿음으로 끝까지 싸워 이기는 자에게 장차 어린양의 혼인 잔치에 참여할 수 있는 특권을 주십니다.

이제 우리는 어떤 삶을 살아야 합니까? 우리는 핍박과 여러 유혹에도 안디바처럼 충성스러운 예수님의 증인으로 살아야 합니다. 발람과 니골라당의 위선과 세속의 삶에서 돌이켜 하나님 앞에서 말씀을 좇아 바른길, 좁은 길, 십자가의 길을 가야 합니다. 날마다 우리의 삶을 돌아보고 회개하여 그에 합당한 열매를 맺어야 합니다.

생각하기

1. 예수님은 버가모교회에 좌우에 날선 검을 가진 분으로 나타나셨습니다(계 2:12). 좌우에 날선 검을 가진 예수님에 대해 말해 보세요.
2. 버가모교회는 니골라당과 발람의 길을 따르는 자들이 있었습니다(계 2:13~15). 그런 중에도 믿음을 지킨 안디바에 대해 말해 보세요.
3. 그들이 예수님의 경고를 듣고 회개하면 만나와 흰 돌을 주신다고 약속하였습니다(계 2:16~17). '만나'와 '흰 돌'의 뜻을 각기 말해 보세요.

07 요한계시록 2:18~29

내가 올 때까지 굳게 잡으라

"다만 너희에게 있는 것을 내가 올 때까지 굳게 잡으라."(계 2:25)

에베소교회는 안정된 교회였습니다. 그러나 처음 사랑을 잃어버렸습니다. 예수님은 이런 에베소교회에 생각하고 회개하고 돌이키라고 하셨습니다. 한편 서머나교회는 에베소교회와 달리 상상할 수 없는 환란과 궁핍함을 겪었습니다. 그런데도 서머나교회는 믿음으로 환난과 궁핍함을 이기는 믿음의 부자교회였고, 버가모교회는 환란과 핍박을 이기고 순교자를 배출했습니다. 이런 교회도 세상과 타협하여 세속화되었습니다. 예수님은 버가모교회에 날선 검으로 오셔서 회개하라고 책망하셨습니다.

본문은 두아디라(Thyatira)에 있는 두아디라교회에 주시는 말씀입니다. 두아디라는 버가모에서 동쪽으로 약 64km 떨어진 곳에 있는 작은 도시로, 구리 산업, 직조와 염색, 피혁 등이 발달한 공업 도시입니다. 그러다 보니 이곳에는 옷감 장사들이 유명했습니다. 빌립보교회의 조상인 자주 장사 루디아가 바로 두아디라 출신입니다.

두아디라교회는 예수님을 위해 많은 사업을 했을 뿐만 아니라 에베소교회와 달리 사랑도 있었습니다. 믿음과 섬김과 인내도 있었습니다. 또한 "네 나중 행위가 처음 것보다 많도다"라는 말씀에서 보듯이 날로 성장하는 교회였습니다. 그런데 두아디라교회는 이세벨을 용납하여 행음하고 우상의 제물을 먹도록 했습니다. '우상의 제물을 먹게 했다'는 것은 우상숭배를 허용했다는 뜻입니다.

그뿐만 아니라 그들은 음행을 회개할 기회가 있었지만 회개하지 않았습니다. 믿음과 사랑과 섬김과 인내가 풍성하고 날로 성장하는 교회였지만 거룩함이 없었습니다. 이는 마치 짠맛을 잃은 소금과 같은 교회였습니다. 예수님은 이런 두아디라교회를 책망하셨습니다(계 2:22~23). 반면에 이런 중에도 믿음의 중심을 지킨 성도들이 있었습니다(계 2:25~28). 두아디라교회에 주시는 예수님의 말씀에서 우리의 모습을 살펴보고 믿음이 새로워지기를 기도합니다.

눈이 불꽃같고 그 발이 빛난 주석 같으신 예수님

"두아디라 교회의 사자에게 편지하라 그 눈이 불꽃 같고 그 발이 빛난 주석과 같은 하나님의 아들이 이르시되."(계 2:18)

첫째, 불꽃 같은 눈을 가지신 예수님

'그 눈이 불꽃 같다'란 사람의 중심을 꿰뚫어 보시는 예수님의 통찰력을 뜻합니다. 예수님 앞에서는 아무것도 숨길 수 없습니다. 예수님은 사람의 의식뿐만 아니라 무의식의 세계까지도 아시고 사람들이 알지 못하는 비행까지도 다 알고 계십니다. 예수님께는 은닉과 거짓이 통하지 않습니다.

요즘 화장술과 성형수술로 사람들의 원본(본모습)을 알기란 쉽지 않습니다. 속은 썩어 시커먼데도 겉으로 거룩하고 진실한 것처럼 과대 포장하여 자기를 미화합니다. 본래 성격이란 라틴어로 페르소나(*persona*)인데, 가면이란 뜻입니다. 사람들은 두 얼굴을 하고 다니지만, 불꽃 같으신 예수님께는 속일 수 없습니다. 사람이 자기를 감추기 위해 색조화장을 하고 칠하고 바르나 예수님은 다 알고 계십니다. 그러므로 나의 모습 그대로 진실되게 주님께 나가 회개해야 합니다.

둘째, 발이 빛난 주석 같으신 예수님

'그 발이 빛난 주석 같다'는 것은 예수님의 심판이 어떠한가를 나타냅니다. 빛난 주석 같은 발에 밟히면 어떻게 됩니까? 뼈가 부서지고 으스러집니다. 아모스 선지자는 이스라엘을 심판하실 때 곡식을 가득 실은 수레가 누르는 것같이 하실 것이라고 했습니다(암 2:13). 짐을 가득 실은 화물차에 깔렸다고 상상해 봅시다. 하나님의 심판 앞에 살아남을 사람은 한 명도 없습니다. 우리는 보이는 사람들을 두려워하지 말고 빛난 주석과 같은 발로 심판하시는 하나님을 더 두려워해야 합니다.

예수님이 보실 때, 버가모교회에 발람의 길을 걷고 니골라당을 좇는 무리가 있었지만 그래도 소망이 있어서 날선 검으로 썩은 부분을 잘라내어 회복하시겠다는 모습으로 나타나셨습니다. 그러나 두아디라교회는 칼 같은 하나님의 공의로도 손을 댈 수 없을 만큼 절망스러웠습니다. 예수님은 이런 교회에 아무 말씀을 안 하시고, 빛난 주석 같은 발로 굳게 서서 불꽃 같은 눈으로 바라보셨습니다. 차라리 예리한 검으로 자르고 책망하는 것이 훨씬 더 낫지, 빛난 주석과 같은 발로 밟고 있다고 생각해 봅시다. 얼마나 두렵습니까? 지금 예수님께서 당장 우리를 심판하시지 않지만 아무 말씀도 안 하시고 불꽃 같은 눈으로 바라보고 계시는 예수님을 기억하고 두렵고 떨림으로 예수님 앞에 바르게 살아야 합니다.

두아디라교회를 칭찬하시는 예수님

"내가 네 사업과 사랑과 믿음과 섬김과 인내를 아노니 네 나중 행위가 처음 것보다 많도다."(계 2:19)

첫째, 두아디라교회는 많은 사업을 했습니다.

여기에서 '사업'(work, KJV)이란 business가 아니라 주님의 일입니다. 두아디라교회 성도들은 비단과 구리를 각국으로 수출하여 돈을 많이 벌었습니다. 그들은 비교적 유복한 환경에 살면서 사랑과 믿음과 섬김과 인내로 하나님의 사업에 열심히 있었습니다. 그들은 교회를 개척하고, 개척교회를 지원하고, 어려운 이웃을 도왔습니다. 모두가 하나님께서 주신 은사를 따라 덕을 세우며 교회를 섬겼습니다. 그리고 두아디라교회는 바울을 기도와 물질로 섬긴 루디아 같은 믿음의 여인들이 많았습니다.

둘째, 두아디라교회는 인내하는 교회였습니다.

두아디라교회는 어떤 역경과 고난을 받을지라도 인내했습니다. 인내가 없이는 주님의 일을 할 수 없습니다. 선한 일을 하려면 반드시 내외로부터 사탄의 방해와 공격이 있습니다. 인간의 한계 앞에 절망할 수 있습니다. 이때 중요한 것은 참고 견디는 인내입니다.

그뿐만 아니라 두아디라교회는 처음 행위보다 나중 행위가 더 많았습니다. 보통 사람들이 처음에는 열심을 내다가 나중에는 시들해집니다. 그러나 그들은 처음보다 나중에 더 잘하였습니다. 이로써 누구도 주목하지 않던 두아디라교회가 일곱 교회 중의 하나가 되었습니다.

이상에서 볼 때 두아디라교회는 믿음과 수고와 인내와 사랑이 풍성했습니다. 거기다가 교회가 처음보다 성장하고 부흥하였습니다. 예수님은 이런 교회를 칭찬하셨습니다. 그런데 두아디라교회에 심각한 문제가 있었습니다.

이세벨을 용납하는 두아디라교회

첫째, 음란한 생활이 보편화가 되었습니다.

"그러나 네게 책망할 일이 있노라 자칭 선지자라 하는 여자 이세벨을 네가 용납함이니 그가 내 종들을 가르쳐 꾀어 행음하게 하고 우상의 제물을 먹게 하는도다."(계 2:20)

그들은 자칭 선지자라고 하는 여자 이세벨을 용납했습니다. '이세벨'(Jezebel)은 이스라엘 백성의 신앙을 무너뜨리기 위해 북이스라엘 왕 아합에게 시집을 온 여자로, 이스라엘 역사상 유례를 찾을 수 없을 정도로 이스라엘 공동체를 무너뜨린 여자였습니다. 이세벨의 아버지는 시돈(Sidon)의 왕이었으므로 이 여자는 자랄 때부터 우상을 섬겼습니다. 여호와 하나님을 섬기는 이스라엘 백성을 탄압하고 자신이 섬기는 바알을 숭배하도록 강요했습니다. 왕이 다른 사람의 재산을 원하면 언제든 빼앗는 여자였습니다. 한 예로 나봇(Naboth)의 포도밭을 빼앗은 아합의 비열한 행동도 이세벨의 꾀에서부터 시작되었습니다(왕상 21:5~16). 그리고 그녀는 엘리야 선지자를 죽이고자 수단 방법을 가리지 않은 사악한 여자였습니다.

이스라엘 공동체를 무너뜨린 장본인이 이세벨이었다면, 두아디라 교회를 무너뜨린 장본인 또한 자칭 선지자라고 하는 이세벨이었습니다. 당시 두아디라교회 성도들은 두아디라 지역의 특성을 따라 세상 유혹에 노출되어 있었습니다. 그러나 그들은 예수 그리스도를 믿고 그런 생활과 끊었습니다. 세상이 타락하고 무질서하다 할지라도 두아디라교회는 그런 죄악이 들어올 수 없었고, 세상의 죄악에 오염될 수 없었습니다.

그런데 이세벨 거짓 선지자로 방파제가 무너져 음란 풍조가 밀려들어 왔습니다. 교회 행사가 끝난 후에는 뒤풀이로 노래방에 갔습니다. 생일 파티가 술집에서 행해졌습니다. 이런 것은 시대의 흐름이라며 아주 공공연하게 행해졌습니다.

이세벨은 단순히 문제가 있는 여자가 아니라 교회를 무너뜨릴 목적을 가지고 수단과 방법을 가리지 않는 여자였습니다. 많은 성도가 이런 여자의 뜻을 따르는 것을 보면 그녀의 말은 설득력이 있었습니다. 말도 잘하고, 집으로 초대하여 밥도 함께 먹고, 사람들의 고민도 몇 시간씩 잘 들어 주었습니다. 성도들은 이런 이세벨에게 완전히 사로잡혔습니다. 이처럼 이세벨은 성도들의 마음을 빼앗고 도둑질했습니다.

발람은 사람들을 속이기는 했지만, 사람들을 지배하지는 않았습니다. 그런데 이세벨은 사람들과 교회를 지배했습니다. 발람은 일시적이었지만 이세벨은 지속적이었습니다. 두아디아교회는 이세벨로 위기에 놓였습니다. 잘못된 친구를 만나면 일시적으로 타락하였다가 나중에 후회하고 돌아옵니다. 그러나 거짓된 선지자를 만나면 돌이키기 어렵습니다. 이것이 이세벨의 무서운 죄악입니다.

왜 이런 일이 일어났습니까? 당시 두아디라는 같은 업종끼리 조합을 만들어 자기 업종의 유익을 위해 활발하게 조합 활동을 했습니다. 각기 조합마다 수호신이 있었습니다. 구리 장인조합은 헤파이스토스(Hephaestus)라는 대장장이 신을 섬겼고, 직물조합은 아테나(Athena) 여신을 섬겼습니다.

구리조합 상인들은 모여서 이렇게 기도했습니다. “헤파이스토스 신이시여! 올해에는 구리 귀걸이, 구리 팔찌, 구리 목걸이가 유행하게 하여 구리가 불티나게 팔려 나가게 하여 주옵소서! 기계, 금속공학과 졸업생들이 다 취직할 수 있게 하소서!” 직물조합 상인들은 아테나 여신에게 이렇게 기도했습니다. "올해에는 미니스커트 시대가 끝나고 긴치마가 유행하게 하여 옷감이 팍팍 팔리게 해 주고, 의류학과 졸업생들이 모두 취업하게 하소서!" 이런 의식이 끝나면 그 우상에게 받친 음식을 먹고, 후에는 의례 음란한 뒤풀이가 있었습니다.

두아디라교회 성도들도 먹고살기 위해서 원하지 않게 조합에 참여했습니다. 이것은 성도들에게 끊임없는 신앙의 갈등이었습니다. 그런데 여기에 아주 지혜로운 해결책을 제시해 준 여자가 바로 이세벨 거짓 선지자였습니다.

이세벨 거짓 선지자는 성도들에게 이렇게 말했습니다. "직업상 우상에게 절하는 것은 우상숭배가 아닙니다. 호랑이를 잡으려면 호랑이 굴로 들어가라(不入虎穴安得虎子)는 말처럼 조합원들에게 복음을 전하려면 그들의 생활도 알아야 하고, 그들과 함께 생활해야 합니다. 지금은 다양성과 개방과 포용의 시대입니다. 그러니 종교행사도 참석하여야 합니다. 음란한 짓 한 번 했다고 누가 뭐라고 하겠습니까? 이 정도는 하나님도 이해하실 것입니다. 우리가 조합 활동을 열심히 하여 돈을 많이 법시다. 돈을 많이 벌어 가난한 교회를 위해 헌금을 많이 냅시다. 이번에는 직물조합의 성도 중에서 십일조를 가장 많이 내는 일이 있도록 합시다." 성도들은 이세벨의 그럴듯한 이론으로 아무 죄의식 없이 우상을 섬기고 음행했습니다. 불신자 조합원들은 이런 성도들을 보면서 너희들은 정말 마음이 열린 신자들이라며 칭찬해 주었습니다.

오늘날도 이런 풍토가 성도들 사이에 공공연하게 행해집니다. 장사하는 순간만큼은 그리스도인임을 고집하지 않고 잠시 접어 둡니다. 그럴듯한 생각과 이론으로 기독교 양심을 팔고 Mammon(돈신)에게 거리낌 없이 절합니다. 직장의 이상한 접대 문화로 믿는 자로서의 정체성과 믿음과 윤리와 도덕이 실종되어 가고 있습니다. 그러나 우리는 이런 세상에서 그리스도인으로 분명한 자세를 가져야 합니다. 죄악된 환경을 만날 때 과감하게 그 장소를 떠나야 합니다. 우리는 음란과 절연하고 음란 문화에서 돌아서야 합니다. 교회 안에서 일절 깨끗한 마음으로 형제자매를 대해야 하고, 사회에서도 깨끗한 양심으로 대해야 합니다. 다양성과 포용 개방이라는 미명으로 교회에 그럴듯한 말로 현혹하는 이세벨과 같은 인본주의 누룩, 음란의 누룩이 발붙이지 못하도록 해야 합니다.

둘째, 그들은 회개할 기회를 주어도 회개하지 않았습니다.

> "또 내가 그에게 회개할 기회를 주었으되 자기의 음행을 회개하고자 하지 아니하는도다."(계 2:21)

예수님은 거짓 선지자 이세벨에게 넘어진 사람들에게 회개할 기회를 주었습니다. 그러나 그들은 여러 이유로 회개하지 않았습니다. 그들에게는 하나님과 바른 관계보다 사업이 더 중요했습니다. 당장 눈에 보이는 현실 문제와 감각적인 것이 눈에 밟혀 하나님과 바른 관계를 맺는 것을 중요하게 생각하지 않았습니다. 그들은 회개할 기회가 주어졌을 때 회개하지 않았습니다. 그때 그들은 어떻게 되었습니까? 예수님은 침상에 던지겠다고 하셨습니다.

> "볼지어다 내가 그를 침상에 던질 터이요 또 그와 더불어 간음하는 자들도 만일 그의 행위를 회개하지 아니하면 큰 환난 가운데에 던지고 또 내가 사망으로 그의 자녀를 죽이리니 모든 교회가 나는 사람의 뜻과 마음을 살피는 자인 줄 알지라 내가

너희 각 사람의 행위대로 갚아 주리라."(계 2:22~23)

'침상에 던진다'(cast her on a bed of suffering)는 것은 고통의 침대, 병이 나게 한다는 것입니다. 소아시아에서 발견된 여러 조각문(彫刻文)에 간음으로 벌 받아 병든 사실이 적지 않게 나타나고 있습니다. 그들은 환난과 큰 고통을 받았습니다. 그래도 그들이 회개하지 않으면 죽음에 이르게 됩니다. 우상과 간음은 소생하기 어렵습니다.

예수님은 "모든 교회가 나는 사람의 뜻과 마음을 살피는 자인 줄 알지라"라고 하셨습니다. 예수님은 우리의 뜻과 마음을 살피시는 분입니다. 예수님은 우리의 마음과 뜻을 살펴 각 사람의 행위대로 갚아 주십니다. 우리는 진심으로 예수님 앞에서 성결하게 살아야 합니다.

이기는 자에게 주시는 축복

반면에 두아디라교회에는 거짓 선지자 이세벨의 가르침과 유혹을 받지 않은 신실한 성도들이 있었습니다. 그들은 하나님을 경외하며 하나님과 동행했습니다. 예수님은 이런 신실한 성도들을 귀히 여기시며 말씀하셨습니다.

"두아디라에 남아 있어 이 교훈을 받지 아니하고 소위 사탄의 깊은 것을 알지 못하는 너희에게 말하노니 다른 짐으로 너희에게 지울 것은 없노라 다만 너희에게 있는 것을 내가 올 때까지 굳게 잡으라."(계 2:24~25)

두아디라교회 성도들은 믿음과 사랑과 인내심이 있었습니다. 예수님은 그들에게 더는 다른 짐을 지울 것이 없다고 말씀하셨습니다. 다만 "너희에게 있는 것을 내가 올 때까지 굳게 잡으라"라고 말씀하셨습니다.

우리는 부족한 것이 많습니다. 우리 교회에 부족한 것 또한 많습니다. 필자 또한 부족한 것이 많습니다. 반면에 시대는 원하는 것이 많습니다. 그런데 우리에게 능력이 없습니다. 우리는 병 고치는 은사도 없습니다. 이때 우리는 어떻게 해야 합니까? 예수님은 없는 것을 잡으려고 하지 말고 있는 것을 굳게 잡으라고 명령하십니다.

그렇다면 우리에게 있는 것이 무엇입니까? 우리에게는 성경 말씀을 가르치는 은사가 있습니다. 이를 굳게 잡아야 합니다. 무엇보다 우리가 굳게 잡아야 할 것은 십자가와 부활의 복음입니다. 복음은 죄로부터의 구원과 거룩한 삶을 살게 하는 능력이요 원동력입니다. 우리가 받은 십자가와 부활의 복음을 굳게 잡을 때 악한 세대에서 승리할 수 있습니다.

그리고 하나님께서 우리에게 주신 구원의 은혜를 굳게 붙들어야 합니다. 많은 은사 중에 구원받은 믿음의 은사보다 귀한 은사는 없습니다. 구원은 믿음으로 말미암습니다. 믿음은 내가 갖고 싶다고 가질 수 있는 것이 아닙니다. 믿음은 하나님께서 주시는 큰 은사입니다. 그리고 눈앞에 있는 현실의 유익보다 장자의 명분과 가치를 굳게 잡아야 합니다. 그렇지 않으면 에서(Esau)와 같이 망령된 자가 됩니다(히 12:16~17).

또 우리는 천국의 기업과 부르심과 사명을 굳게 잡아야 합니다. 우리는 자본주의 사회에 살고 있습니다. 그러다 보면 잡을 것은 돈밖에 없다며 돈을 굳게 잡기 쉽습니다. 그러나 서양속담에 '수의에는 주머니가 없다'는 말이 있습니다. 필자가 지금까지 경험한 것은 주님과 복음을 위해 산 발자취만이 영원히 기억되고, 영원히 남는다는 것입니다. 예수님께서 복음을 굳게 붙잡고 세상을 이기는 이에게 주시는 축복이 무엇입니까?

"이기는 자와 끝까지 내 일을 지키는 그에게 만국을 다스리는 권세를 주리니 그가 철장을 가지고 그들을 다스려 질그릇 깨뜨리는 것과 같이 하리라 나도 내 아버지께 받은 것이 그러하니라 내가 또 그에게 새벽 별을 주리라."(계 2:26~28)

첫째, 만국을 다스리는 철장의 권세를 주십니다.

사람들이 돈에 매달리는 것은 돈도 돈이겠지만 결국 권력 때문입니다. 그러나 예수님은 이기는 자에게 주님과 함께 만국을 다스릴 권세를 주십니다.

둘째, 새벽 별을 주십니다.

히브리 사람들은 새벽 별을 새로운 시대, 새로운 세상, 새로운 시간을 알리는 신호로 이해합니다. 그리고 별은 왕을 상징합니다. 새로운 시대의 왕, 이 새벽 별은 누구입니까? 새벽 별은 예수 그리스도입니다(계 22:16).

우리는 예수님과 함께 만국을 다스릴 사람들입니다. 우리가 온 세상을 다스릴 그리스도의 제자라면 이 세상에서 작은 것을 조금 더 얻기 위해 신앙을 저버리며 살 수 없습니다. 우리는 새로운 세계를 여시기 위해 오실 새벽 별 예수님을 기다리며 거룩한 순례의 길을 가야 합니다.

믿음의 실패 원인은 욕심입니다. 가진 것으로 만족하지 않고 더 갖고자 할 때 실패와 좌절을 겪게 됩니다. 이제 우리는 어떻게 살아야 합니까? 십자가와 부활의 복음과 믿음으로 구원받은 구원의 은혜를 굳게 잡아야 합니다. 새벽 별로 오시고 만국을 다스리는 철장의 권세를 가지신 예수님을 굳게 잡아야 합니다.

생각하기

1. 예수님은 두아디라교회에 불꽃같으신 눈과 빛난 주석과 같은 발을 가지신 분으로 오셨습니다(계 2:18). 이런 모습으로 나타나신 예수님에 대해 말해 보세요.
2. 두아디라교회는 거짓 선지자 이세벨을 용납했습니다(계 2:19~23). 그 이유와 그들이 당할 벌을 말해 보세요.
3. 믿음으로 이기는 자는 만국을 다스리는 철장의 권세와 새벽 별을 주십니다(계 2:25~29). '철장의 권세', '새벽 별'에 대해 각기 말해 보세요.

08 요한계시록 3:1~6

그 남은 바 죽게 된 것을 굳건하게 하라

"너는 일깨어 그 남은 바 죽게 된 것을 굳건하게 하라."(계 3:2상)

오래전에 중국 조선족 성도가 한국교회를 방문하고 출국하면서 "우리는 중국 공산당 정권 밑에서 살아 계신 예수를 믿고 있다. 그런데 한국교회 성도들은 좋은 환경에서 귀족 양반 예수를 믿고 있는 것을 보고 실망하며 돌아간다"라는 한국교회에 뼈 있는 한마디를 남겼습니다.

하나님의 일곱 영과 일곱 별을 가진 예수님께서 사데교회에 '네 행위를 아는데 네가 살았다 하는 이름을 가졌으나 죽은 자'라고 하셨습니다. 사데교회 성도들은 자신들이 볼 때 살아 있는 믿음을 가졌다고 생각하였지만 예수님께서 보실 때 죽은 믿음이었습니다. 믿음이 죽었다는 것은 믿음과 행함이 일치되지 않는 것을 뜻합니다. 이를 일컬어서 꽃은 화려하지만, 열매가 없는 화이부실(華而不實)이라고 합니다.

현재 우리의 신앙은 죽어 있습니까? 아니면 살아 있습니까? 우리의 신앙이 허수아비 신앙은 아닙니까? 허수아비는 겉으로는 살아 있는 것처럼 보이지만 사실은 생명이 없습니다. 오늘 사데교회를 보면서 우리의 신앙이 죽은 신앙, 허수아비 신자가 아니라 살아 있는 성도가 되기를 기도합니다.

살았다 하는 이름을 가졌지만 죽은 자다

"사데 교회의 사자에게 편지하라 하나님의 일곱 영과 일곱 별을 가지신 이가 이르시되 내가 네 행위를 아노니 네가 살았다 하는 이름은 가졌으나 죽은 자로다."(계 3:1)

사데교회는 일곱 교회 중에 칭찬이 없는 유일한 교회입니다. 예수님께서 보실 때 사데교회는 살았다 하는 이름을 가졌지만 죽어 있었습니다. 이름만 성도이지 실상은 죽은 성도였습니다. 사람들이 보기에 신자였지만 하나님이 보실 때에는 신자가 아니었습니다. 야고보서에 "행함이 없는 믿음은 그 자체가 죽은 것이다"(약 2:17)라고 했고, 속담에 구슬이 서 말이라도 꿰어야 보배라고 했습니다. 이민규 교수는 《실행이 답이다》[10]에서 지식과 생각은 실천해야 현실이 된다고 했습니다. 그는 성과 = 역량 × 실행력으로, 아무리 '역량'이 뛰어나도 실행력이 '0'이면 성과도 '0'이 된다고 했습니다. 이는 아는 게 힘이 아니라 아는 만큼 실천해야 힘이 된다는 것입니다. 행동주의 심리학은 자극이 있으면 반드시 반응으로 나타난다고 했습니다.

그렇다면 십자가와 부활의 복음, 성경 말씀을 읽고 묵상하여 복음의 비밀을 알았다면 실천해야 합니다. 진실한 믿음은 말씀 사랑으로 나타납니다. 진실한 믿음은 기도로 표현됩니다. 진실한 믿음은 찬송으로 표현합니다. 진실한 믿음은 회개로 나타납니다. 진실한 믿음은 전도로 드러나고, 섬김과 봉사, 이웃 사랑, 겸손으로 나타납니다.

그런데 그들은 믿음이 있다고 했지만 그러하지 못했습니다. 그들은 믿음이 있다고 했으나 성경을 읽지 않았습니다. 그들은 믿음이 있다고 했지만 기도하지 않았습니다. 그들은 믿음이 있다고 했지만 전도하지 않았습니다. 그들은 믿음이 있다고 하지만 내면에 믿음과 사랑과 소망이 없었습니다. 그들은 믿음이 있다고 했지만, 이웃을 사랑하지 않았습니다. 그들은 경건의 모양은 있으나 경건의 능력을 부인하였습니다(딤후 3:5).

---

10 이민규, 《실행이 답이다》(서울: 더난출판, 2019).

성도의 3대 의무는 말씀 사랑과 기도와 전도입니다. 말씀은 양식이고, 기도는 호흡이고, 전도는 운동입니다. 이 중에 어느 하나라도 빠져 있다면 죽은 신앙입니다. 그렇다면 여러분은 살아 있는 신자입니까? 아니면 죽은 신자입니까?

사데교회가 본래부터 죽었을까요? 사데(Sardis)는 두아디라 지방에서 동남쪽으로 약 50km 정도 떨어진 곳에 있습니다. 이 도시는 리디아(옛 터키)의 수도로, 소아시아 지방에서 가장 오래된 화려한 역사를 가진 부자 도시였습니다. 이 도시의 한복판에 헤르무스(Hermus, 현 Gediz)강이 흐르고, 에베소의 '아데미 신전'과 같이 거대한 신전이 있었습니다.

필자가 2004년에 사데 지역을 가 보았는데 20m나 되는 2개의 신전 기둥이 남아 있었습니다. 유대인의 회당이 바로 신전 옆에 있었고, 거대한 체육관의 흔적이 남아 있었습니다. 특히 사데는 섬유산업과 헤르무스강에서 나는 사금으로 보석산업이 유명했습니다. 사데 지역 사람들은 지역의 특성에 따라 자연스럽게 금은보석으로 단장하고 쾌락과 유행에 파묻혀 지냈습니다.

사데는 남쪽을 제외한 삼면이 암벽으로 된 천연 요새였습니다. 이런 도시에 세워진 사데교회 또한 큰 교회로, 에베소교회와 더불어 소아시아 지방의 복음 전파의 본부 역할을 했습니다. 그런데 이런 교회가 죽었습니다. 그토록 역사와 전통이 빛나던 교회가 왜 죽었을까요?

첫째, 과거의 영광에 집착해 있었기 때문입니다.

예수님께서 '살았다 하는 이름은 가졌다'고 말씀하시는 것을 볼 때, 사데교회는 그 이름에 큰 자부심이 있었던 것을 알 수 있습니다. 그들은 우상을 숭배하는 거대한 도시에서 믿음의 승리를 체험했습니다. 또 하나님의 은혜로 영향력 있는 교회로 성장했습니다. 여러 교회를 개척하고 각 교회에 선교비를 지원했습니다. 교회의 명성이 사방에 널리 퍼져 전도하지 않아도 자기 발로 교회에 찾아오는 사람들이 많았습니다.

그러다 보니 그들은 점점 영적 자만심과 안일에 빠져들었습니다. 내가 열심히 전도하지 않아도 되었습니다. 내가 열심히 봉사하지 않아도 되었습니다. 내가 열심히 헌금하지 않아도 되었습니다. 내가 섬기지 않아도 교회가 잘 돌아갔습니다. 마치 사데 시민이 난공불락의 성을 의지하며 안일 가운데 살았듯이, 사데교회 또한 교회의 명성을 자랑하며 교회의 울타리 안에서 영적인 안일에 빠져들고 있었습니다. 교회는 점점 생명력을 상실하여 허수아비 교회가 되었습니다. 그러면서 그들은 "우리는 과거 소아시아의 선교 본부 역할을 했어! 우리는 과거 어느 교회를 개척했어! 우리는 이러이러한 놀라운 일을 했어!" 하며 배를 내밀고 과거를 회상하며 회심의 미소를 지었습니다.

어느 사회나 과거를 자랑하고 과거에 집착하면 앞으로 나가지 못합니다. 과거를 자랑하고 우려먹는 것도 한두 번이지 계속 우려먹고, 또 우려먹고, 또 우려먹으면 뭐가 나오겠습니까? 사골을 사다가 푹 고면 진한 곰탕이 나옵니다. 그런데 그것을 계속 끓여 먹으면 나중에는 뿌연 물만 나옵니다. 과거를 계속 우려먹으면 이와 똑같습니다.

오늘날은 하루가 다르게 변하고 있습니다. 몇 년 전까지만 해도 정보화 시대라고 불렀습니다. 이제는 플랫폼, AI, 5G 시대가 되었습니다. 이렇게 빠르게 변하는 시대에 옛날의 영광을 회상하며 붙들고 있으면 추락하는 것은 시간문제입니다. 한 예로, 핀란드의 노키아입니다. 노키아의 셀폰은 한동안 유럽 시장을 제패했습니다. 그런데 지금은 삼성과 아이폰이 유럽 시장을 석권하고 있습니다. 대입 입시생들에게 '서연고', '서성한', '중경외시'라는 말이 있습니다. 이제 이런 단어들은 별 의미가 없습니다. 지금 내가 무엇을 하고 있느냐, 현재 내가 중요합니다.

이사야 말씀에 "너희는 이전 일을 기억하지 말며 옛날 일을 생각하지 말라 보라 내가 새 일을 행하리니"(사 43:18~19하)라는 말씀이 있습니다. 이제 우리는 과거의 성공과 승리와 아름다웠던 것에 집착하지 말고 "내가 지금 무엇을 할 것인가?"를 계획하고, 또 그 일을 찾아 그 일에 소망을 두고 그 비전에 시간과 물질과 정열을 쏟아 투자하여 성취해야 합니다.

둘째, 비전을 상실했기 때문입니다.

과거의 영광에 집착하면 현상 유지에 급급하게 됩니다. 현상 유지에 급급하면 미래의 비전이 보이지 않습니다. 이런 현상은 성공의 절정에 도달했을 때 나타납니다. 이것은 교회뿐만 아니라 개인이나 사회도 마찬가지입니다. 성공의 절정, 이때가 위기의 순간입니다. 개인이나 교회나 사회는 끊임없이 갱신하고 미래를 향해 도전하고 비전을 성취해야 합니다. 그렇지 않으면 자기도 모르게 현실에 안주하여 스스로 몰락하게 됩니다.

스펜서 존슨(Patrick Spencer Johnson)이 쓴 《누가 내 치즈를 옮겼을까?》[11]라는 베스트셀러가 있습니다. 두 마리 생쥐 스니프(Sniff)와 스커리(Scurry)는 치즈가 넉넉할 때도 현실에 안주하지 않고 날마다 치즈의 냄새를 맡았습니다. 치즈가 사라지자 변화에 빨리 적응하여 평소처럼 다른 치즈를 찾아 떠납니다. 그러나 헴(Hem)과 허(Haw)는 달랐습니다. 그들은 현실에 안주하고 아예 그곳으로 집까지 옮겼습니다. 그들은 치즈가 영원할 것이라는 망상에 빠져 있었습니다. 치즈가 없어지자 남이

11 스펜서 존슨, 이영진 역, 《누가 내 치즈를 옮겼을까?》 (서울: 진명출판사, 2015).

가져갔다는 터무니없는 생각을 하며 변화에 적응하지 못했습니다. 허는 사실을 부정하고 불평만 하다가 상황을 분석하기 시작하고 헴에게 새로운 치즈를 찾자고 제안했습니다. 그러나 헴은 거절합니다. 허는 두려웠지만, 치즈를 찾아 나섭니다. 허가 치즈를 찾으러 가 보니 스니프와 스커리가 그곳에 있었습니다.

우리는 꼬마 헴과 허는 아닌지요? 아니면 스니프와 스커리는 아닌지요? 피아제(Jean Piaget)의 인지발달이론에 '동화'(assimilation)와 '조절'(accommodation)이란 이론이 있습니다.[12] 동화는 자신이 가지고 있는 정보, 다시 말해 이미 알고 있는 정보를 가지고 새로운 정보를 받아들이는 것을 말합니다. 예를 들어 네 발 달린 동물을 강아지로 인식한 아이가 있다면 송아지를 보고는 큰 강아지로 인식하는 것을 뜻합니다.

반면에 조절은 새로운 정보에 적응하기 위해 기존 정보에 변화를 시도하는 것입니다. 예로 네 발 달린 동물을 강아지로 인지했는데, 동물원에 가 보니 네 발 달린 동물들이 많은 것을 보았을 때 호랑이를 무서운 강아지, 기린을 보면 목이 긴 강아지라고 말할 것입니다. 이 말을 들은 어머니가 저것은 동물은 맞는데 강아지가 아니고 호랑이라고 하고, 저것은 네발 달린 동물이지만 목이 긴 강아지가 아니고 기린이라고 가르쳐 주면 기존에 알고 있던 정보를 조절하여 호랑이와 기린으로 수정하여 받아들이는 것이 조절입니다. 사람이 동화와 조절로 평형화(equilibrium)를 이루게 되고, 동화와 조절에 실패하면 불평형화(disequilibrium)를 이루게 됩니다. 불평형화를 줄여 나가게 될 때 더 높은 인지 수준에 이르게 됩니다.

사람에게 편한 것이 좋은 것은 아닙니다. 아무 문제가 없는 게 좋은

---

12 우남식, 《행복과 긍정심리》 (서울: 시그마프레스, 2015).

게 아닙니다. 숨 쉬고 있는 사람에게는 늘 문제가 있습니다. 특히 미래를 향해 준비하는 사람에게는 역경과 환난이 따르게 됩니다. 반면에 미래를 준비하지 않으면 역경도 없고 환란도 없습니다. 간절한 기도도 없습니다. 이런 삶은 이미 죽어 있다는 증거입니다.

《순전한 기독교》 저자로 많이 알려진 루이스(Clive Staples Lewis)는 천국과 지옥에 가는 길을 이렇게 묘사했습니다. "지옥에 가기를 원하십니까? 지옥으로 가는 길은 평편하고 밋밋하며 전혀 장애물이 없습니다. 그러나 천국으로 가는 길에는 환난과 역경이 있습니다." "뉴질랜드는 놀 거리가 없는 재미 없는 천국이고 한국은 놀 거리가 많은 재미있는 지옥이다"라는 말이 있습니다. 그렇다면 우리는 지옥행 열차를 타고 있습니까? 아니면 천국행 열차를 타고 있습니까?

사도행전에 "우리가 하나님의 나라에 들어가려면 많은 환난을 겪어야 할 것이라"(행 14:22)고 했습니다. 비전과 꿈이 없는 사람, 도전하지 않는 사람에게는 어려움도 없습니다. 꿈이 없으면 모험과 환난을 두려워합니다.

네덜란드 사회심리학자 홉스테드(Geert Hofstede)는 '문화 차원이론'(cultural dimensions theory)에서 여러 민족의 문화를 조사했습니다. 이 조사에서 한국은 불확실성을 회피하는 쪽으로 쏠려있습니다. 뭔가 보이고 손에 확실하게 잡혀야 시도한다는 것입니다. 그런 민족은 블루오션(blue ocean)만을 좇다가 결국 퇴보에 퇴보하다가 역사에서 사라지게 됩니다.

그러나 꿈이 있는 사람은 모험을 두려워하지 않습니다. 어려움이 닥치면 닥칠수록 그 꿈과 비전을 성취하기 위해 땀을 흘리고, 불신과 방해하는 세력과 과감하게 싸워 나갑니다. 그것이 도전할 가치가 있다면 그것을 향해 기꺼이 자신을 던집니다. 중국 송나라의 사상가 장자(莊子)가 남긴 고사에 '대붕역풍비 생어역수영'(大鵬逆風飛 生魚逆水泳)이라는 말이 있습니다. 이 말의 뜻은 '독수리는 바람을 안고 나르고 살아 있는 물고기는 거센 물살을 힘차게 헤엄쳐 나간다'는 것입니다.

영적으로 죽은 신자는 세상의 조류와 세태에 휩쓸려 둥둥 떠내려갑니다. 그러나 살아 있는 성도는 시대와 타협하지 않습니다. 세상의 죄악과 좋지 못한 사회 풍조와 사상과 싸워 이겨 나갑니다.

사데교회는 영적으로 죽은 교회였기에 세속주의와 타협하고 각종 사상에 휩쓸려 떠내려갔습니다. 그렇다면 지금 우리는 살아 있습니까? 아니면 죽어 있습니까? 현실에 안주합니까? 상대주의와 포스트모더니즘에 휩쓸려 갑니까? 아니면 내일을 향해, 꿈과 비전을 향해 도전합니까? 우리는 현실에 안주하지 말고 내일을 향해 꿈을 꾸는 젊은이답게 살아야 합니다. 나이는 꿈에 비례합니다. 나이가 늙어도 꿈이 있으면 청년 독수리가 되고, 청년이라고 해도 꿈이 없으면 애늙은이가 됩니다.

그 남은 바 죽게 된 것을 굳건하게 하여라

예수님은 사데 교회를 어떻게 도우셨습니까?

> "너는 일깨어 그 남은 바 죽게 된 것을 굳건하게 하라 내 하나님 앞에 네 행위의 온전한 것을 찾지 못하였노니."(계 3:2)

첫째, 깨어나라.

'일깨워'(wake up)란 단어는 명령문입니다. 사람이 잠에서 깨어나지 못하면 세상이 벼락치고 진동해도 무슨 일이 일어났는지 알지 못합니다. 영적으로 잠든 자의 특징 또한 그러합니다. 영적인 위기의 상황을 깨닫지 못합니다. 영적으로 위기의식을 가지고 깨어나야 할 상황에도 육신의 안일을 즐기며 살아갑니다.

경국지색(傾國之色)이란 말이 있습니다. 중국 역사를 보면 4대 미녀로 서시(西施), 초선(貂蟬), 왕소군(王昭君)과 양귀비(楊貴妃)가 있습니다. 이들의 미혹에 넘어간 왕들은 나라까지도 기울게 했습니다. 구약성경의 사사기(Judges)에 이스라엘의 사사 삼손(Samson)을 보면 그에게 하나님의 영이 함께하셨을 때 능력을 받아서 이스라엘을 구원하는 큰 지도자로 쓰임 받았습니다. 이런 그가 요염하다는 뜻을 가진 들릴라(Delilah)의 유혹에 넘어갔을 때 영적인 눈이 감겨 그녀의 무릎을 베고 잠을 자다가 두 눈이 뽑힌채 죽었습니다.

반면 아우구스티누스(Aurelius Augustinus Hipponensis)는 본래 탕아였습니다. 그는 10대에 이미 사생아가 있었습니다. 그는 깊은 어두움과 죄에 잠들어 있었습니다. 그가 절망의 때 "또한 너희가 이 시기를 알거니와 자다가 깰 때가 벌써 되었으니 이는 이제 우리의 구원이 처음 믿을 때보다 가까웠음이라 밤이 깊고 낮이 가까웠으니 그러므로 우리가 어둠의 일을 벗고 빛의 갑옷을 입자"(롬 13:11~12)라는 말씀을 들었습니다. 그는 이 말씀을 듣고 영적인 잠에서 깨어나 모든 어둠의 일을 벗고 그리스도로 옷 입은 성 아우구스티누스가 되었습니다.

지금 우리는 깨어 있습니까? 예수님은 우리가 영적으로 잠든 데서 깨어나기를 원하십니다. 우리가 사는 이 세상은 밤이 깊어 가고 있습니다. 죄악의 물결이 삼킬 듯이 밀려오고 있습니다. 그래서 자신도 모르게 죄악의 물결에 휩쓸리기 쉽습니다. 이런 시대에 우리는 영적으로 깨어 있어야 합니다.

둘째, 그 남은 바 죽게 된 것을 굳건하게 하여라.

공동번역에는 "너에게 아직 남아 있는 것이 완전히 숨지기 전에 힘을 북돋아 주어라"라고 했습니다. 그들에게 다 죽은 것 같은데 아직 실낱같은 믿음, 실낱같은 은혜, 실낱같은 사랑, 실낱같은 열정, 실낱같은 소원이 남아 있다는 것입니다. 다시 말해 다 꺼져서 재만 남아 있는 것 같은데 믿음의 불씨가 남아 있다는 것입니다. 예수님은 정성스럽게 호호 불면 믿음의 불씨가 살아날 가능성을 보셨습니다. 예수님은 남아 있는 작은 믿음의 불씨, 작은 불꽃을 살려 강하고 굳건하게 힘 있게 하라고 하셨습니다.

> ♬ 작은 불꽃 하나가 큰불을 일으키어 곧 주위 사람들 그 불에 몸 녹이듯이 주님의 사랑 이같이 한번 경험하면 그의 사랑 모두에게 전하고 싶으리 ♬ (복음성가)

우리 마음에 작은 믿음의 불씨가 남아 있습니다. 지금 교회를 지키는 우리가 작은 불씨입니다. 우리는 믿음의 불씨를 살려 1970~1980년대 일어났던 성령의 역사가 재현되도록 기도해야 합니다. 우리는 믿음의 불씨를 살려 복음으로 이 시대를 밝히고, 대학사회를 밝히고, 지역사회를 밝히고, 통일 한국과 열방을 밝히는 거장들이 되어야 합니다. 이제 그들이 작은 불씨를 살리기 위해 무엇을 해야 합니까?

> "그러므로 네가 어떻게 받았으며 어떻게 들었는지 생각하고 지켜 회개하라 만일 일깨지 아니하면 내가 도둑 같이 이르리니 어느 때에 네게 이를는지 네가 알지 못하리라."(계 3:3)

첫째는 생각해야 합니다. 우리가 처음 복음을 어떻게 영접했습니까? 그

때 감격이 어떠했습니까? 가슴이 뜨겁지 않았습니까? 그때의 열정이 어떠했습니까? 누구에게나 복음을 전하고 싶지 않았습니까? 예수님을 생각만 해도 눈물이 났고 그렇게 기쁠 수가 없었습니다. 예수님은 그 순수한 사랑의 자리, 은혜의 자리로 돌아가기를 원하십니다. 우리가 초심으로 돌아갈 때 작은 불꽃이 큰 불꽃이 되어 이 시대를 밝힐 수 있습니다.

둘째는 지켜야 합니다. '지킨다'(obey, NIV)란 순종을 뜻합니다. 이는 믿음을 끝까지 지키고 수호하고 순종하라는 것입니다. 다시 말해 복음 신앙, 십자가의 복음, 부활의 복음을 굳게 지키고 말씀에 순종하는 것입니다.

셋째는 회개해야 합니다. '회개'란 초심으로 돌아가는 것입니다. 회개는 깨어 있는 자리, 굳게 하는 자리, 순종의 자리로 돌아가는 것입니다. 받은 말씀, 전에 들었던 말씀을 기억하고 주님께 무릎을 꿇고 순종하는 생활입니다. 그렇지 않으면 어떻게 됩니까? 도둑같이 오시는 예수님의 심판을 피할 수 없습니다.

이기는 자는 흰옷을 입게 되리라

사데교회는 돈이 많은 도시에 있다 보니 교인들 또한 부자들이 많았습니다. 그러다 보니 마음이 부유해져서 그 시대의 영향을 따라 하나님의 선하심과 기뻐하시고 온전하신 뜻이 무엇인지 분별하지 못했습니다. 그들은 세상의 영향을 좇아 살았기에 하나님이 기뻐하시는 거룩한 산 제물로 예배를 드리지 않았습니다. 그런 중에도 몇 사람은 옷을 더럽히지 않았습니다. 그들은 세속에 오염되거나 향락에 빠지지 않았습니다. 그들은 순수하게 믿음을 지킨 소수의 남은 자들이었습니다.

암흑기라고 일컫는 중세기 때에도 믿음의 중심을 지킨 수도원의 수도

사들이 있었습니다. 수도원의 수도사들은 남은 불씨였습니다. 그들은 성경을 보존했습니다. 어느 시대에도 남은 불씨들이 있습니다. 오늘날도 거대한 물질의 세력 앞에 절하지 않고 믿음의 중심을 지키는 거룩한 성도들이 있습니다. 예수님은 이들에게 어떤 복을 주신다고 하십니까?

첫째, 흰옷을 입혀 주십니다.

> "이기는 자는 이와 같이 흰옷을 입을 것이요."(계 3:5상)

'흰옷'은 단순한 칭의(justified)나 성화(sanctification)뿐만 아니라 영광스럽게(glorified) 해 주시겠다는 것입니다. 이 영광은 이 세상의 영광과 비교할 수 없는 영광입니다. 세상은 거룩하게 사는 사람들을 무시하고 멸시하고 조롱합니다. 예수님은 이런 그들에게 영광스러운 흰옷을 입히시고 높은 자리에 앉혀 주십니다.

둘째, 생명책에서 지우지 않으십니다.

> "내가 그 이름을 생명책에서 결코 지우지 아니하고 그 이름을 내 아버지 앞과 그의 천사들 앞에서 시인하리라."(계 3:5하)

'생명책에서 지우지 않는다'는 것은 이들을 일일이 기억하여 절대로 중간에 변질하거나 타락하지 않도록 붙들어 주시겠다는 뜻입니다. 온갖 거짓과 죄악으로 유혹하고 미혹하여 복음의 빛을 막는다 할지라도 복음을 붙들고 중생한 자는 예수님이 굳게 지켜 주십니다.

사데교회는 살았다는 이름은 갖고 있었지만 죽어 있었습니다. 명성만 있지 실상은 허수아비 신앙이었습니다. 이제 우리는 어떻게 해야 합니까? 실낱같은 작은 불꽃을 살려 큰 불길로 만들어야 합니다. 그러기 위해 우리는 처음 복음을 영접했던 그때를 생각하고 십자가와 부활의 복음을 굳게 붙들고 지켜야 합니다. 이럴 때 흰옷을 입게 되고, 생명책에서 이름이 지워지지 않습니다.

생각하기

1. 예수님은 사데교회에 일곱 영과 일곱 별을 가지신 분으로 나타나셔서 살았다 하는 이름은 가졌으나 죽은 자라고 하셨습니다(계 3:1하). 사데교회가 왜 그렇게 되었는가를 말해 보세요.
2. 예수님은 사데교회에게 '생각하고', '지키고', '회개하라'고 했습니다(계 3:3). 이를 각기 말해 보세요.
3. 예수님은 이기는 자들에게 흰옷을 입히고 생명책에서 지우지 않겠다고 하셨습니다(계 3:4~6). '흰옷을 입힌다', '생명책에서 지우지 않는다'는 의미를 각기 말해 보세요.

09 요한계시록 3:7~13

내가 네 앞에 열린 문을 두었으되

"볼지어다 내가 네 앞에 열린 문을 두었으되 능히 닫을 사람이 없으리라 내가 네 행위를 아노니 네가 작은 능력을 가지고서도 내 말을 지키며 내 이름을 배반하지 아니하였도다."(계 3:8)

빌라델비아교회는 소아시아의 일곱 교회 중에서 예수님으로부터 책망을 듣지 않았습니다. 예수님은 이런 빌라델비아교회에 열린 문을 두셨습니다. 하나님은 빌라델비아교회에 하늘 문, 전도의 문, 축복의 문, 승리의 문, 영광의 문을 열어놓으셨습니다. 주님은 이런 빌라델비아교회를 기둥이 되게 하셨고, 지상에 있는 교회 중에서 주님의 뜻에 가장 가깝고 성경이 제시하는 모델에 가까운 교회가 되게 하셨습니다.

그 많은 교회 중에서 예수님께 인정을 받을 수 있었던 것은 작은 능력을 가졌음에도 불구하고 성경 말씀을 지키며 어떤 조롱과 박해와 유혹에도 넘어지지 않고 주님의 이름을 배반하지 않았기 때문입니다. '작은 능력'(little strength)은 영적인 능력이 아니라 사회적 힘을 말합니다. 빌라델비아교회에는 사회적으로 능력 가진 이들이 없었습니다. 모두 힘없고 가난했습니다. 거기다가 교회 또한 작았습니다. 그러다 보니 교회는 사회적으로 힘이 없었습니다. 사람들은 이 교회를 볼 때 무너지는 것은 시간문제라고 생각했습니다.

교회는 사람들의 생각과 달리 시간이 가면 갈수록 오히려 기둥처럼 굳게 서 갔습니다. 일곱 교회 중에서 가장 오랫동안 보존되었습니다. 예수님은 이 교회에 승리의 면류관을 주셨습니다. 우리는 보통 지상에 있는 교회를 전투하는 교회, 천상에 있는 교회를 영광의 교회라고 알고 있지만, 빌라델비아교회는 이미 지상에서 승리의 면류관을 쓰고 있는 영광스러운 교회가 되었습니다. 우리가 인내하며 말씀을 굳게 지키어 전도의 문, 축복의 문, 승리의 문, 영광의 문이 열리고, 승리의 면류관을 쓰기를 기도합니다.

열린 문을 두신 주님

빌라델비아(Philadelphia)는 사데(Sardis)로부터 동남쪽으로 약 50km 떨어진 작은 도시로, 유럽과 아시아를 연결하는 중요한 관문이었습니다. 그래서 헬라 시대에는 헬라문화를 아시아로 확산시키기 위해 이 도시를 헬라의 식민지로 삼았습니다. 로마 시대에는 빌라델비아를 일명 gateway to Asia라고 부를 정도로 이 도시를 통해 아시아에 로마의 정치, 경제, 문화, 종교 등 모든 것을 확산시켰습니다. 당시 그리스도인들도 이 도시를 로마와 헬라에 복음을 전할 수 있는 전진기지로 삼고자 하는 거룩한 뜻을 두고 있었습니다.

이 도시는 포도 생산으로 유명하여 술의 신인 디오니소스(Dionysos; Bacchus, 로마)를 섬겼습니다. 이 도시에는 유대인들이 많이 살았습니다. 그래서 그리스도인들이 어느 도시에서보다 유대인들로부터 많은 박해가 있었습니다. 이 도시는 고대로부터 지진이 자주 일어나 건물이 상하로, 좌우로 흔들리곤 했습니다. 이런 도시에서 집이나 건물이 무너지지 않으려면 기둥이 튼튼해야 합니다. 빌라델비아교회에 '기둥'이라는 독특한 용어가 이런 배경에서 나왔습니다. 이런 도시에 세워진 빌라델비아교회에 나타나신 주님은 어떤 분입니까?

> "빌라델비아 교회의 사자에게 편지하라 거룩하고 진실하사 다윗의 열쇠를 가지신 이 곧 열면 닫을 사람이 없고 닫으면 열 사

람이 없는 그가 이르시되"(계 3:7)

첫째, 주님은 거룩하고 진실하십니다.

'거룩하다'(holy)란 빛과 어두움, 흰색과 검은색이 분명히 구별되듯이 A와 B가 확연히 달라 한눈에 구별되는 것을 말합니다. '진실하다'(true)는 것은 거짓이 없는 참됨을 말합니다. 거룩과 진실이란 단어는 주님께만 사용되는 단어입니다. 당시 유대인들이 예수 믿는 사람들은 아브라함의 자손이 아니라고 핍박했습니다. 그런 중에도 그들은 세상과 타협하지 않았습니다. 물질과 세상 명예와 타협하지 않았습니다. 세상 권력과 탐욕과 타협하지 않았습니다. 예수님은 이런 성도들에게 거룩하고 진실하신 주님으로 나타나셨습니다. 그들은 믿는 자로서의 색깔이 분명했습니다.

둘째, 다윗의 열쇠를 가지신 분입니다.

요한계시록 1장 18절은 예수님을 "사망과 음부의 열쇠를 가지신 분"이라고 하셨지만, 본문에는 "다윗의 열쇠를 가지신 분"이라고 말씀하셨습니다. 열쇠를 가진 분이 문을 닫고 열 수 있습니다. '다윗의 열쇠'를 가지신 분이 이 교회 앞에 열린 문을 두셨습니다. 다윗의 열쇠는 이사야서 22장 15~23절을 배경으로 하고 있습니다. 이스라엘이 앗수르의 침략을 받았을 때 셉나(Shebna)라는 반역자가 있었습니다. 셉나는 궁중에 출입하며 국고를 마음대로 지출할 수 있는 막강한 권한을 가지고 있었습니다. 이 반역자로 나라가 위태롭게 되었습니다.

하나님은 셉나 대신에 새로운 사람을 세웠는데, 그가 힐기야(Hilkiah)의 아들 엘리아김(Eliakim)이었습니다. 하나님은 그에게 열쇠를 맡겨서 다윗 왕국의 궁중에 마음대로 출입할 수 있게 하셨습니다. 여기에 엘리아김은 장차 오실 예수님의 모형입니다. 엘리아김이 다윗 왕국의 열쇠를 갖게 된 것처럼, 예수님은 하나님 나라의 열쇠를 갖고 문을 닫고 열 수 있는 권세가 있습니다. 예수님께서 빌라델비아교회에 문을 열어 놓으셨습니다.

> "볼지어다 내가 네 앞에 열린 문을 두었으되 능히 닫을 사람이 없으리라."(계 3:8상)

성경에 보면 '문을 연다'는 표현이 많이 나오는데 '네 앞에 열린 문을 두었다'는 것은 무엇을 뜻합니까?

첫째로 예수님은 하늘 문을 열어 놓으셨습니다. 예수님이 세례를 받으시고 물에서 올라오실 때 하늘 문이 열렸습니다(마 3:16). 하늘 문을 여신 예수님께서 빌라델비아교회 앞에 천국 문을 열어 놓으셨습니다. 이로써 그들은 천국에 들어가는 것이 보장되었습니다. 다시 말해 그들에게 하늘나라에 들어갈 수 있는 천국 티켓이 주어졌습니다.

둘째로 예수님은 축복의 문을 열어 놓으셨습니다.

> "내가 하늘 문을 열고 너희에게 복을 쌓을 곳이 없도록 붓지 아니하나 보라."(말 3:10하)

예수님은 축복의 문을 여시고 복을 쌓을 수 없을 만큼 빌라델비아교회 성도들에게 복을 부어 주셨습니다. 축복의 장이라고 일컫는 신명기 28장을 보면 주님께 순종하는 자에게 임하는 복을 여러 모양으로 열거하였습니다. 성읍에서도 복을 받고 들에서도 복을 받고 네 몸의 소생과 토지의 소산과 짐승의 새끼와 우양의 새끼가 복을 받을 것이며 네 광주리와 떡 반죽 그릇이 복을 받을 것이며 네가 들어와도 복을 받고 나가도 복을 받고 머리가 되고 꼬리가 되지 않게 하신다고 했습니다.

창세기 26장을 보면 하나님께서 이삭에게 복을 주시니 흉년 중에도 100배의 결실을 얻어 큰 거부가 되어 블레셋 사람들의 시기 대상이 되었습니다. 이삭은 시기하는 그들과 싸우지 않고 떠나 아브라함이 팠던 우물을 다시 팠습니다. 블레셋 사람들은 또 자기 우물이라고 생트집을 잡았습니다. 이삭은 싸우지 않고 우물을 그들에게 주고 조용히 다른 곳으로 옮겨 우물을 팠습니다. 새롭게 판 우물에서 물이 또 솟았습니다. 그들이 또 쫓아와서 자기 것이라고 우겼습니다. 이삭은 또 다른 곳으로 옮겨 샘을 파니 또 물이 솟아 나왔습니다. 당시 우물은 생존에 관한 문제였습니다. 이삭은 이렇게 고백했습니다.

> "이제는 여호와께서 우리를 위하여 넓게 하셨으니 이 땅에서 우리가 번성하리로다 하였더라."(창 26:22하)

하나님께서 축복하고자 하시면 흉년 중에서도 풍년을 이루고, 불황 중에도 호황을 누리게 됩니다. 하나님의 축복은 우리의 이성과 생각을 초월합니다.

민수기 11장에 보면 이스라엘 백성이 광야에서 고기가 먹고 싶었습니다. 이때 바람이 여호와에게서 나와 바다에서부터 메추라기를 몰아 이스라엘 백성의 입에서 고기 냄새가 나도록 먹게 하셨습니다. 만일 이스라엘이 새총으로 메추라기를 잡았다면 하루에 두세 마리밖에 잡지 못했을 것입니다. 하나님께서 축복하고자 하시면 셋방에서 화장실이 3개가 있는 넓은 집으로 옮길 수도 있습니다. 하나님께서 축복의 문을 열면 거부가 되는 것 시간문제입니다. 그런데 하나님이 성도들에게 큰 복을 부어 주시는 것은 단순히 물질의 복에 있지 않고 하나님이 그들과 함께하심을 만방에 나타내고자 하심입니다.

셋째로 선교의 문을 열어 놓으셨습니다. 바울 일행은 제1차 전도여행을 마치고 안디옥교회에서 하나님이 함께 행하신 모든 일과 이방인들에게 믿음의 문을 여신 전도여행을 보고하였습니다(행 14:27~28). 고린도후서 2장 12절에 내가 그리스도의 복음을 위하여 드로아(Troas)에 이르매 '주안에서 문이 내게 열렸다'고 했습니다. 골로새서에 "전도할 문을 우리에게 열어 주사"(골 4:3)라고 기도하였습니다. 예수님은 빌라델비아교회에 전도의 문을 항상 열어 놓으셨습니다.

사도행전 16장에 보면 사도 바울이 아시아에 복음을 전하고자 할 때 성령께서 막으시는 장면이 나옵니다. 사도 바울은 잠든 중에 환상을 보았는데 자기의 뜻과는 반대 방향인 마게도냐(Macedonia) 지방 사람이 나타나 "건너와 우리를 도와달라"라고 말하였습니다. 사도 바울은 이 환상을 보고 아시아에서 유럽으로 문을 여신다는 것을 알았습니다.

우리는 이 사건에서 길이 막히고 문이 닫히면 하나님께서 다른 길과 문을 열어 놓고 준비하고 계신다는 것을 알 수 있습니다. 그러므로 우리는 예수님께서 열어 놓은 곳을 집중으로 기도해야 합니다. 이것은 개인 전도도 마찬가지입니다. 누구에게 전도하는 것이 좋을까 생각해야 합니다. 자꾸 반대하는 사람에게 억지로 전도하지 말고 열린 사람에게 복음을 전해야 합니다. 그렇다고 반대하는 사람을 포기하라는 말은 아닙니다. 그런 사람은 포기하지 말고 계속 기도해야 합니다. 그러면 언젠가는 전도의 문이 열립니다. 이를 '이슬비 전도'라고 합니다. 빌라델비아교회는 성령에 민감하여 성령을 거스르지 않고 성령의 뜻에 순종했습니다. 하나님은 선교의 문을 닫고 여는 분입니다.

넷째로 하나님은 승리와 영광과 지혜의 문을 열어 놓으셨습니다. 이로써 사탄의 회당과 유대인들이 아무리 핍박해도 능히 박해를 이길 수 있게 하셨습니다.

세속문화의 물결이 거셀수록 교회를 핍박하는 세력도 점점 커집니다. 그러나 끝까지 세속문화와 타협하지 않을 때 하나님께서 함께하셔서 승리와 영광의 문을 열어 주십니다. 그뿐만 아니라 하나님을 경외하는 이들에게 지혜의 문을 열어 주셔서 세상에 영향을 끼치는 탁월한 지도자로 세워 주십니다.

빌라델비아교회 앞에 이런 '열린 문'을 두신 이유가 무엇입니까? 그들이 작은 능력으로 예수님의 말씀을 지키고 주님의 이름을 배반하지 않았기 때문입니다.

> "내가 네 행위를 아노니 네가 작은 능력을 가지고서도 내 말을 지키며 내 이름을 배반하지 아니하였도다."(계 3:8하)

사람들은 교회의 능력을 어떻게 판단합니까? 대개 사람들은 두 가지로 평가합니다. 하나는 교인들의 숫자입니다. 교인들의 수가 많으면 힘이 있어 보입니다. 또 하나는 사회적으로 신분이 높은 사람들이 모이는 교회입니다. 대통령, 장관, 재벌 회장들이 다니는 교회는 힘이 있고 능력이 있어 보입니다. 그런데 빌라델비아교회는 그런 능력이 없었습니다. 사회적으로 높은 신분을 가진 이들이 한 명도 없었습니다. 모두가 힘없고 배경이 없고 가난한 사람들이었습니다. 교회 건물도 변변하지 못했습니다. 이러다 보니 세상으로부터 얼마나 무시를 받고 괄시를 많이 받았겠습니까? 그들은 박해까지 받았습니다.

당시는 도미티아누스(Titus Flavius Domitianus) 황제숭배가 절정을 이루던 시기였습니다. 거기다가 유대인들의 조직적인 핍박이 있었습니다.

이런 중에도 그들은 예수님의 말씀을 지키며 예수님의 이름을 배반하지 않았습니다. 모든 사람이 디오니소스 숭배하는 날 포도주를 마시고 취하지만 그들은 “술 취하지 말라. 이는 방탕한 것이니 오직 성령의 충만함을 받으라”(엡 5:18)라는 말씀을 붙들고 믿음의 순결을 지켰습니다. 온 도시가 로마 황제에 절할 때에도 “너는 나 외에는 다른 신들을 네게 있게 말지니라”(출 20:3)라는 말씀을 붙들고 주님을 배반하지 않았습니다. 어떤 핍박 중에도 주님께 대한 신앙을 저버리지 않았습니다. 어떤 어려움 중에도 예수님께 대한 충성과 헌신을 소홀하지 않았습니다. 그들은 예수님께서 “내가 네 행위를 아노니” 하실 정도였습니다.

우리는 자신의 능력과 조건을 내세워 예수님의 일을 할 수 없다고 생각할 때가 있습니다. 그러나 주님의 일은 우리의 힘이나 능력으로 되는 것이 아닙니다. 나의 능력과 힘을 의지하면 도리어 100% 실패합니다. 모세는 자기의 인간 조건과 능력을 의지했을 때 실패했습니다. 이런 그가 하나님의 훈련으로 자신의 무력함을 인정하고, 오직 여호와의 능력의 지팡이만을 의지했을 때 하나님의 능력과 기사와 이적이 나타나 출애굽의 역사를 이룰 수 있었습니다. 자기 자신의 인간 조건을 의지하는 만큼 주님의 능력을 체험할 수 없습니다. 그러나 하나님만 믿고 의지하면 태산을 옮길 수 있습니다. 하나님은 주님을 의지하는 만큼 놀라운 능력을 행하십니다. 그들은 주님만을 의지했습니다. 주님은 이런 그들에게 어떻게 사랑과 능력을 나타내셨습니까?

> “보라 사탄의 회당 곧 자칭 유대인이라 하나 그렇지 아니하고 거짓말하는 자들 중에서 몇을 네게 주어 그들로 와서 네 발 앞에 절하게 하고 내가 너를 사랑하는 줄을 알게 하리라.”(계 3:9)

'사탄의 회당'(synagogue of Satan)이란 사탄의 패거리라는 뜻입니다. 사탄의 패거리이므로 그곳에는 장(leader)이 있었을 것입니다. 그가 뒤에서 교회를 훼방했습니다. 성도들을 여러 모양으로 미혹하여 교회에서 나오도록 했습니다. 그러나 주님은 이런 빌라델비아교회에 큰 승리를 약속하셨습니다. 그들 가운데 밤낮으로 핍박하던 자들이 빌라델비아교회에 와서 무릎을 꿇고 절하게 된다고 하셨습니다.

이사야에 보면 바빌론이 예루살렘을 짓밟았습니다. 하나님은 이런 예루살렘을 회복하시고 예루살렘을 짓밟고 멸시하던 모든 자가 와서 무릎을 꿇게 하겠다고 하셨습니다(사 60:14). 예레미야서 15장 11절에도 주님은 목에 힘주고 예레미야를 업신여기고 음해하는 자들이 언젠가 고개를 숙이고 도움을 요청할 날이 오리라고 하셨습니다. 이 약속이 이루어졌습니다(렘 21:1~7, 37:1~10, 38:14~18).

그러므로 우리가 주와 복음으로 박해와 고난받을 때 절망할 필요가 없습니다. 하나님은 믿는 자들을 끝까지 책임져 주시고 강하게 하시고 우리 편이 되십니다. 성경은 "두려워하지 말라 내가 너와 함께 함이니라 놀라지 말라 나는 네 하나님이 됨이라 내가 너를 굳세게 하리라 참으로 너를 도와 주리라 참으로 나의 의로운 오른손으로 너를 붙들리라 보라 네게 노하던 자들이 수치와 욕을 당할 것이요 너와 다투는 자들이 아무것도 아닌 것같이 될 것이며 멸망할 것이라 네가 찾아도 너와 싸우던 자들을 만나지 못할 것이요 너를 치는 자들은 아무것도 아닌 것 같고 허무한 것 같이 되리니 이는 나 여호와 너의 하나님이 네 오른손을 붙들고 네게 이르기를 두려워하지 말라 내가 너를 도우리라 할 것임이니라"(사 41:10~13)라고 하였습니다.

기둥이 되게 하시는 주님

첫째, 시험의 때를 면하게 하십니다.

> "네가 나의 인내의 말씀을 지켰은즉 내가 또한 너를 지켜 시험의 때를 면하게 하리니 이는 장차 온 세상에 임하여 땅에 거하는 자들을 시험할 때라."(계 3:10)

여기서 '시험(trial)의 때를 면하게 한다'란 시험을 없게 해 준다는 뜻이 아니라, '시험의 때 지켜 주시겠다'라는 뜻입니다. 우리는 때로 무서운 시험의 때 과연 내가 믿음을 지킬 수 있을까 두려워합니다. 하나님은 그런 중에도 말씀을 지키며 순종할 때, 그 믿음을 지켜 주시고 승리하게 해 주십니다. 주님은 평소에 여러 가지로 연단하시어 결정의 순간에 함께하셔서 시험을 이기게 하십니다.

그러므로 우리가 평소에 주님이 주시는 훈련을 잘 받는 것이 위기를 이길 수 있는 비결입니다. 하나님은 사랑하는 자에게 고난을 주셔서 연단하십니다(히 12:6). 따라서 시련이 올 때 예수님 안에서 그 시련을 견디고 인내해야 합니다. 그렇게 하는 것이 위기의 때에 보호를 받습니다. 그렇지 않고 어려운 일이 닥칠 때 피하고 불평하면 환난의 날에 그 환난을 이길 수 없습니다. 우리가 하나님의 약속을 얻으려면 끝까지 인내해야 합니다. 무슨 일이든지 쉽게 이루어지지 않습니다. 하나님의 역사는 더할 나위 없습니다. 하나님은 인내하는 사람과 함께하셔서 모든 어려움과 시험에서 지켜 주십니다.

> "내가 속히 오리니 네가 가진 것을 굳게 잡아 아무도 네 면류관을 빼앗지 못하게 하라."(계 3:11)

여러 시험의 때 주님의 말씀을 굳게 붙들고, 어려운 순간에도 주님의 말씀을 저버리지 않으면 이미 승리한 것입니다. 그러나 주의해야 할 것이 있습니다. 그것은 지금 있는 이 면류관을 빼앗기지 말아야 합니다. 어떻게 해야 빼앗기지 않을 수 있을까요? 어려운 시험에 견딘 이들이 범하기 쉬운 것은 교만입니다. 끝까지 겸손해야 합니다. 인간의 자랑이 들어오지 않도록 해야 합니다.

그들은 끝까지 교만하거나 자족하지 않고 뜨거운 가슴으로 겸손하게 복음을 붙들었고, 복음을 전하였습니다. 이때 2천 년이 지난 지금 터키의 온 지역이 이슬람화되었지만, 빌라델비아교회가 있었던 이 지역만큼은 천여 명의 신자들이 남아 있다고 합니다.

둘째, 기둥이 되게 하십니다.

> "이기는 자는 내 하나님 성전에 기둥이 되게 하리니 그가 결코 다시 나가지 아니하리라 내가 하나님의 이름과 하나님의 성 곧 하늘에서 내 하나님께로부터 내려오는 새 예루살렘의 이름과 나의 새 이름을 그이 위에 기록하리라."(계 3:12)

하나님은 그들을 기둥이 되게 하셨습니다. 건물에서 가장 중요한 것이 기둥입니다. 특히 지진이 심한 곳에는 기둥 역할이 중요합니다. 기둥이 부러지면 건물이 무너집니다. 주님은 이 교회를 기둥으로 삼겠다고 하셨습니다.

하나님은 그들을 하나님의 성전 기둥과 같은 존재가 되게 하십니다. 특별히 그 기둥에는 하나님의 백성을 표시하는 하나님의 이름, 새 예루살렘의 시민임을 입증하는 새 예루살렘의 이름과 예수 그리스도의 십자가 피로 구원을 받은 새로운 피조물임을 증명하는 새 이름이 기록되어 있습니다. 당시에는 신전을 지을 때 기부한 사람을 신전 기둥에 그가 섬기는 신의 이름, 신전의 도시, 마지막으로 자신의 이름을 썼다고 합니다.

하나님께서 칭찬하시고 인정하시는 믿음이 무엇입니까? 작은 능력으로 하나님의 말씀을 지키고 순종하여 배반하지 않는 것입니다. 예수님은 그런 그들에게 열린 문을 두셔서 환란의 때 지켜 주시고 기둥이 되게 하십니다. 승리의 면류관을 씌어 주십니다. 우리 모두가 끝까지 인내로 말씀을 붙들고 지키어 승리의 면류관을 쓸 수 있어야 합니다.

생각하기

1. 예수님은 빌라델비아교회에 다윗의 열쇠를 가지신 분으로 나타나셨습니다(계 3:7). 예수님께서 왜 이런 모습으로 나타나셨는가를 말해 보세요.
2. 예수님은 빌라델비아교회에 열린 문을 두시고 승리를 약속하셨습니다(계 3:8). 열린 문에 두시고 승리를 약속하신 주님에 대해 말해 보세요.
3. 예수님은 인내의 말씀을 지킬 때 면류관을 빼앗지 않고 기둥이 되도록 복을 주셨습니다(계 3:9~12). 각기 뜻을 말해 보세요.

10 요한계시록 3:14~22

내가 문밖에 서서 두드리노니

"볼지어다 내가 문밖에 서서 두드리노니 누구든지 내 음성을 듣고 문을 열면 내가 그에게로 들어가 그와 더불어 먹고 그는 나와 더불어 먹으리라."(계 3:20)

아시아의 여섯 교회에는 모두가 장점이 있는 반면에 단점도 있었습니다. 예수님의 칭찬이 있었는가 하면 책망도 있었습니다. 예수님은 죽은 것 같았던 사데교회조차도 칭찬하셨습니다. 그런데 라오디게아교회는 처음부터 "내가 네 행위를 아노니 네가 차지도 아니하고 뜨겁지도 아니하도다 네가 차든지 뜨겁든지 하기를 원하노라"라고 책망하셨습니다. 라오디게아는 빌라델비아 동남쪽 약 72km, 에베소에서 동쪽으로 약 160km에 있는 도시입니다. 북쪽으로 11km 정도 가면 히에라볼리, 동쪽으로 11km 정도 가면 골로새가 있습니다. 일곱 교회를 살펴보면 남쪽을 향해 말굽자석 모양을 갖추고 있습니다.

예수님은 책망하신 후에 "볼지어다 내가 문밖에 서서 두드리노니 누구든지 내 음성을 듣고 문을 열면 내가 그에게로 들어가 그와 더불어 먹고 그는 나와 더불어 먹으리라"(계 3:20)라고 말씀하셨습니다. 라오디게아교회를 향한 예수님의 책망과 권면을 깊이 마음에 새기기를 기도합니다.

창조의 근본이신 예수님

"라오디게아교회의 사자에게 편지하라 아멘이시요 충성되고 참된 증인이시요 하나님의 창조의 근본이신 이가 이르시되."(계 3:14)

라오디게아(Laodicea)는 교통의 요지요, 목양으로 면양산업이 발달했고, '브루기아 가루'라는 안약이 유명했습니다. 거기에다가 금융산업으로 도시가 풍요로웠습니다. 그래서 A.D.60년에 지진으로 도시가 폐허가 되었을 때도 로마 정부로부터 도움을 받지 않고 자기들의 힘으로 복구했습니다. 그런데 물 사정이 좋지 않아 히에라볼리(Hierapoli)로부터 온천수와 골로새(Colosse)로부터 찬물을 공급받았습니다. 이런 배경을 기초로 '덥든지 차든지', '순금', '흰옷', '안약'이라는 용어가 나왔습니다.

일설에 아킵보가 라오디게아교회를 세운 것으로 전해지고 있습니다. '아킵보'(Archippus)는 '말 주인'이란 뜻으로, 사도 바울이 '우리와 함께 병사 된 아킵보'라고 부를 만큼(몬 1:2) 바울의 복음 전파 사역에 함께한 동역자였습니다. 그런데 그가 처음에는 충성스럽게 교회를 섬기다가 나중에는 책임을 다하지 않아 사도 바울이 골로새교회에 "주안에서 받은 직분을 삼가 이루라"(골 4:17)라고 했다고 합니다.

한편 이곳에는 충성스러운 에바브라가 있었습니다(골 1:7). '에바브라'(Epaphras)는 '매력 있다'는 뜻으로, 바울의 동역자였습니다. 바울은 그를 '우리와 함께 종 된 사랑하는 에바브라', '너희를 위한 그리스도의 신실한 일꾼'(골 1:7), '그리스도 예수의 종'(골 4:12), '그리스도 예수 안에서 나와 함께 갇힌 자'(몬 1:23)로 불렀습니다. 그는 로마 옥중에서 바울을 수종 든 바울의 신실한 동역자이자 골로새교회의 개척자였습니다. 그는 라오디게아와 히에라볼리에서 복음을 전했습니다(골 4:13).

예수님은 라오디게아교회에 아멘이시고 충성되며 참된 증인이시고 하나님의 창조 근본이라고 소개했습니다. '아멘'(ἀμήν)이란 '진실로 그러하다'라는 뜻으로, 엄숙한 진술이나 말을 확인할 때 그 진실성을 보증하고 강조할 때 사용합니다. 말씀에 감동하거나 은혜를 받으면 '아멘'이라고 합니다. 기도할 때도 '아멘'으로 화답합니다. 경배와 찬송을 드릴 때도 '아멘' 합니다. 요한복음에 예수님이 중요한 진리를 말씀하실 때마다 "내가 진실로 진실로 너희에게 이르노니"라고 말씀하셨습니다. '진실로 진실로'는 헬라어로 '아멘'입니다. 예수님이 '아멘'이신 것은 예수님의 말씀은 참되고 약속하신 말씀은 반드시 이루어지기 때문입니다.

예수님은 "그런즉 너희는 먼저 그의 나라와 그의 의를 구하라 그리하면 이 모든 것을 너희에게 더하시리라"(마 6:33)라고 말씀하셨습니다. 예수님의 말씀은 반드시 이루어지므로 '아멘' 해야 합니다. "네가 죽도록 충성하라 그리하면 내가 생명의 관을 네게 주리라"(계 2:10하)라는 말씀은 진리의 말씀이므로, 우리는 '아멘' 해야 합니다. 예수님은 열린 문을 네 앞에 두었다고 하셨습니다(계 3:8). 우리는 이 말씀이 진실하므로 '아멘' 해야 합니다.

예수님은 '참된 증인'이십니다. '증인'이란 순교자란 뜻입니다. 예수님은 하나님에게서 오셨고, 예수님의 말씀은 참되십니다. 예수님은 우리에게 하나님을 알려 주셨기에 참된 증인이십니다. 그뿐만 아니라 예수님은 십자가에 달려 죽기까지 하나님께서 맡겨 주신 사명을 다 이루셨습니다(요 19:30). 예수님은 참된 증인이십니다.

예수님은 하나님의 창조 근본입니다. '하나님의 창조 근본'(ruler of God's creation)이란 예수님은 하나님께서 창조하신 모든 피조물의 통치자라는 뜻입니다. 예수님은 창조의 근본이 되셔서 모든 피조물을 통치하시고 섭리하시고 관리하시는 주관자이십니다. 모든 것이 예수님의 주권과 손안에 있습니다. 죽고 사는 것도 예수님 안에 있습니다. 예수님 안에는 우연이나 운명이나 실패가 없고 오직 승리와 영광만 있을 뿐입니다.

예수님이 이런 모습으로 라오디게아교회에 나타나신 것은 그들이 예수님께 진실함과 충성스러운 증인으로 살지 않았기 때문입니다. 그들은 충성스럽게 전도하지 않았습니다. 그들은 자기들끼리 교제하는 것으로 자족했습니다. 그래서 예수님은 그들에게 충성스러운 증인으로 나타나셔서 충성된 증인으로 살기를 원하셨습니다.

그들은 예수님이 창조의 근본이심을 믿지 않았습니다. 그들은 예수님이 한 번 훅 불면 사라져 버릴 눈에 보이고 귀로 들리는 세상 것들을 붙들고 살았습니다. 세상에 보이는 모든 것은 안개와 같습니다. 인간이 계획을 세울지라도 그의 걸음을 인도하시는 분은 여호와이십니다(잠 16:9). 우리가 힘들게 돈을 모으고 권력과 명예를 얻었다 할지라도 예수님이 축복의 문을 닫으면 그 순간에 모든 것이 빈손이 됩니다. 예수님이 생명을 가져가시면 모든 게 끝납니다. 그러므로 우리는 창조의 근원이신 예수님 앞에서 겸손하며 예수님의 충성된 증인으로 살아야 합니다. 예수님은 그들의 어떤 점을 책망하십니까?

예수님의 책망

첫째, 뜨겁지도 않고 차지도 않은 것을 책망하셨습니다.

"내가 네 행위를 아노니 네가 차지도 아니하고 뜨겁지도 아니하도다 네가 차든지 뜨겁든지 하기를 원하노라."(계 3:15)

우리는 '뜨겁지도 않고 차지도 않다'는 말씀을 보통 예수님을 열심히 믿거나 시원치 않게 믿는 것으로 생각합니다. 그래서 믿든지, 안 믿든지 둘 중 하나를 택하라고 합니다. 이 말씀은 그런 뜻이 아닙니다. 고대 중동 지방의 식생활을 보면 뜨거운 것을 먹든지, 아니면 차가운 것을 먹었습니다. 제단에 사용되는 물도 뜨거운 물이나 아니면 차가운 물을 사용했지 미지근한 물을 사용하지 않았습니다. 그러므로 덥지도 않고 차지도 않다는 것은 마실 수도 없고 제단에 올릴 수도 없는 아무 쓸모 가치가 없다는 것을 말합니다.

당시 라오디게아는 관으로 히에라볼리로부터 뜨거운 온천물을 끌어다 썼습니다. 이 온천수가 라오디게아까지 오는 동안에 식어 미지근해져 목욕물로 쓰기에는 적당하였지만 마시는 데는 적합하지 않았습니다. 이는 마치 우리가 커피를 마시더라도 뜨거운 커피나 냉커피를 마시지 미지근한 커피를 마시지 않는 것과 같습니다.

예수님께서 보실 때 라오디게아교회 성도들은 마실 수 없는 미지근한 물과 같았습니다. 그들은 예수님을 믿는다고 하지만 예수님을 믿지 않는 거나 다름이 없었습니다. 그들은 성도가 아니라 교회라는 건물을 드나드는 교회 구성원(church member)이었습니다. 그들은 예수님을 사랑한다고 말은 하지만 사랑하지 않았습니다. 하나님이 독생자를 내어주실 만큼 우리를 사랑하신 것을 안다면 마음과 성품과 힘과 목숨을 다하여 하나님을 사랑하는 것은 당연합니다.

그들이 제단에 드릴 수 없는 신앙으로 전락한 것은 그들의 마음을 지배하는 '그 무엇이' 있었기 때문입니다. 그것은 바로 세상이 주는 달콤한 맛이었습니다. 사람이 세상의 것에 맛 들면 성경 말씀이 무덤덤해지고 하나님 사역에 등한시하게 됩니다. 반면에 세상 유행과 세상 영광에 민감하게 됩니다. 예수님은 이런 그들에게 말씀하십니다.

> "네가 이같이 미지근하여 뜨겁지도 아니하고 차지도 아니하니
> 내 입에서 너를 토하여 버리리라."(계 3:16)

죽은 것 같았던 사데교회에도 예수님은 '내 입에서 너를 토하여 버리리라'고까지는 안 하셨습니다. 그런데 예수님은 라오디게아교회를 향해 "토하여 버리리라"라고 하셨습니다.

우리는 보통 적극적으로 악을 행하지 않으면 괜찮다고 생각합니다. 그러나 예수님은 하나님의 백성이 악을 떠나 주님을 위해 적극적으로 살지 않으면 싫어하시고 토해 버리십니다. 예수님은 "너희는 세상의 빛과 소금이 되라"고 하지 않고, "너희는 세상의 빛과 소금이다"(마 5:13~14)라고 말씀하셨습니다. 빛에는 에너지가 있고 따뜻하고 어둠을 밝힙니다. 만일 빛이 에너지가 없고 따뜻하지 않고 어두움을 밝히지 않는다면 이는 빛이 아닙니다. 우리가 세상의 빛이라면 어둠을 밝히고 따뜻하고 에너지가 있어야 합니다. 악에 잠들어 있는 세상을 깨우고, 어두운 세상에 빛을 비춰서 밝게 해야 합니다. 냉랭한 세상을 사랑으로 녹여 따듯하게 해야 합니다.

소금은 녹아서 부패를 방지하고 맛을 냅니다. 우리가 세상의 소금이라면 소리 없이 녹아 예수님의 아름다운 맛을 내야 합니다. 곳곳에서 소리 없이 녹아 죄로 썩고 부패하여 냄새나기 전에 부패를 방지해야 합니다. 소금이 제 역할을 제대로 하지 않으면 거름으로도 쓸 수 없습니다(눅 14:34~35). 그러므로 우리는 성도답게 분명한 색깔과 향내와 맛을 내야 합니다. 그렇지 않으면 성도라고 할 수 없습니다. 예수님은 그런 사람을 토해 내치십니다.

둘째, 자만심을 책망하셨습니다.

"네가 말하기를 나는 부자라 부요하여 부족한 것이 없다 하나."
(계 3:17상)

그들은 스스로 부자라며 부족한 것이 없다고 생각했습니다. 당시 라오디게아는 이미 언급한 것처럼 세 가지가 유명했습니다. 아시아에서 제일가는 은행과 유명한 안과 병원과 좋은 옷감의 산지였습니다. 그러기에 부자가 많았습니다. 이런 도시에서 생활하는 라오디게아교회 성도들도 부족함이 없었습니다. 다른 도시의 교회와 달리 유대인이 별로 없어서 박해와 환난이 없었습니다. 그들은 안일과 자족으로 "스스로 나는 부자다"라고 자만했습니다. 예수님은 이런 그들에게 말씀하십니다.

> "네 곤고한 것과 가련한 것과 가난한 것과 눈먼 것과 벌거벗은 것을 알지 못하는도다."(계 3:17하)

그들의 영혼은 곤고했습니다. '곤고하다'(wretched)란 큰 갈등 가운데 있다는 말입니다. '곤고'는 "오호라 나는 곤고한 사람이로다 이 사망의 몸에서 누가 나를 건져내랴"(롬 7:24)의 곤고와 같은 단어입니다. 겉으로 보면 그들은 아무 문제가 없었습니다. 그러나 그들의 내면은 죄와 죽음이 주는 두려움에 시달렸습니다. 예수님이 그런 그들을 보실 때 가련했습니다. '가련하다'(pitiful)란 한심하고 측은한 모습을 말합니다. 그들은 눈이 멀어서 자신들이 벌거벗은 것을 알지 못하는 가련하고 측은한 자들이었습니다. 예수님은 이런 그들이 자신의 참된 모습을 알기를 원하셨습니다.

요즘 사람들의 겉모습과 외모를 보면 조금도 근심이 없어 보이고 부유해 복음이 필요 없는 것처럼 보입니다. 그러나 그들의 실상은 아픈 청춘입니다. 그들의 60.7%가 파랑새 증후군을 앓고 있습니다. '파랑새 증후군'(Blue Bird syndrome)은 지금의 자리에서 훌쩍 떠나고 싶은 마음입니다.

모리스 마테를링크(Maurice Maeterlinck)는 《파랑새》[13]에서 가난한 나무꾼의 자녀인 틸틸(Tyltyl)과 미틸(Mytyl) 남매가 꿈에 행복의 파랑새를 찾아 나섭니다. 달밤의 묘지, 추억의 나라, 밤의 궁전 등을 다니면서 새를 찾아보았으나 찾지 못했습니다. 꿈에서 깨어 보니 자신의 집에 파란색을 가진 새를 발견했습니다. 남매는 애타게 찾던 행복이 멀리 있는 것이 아니라 바로 내 곁에 있다는 것을 알게 되었습니다.

아픈 청춘들이 어떻게 파랑새 증후군을 극복하고 현재 이곳에서 행복한 삶을 살 수 있을까요? 우리가 어떻게 행복은 멀리 있는 것이 지금 이곳, 내 안에 있다는 것을 알 수 있을까요? 스스로 부유하다는 마음에서 가난한 마음을 가져야 합니다. 전도서는 사람들에게 "또 사람들에게는 영원을 사모하는 마음을 주셨다"(전 3:11중)고 했습니다. 성 아우구스티누스는 "사람에게는 누구나 하나님의 말씀으로 채워야 할 공간이 있어, 이 공간을 채우지 않을 때 방황하게 된다"고 했습니다.

예수님은 "심령이 가난한 자는 복이 있나니 천국이 그들의 것임이요"(마 5:3)라고 말씀하셨습니다. '심령이 가난하다'는 것은 곧 예수님께 대한 겸손한 마음, 예수님의 말씀을 배우려고 하는 마음, 예수님께 도움을 청하는 마음입니다. 심령이 가난한 사람에게 천국이 옵니다. 천국은 장차 이루어질 천국이 아니라 하나님의 통치를 뜻합니다. 우리의 심령이 가난하게 되면 예수님은 우리를 사랑과 평화로 다스려 주십니다. 하나님은 겸손한 자를 높여 주십니다.

마태가 예수님을 만나기 전에는 레위였습니다. 레위는 '돈이 많은 자는 복이 있나니 세상이 나의 것임이라'라는 좌우명을 가지고 살았습니다. 그는 행복해지기 위해 돈을 모았습니다. 그는 동족을 배반하면서까

---

13 모리스 마테를링크, 김주경 역, 《파랑새》 (서울: 시공주니어, 2019).

지 돈을 모았습니다. 그는 많은 돈을 모았지만 행복하지 않았습니다. 내면은 늘 불안했습니다. 그런 그가 주님으로부터 "심령이 가난한 자는 복이 있나니 천국이 그들의 것임이요"(마 5:3)라는 말씀을 들었습니다. 이 말씀이 그의 심령에 샛별처럼 다가왔습니다. 그는 가난한 마음으로 예수님을 배웠습니다. 그때 그는 레위가 변하여 성 마태가 되었습니다. 섬섬옥수와 같은 산상수훈을 기록하였습니다.

예수님의 권고

예수님은 곤고하고 가련하고 가난하고 눈멀고 벌거벗은 모습으로 살아가는 그들에게 말씀하십니다.

첫째, 불로 연단한 금을 사라.

> "내가 너를 권하노니 내게서 불로 연단한 금을 사서 부요하게 하고 흰옷을 사서 입어 벌거벗은 수치를 보이지 않게 하고 안약을 사서 눈에 발라 보게 하라."(계 3:18)

예수님은 '불로 연단한 금을 사서 부요하게 하라', '흰옷을 사서 수치를 보이지 않게 하라', '안약을 사서 보게 하라'고 하십니다. '사라'(buy)는 것은 희생을 말합니다. 대가를 지급하지 않고 살 수 없습니다. 땀을 흘리고 노력하고 희생해야 금을 사고 흰옷을 사고 안약을 살 수 있습니다.

'내게서 사라'는 것은 예수님께는 은혜와 사랑과 믿음이 무한한 저수지와 같아서 고갈되지 않는다는 것입니다. 이사야는 "오호라 너희 모든 목마른 자들아 물로 나아오라 돈 없는 자도 오라 … 그리하면 너희가 좋은 것을 먹을 것이며 너희 자신들이 기름진 것으로 즐거움을 얻으리라"(사 55:1~2)라고 하였습니다. 예수님은 "명절 끝날 곧 큰 날에 예수께서 서서 외쳐 이르시되 누구든지 목마르거든 내게로 와서 마시라 나를 믿는 자는 성경에 이름과 같이 그 배에서 생수의 강이 흘러나오리라"(요 7:37~38)라고 하셨습니다. 예수님께 오면 생수의 강이 흘러넘쳐 풍요로운 삶을 살게 됩니다.

'불로 연단한 금'은 연단된 믿음을 말합니다. 순금은 저절로 나오지 않습니다. 많은 연단 과정을 거쳐서 나옵니다. 믿음 또한 저절로 생기지 않습니다. 믿음은 많은 시련과 연단 과정을 거쳐야 순금보다 더 귀한 순수한 신앙으로 빚어집니다. 예수님은 라오디게아교회가 순금과 같은 믿음으로 빚어지기를 원하셨습니다. 행복은 재물이 많고 적음에 있지 않습니다. 물질의 풍요는 삶을 편하게 할 수는 있어도 행복을 주지 못합니다. 행복은 소유에 비례하지 않습니다.

긍정심리학자 마틴 셀리그만(Martin Seligman)의 행복공식을 보면 H=S(50%)+C(10%)+V(40%)입니다. S(Set point)는 설정된 행복 범위입니다. S(Set point)는 유연합니다. C(Condition of living)는 삶의 상황, V(Voluntary activities)는 스스로 통제할 수 있는 자율성을 뜻합니다. 이 공식에서 행복지수를 결정짓는 요인은 환경(C)보다 통제할 수 있는 자율성(V)입니다. 환경을 어떤 시각으로 보고 생각하고 듣느냐에 달려 있습니다.

우리가 언제 행복했습니까? 좋은 집으로 이사했을 때입니까? 직장에 취업했을 때입니까? 먹고 싶은 것 사 먹고, 입고 싶은 옷을 사 입었을 때입니까? 각종 시험에 합격했을 때입니까? 물론 그때 행복했습니다. 이런 행복은 오래 계속되지 않습니다. '허니문'(honey moon)이란 말이 있습니다. 이는 결혼 직후의 즐겁고 달콤한 시기를 비유로, 한 달(one month)을 뜻합니다. 그러니 아무리 기쁨과 즐거움도 4주 이상 가지 못하는 잠깐입니다. 행복은 성령 충만과 말씀의 풍성함에서 옵니다. 주님 안에서의 연단은 순금보다 더 귀한 믿음이 우리의 삶을 윤택하게 하고 풍성한 생명과 행복을 가져다줍니다.

둘째, 흰옷을 사서 수치를 가려라.

'흰옷'(white clothes)은 의의 옷, 예수 그리스도를 믿음으로 의롭다 함을 얻는 것을 뜻합니다. 예수님이 주시는 흰옷을 입어야 벌거벗은 수치를 가릴 수 있습니다. 아담이 죄를 지었을 때 제일 먼저 안 것은 벌거벗은 수치였습니다. 그들은 수치를 무화과나무 잎으로 가릴 수 없었습니다. 오직 짐승의 가죽으로 수치를 가릴 수 있었습니다. 즉 어린양 예수 그리스도의 십자가 보혈로 우리의 수치를 가릴 수 있고, 거룩하고 영광스러운 하나님의 자녀가 될 수 있습니다.

탕자가 집을 떠났을 때 돼지보다 못한 존재로 전락했습니다. 아버지는 이런 그가 회개하고 돌아왔을 때 냄새나는 옷을 벗기고 가장 좋은 옷을 입혀 주었습니다. 이것은 아들의 신분으로 회복시켜 준 것입니다. 흰옷은 성도의 옳은 행실입니다(벧전 3:11~12; 계 19:8).

셋째, 안약을 사서 눈에 발라 소경을 면하라.

안약을 사라는 것은 성령의 도우심으로 하나님 나라를 보고 영의 분별력을 가지라는 뜻입니다(엡 1:17~19). 예수님이 이 땅에 오신 목적은 눈 먼 자를 보게 하는 것입니다(눅 4:18). 우리가 예수님을 믿고 성령의 인도를 받을 때 사랑과 은혜가 충만한 하나님의 세계를 볼 수 있습니다. 말세에 성령이 부어지면 자녀들은 예언하게 되고 젊은이들은 환상을 보고 늙은이들은 꿈을 꾸게 됩니다(행 2:17).

넷째, 열심을 내고 회개하라.

"무릇 내가 사랑하는 자를 책망하여 징계하노니 그러므로 네

가 열심을 내라 회개하라."(계 3:19)

예수님은 사랑하는 자를 징계하십니다. 예수님은 라오디게아교회를 사랑하시므로 그들을 책망하셨습니다. 사랑이 없으면 무관심합니다. 로마서 1장을 보면 예수님의 심판 중의 심판은 포기(gave up)입니다. 사랑의 반대는 미움이 아니라 무관심입니다. 포기는 무관심 그 이상입니다. 포기는 하나님의 형벌 중의 형벌입니다. 예수님은 그들을 사랑하셨기에 "열심을 내라 회개하라"라고 하셨습니다. '회개하라'(*μετανόησον*)란 부정 과거형으로, 단번에 결정적으로 회개하라는 것입니다. '열심을 내라'(*ζήλωσον*)는 말은 현재 명령형입니다. 계속해서 열심을 내라는 말입니다. 죄를 회개할 때 열심을 내어 하나님을 사랑할 수 있습니다.

다섯째, 내 음성을 듣고 문을 열라.

"볼지어다 내가 문밖에 서서 두드리노니 누구든지 내 음성을 듣고 문을 열면 내가 그에게로 들어가 그와 더불어 먹고 그는 나와 더불어 먹으리라."(계 3:20)

예수님은 밖에서 우리를 구원과 은혜의 자리로 초청하시기 위해 마음의 빗장을 풀고 문을 열라고 두드리십니다. 예수님이 무엇이 아쉬워서 추운 겨울에 문밖에 서서 노크하십니까? 여기에 예수님의 무한한 사랑과 긍휼과 은혜를 보게 됩니다. 예수님은 내게 복을 주시기 위해 나를 찾아오셔서 피 묻은 손으로 문을 두드리고 계십니다.

윌리엄 홀만 헌트(William Holman Hunt)의 '세상의 빛'이라는 그림을 보면 예수님께서 문 앞에서 노크하는 모습이 나옵니다. 이 그림을 보면 바깥에 문고리가 없습니다. 안쪽에서 문을 열어야 들어갈 수 있습니다. 예수님께서 아무리 두드려도 안에서 문을 열지 않으면 들어가실 수 없습니다. 내가 마음의 문을 열고 예수님을 영접하면 예수님이 들어오셔서 나와 더불어 먹고 마십니다. '먹고 마시다'란 친교요 하나님 나라의 모습입니다. 예수님은 하나님 나라를 먹고 마시며 즐거워하는 잔치로 비유하셨습니다. 이는 성도들이 장차 어린양의 혼인 잔치에 참여하게 된다는 것을 의미합니다.

하나님 나라는 요한계시록 4~5장에서 예배로 나타납니다. 예수님께 가까이 나갈 수 없는 죄인이 예수님과 교제하고 예배를 드린다는 것은 놀라운 하나님의 은총이요 큰 복입니다. 내가 회개하고 예수님의 초청에 응할 때 하나님 보좌에서 예수님과 함께 왕노릇하게 됩니다(계 3:21). 귀 있는 자는 성령이 교회들에게 하시는 말씀을 들어야 합니다(계 3:22).

예수님은 "네가 차든지 뜨겁든지 하라", "불로 연단한 금을 사라", "열심을 내라 회개하라"라고 하십니다. 이제 우리는 마음의 빗장을 풀고 예수님을 모셔 들여 뜨겁게 사랑하고, 코로나 팬데믹 앞에 물리적인 거리를 두되 사회적인 거리를 좁혀 성도의 교제가 더욱 뜨거워야 합니다.

생각하기

1. 예수님은 라오디게아교회에 아멘이시고 충성되고 참된 증인이시고 하나님의 창조 근본으로 나타나셨습니다(계 3:14). 그 이유를 말해 보세요.
2. 예수님은 뜨겁지도 않고 차지도 않은 그들을 책망하셨습니다(계 3:15). 이 뜻을 말해 보세요.
3. 예수님은 불로 연단한 금을 사고, 열심을 내고 회개하며 내 음성을 듣고 문을 열라고 말씀하셨습니다(계 3:16~22). 각기 뜻과 이에 주어지는 복을 말해 보세요.

Ⅲ. 하늘 예배와 인으로 봉한 책 (계 4:1~5:14)

하늘 예배(계 4:1~11)

일곱 인을 떼시는 어린양 예수님(계 5:1~14)

11 요한계시록 4:1~11

하늘 예배

"그들이 밤낮 쉬지 않고 이르기를 거룩하다 거룩하다 거룩하다 주 하나님 곧 전능하신 이여 전에도 계셨고 이제도 계시고 장차 오실 이시라."(계 4:8하)

요한계시록 1장은 서론, 2~3장은 아시아의 일곱 교회를 향한 칭찬과 책망 그리고 말씀대로 살 때 주어지는 하나님의 축복입니다. 요한계시록 1~3장이 땅에서 이루어진 말씀이라면, 요한계시록 4~18장은 하늘에서 이루어지는 하나님의 진노와 구원입니다.

이를 세분하면 요한계시록 4~5장은 하나님의 보좌와 어린양, 요한계시록 6~7장은 하나님의 일곱 인, 요한계시록 8~14장은 일곱 나팔의 진노, 요한계시록 15~18장은 일곱 대접의 진노입니다.

하나님은 심판을 시작하기에 앞서 요한계시록 4~5장에서 요한에게 하나님 나라에서 구원받은 성도들과 천사들과 모든 만물이 하나님께 예배드리는 광경을 보여 주셨습니다. 그 광경은 이루 말할 수 없이 장엄했고 영광스러웠습니다.

하나님께서 심판이 시작되기 직전에 이런 모습을 보여 주신 것은 이 땅에서 수치와 환란과 역경과 박해를 이긴 사람만이 하나님 나라에 가서 예배를 드릴 수 있음을 보여 주신 것입니다. 따라서 우리는 하늘 예배에 참여하여 하나님께 영광과 찬양을 드릴 소망을 바라보며 주님 안에서 환난과 역경을 이기며 평소에 참된 예배를 드리기를 기도합니다.

보좌에 앉으신 예수님

"이 일 후에 내가 보니 하늘에 열린 문이 있는데 내가 들은 바 처음에 내게 말하던 나팔 소리 같은 그 음성이 이르되 이리로 올라오라 이 후에 마땅히 일어날 일들을 내가 네게 보이리라 하시더라."(계 4:1)

'이 일 후'란 사도 요한이 성령께서 아시아 일곱 교회에게 하신 말씀을 들은 후입니다. 그 후, 하나님은 요한에게 천국의 커튼을 열어서 하나님 나라의 아름다움과 영광, 장엄하고 놀라운 예배 광경을 보여 주셨습니다.

사도 요한은 성령에 감동되어 하늘에 보좌에 앉으신 예수님의 모습을 보았습니다. 예수님은 벽옥과 홍보석 같았습니다. 그 보좌 둘레에는 녹보석같이 보이는 무지개가 있었습니다(계 4:3~4). '보좌'(throne)란 통치와 우주의 중심을 말하는데, 요한계시록에 46번 반복합니다. 이는 영광스러운 하나님 통치를 강조하기 위한 것입니다.

사도 요한은 왜 하나님의 모습을 색깔로 표현했을까요? 사람들의 성격을 색깔로 표현할 때, 음흉한 사람을 검은색으로 표현하고, 밝은 사람을 노란색으로 표현하고, 사랑에 젖어 있는 사람을 연분홍으로 나타냅니다. 사도 요한이 보좌에 앉으신 하나님을 벽옥과 홍보석으로 나타낸 것은 하나님의 청결하심과 진노하심의 표현입니다.

벽옥과 홍보석은 대제사장의 가슴에 달린 열두 보석으로 처음과 마지막(출 28:17~21)으로 새 예루살렘의 기초석이 됩니다(계 21:19~21). 무지개는 하나님께서 노아에게 주신 언약으로, 다시는 물로 세상을 심판하시지 않겠다는 언약입니다(창 9:13). 이것은 하나님께서 광풍과 환란과 역경 중에도 지켜 주시고 보호하시겠다는 뜻이 담겨 있습니다. 거기에 녹보석 색깔로 둘렸는데, 이는 화평이신 하나님의 모습입니다.

우리는 하늘 보좌하면 가까이 가기에 너무 높고 두려운 마음이 듭니다. 그러나 요한이 본 하늘의 보좌는 은혜가 넘쳐서 다가가고 싶습니다. 그 보좌 둘레에는 이십사 보좌들이 있는데, 그 보좌에는 24 장로들이 흰옷을 입고 금관을 쓰고 앉아 있었습니다(계 4:4). 24 장로들은 구약의 12 지파와 신약의 12 사도로, 하나님의 은혜로 구원받은 신, 구약의 모든 성도를 뜻합니다. 이들은 세상에서 믿음으로 승리한 성도들입니다.

요한계시록 2~3장을 보면 교회는 찢어진 옷을 입고 굶주림과 추위와 박해와 고난을 받고 있었습니다. 성도들은 사자 밥이 되기도 하고, 원형 경기장의 조명이 되기도 하였습니다. 그런 그들이 끝까지 하나님의 말씀을 붙들고 믿음으로 살았을 때 흰옷을 입고 금관을 쓰고 있었습니다. 그들은 큰 환난에서 구원받은 사람들로, 어린양의 피로 옷을 씻어 희게 된 이들이라고 했습니다(계 7:14).

요즘 코로나19로 3밀(밀집, 밀폐, 밀접)로 사람들은 불안하고 염려가 많습니다. 그리고 사람들을 경계하고 의심합니다. 의심과 불안이 심화되면 상대에 대해 혐오감이 생기게 됩니다. 거기다가 교회에서 예배를 드리지 못하고 기형적인 온라인 예배를 드리고 있습니다. 우리는 너 나 할 것 없이 어렵고 힘든 여정에 있습니다. 이럴 때 우리는 예수님이 앉아 계신 보좌 둘레에 흰옷을 입고 금관을 쓰고 있는 믿음으로 승리한 성도들을 바라봤으면 좋겠습니다.

세상은 우리가 예수님을 믿는다고 알아주지 않습니다. 그러나 예수님은 우리를 귀한 사람으로 여기십니다. 우리가 배교를 하지 않는 한, 우리가 끝까지 믿음으로 이기는 자가 될 때 예수님은 우리를 VIP로 대우하여 흰옷을 입히시고 승리의 금관을 씌워 주십니다. 아니 우리의 영은 하나님 나라 보좌 앞에 있다가 예수님께서 다시 오시는 날, 몸도 부활하여 하늘의 보좌에 앉아 왕과 제사장의 반열에 서서 예수님과 함께 영원히 왕노릇하게 됩니다. 이 얼마나 놀라운 은혜입니까?

이것은 우리가 예수님을 믿는 동시에 점차 이루어지는 것이 아니라 이미 이루어진 역사적인 사실입니다. 그래서 로마서에 영화롭게 하다(glorified)를 과거 시제로 기록하고 있습니다(롬 8:30). 우리는 머지않아 이 세상을 떠나 흰옷을 입고 금관을 쓰는 것이 아니라 이미 예수님의 보혈로 죄 씻음을 받고 거룩한 흰옷을 입고 금관을 쓰고 있습니다. 이곳은 평화와 위로가 충만한 곳, 성도들 이외에 누구도 누릴 수 없는 아름다운 곳, 믿는 자 외에 누구도 쓸 수 없는 금관을 쓰고 찬양이 울려 퍼지는 하나님의 보좌에 가 있습니다. 우리는 비록 몸은 세상에 있지만, 우리의 영은 하나님 나라에 가 있습니다. 그렇다면 이제 우리는 이 땅에 살지만, 하나님 나라에서 사는 천국 시민처럼 살아야 합니다. 우리의 주민등록은 이 땅에 있지만, 우리의 시민권은 하나님 나라에 있습니다.

하나님의 보좌로부터 번개와 음성과 뇌성이 나왔습니다(계 4:5). 이 음성은 하나님의 엄위하심과 누구나 접근할 수 없는 하나님의 거룩한 임재를 나타냅니다(출 19:16~20). 하나님 보좌 앞에 일곱 등불 켠 것 같은 모습이 있는데 이는 성령을 의미합니다. 보좌 앞에 성령이 계시는 것은 죄인을 구원하시려는 하나님의 뜨거운 사랑의 표현입니다. 요한계시록의 목적이 심판과 멸망인 동시에 그 속에는 한 영혼이라도 구원하고자 하시는 하나님의 크신 사랑과 은혜가 있음을 보게 됩니다. 이 시대가 어두우면 어두울수록 예수님께서 일곱 등불로 죄인들의 마음을 밝히어 하나님께로 인도하십니다.

또 보좌 앞에는 수정 같은 유리 바다가 있었습니다(계 4:6상). 구약 시대에 제사장들이 하나님의 성소에 들어갈 때 손을 씻을 수 있도록 성전 안에 물두멍이 있었습니다. 이것이 얼마나 큰지 바다라고 했습니다(왕상 7:23). 본문에서는 수정과 같은 바다라고 했습니다. 이것은 하나님 보좌 앞에 나가기 전에 먼저 자신을 돌아보아야 한다는 뜻입니다. 그리고 수정과 같은 유리 바다가 보좌의 색조를 반사시켜 하나님의 보좌는 더욱더 아름다웠습니다(계 15:2).

찬양을 드리는 예배

그 보좌 주위에 네 생물이 있는데 앞뒤에 눈들(eyes)이 가득했습니다. 첫째 생물은 사자 같고, 둘째 생물은 송아지 같고, 셋째 생물은 얼굴이 사람 같고, 넷째 생물은 날아가는 독수리 같은데, 네 생물이 각각 여섯 날개가 있고, 그 안과 주위에 눈들이 가득했습니다. 이 네 생물에 대한 해석이 다양하지만, 모든 피조물을 대표하여 하나님을 섬기고 있다는 것이 일반적인 견해입니다(계 4:하~8상). 그들은 무엇을 했습니까?

> "그들이 밤낮 쉬지 않고 이르기를 거룩하다 거룩하다 거룩하다 주 하나님 곧 전능하신 이여 전에도 계셨고 이제도 계시고 장차 오실 이시라."(계 4:8하)

요한계시록에 열네 번의 찬양이 나옵니다(계 4:8,11, 5:9~10,12~13, 7:10,12, 11:16~18, 15:3~4, 16:5~7, 19:1~4,6~8). 본문에는 모든 피조물이 거룩하신 하나님을 찬양하고 있습니다. '거룩하다'는 것을 세 번 반복한 것은 최상으로 주님을 찬양한 것을 말합니다. '3'이란 숫자는 하늘의 숫자로, 히브리식 최상급 표현입니다. '거룩하다'는 것은 죄와 구별을 뜻합니다. 거룩하신 하나님은 죄를 용납하시지 않습니다. 거룩하신 하나님은 이 세상의 모든 죄를 소멸하십니다. 거룩하신 하나님은 믿는 모든 이를 거룩하게 하십니다.

우리는 예수님의 보혈로 흰옷을 입은 거룩한 백성입니다. 동시에 육의 몸을 가지고 있습니다. 이 육은 아직 구원받지 못했습니다. 그래서 성도를 구원받은 죄인, '이미 아직'(already, but not yet)입니다. 따라서 우리는 예수님의 피로 죄 사함을 받은 동시에 거룩함에 이르도록 성화에 힘써야 합니다. 성화 과정은 나의 의지와 노력이 필요합니다. 그렇다고 인위적인 노력과 의지가 아니라 성령 안에서의 노력과 의지입니다.

로마서에 '구원의 황금 고리'가 나옵니다(롬 8:29~30). 아시다(foreknew), 정하시다(predestined), 부르시다(called), 의롭다 하시다(justified), 영화롭게 하시다(glorified)는 모두 과거형입니다. 아시고, 정하시고, 부르시고, 의롭다는 이미 이루어진 사건입니다. 반면에 영화롭다는 아직 이루어지지 않은 미래에 이루어질 사건입니다. 그런데도 시제가 과거입니다. 이는 미래에 이루어질 영화도 이미 완성된 사건임을 보여 줍니다. 그런데 구원의 황금 고리 중에 성화(sanctify)가 없습니다. 이는 구원받은 사람은 끊임없이 성령 안에서 성화, 거룩함(sanctification)에 이르러야 한다는 것입니다.

거룩한 길은 좁은 길입니다. 좁은 길은 고난의 길입니다. 고난의 길은 하나님 나라에 적합한 사람이 되게 합니다. 하나님은 이스라엘 백성을 거룩한 백성, 제사장 나라로 삼으셨습니다. 그런데 그들의 내면은 하나님의 백성다운 내면이 없었습니다. 그들은 애굽에서 430년 동안 노예 생활을 했기에 노예 근성에 찌들어 있었습니다. 노예 근성의 특징은 원망과 불평입니다. 430년 동안 애굽에서 노예 생활했던 그들은 출애굽 과정에서 쉼 없이 하나님과 모세를 원망하고 불평했습니다.

원망과 불평의 절정은 민수기 14장입니다. 그들은 40일 만에 젖과 꿀이 흐르는 가나안 접경까지 이르렀습니다. 이제 그들은 요단강 하나만 건너면 사모하고 사모하던 젖과 꿀이 흐르는 가나안에 들어갈 수 있었습니다. 그런데 정탐한 12두령 중 여호수아와 갈렙을 제외한 10명이 도저히 그 땅을 정복할 수 없다고 했습니다. 그들은 이 소식을 듣자마자 곧 원망과 불평을 쏟아냈습니다. 그들은 다른 지도자를 세워 다시 애굽으로 유턴하고자 했습니다(민 14:2~4). 하나님은 이런 백성을 보시고 광야로 후퇴시켰습니다. 40년이란 긴 광야 훈련이 시작되었습니다. 20세 이상은 젖과 꿀이 흐르는 가나안에 들어가지 못하고 광야에서 죽었습니다. 그들은 가나안에 들어갈 수 없었습니다.

하나님은 40년간 광야 훈련으로 노예 근성과 거지 근성을 청소하여 가나안 땅에 들어가기에 합당한 백성으로 빚으셨습니다. 불의한 자, 음행하는 자, 우상을 숭배하는 자, 간음하는 자, 탐색하는 자(여자처럼 행하는 자들), 남색하는(동성애) 자, 도적이나 탐욕을 부리는 자, 술 취하는 자, 모욕하는 자, 속여 빼앗는 자는 하나님 나라의 유업을 받을 수 없습니다(고전 6:9~10). 더러운 것과 호색과 주술과 원수 맺는 것과 분쟁과 시기와 분냄과 당 짓는 것과 분열과 이단과 투기와 방탕한 자들도 하나님 나라의 유업을 받을 수 없습니다(갈 5:16~21).

이런 것들은 스스로 결심하고 자신의 능력과 자신의 노력과 의지로 버릴 수 없습니다. 하루아침에 없어지지 않습니다. 많은 환난과 고난으로 자기밖에 모르는 자아(ego)가 깨질 때 가능합니다. 신호 위반을 밥 먹듯 하는 사람에게 좋은 말로 교통법규를 잘 지키라고 이야기해도 되지 않습니다. 비싼 수업료를 내야 합니다. 몇 십만 원짜리 벌금 고지서가 오고,

면허정지를 당하여야 정신을 차리고 교통신호를 지키게 됩니다.

성경에 은(銀)은 일곱 번 용광로에 넣어야 순은(純銀)이 나온다고 했습니다. 사람은 일곱 번 가지고도 안 됩니다. 많은 환난과 박해로 단련될 때 하나님 나라에 들어갈 수 있는 거룩한 사람이 됩니다. 히브리서에 하나님께서 사랑하시는 자를 징계하시고, 징계가 없으면 사생자요 친아들이 아니라고 했습니다(히 12:5~8). 그러므로 내가 하나님의 자녀라면 고난받는 것은 당연합니다. 고난받음으로 내면이 겸손해지고, 마음이 가난해지고, 의에 주리고 목마른 자가 됩니다.

예수님은 "의를 위하여 박해를 받은 자는 복이 있나니 천국이 그들의 것임이라"(마 5:10)라고 하셨습니다. '의'는 예수님을 말합니다. 예수님은 계속해서 주와 복음을 위해 박해를 받을 때 기뻐하고 즐거워하라고 하셨습니다(마 5:11~12). 왜냐하면, 하늘의 상이 크기 때문입니다. '기뻐하라'란 무엇에 반가워한다, 어떤 일을 기쁘게 맞이한다는 뜻이고, '즐거워하다'는 것은 행복하게 여기고 그것에게 마음을 둔다는 뜻입니다. '기뻐하라'는 수동적이고, '즐거워하다'는 능동적입니다.

사람들이 강철왕 카네기에게 '당신을 성공으로 이끈 자원이 무엇인가?'라고 물었습니다. 이에 카네기는 "첫째는 가난이요, 둘째는 무식이고, 셋째는 기도입니다"라고 대답했습니다. 카네기는 어린 시절에 교복이 한 벌밖에 없으므로 학교에 갔다 오면 빨아서 다리미로 말려 입어야 했습니다. 그리고 그의 어릴 때 소원은 어머니에게 새 드레스를 사드리는 것이었습니다. 그는 "하나님, 제가 돈을 벌어 어머니께 새 드레스를 선물할 수 있도록 해 주세요"라고 기도했다고 합니다. 그는 고난을 성공의 자원으로 받아들였습니다. 그는 가난했기에 더 부지런했고, 무식했기에 더 겸손했고, 무지했기에 책과 더 가까이했습니다.

풀을 베면 베인 풀잎에서 향기가 납니다. 상처에서 향내가 납니다. 내 삶이 실패, 좌절, 시련, 고난에 밟혀 쓰러질 때 고통으로 다가옵니다. 그러나 시련은 사람을 향기롭게 만듭니다. 다이아몬드가 귀한 것은 갈고 닦는 혹독한 연단을 거쳐 찬란한 빛을 발하기 때문입니다. 원석 자체로는 가치가 없습니다. 사람이 아무리 좋은 DNA를 가지고 태어나고 금수저를 물고 태어나도 혹독하게 깎고 갈아내지 않으면 빛을 발할 수 없습니다. 사람은 고난으로 인내하게 되고, 인내로 좋은 성품이 형성되고, 좋은 성품이 소망을 이루게 됩니다(롬 5:4).

사도들은 복음을 전하다가 옥에 갇혔습니다. 그때 그들은 그 이름을 위하여 능욕 받는 일에 합당한 자로 여기심을 기뻐하며 공회 앞을 떠났습니다(행 5:41). 베드로는 고난의 의미를 깨닫고 성도들에게 "사랑하는 자들아 너희를 연단하려고 오는 불 시험을 이상한 일 당하는 것 같이 이상히 여기지 말고 오히려 너희가 그리스도의 고난에 참여하는 것으로 즐거워하라 이는 그의 영광을 나타내실 때에 너희로 즐거워하고 기뻐하게 하려 함이라"(벧전 4:12~13)라고 권면하였습니다. 바울도 "무릇 그리스도 예수 안에서 경건하게 살고자 하는 자는 박해를 받으리라"(딤후 3:12)라고 했습니다. 고난 없이는 거룩하게 될 수 없습니다. 성도들의 고난은 거룩하게 되는 과정입니다. 이는 마치 해산의 고통이 한 생명을 출산하는 과정과도 같습니다.

24장로들이 밤낮 찬양하는 하나님은 전능하십니다. 하나님은 영원 전에도 계셨고, 지금도 계시고, 앞으로 오실 분이십니다. 이 하나님은 절대자가 되십니다. 이 세상의 그 어떤 것도 절대일 수 없습니다. 오직 하나님 한 분만이 영원하고 절대자이십니다.

금관을 드리는 예배

피조물이 찬양하자, 24장로들이 보좌에 앉으신 하나님 앞에 엎드려 세세토록 살아 계시는 예수님께 경배하고 자기의 금관을 보좌 앞에 드렸습니다(계 4:9~10). 그들이 어떻게 금관을 주님 앞에 드릴 수 있습니까? 그 금관이 어떤 금관입니까? 이 금관은 승리의 금관입니다. 이 금관은 그들의 소망과 기쁨과 자랑이었습니다. 금관에 박혀 있는 보석 하나하나에는 각별한 사랑이 아롱진 양들의 이름입니다(살전 2:19~20). 그들이 금관을 얻기 위해 얼마나 많은 고생을 했습니까?

그런데 그 금관을 벗어 주님께 드렸습니다. 어떻게 해서 얻은 금관인데 벗어서 주님의 보좌 앞에 드릴 수 있습니까? 이는 하나님께 대한 놀라운 경외심으로 인함입니다. 가시면류관을 쓰셨던 주님의 머리, 그 머리에 붉은 피로 얼룩진 것을 볼 때, 그분 앞에서 감히 금관을 쓸 수 없었습니다. 그들은 예수님의 강렬한 사랑에 전율되어 금관을 벗어 보좌 앞에 드렸습니다.

우리가 누군가를 사랑할 때 그 어떤 것도 아깝지 않습니다. 그들은 예수님을 사랑하기에 금관 정도가 문제가 되지 않았습니다. 주님의 은혜, 주님의 보좌 앞에 앉아 있다는 것 자체가 행복이요 기쁨이요 영광이었습니다. 그때 승리의 금관, 소중한 보물이 문제가 되지 않았습니다.

우리는 여기에서 참된 예배가 무엇인가를 배우게 됩니다. 참된 예배는 자기의 가장 소중한 것을 주님께 드리는 것입니다. 그런데 사람들은 무엇인가를 얻기 위해 교회에 옵니다. 사람들이 설교를 듣기 위해 예배당에 나옵니다. 하나님의 말씀을 사모하는 것은 좋은 것입니다. 그러나 그것도 참된 예배가 아닙니다. 예배(worship)의 사전적 의미는 '가치'(worth)와 '신분'(ship)의 합성어로, 존경과 존귀를 받을 가치가 있다는 뜻입니다.

예배란 히브리어로 '아바드'(עבד)와 '샤하'(שָׁחָה)가 있는데, '아바드'는 섬긴다(service)는 단어와 유사한 개념이고, '샤하'는 엎드리다, 굴복한다는 뜻으로 경배와 순종과 섬김이란 뜻입니다. 또 헬라어로 '예배'(*προσκυνέω*)란 종이 주인에게 문안할 때 존경의 표시로 머리를 숙여 발에 입을 맞추는 것을 가리키는 단어입니다.

예배는 거룩하시고 영존하시며 오직 한 분이시고 인격이시며 영이신 하나님께 최상의 가치를 두고, 하나님께 합당한 존경과 영광을 돌려드리는 의식으로(출 20:3; 신 4:35,39; 사 44:6~23; 고전 8:4), 우리를 구원하신 예수님의 은혜에 감사하여 영광과 헌신과 찬송을 드리는 것입니다. 따라서 예배를 드리며 무엇을 얻고자 하는 마음을 버리고, 관심과 시선을 주님께로 돌려야 합니다. 가장 소중한 것을 주님께 드려야 합니다. 그래야 영과 진리로 드리는 예배가 됩니다.

> "여호와여 영광을 우리에게 돌리지 마옵소서 우리에게 돌리지 마옵소서 오직 주는 인자하시고 진실하시므로 주의 이름에만 영광을 돌리소서."(시 115:1) *"Non nobis DOMINE."*(저희에게가 아니라 오직 주님께!)

그들은 금관을 벗어 보좌 앞에 드리고 "우리 주 하나님이여 영광과 존귀와 능력을 받으시는 것이 합당하오니 주께서 만물을 지으신지라 만물이 주의 뜻대로 있었고 또 지으심을 받았나이다"(계 4:11)라고 하나님을 찬양했습니다. 모든 만물을 창조하신 하나님은 우리의 모든 영광과 찬송을 받으시기에 합당하신 분이십니다.

하늘에서 드리는 감사와 찬양의 예배가 우리의 예배가 되어야 합니다. 예배는 얻고자 함이 아니라 내게 가장 소중한 것을 드리는 것입니다. 예배는 예수님의 보배 피로 구원하여 흰옷을 입히시고 금관을 씌워 주신 주님께 찬양과 경배를 드리는 것입니다. 그렇다면 우리는 지금 어떤 자세로 예배를 드립니까?

생각하기

1. '이 일 후'에 요한은 하늘의 열린 문으로 보좌에 앉으신 분을 보았습니다(계 4:1~4). 보좌에 앉으신 예수님의 모습을 말해 보세요.
2. 하나님의 보좌로부터 번개와 음성과 뇌성이 나왔고, 보좌 앞에 수정 같은 유리 바다가 있었습니다(계 4:5~6). 이를 각기 말해 보세요.
3. 보좌 주위의 네 생물의 모양과 네 생물이 예배를 드렸습니다(계 4:6~11). 금관을 드리며 찬양하는 그들로부터 배울 바를 말해 보세요.

12 요한계시록 5:1~14

일곱 인을 떼시는 어린양 예수님

"장로 중 한 사람이 내게 말하되 울지 말라 유대 지파의 사자 다윗의 뿌리가 이겼으니 그 두루마리와 그 일곱 인을 떼시리라 하더라."(계 5:5)

우리는 판도라라는 말을 들어본 적이 있을 것입니다. '판도라'(Pandora)는 그리스 신화에 나오는 최초의 여자입니다. 인간으로 태어난 판도라는 온갖 불행을 가두어 둔 상자를 열어서는 안 되는데 호기심으로 상자를 열어서 인류의 모든 불행이 시작되었다는 이야기입니다.

조선왕조 역사를 보면 9대 성종(成宗)은 폐비(廢妃) 윤(尹) 씨 사건을 100년 이내에는 밝히지 말도록 엄명했습니다. 그런데 연산군(燕山君)은 아버지의 엄명을 어기고 폐비 윤 씨 사건의 밀봉을 뜯고 열어 갑자사화(甲子士禍)를 일으켰습니다. 로마 시대에도 중요한 유언은 함부로 열어 볼 수 없도록 일곱의 도장을 찍어 봉인했습니다. 그 봉인을 뜯고 열 수 있는 사람은 오직 상속자만 열어 볼 수 있었습니다. 그렇다면 인류의 구원과 종말에 관한 문제라면 얼마나 신중하겠습니까?

본문을 보면 하나님의 구속역사의 기밀문서인 두루마리가 일곱 인으로 봉인되어 있었습니다. 누가 이 일곱 인을 뗄 수 있습니까? 일곱 인을 떼실 수 있는 분은 어린양, 죽임을 당하고 부활하여 죽음을 이기신 예수님만 떼실 수 있습니다. 그러면 일곱 인을 떼실 수 있는 예수님은 어떤 분입니까?

일곱 인을 떼시는 예수님

첫째, 예수 그리스도는 인성으로 다윗의 혈통에서 나셨습니다.

사도 요한이 보니 하나님께서 보좌에 앉아 계시는데, 그의 오른손에 두루마리를 들고 계셨습니다. 그 두루마리 안팎으로 종말에 대한 계획이 기록되어 있었고, 일곱 인(seven seals)으로 봉해져 있어서 누구도 펼쳐볼 수 없었습니다. 이때 힘 있는 천사가 나타나서 큰 음성으로 "누가 그 두루마리를 펴며 그 인을 떼기에 합당하냐"고 외쳤습니다.

사도 요한이 볼 때 하늘 위와 땅 위와 땅 아래 그 두루마리를 펴거나 볼 수 있는 사람이 없었습니다. 사도 요한은 그 두루마리를 펴서 볼 수 없다면 아무 소용이 없음을 알았습니다. 당시 지상교회는 심한 박해를 받고, 로마 제국은 갈수록 융성해지고 황제들은 신으로 추앙을 받고 있었습니다. 거기다가 사도 요한은 외딴 밧모섬에 유배되어 외롭고 고통스러운 나날을 보내고 있습니다.

사도 요한은 하나님께서 불의한 세상을 어떻게 다루시는지? 예수님과 복음을 위해 목숨 걸고 충성한 이들은 어떻게 될 것인지? 그런데 그 두루마리에 일곱으로 봉인되어 그 내용을 누구도 볼 수 없으니 얼마나 안타깝겠습니까? 그래서 사도 요한은 통곡했습니다. 24장로 중의 한 명이 요한에게 "울지 말라"(Don't weep)라고 했습니다. 이는 유다 지파 출신의 사자 다윗의 뿌리가 이겨서 그 일곱 인을 뗄 수 있기 때문이었습니다(계 5:5). '이겼다'(has triumphed)란 부정 과거형으로, 단번에 결정적으로 승리를 얻었다는 뜻입니다. 유대 지파의 사자 다윗의 뿌리는 예수 그리스도를 가리킵니다(사 11:1).

로마서에 "그의 아들에 관하여 말하면 육신으로는 다윗의 혈통에서 나셨다"(롬 1:3)고 했습니다. 다윗의 혈통에서 나셨다는 것은 세 가지 뜻이 있습니다. 하나는 약속된 메시아라는 뜻이고(삼하 7:12~17; 사 7:14, 11:1), 다른 하나는 메시아는 다윗의 왕권을 계승한 왕으로(마 1:1; 눅 1:32), 장차 나타날 메시아의 모형이고, 그의 왕국은 메시아 왕국의 모형이라는 뜻입니다. 또 다른 하나는 메시아는 완전한 인간으로 성육신하셨다는 뜻입니다. 빌립보서 2장을 보면 예수 그리스도는 근본 하나님의 본체이십니다. 그러나 예수님은 하나님과 동등 됨을 취할 것으로 여기지 아니하시고 오히려 자기를 비워 종의 형체를 가지사 사람들과 같이 되셨습니다(빌 2:4~9).

종교의 창시자들을 보면 탄생을 신비롭게 묘사합니다. 그러나 예수님은 하나님의 아들이지만 구유에 누이셨습니다(눅 2:7). 예수님은 하나님의 아들이시지만 이성과 감정과 의지를 가지신 완전한 인간으로 이 땅에 오셨습니다. 예수님은 완전한 인간으로 오셨기에 연약한 인간을 잘 아십니다. 여기에 성육신의 놀라운 은혜와 비밀이 있습니다.

예수님은 마리아에게서 태어나 인간의 몸과 영혼을 가지신 '참된 인간'(*vere homo*)으로 오셨지만, 죄가 없는 거룩한 분이십니다(히 4:15). 예수님은 성결의 영으로 하나님의 아들입니다(롬 1:4상). 예수님은 죽은 자 가운데 부활하심으로 하나님의 아들이 되셨습니다. 예수님은 부활하시기 전에도 하나님의 아들이셨고, 성육신하시기 전에도 하나님의 아들이셨습니다. 태초부터 하나님과 함께하셨고 태초부터 성자 하나님이셨습니다.

육체로 세상에 계실 때는 예수님의 신성의 영광과 능력과 사랑의 풍성함이 감추어져 있었습니다. 그러나 부활로 주님의 영광이 선포되었습니다. 주님의 능력이 선포되었고, 주님의 사랑과 은혜, 영화로움의 풍성함이 드러났습니다. 부활은 하나님 능력의 선포요 영광의 선포입니다.

예수님은 그리스도 주이십니다(롬 1:4하). '예수'란 자기 백성을 죄에서 구원할 자란 뜻이고, '그리스도'는 기름 부음 받은 자란 뜻이고, '주'(Lord)란 전능하신 주, 영존하시고 영원하신 하나님, 왕이란 뜻입니다. 당시 성도들이 예수님을 그리스도요, 주라고 고백한다는 것은 사형선고를 받은 것과 다름이 없었습니다. 당시에는 로마 황제가 '주'(κύριος)였습니다. 황제를 주라고 고백하지 않으면 화형을 당했습니다. 그러나 초대 성도들은 목숨을 걸고 예수님을 '주'라고 고백했습니다. 일곱 교회 중의 하나인 버가모교회의 안디바는 끝까지 예수님을 '주'로 고백하고 증언하다가 벌겋게 데워진 놋쇠 가마에서 죽임을 당했습니다.

지금 한국에서 예수님을 '주'라고 고백한다고 해서 핍박을 받지 않습니다. 황제숭배 사상이 있는 것도 아니고, 신사참배를 강요하지도 않습니다. 그러나 요즘 우리를 미혹하게 하는 강한 세력이 있습니다. 그것은 돈 신(Mammon)과 미의 여신 비너스입니다. 돈 신은 합리적이고 설득력이 있습니다.

자본주의 시대에 사는 우리에게 돈 신(Mammon)보다 더 큰 설득력이 어디에도 없을 것입니다. 사람들은 돈만 있으면 안 되는 것이 없다고 생각합니다. 속담에 "돈만 있으면 귀신도 부릴 수 있다"(Money rules the world. or Money makes the mare to go)는 말이 있습니다. 돈은 하나님과 맞설 수 있는 유일한 우상입니다. 그렇다면 우리는 초대교회 시절보다 더 어려운 환경에서 예수님을 믿고 있습니다. 외적인 핍박은 싸움의 대상이 분명하지만, 내적인 적은 대상이 눈에 보이지 않기에 싸우기가 더 어렵습니다. 합리적으로, 설득력 있게 접근할 때 돈신이 '주'라고 고백하지 않을 사람이 별로 없을 것입니다.

그러나 물질은 결코 우리의 '주'가 될 수 없습니다. 물질은 우리가 경배하고 찬양할 대상이 아니라 필요의 대상입니다. 돈이 있으면 편하고 없으면 좀 불편할 뿐입니다. 예수님만이 오직 '주'가 되십니다. 예수님만이 경배와 찬양과 영광을 받으시기에 합당하신 왕이십니다. 나를 다스리실 분은 예수님 한 분뿐입니다. 모든 충만하심과 그의 완전하심과 그의 모든 영광이 예수님 안에 있습니다.

둘째, 예수님은 어린양이십니다.

> "내가 또 보니 보좌와 네 생물과 장로들 사이에 한 어린양이 서 있는데 일찍이 죽임을 당한 것 같더라 그에게 일곱 뿔과 일곱 눈이 있으니 이 눈들은 온 땅에 보내심을 받은 하나님의 일곱 영이더라."(계 5:6)

사도 요한의 눈에 들어오는 한 분이 보좌와 네 생물과 장로들 사이에 서 계셨는데, 그분은 어린양의 모습을 하고 계셨습니다. 그 모습에서 일찍 죽임을 당하신 흔적이 보였습니다. 손과 발에는 못 자국이 있었고, 허리에는 창 자국이 있었습니다. 예수님은 십자가에 죽으시고 부활 승천하여 하나님 보좌 우편에서 서 계셨지만 죽임을 당한 흔적이 있었습니다.

왜 죽임을 당한 어린양이 그 두루마리의 인을 떼기에 합당합니까? 예수님은 일찍이 십자가에 못 박혀 죽으심으로 그 피로 우리를 사셨습니다. 우리는 예수님께서 피로 사실 가치가 전혀 없는 자들입니다. 우리는 허물과 죄로 죽었던 자였습니다. 우리는 본질상 진노의 자녀요 불순종의 자였습니다(엡 2:1~3). 죄를 범하여 하나님의 영광에 이르지 못했습니다(롬 3:23). 우리는 하나님의 자녀가 되기에는 함량 미달이었습니다. 세상에 의인은 없나니 하나도 없고, 다 치우쳐 함께 무익하게 되고 선을 행하는 자는 없나니 하나도 없습니다(롬 3:10~12). 우리는 선을 행할 의지가 없고 악을 행할 의지만 있는 전적 부패(total depravity)한 존재였습니다. 부패하면 쓰레기봉투에 넣어 폐기 처분해야 합니다. 우리는 부패한 자들로 폐기 처분해야 마땅한 존재입니다.

그런데 하나님의 아들 예수님께서 하나님의 어린양이 되셔서 모든 죗값을 지불하고 우리를 사셨습니다. 예수님은 십자가로 원수 마귀 사탄을 박살 내셨습니다. 십자가는 하나님의 능력입니다(고전 1:18). 십자가는 죄의 욕망을 죽입니다. 그러기에 내 죄를 위해 십자가를 지신 예수님을 바라보면 사죄의 은총과 마음의 청결함과 평강과 안식을 누리게 됩니다.

십자가는 사형수의 형틀입니다. 십자가는 죽음과 저주의 상징입니다. 그런데 예수님의 십자가가 우리를 살립니다. 마틴 루터(Martin Luther)는 갈라디아서 강해에서 십자가를 '즐거운 교환'[14]이라 하였습니다. 사람은 유익이 있어야 교환이 이루어지지, 손해 보면서 교환이 이루어지지 않습니다. 장사하는 사람은 밑지며 판다고 합니다. 이는 3대 거짓말 중의 하나입니다. 3대 거짓말은 손해 보며 판다며 장사하는 분들의 말, 노인들이 일찍 죽어야 한다는 말과 노처녀들이 결혼하지 않겠다는 말입니다. 그런데 하나님은 십자가에서 손해를 보면서 거래가 이루어졌습니다. 그래서 십자가는 비밀이라고 합니다.

우리가 사는 세상은 강자가 약자를 짓밟고 부자가 가난한 자의 것을 빼앗고, 무력으로 쟁취합니다. 다른 사람으로 피를 흘리게 해서 자신의 유익을 구하고, 남의 눈에 피눈물을 흘려 자리를 차지합니다. 남의 아픔과 상처를 이용하여 자기 유익을 취합니다. 그런 곳은 사람을 살릴

14 국민일보, 2005.9.5.

수 없고 한 사람도 구원할 수 없습니다. 십자가의 희생과 섬김만이 사람을 살리고 구원할 수 있습니다.

셋째, 예수님은 일곱 뿔과 일곱 눈을 가지셨습니다.

그 어린양은 일곱 뿔과 일곱 눈을 가지고 있었습니다. '뿔'은 힘을 상징합니다. 예수님은 일찍 죽임을 당한 어린양이지만 하늘과 땅의 모든 권세를 가진 분입니다(마 28:18). '일곱 눈'은 하나님의 영으로 충만하신 분임을 나타냅니다. 예수님은 하나님의 영으로 충만하시므로 사람들의 마음과 뜻을 감찰하시고 거듭나게 하시며 영생을 주시고 진리로 인도하실 수 있습니다.

십자가에 죽임을 당하신 어린양 예수님은 십자가와 부활로 사탄의 권세를 이기셨습니다. 그렇기에 어린양 예수님은 일곱 인을 뗄 수 있습니다.

성도의 기도를 금 대접에 담으신 예수님

죽임을 당한 어린양 예수님이 나아와 보좌에 앉으신 하나님의 오른손에 있는 두루마리를 취하니(took) 네 생물과 24장로들이 어린양 앞에 엎드렸습니다. 그들은 각각 거문고와 향이 가득한 금 대접을 가졌습니다.

> "그 두루마리를 취하시매 네 생물과 이십사 장로들이 그 어린양 앞에 엎드려 각각 거문고와 향이 가득한 금 대접을 가졌으니 이 향은 성도의 기도들이라."(계 5:8)

금 대접에 가득한 '향'(incense)은 성도의 기도입니다(계 8:3~4; 시 141:2). 예수님은 성도의 기도를 금 대접에 담으실 정도로 소중하고 귀히 여기셨습니다.

하나님은 우리가 드린 기도를 다 담아 두고 계십니다. 이 땅에서 기도를 별로 하지 않은 사람은 작은 금 종지에 담아 있을 것이고, 기도를 많이 한 사람은 큰 금 대접에 담아 있을 것입니다. 우리는 무릎이 낙타 무릎이 되기까지 기도하고 인디언의 기우제와 같이 끝까지 기도하여 큰 금 대접을 채워야 합니다.

그러면 심판이 시작하기 직전에 기도의 금 대접을 보여 주신 이유가 무엇입니까? 심판이 임박할수록 기도의 중요성을 깨우쳐 주시기 위함입니다. 대개 시대가 어렵고 삶이 어려우면 시대와 환경을 탓하고 하나님과 사람을 원망하기 쉽습니다. 사람들이 하나님을 원망하는 것은 하나님의 능력과 말씀을 믿지 못하기 때문이요, 하나님의 구원하심에 대한 감사가 없기 때문입니다. 또한, 하나님의 약속을 믿지 못하기 때문입니다. 원망과 불평은 하나님 앞에서 큰 죄입니다. 원망과 불평은 전염병과 같아서 순식간에 공동체를 전염시킵니다. 그래서 원망하고 불평하게 되면 나도 죽고 너도 죽고 모두가 죽고 공동체가 파멸합니다.

원망과 불평은 습관입니다. 원망과 불평은 어둠입니다. 원망과 불평은 사탄에게서 옵니다. 사탄은 성도들로 하나님을 원망하고 주님의 종들을 원망하고 불평하도록 합니다. 요즘 이단의 포섭 대상 제1호가 교회와 목회자를 원망하고 불평하는 사람들이라고 합니다. 원망과 불평은 함정입니다.

반면에 감사와 찬송은 하나님으로부터 옵니다. 원망과 불평은 지상의 언어요, 감사와 칭찬은 하늘의 언어입니다. 우리는 천국 백성입니다. 그렇다면 우리는 감사의 언어를 써야 합니다. 감사는 빛입니다. 감사하면 할수록 길이 보입니다. 사탄은 욥에게 하나님을 원망하고 불평하도록 했습니다. 욥은 소 떼와 양 떼를 다 잃었습니다. 요즘 식으로 말하면 주식은 반 토막이 나고 아파트는 깡통 아파트가 되었습니다. 그러나 욥은 끝까지 입술로 죄를 짓지 않았습니다.

사람이 습관화되고 행동화되면 그것이 성격이 됩니다. 한 사람의 성격은 쉽게 바뀌지 않습니다. 더구나 한 나라의 문화는 더욱더 그러합니다. 문화 심리학자들의 견해를 보면 한 문화가 바뀌려면 40년 이상 걸린다고 합니다. 이는 35년간 일제가 우리 민족에게 심어 준 신민지 사관이 쉽게 바뀌지 않는 것과 같습니다. 일본은 한국 민족을 열등한 민족, 사색당파를 일삼는 모래알 같은 민족이라고 35년간 타자화했습니다. 그러나 우리 민족은 모래알 같은 민족이 아닙니다. 한국의 근대사에 1907년 국채보상운동과 항일운동, 1998년에 IMF 때 금 모으기 운동 등을 볼 때 모래알과 같은 민족이 아닙니다. 설령 모래알과 같을지라도 석회와 물을 섞으면 견고한 시멘트가 됩니다. 우리는 스스로 열등감과 낮은 자존감에서 벗어나 높은 자존감을 가져야 합니다.

우리는 어떤 문제가 있을 때 원망보다 하나님을 앙망(仰望)해야 합니다. 우리는 어려움에 처할 때마다 원망과 불평 대신에 하나님을 앙망하며 기도해야 합니다. 성경에 기도의 내용에 대한 제약은 없습니다. 그러나 우리가 기도할 때 한 가지 알아야 할 것은 나의 소원보다 하나님의 뜻이 이 땅에 이루어지도록 기도해야 합니다. 그때 우리의 기도가 응답이 되어 하나님의 구원과 심판의 역사가 시작됩니다(계 8:4~5).

지금은 기도할 때입니다. 지금 우리는 누구도 한 번도 가 보지 않은 세상, '물리적 거리 두기'로 살아가고 있습니다. 이로써 대면 관계 자체를 부담스러워하는 시대가 되어 가고 있습니다. 인간관계가 깨지고 정서가 결핍되어 개인주의 벽이 더 높아지고 사회 관계망이 단절되는 현상이 일어나고 있습니다. 이럴 때일수록 성도는 더 열심히 기도하여 공감 능력을 높이고, 이웃을 향한 관심과 사랑으로 사회 책임을 다해야 합니다.

찬양을 받으시기에 합당하신 예수님

"그들이 새 노래를 불러 이르되 두루마리를 가지시고 그 인봉을 떼기에 합당하시도다 일찍이 죽임을 당하사 각 족속과 방언과 백성과 나라 가운데에서 사람들을 피로 사서 하나님께 드리시고 그들로 우리 하나님 앞에서 나라와 제사장들을 삼으셨으니 그들이 땅에서 왕노릇하리로다 하더라."(계 5:9~10)

예수님이 두루마리를 취하시니 천사들과 24장로들이 새 노래로 찬송하기 시작했습니다. 왜 새 노래입니까? 어린양 예수님으로 말미암아 새로운 창조의 세계가 열리기 때문입니다.

우리가 예수 믿기 전에도 많은 노래를 불렀습니다. TV, 라디오만 켜면 각종 노래가 흘러나옵니다. 특히 요즘 TV를 켜면 음식을 만들고 먹는 먹방과 가면을 쓰고 노래하는 가왕 프로그램이 주를 이루고 있습니다. 그런 노래들은 모두가 인간을 향해 부르는 노래입니다. 연인을 향한 노래, 친구를 향한 노래, 아무 대상도 없이 자기의 감정을 토해 내는 노래입니다. 그 노래들은 옛 노래입니다. 그러나 천사들과 24장로들이 부르는 노래는 새 노래입니다. 새 노래는 하나님께 대한 찬양입니다. 새 노래는 죽임을 당하신 어린양 예수님을 찬양하는 노래입니다. 구원에 대한 감격과 기쁨의 새 노래입니다.

예수님은 우리를 십자가의 피로 사서 어떻게 하셨습니까? 예수님이 도대체 우리가 무슨 가치가 있고, 어디에 쓰시기 위해 우리를 피로 사셨습니까? 예수님은 우리를 하나님께 제물로 드리기 위해 귀한 보혈로 사셨습니다(계 5:9). 예수님은 무슨 대가를 바라고 우리를 피로 사신 것이 아닙니다. 하나님께 일절 깨끗한 제물로 드리기 위해 사셨습니다.

하나님께 드릴 제물은 흠이 없이 깨끗해야 합니다. 필자가 앞에서 언급했듯이 우리는 전적으로 부패하여 쓰레기통에 던져져 인천 검단 매립장에 묻힐 존재, 100% 제물 가치가 없는 존재였습니다. 예수님은 100% 부패한 이런 우리를 십자가의 보혈로 100% 정결한 제물로 삼아 하나님께 드렸습니다.

하나님은 이 제물을 어떻게 하셨습니까? 하나님은 제물을 받으셔서 나라와 하나님을 섬기는 제사장으로 삼으셨습니다. '나라'(kingdom)는 예수 그리스도의 피로 구속받아 그리스도와 함께 왕노릇을 할 하나님 나라입니다. 구약성경에 보면 '제사장'(priest)은 가장 영화롭고 영광스러운 직분이었습니다. 제사장은 자기와 자기 가족만을 위한 제사장이 아니라 만백성의 제사장입니다. 그러므로 제사장은 생각하는 것이나 행하는 것이 자기와 자기 가족, 자기 민족을 넘어서 만백성을 섬길 수 있는 내면성이 있어야 합니다. 기도의 폭도 넓어야 합니다.

그들은 어린양 예수님의 피로 사셔서 왕과 제사장 나라, 영원히 왕노릇하게 하신 예수님을 생각하니 찬송하지 않을 수가 없었습니다. 그러자 하늘 위와 땅 위와 땅 아래와 바다 위와 또 그 가운데 있는 만물들이 어린양 예수 그리스도를 찬양했습니다. 그들은 능력과 부와 지혜와 힘과 존귀와 영광과 찬양받으시기에 합당하신 예수님을 찬양했습니다. 그러자 네 생물이 '아멘'으로 화답하였고, 장로들은 엎드려 경배하였습니다(계 5:12~14).

모든 피조물은 인간의 범죄로 함께 하나님의 저주를 받았습니다. 그런데 어린양 예수님께서 만유를 회복하시자 모든 피조물이 하나님의 영광스러운 자녀들과 함께 하나님의 영광에 참예(參詣)하게 되었습니다(롬 8:19~21). 십자가에 달리신 예수님은 하늘 위와 땅과 땅 아래의 모든 것으로부터 찬양과 경배를 받으시기에 합당하신 분입니다.

하나님 나라의 예배 초점은 예수님이었습니다. 그렇다면 지금 우리의 예배가 어떠합니까? 우리는 내게로 향하는 모든 생각을 버리고 십자가에 죽고 부활하신 주 예수 그리스도께로 집중해야 합니다. 이런 예배를 드릴 때, 예수님의 구원의 은혜와 사랑이 깊어집니다.

어린양, 죽임을 당하시고 부활하여 죽음을 이기신 예수님만이 일곱 인을 떼실 수 있습니다. 예수님은 성도의 기도를 금 대접으로 받으십니다. 예수님은 어린양이 되셔서 그 피로 우리를 구원하여 하나님께 드려 나라와 제사장으로 삼으십니다. 우리를 나라와 제사장으로 삼으신 예수님은 찬양과 경배와 영광을 받으시기에 합당하십니다.

생각하기

1. 예수님은 그 책과 일곱 인을 떼시기에 합당하십니다(계 5:1~7). 그 이유를 말해 보세요.
2. 예수님은 기도를 금 대접에 담으셨습니다(계 5:8). 기도의 중요성을 말해 보세요.
3. 네 생물과 24장로가 새 노래로 어린양을 찬양했을 때, 네 생물과 장로들이 '아멘' 했습니다(계 5:9~14). 만물이 새 노래로 어린양을 찬양하는 이유를 말해 보세요.

Ⅳ. 심판의 일곱 인 (계 6:1~7:17)

심판의 시작(계 6:1~17)

- 첫째 인 – 흰 말(계 6:1~2)
- 둘째 인 – 붉은 말(계 6:3~4)
- 셋째 인 – 검은 말(계 6:5~6)
- 넷째 인 – 청황색 말(계 6:7~8)
- 다섯째 인 – 흰 두루마기(계 6:9~11)
- 여섯째 인 – 큰 지진(계 6:12~17)

이마에 인을 치라(계 7:1~17)

- 14만 4천 명(계 7:1~8)
- 흰옷 입은 큰 무리(계 7:9~17)

13 요한계시록 6:1~17

심판의 시작

"큰 소리로 불러 이르되 거룩하고 참되신 대주재여 땅에 거하는 자들을 심판하여 우리 피를 갚아 주지 아니하시기를 어느 때까지 하시려 하나이까 하니"(계 6:10)

예수님이 밀봉된 인을 떼셨습니다. 그러자 하나님의 심판이 시작되었습니다. 그렇다면 우리가 어떻게 하나님의 심판에서 구원받을 수 있습니까? 구원과 심판은 십자가에서 달리신 예수님을 영접하느냐, 거절하느냐에 달려 있습니다. 심판과 구원의 기준은 예수님입니다. 예수님이 오심으로 인류 역사는 심판과 구원이 드러났고, 예수 그리스도의 재림으로 구원역사가 완성됩니다. 성경은 재림의 때가 가까울수록 죄가 세상에 가득하고, 죄가 가득하면 하나님의 심판이 불가피하다고 말씀합니다. 하나님은 죄를 미워하시는 공의의 하나님입니다. 반면에 하나님은 죄인을 사랑하시는 은혜의 하나님입니다. 그러므로 죄가 만연할 때, 하나님의 심판과 구원역사는 분명하게 드러납니다.

요한계시록 6장부터는 하나님 심판의 시작과 더불어 심판의 강도가 점점 강해지는 동시에 하나님의 구원역사 또한 뜨겁게 역사하시는 것을 보게 됩니다. 요한계시록 6~8장은 어린양 예수님께서 일곱 인으로 밀봉된 문서를 개봉하는 말씀입니다. 문서를 개봉할 때마다 심판이 이루어졌습니다.

본문은 예수님께서 첫 번째 인으로 시작하여 여섯 번째 밀봉된 인을 떼시는 사건입니다. 본문에서 예수님께서 인을 떼실 때마다 일어나는 재앙을 봅니다. 이런 재앙 중에도 우리가 해야 할 사명은 분명합니다.

우리는 때를 얻든지 못 얻든지 복음을 전하는 것입니다.

흰 말

> "내가 보매 어린양이 일곱 인 중의 하나를 떼시는데 그때에 내가 들으니 네 생물 중의 하나가 우렛소리 같이 말하되 오라 하기로 이에 내가 보니 흰 말이 있는데 그 탄 자가 활을 가졌고 면류관을 받고 나아가서 이기고 또 이기려고 하더라."(계 6:1~2)

어린양 예수님이 드디어 첫 번째 밀봉된 문서를 떼셨습니다. 그러자 흰 말이 보였습니다. 흰 말 위에는 활을 가진 자가 타고 있었습니다. 그 머리에는 면류관(*στέφανός*)이 씌워져 있었습니다. 여기에서 흰 말은 누구인가에 대한 의견이 분분합니다. 이필찬 교수는 심판의 엄혹함, 심판의 맹렬함을 보여 주는 상징적 표현이라고 설명하고 있습니다. 그러나 필자는 흰 말을 탄 자는 예수 그리스도를 흉내 내는 적그리스도라고 봅니다.

마가복음 13장은 종말에 대한 예수님의 말씀입니다. 예수님은 종말의 때 제일 먼저 거짓 그리스도가 출현할 것을 예고하셨습니다(막 13:5~6). 흰색은 순결을 뜻합니다. 그런데 왜 거짓 메시아가 흰 말을 탔느냐, '권력이 관'(*διαδήμα*)이 아니고 '면류관'(*στέφανός*)을 썼는가를 반문할 수 있습니다. 여기에서 사탄은 흉한 모습으로 등장하는 것만은 아니라는 것입니다. 사탄은 광명의 천사로 가장합니다(고후 11:14). 그는 흰 말을 탔지만 공격 무기인 활을 가졌습니다. 흰 말을 탄 자는 겉으로는 평화를 주장하지만, 속으로는 칼과 활로 세계를 지배하고자 하는 욕망으로 가득했습니다.

심판의 첫 무대는 거짓 메시아의 출연입니다. 거짓 메시아와 이단들은 감언이설로 미혹합니다. 그러나 뒤에는 무서운 독이 서려 있습니다. 이는 마치 아름다운 장미꽃 뒤에는 가시가 있고 진드기가 있는 것과 같습니다. 거짓 메시아의 특징 중의 하나는 십자가가 없는 영광입니다. 그러나 복음은 십자가를 통한 영광입니다. 따라서 우리는 거짓 메시아, 이단들의 달콤한 말의 미혹을 조심해야 합니다.

붉은 말

> "둘째 인을 떼실 때에 내가 들으니 둘째 생물이 말하되 오라 하니 이에 다른 붉은 말이 나오더라 그 탄 자가 허락을 받아 땅에서 화평을 제하여 버리며 서로 죽이게 하고 또 큰 칼을 받았더라."(계 6:3~4)

어린양 예수님이 두 번째 밀봉된 문서를 떼셨습니다. 그러자 붉은 말이 나왔습니다. 붉은 말을 탄 자는 평화롭게 잘 사는데 끼어들어 화평을 깨고 전쟁을 일으켜 서로 죽이게 했습니다. 또 큰 칼로 죽였습니다. 이 큰 칼은 대량살상무기입니다. 어떤 사람은 이를 핵무기로 보기도 합니다.

로마 황제 가이사는 '로마를 통한 평화'(Pax Romana)를 강조했습니다. 로마를 통한 인류 평화, 얼마나 멋진 구호이고, 얼마나 멋진 말입니까? 그러나 그는 이를 실현하기 위해 많은 피를 흘렸습니다. 약소민족들을 수없이 괴롭혔습니다.

지금은 어떠합니까? 이런 현상이 우리 주위에서 이루어지고 있습니다. 지금 로마를 통한 평화(Pax Romana)가 미국을 통한 평화(Pax Americana)로 대치되고 있습니다. 그렇다고 이 땅에 평화가 있습니까? 북한은 미국을 겨냥하는 15~35개의 핵무기(2018년)와 미국 본토를 공격할 수 있는 대륙간 탄도미사일(ICBM)까지도 보유한 것으로 알려져 있습니다.

미국은 세계 경찰국가로 평화를 내세우지만 갈수록 깊어 가는 미, 중 불화는 한반도를 비롯하여 세계 평화를 위태롭게 하고 있습니다. 미국이 입으로 평화를 얘기하나 뒤로는 엄청난 살상무기를 만들고 무기 장사합니다. 일본은 일본대로, 중국은 중국대로 한반도의 평화를 얘기하지만, 뒤로는 남북의 화해를 방해하고 통일을 방해하고 있습니다. 그래야 각종 살상무기를 개발하고 팔 수 있기 때문입니다. 박한식 교수는 《선을 넘어 생각한다》[15]에서 미국을 움직이는 것은 군산복합체라고 했습니다. '군산복합체'(military-industrial complex)는 미국의 군부, 군수업체, 의회의 상호의존적인 결탁 체제입니다. 그들이 합작하여 각종 첨단무기를 만들어 세계 각국에 팝니다. 박한식 교수는 돈이 미국을 움직이고 그 돈은 총칼에서 나온다고 했습니다.

중국 시진핑 주석은 2021년 7월 1일 베이징(北京) 천안문 광장에서 열린 중국 공산당 창당 100주년 기념행사에서 '외국 세력이 우리를 괴롭히거나 압박하는 것을 용납할 수 없다며 이런 망상을 하면 14억 인민의 피와 살로 만든 강철 만리장성 앞에서 머리가 깨져 피가 흐를 것이라'고 겁을 주었습니다. 중국은 미국과 맞서기 위해 전함을 비롯하여 살상무기를 만드는 데 혈안이 되어 있습니다. 이처럼 심판의 두 번째 등장하는 무대는 대량살상무기의 출현입니다.

붉은 말을 탄 자가 하나님의 허락을 받아 화평을 제해 버린다고 했습니다. 이를 볼 때 모든 주권은 하나님께 있음을 알 수 있습니다. 욥이 사탄으로부터 많은 시련을 받은 것도 하나님의 허락 아래였습니다(욥 1:12). 붉은 말을 탄 자의 박해로 성도들은 믿음이 순수해지고 또한

15 박한식·강국진, 《선을 넘어 생각한다》 (서울: 부키, 2018).

강하게 됩니다. 북한의 지하교회의 성도들은 성경을 다 외운다는 말이 있습니다. 교회는 순교자의 피의 터 위에 세워졌습니다. 따라서 우리는 붉은 말이 칼춤을 출 때 두려워할 필요 없습니다. 우리는 그러면 그럴수록 하나님의 선한 뜻을 영접하고 반드시 교회가 승리한다는 확신과 믿음을 가져야 합니다.

검은 말

> "셋째 인을 떼실 때에 내가 들으니 셋째 생물이 말하되 오라 하기로 내가 보니 검은 말이 나오는데 그 탄 자가 손에 저울을 가졌더라 내가 네 생물 사이로부터 나는 듯한 음성을 들으니 이르되 한 데나리온에 밀 한 되요 한 데나리온에 보리 석 되로다 또 감람유와 포도주는 해치지 말라 하더라."(계 6:5~6)

어린양 예수님이 세 번째 밀봉된 문서를 떼셨습니다. 그러자 검은 말이 나타났습니다. 검은 말은 저울을 가지고 있었습니다. 검은색은 슬픔과 기근의 색깔입니다(렘 4:28). 검은 말이 저울을 가졌다는 것은 식량을 달아 배급한다는 것입니다. 식량을 배급한다는 식량을 통제한다는 뜻입니다. 이는 절박한 기근 상태를 가리킵니다(겔 4:16).

한 데나리온으로 밀 한 되, 보리 석 되를 살 수 있었습니다. 한 데나리온은 하루 품삯입니다. 하루 벌어서 겨우 한 끼니를 먹을 수 있었습니다. 그러니 생활필수품인 감람유와 포도주는 있어도 살 수 없었습니다. 이는 전쟁 후에 필연으로 나타나는 현상입니다. 지금 전쟁 중에 시달리는 아프리카나 남미와 중동을 보면 많은 사람이 헐벗고 굶주리고 있습니다. 그곳에는 엄청난 지하자원이 묻혀 있지만 캘 수 없습니다. 포도주와 감람유가 널려 있지만 살 수 없습니다.

세계 곳곳에 많은 사람이 오늘도 굶주려 죽어 가고 있습니다. 이것은 양식이 없어서라기보다는 부의 편중에서 비롯됩니다. 잘 사는 사람은 너무 잘 먹어 비만으로 성인병이 생기고 못사는 사람은 끼니를 해결할 수 없어 굶어 죽어 갑니다. 갈수록 부의 편중이 심화되고 있습니다. 특히 코로나19로 계층 간의 갈등은 더 심화되고 있습니다. 그리고 무분별한 자연개발로 지구가 몸살을 앓고 있습니다. 이로써 나타난 현상이 지구 온난화입니다. 지구 온난화는 세계 곳곳을 사막으로 만들어 기근을 가져다주고 있습니다.

지구 온난화로 일어나게 될 재앙을 다룬 영화에 〈투모로우〉(The Day After Tomorrow)가 있습니다. 이 영화는 지구 온난화가 얼마나 무서운가를 실감 나게 묘사하고 있습니다. 갑자기 폭우와 폭풍이 일고 홍수와 해일이 일어납니다. 맨해튼이 잠깁니다. 기온이 영하 60도로 급강하해서 비행기 연료가 갑자기 얼어 비행기가 추락합니다. 폭풍이 끝난 후에는 빙하기가 나타나 북쪽 지방 사람들이 얼어 죽습니다. 미국 북부 사람들은 남쪽으로 피난하고, 멕시코에는 거대한 난민촌이 생겨납니다. 멕시코가 국경을 봉쇄해 미국 난민들이 아우성을 치자 미국 대통령이 멕시코에 모든 빚을 탕감해 줄 테니 국경봉쇄를 풀어 달라고 요청합니다. 지금은 멕시코에서 매일 수천 명이 미국 국경을 불법으로 넘어와서 미국이 장벽을 쌓고 있지만, 그때는 반대로 미국 난민들이 멕시코 국경을 불법으로 넘어가 물의를 빚게 됩니다.

에스겔은 하나님께서 기근을 허락하실 때에 식물과 물을 달아 먹게 되고 떡을 인분과 쇠똥에 구워 먹게 되고 아비들은 아들을, 아들은 아비를 잡아먹게 된다고 했습니다(겔 4:8~17, 5:10~16). 예수님도 말세에 기근이 일어날 것을 말씀하셨습니다(막 13:8).

지금 북한은 어떠합니까? 1990년대에 고난의 행군 시절에 아사자가 수십만 명에 이른 것으로 알려져 있습니다. 이를 견디다 못해 중국으로 탈북한 자가 30만 명에 이르고, 한국으로 온 사람들도 4만여 명에 이릅니다. 북한의 김정은 위원장은 2021년 4월 8일에 '고난의 행군'을 발표했습니다. 지금 북한은 코로나에 2020년 태풍과 흉작으로 어려움에 놓여 있습니다. 이런 중에도 체제 유지를 위해 살상무기를 개발하는 데 혈안이 되고 있습니다. 말세가 가까울수록 살상무기와 더불어 기근이 심해 굶어 죽어 가는 현상이 심판의 세 번째 현상입니다.

청황색 말

"넷째 인을 떼실 때에 내가 넷째 생물의 음성을 들으니 말하되 오라 하기로 내가 보매 청황색 말이 나오는데 그 탄 자의 이름은 사망이니 음부가 그 뒤를 따르더라 그들이 땅 사분의 일의 권세를 얻어 검과 흉년과 사망과 땅의 짐승들로써 죽이더라." (계 6:7~8)

어린양 예수님이 네 번째 밀봉된 문서를 떼셨습니다. 그러자 청황색 말이 나타났습니다. '청황색'이란 죽은 시신과 같은 창백한 색깔을 의미합니다. 그런데 그 말을 탄 자의 이름이 사망이라고 했습니다. '사망'은 헬라어로 '사나토스'(θάνατος), 히브리어 '데베르'(דבר)로 염병을 가리킵니다. 전쟁 후에 기근이 생기고, 기근 후에 염병이 발생하는 것은 전쟁역사 속에서 흔히 나타나는 현상입니다.

이런 모습은 이미 에스겔이 "주 여호와께서 이같이 이르시되 내가 나의 네 가지 중한 벌 곧 칼과 기근과 사나운 짐승과 전염병을 예루살렘에 함께 내려 사람과 짐승을 그중에서 끊으리니 그 해가 더욱 심하지 아니하겠느냐"(겔 14:21)라고 했습니다. 예수님도 전쟁과 곳곳에 기근, 지진과 전염병이 있을 것이라고 말씀하셨습니다(눅 21:10~11). 의학이 발달하면 할수록 전염병도 더 강한 독성을 갖게 됩니다. 코로나19 치료제가 나오자 코로나19보다 독성이 더 강하고 전파력이 더 빠른 오미크론이 발생했습니다.

핵보다 무서운 것은 염병이고 세균전입니다. 핵을 투하하려면 하드웨어 시스템이 복잡합니다. 그러나 세균은 대기로 전염되므로 시스템이 간단합니다. 그에 따른 피해는 핵전쟁과는 비교할 수 없습니다. 전쟁과 기근과 전염병으로 인류와 짐승이 1/4의 피해로 죽게 된다고 했습니다. 70억 인구 중 17억, 이 숫자는 미국과 중국의 인구를 합친 숫자입니다.

코로나19가 2020년에 창궐한 이래 감염자가 2억 6천만 명에 사망자가 520만 명이고, 한국은 44만 명에 사망자가 3,500명입니다(2021.11.30.). 필자는 이런 재난이 우연한 현상이 아니라 하나님 심판의 전초가 아닌가 여겨집니다. 염병으로 죽어 가는 현상이 심판의 네 번째 무대입니다.

흰 두루마기

어린양 예수님이 다섯 번째 밀봉된 문서를 떼셨습니다. 그러자 이번에는 전혀 새로운 모습이 펼쳐집니다. 배경이 지상에서 천상으로 옮겨집니다. 지상에서는 말을 탄 자가 엄청난 재앙을 가져다주었습니다. 그러자 죽임을 당한 순교자들이 하늘의 제단에서 부르짖었습니다.

"큰 소리로 불러 이르되 거룩하고 참되신 대주재여 땅에 거하는

자들을 심판하여 우리 피를 갚아 주지 아니하시기를 어느 때까지 하시려 하나이까 하니"(계 6:10)

순교자들은 땅에 거하는 자들을 심판하여 우리 피를 갚아 달라고 호소했습니다. 구약 시대에는 짐승의 피를 흘려 제단에 바쳤습니다. 하늘의 제단에는 짐승의 피가 아니라 어린양 예수 그리스도의 피가 제물로 바쳐졌습니다. 동시에 순교자들의 피가 하늘 제단에 뿌려졌습니다.

이들은 거룩하고 참되신 대주재여, 땅에 있는 저 극악무도한 박해자들을 언제까지 그대로 두시겠습니까? 이들은 자신들의 원한을 풀어 달라고 호소했습니다. 이는 단순히 원수를 갚아 달라는 호소가 아니라 하나님의 공의가 속이 이루어지기를 바라는 기도입니다(시 79:10).

사람들은 인류의 1/4이 죽어 가는 대재앙이 휩쓸고 있음에도 회개하지 않았습니다. 여전히 하나님의 종들을 핍박하고 조롱하며 죽이는 일을 계속했습니다. 그래서 그들은 언제 하나님의 공의가 실현되겠는가를 물었습니다. 이에 대한 하나님의 응답이 무엇입니까?

"각각 그들에게 흰 두루마기를 주시며 이르시되 아직 잠시 동안 쉬되 그들의 동무 종들과 형제들도 자기처럼 죽임을 당하여 그 수가 차기까지 하라 하시더라."(계 6:11)

하나님께서 그들에게 흰 두루마기를 주시며 말씀하셨습니다. '흰 두루마기'는 신앙의 순결과 승리를 뜻합니다. 주님은 순교자의 수가 차기까지 잠시 동안(for a little season) 쉬라고 하셨습니다.

그들은 세상 사람들의 죄악을 생각할 때마다 하나님께서 당장 심판하여 그들을 지옥 불에 던져야 한다고 생각했습니다. 그러나 하나님은 믿지 않는 그들에게 구원의 기회를 주셨습니다. 하나님의 인내와 사랑은 끝이 없습니다.

큰 지진

어린양 예수님이 여섯 번째 밀봉된 문서를 떼셨습니다. 그러자 지구가 송두리째 흔들리는 큰 지진이 일어났습니다. 해가 검은 털로 짠 상복같이 검어지고 달은 온통 피같이 되었습니다. 하늘의 별들이 무화과나무가 태풍에 흔들려 설익은 열매가 우수수 떨어지는 것과 같이 땅에 떨어졌습니다. 하늘은 두루마리가 말리는 것같이 떠나가고 각 산과 섬이 옮겨졌습니다. 말세가 가까울수록 큰 지진이 일어나고 우주에 이변이 일어나는 것이 심판의 여섯 번째 무대입니다.

마가복음 13장을 보면 예수님은 말세에 나타나는 현상으로, 거짓 메시아의 출현과 난리와 난리의 소문이 들리며, 전쟁이 연속적으로 일어나 지구촌에는 하루도 전쟁이 없는 날이 없게 될 것이라고 말씀하셨습니다. 사람들은 불안한 나머지 그래도 부동산이 안전하다 싶어 아파트와 부동산에 투자합니다. 그런데 각 곳에서 지진과 화산이 터지리라고 예고하셨습니다. 지진이 나고 화산이 폭발하는데 부동산이 무슨 소용이 있겠습니까? 재앙 앞에서 부동산은 아무 소용이 없습니다. 언제든지 현금화할 수 있는 저금도 소용이 없습니다. 세계 공용으로 사용되는 달러도 전쟁이 나고 지진이 나고 이상기후가 발생하면 무용지물입니다. 그런데 예수님은 "두려워하지 말라"라고 하십니다. 왜 예수님이 두려워하지 말라고 하셨습니까?

> "난리와 난리의 소문을 들을 때에 두려워하지 말라 이런 일이 있어야 하되 아직 끝은 아니니라 민족이 민족을, 나라가 나라를 대적하여 일어나겠고 곳곳에 지진이 있으며 기근이 있으리

니 이는 재난의 시작이니라."(막 13:7~8)

이는 아직 끝이 아니라 재난의 시작이기 때문입니다. '재난의 시작'(The beginning of birth pains)은 산통의 시작입니다. 산모가 아기를 낳을 때, 산통이 점점 강하고 빨라지다가 어느 순간에 아기가 태어납니다. '예수님의 재림'이란 옥동자를 낳기 위한 신자의 고통은 당연한 과정입니다. 이러한 어려운 과정으로 복음이 증거됩니다. 그러므로 성도는 어떤 환경에서도 두려워하거나 염려할 필요가 없습니다. 핍박을 받을 때 오히려 복음을 전할 기회로 삼아 감사하고 말세의 때에 재림의 소망으로 기뻐해야 합니다. 이 소망으로 끝까지 견디는 자는 구원을 얻습니다(마 24:13).

우리가 끝까지 견디려면 하나님의 약속을 붙들어야 합니다. 그러려면 하나님이 어떤 분인지를 알아야 합니다. 예수 그리스도는 어제나 오늘이나 영원토록 동일하십니다(히 13:8). 하나님은 변함이 없으신 신실한 분입니다. 하나님은 변함이 없으신 신실하신 분이므로 약속 또한 변함이 없습니다. 그러면 우리가 끝까지 견디며 무엇을 해야 합니까? 예수님은 말씀하셨습니다.

"또 복음이 먼저 만국에 전파되어야 할 것이니라."(And the gospel must first be preached to all nations)(막 13:10)

예수님은 세상 종말을 말씀하시면서 복음이 먼저 반드시 만국에 전파되어야 한다고 하셨습니다. 이 말씀에서 첫째로 성도는 어떤 환난과 역경이 있을지라도 복음을 먼저 전해야 한다는 것과 둘째로 하나님께서는 복음 전파로 인류를 구원하신다는 사실입니다.

역사에는 크게 구속사와 세속사가 있습니다. 세속사는 영웅들의 이야기입니다. 그러나 구속사는 하나님의 아들 예수 그리스도의 이야기, History입니다(눅 24:27). 세속사는 하나님의 일반 은총이라면 구속사는 하나님의 특별한 은총입니다. 세속사와 구속사는 하나님께서 모두 역사하지만, 세속사는 불신자들로 말미암고, 구속사는 하나님의 종들로 역사하십니다. 세속사는 한 시대로 끝나고 역사의 일부분에 불과합니다. 반면에 구속사는 복음 전파로 이루어지며 영원합니다. 이 법칙은 하나님께서 태초 이래 지금까지 일관성 있게 이루어 오셨습니다. 이 법칙은 앞으로도 계속되는 불변의 법칙입니다.

하나님은 누가 명품을 입고 들고 다니는가, 누가 몇 평의 아파트에 살고 있는가, 주식과 환율이 얼마나 오르고 내리는가, 적폐 대상이 누구이며, 누가 대통령이 되며, 지진의 진도가 얼마인가에 관심이 없으십니다. 하나님의 최대 관심은 누가 회개하고, 누가 예수님을 그리스도로 영접하고, 누가 한 사람을 예수 그리스도께 인도하기 위해 눈물로 기도하고 있는가에 있습니다. 하나님은 이런 사람을 역사의 주역(history maker)으로 삼으십니다. 그러므로 우리는 말세의 때 더욱더 힘써야 할 것은 복음 전파입니다.

각계각층의 사람들이 이런 일들이 하나님의 진노라는 사실을 알았습니다. 그런 그들은 너무 괴로워서 산과 바위틈에 숨어 차라리 산과 바위가 자기 위에 떨어져 죽기를 원했습니다(계 6:15~17). 하나님의 심판은 이처럼 고통스럽고 누구도 피할 수 없습니다.

우리는 어린양 예수님께서 밀봉된 인을 떼실 때마다 하나님의 진노를 보았습니다. 이제 우리는 어떤 삶을 살아야 합니까? 우리는 하나님의 심판이 있기 전에 죄를 회개하고 예수님을 믿어야 합니다. 예수님을 믿는 우리는 또한 먼저 만국에 복음을 전해야 합니다(And the gospel must first be preached to all nations). 성도의 우선순위(priority)는 복음 전파입니다.

생각하기

1. 예수님이 첫째 인을 떼실 때 흰 말을 탄 자가 활을 가졌고 면류관을 받고 나가서 이기고 또 이겼습니다(계 6:1~2). 흰 말은 누구를 지칭하는가를 말해 보세요.
2. 예수님이 둘째, 셋째, 넷째 인을 떼실 때 붉은 말, 검은 말, 청황색 말을 탄 자가 나타났습니다(계 6:3~8). 그것들이 가져다주는 환난을 말해 보세요.
3. 예수님이 다섯 번째 인을 떼니 영혼들이 우리 피를 갚아 달라고 호소했습니다(계 6:10~11). 그들에게 흰 두루마기를 주신 뜻(계 3:4~5, 4:4, 7:9,13, 19:14)과 심판을 늦추시는 하나님에 대해 말해 보세요.
4. 예수님이 여섯째 인을 떼니 지진이 일어났습니다(계 6:12~17). 이럴지라도 성도가 먼저 해야 할 일이 무엇인가를 말해 보세요(막 13:10).

14 요한계시록 7:1~17

이마에 인을 치라

"이르되 우리가 우리 하나님의 종들의 이마에 인치기까지 땅이나 바다나 나무들을 해하지 말라 하더라."(계 7:3)

어린양 예수님께서 일곱의 인 중에 여섯 개의 인을 떼셨습니다. 인을 떼실 때마다 적그리스도의 출현과 전쟁과 기근, 그리고 전염병의 재앙이 일어났습니다. 예수님께서 여섯째 인을 떼실 때는 땅에 큰 지진이 일어났습니다. 사람들은 두려움과 공포에 질려 바위틈에 숨어 어린양의 진노에서 숨겨 달라고 애원했습니다. 요한은 요한계시록 6장 17절에서 '이런 환란에서 누가 능히 설 수 있겠습니까?' 물었습니다. 요한계시록 7장은 이에 대한 예수님의 답변입니다.

그러면 큰 환난의 날에 과연 누가 구원받을 수 있습니까? 하나님으로부터 이마에 인침 받은 사람만이 구원과 보호를 받습니다. 인침 받는다는 뜻이 무엇이며, 누가 인침 받고, 인침 받은 14만 4천 명이 뜻하는 바가 무엇입니까?

하나님은 우리에게 어떤 환난이 닥친다 할지라도 예수 그리스도를 믿고 고백하였으면 인치시고 하나님의 자녀로 보호해 주십니다. 따라서 우리는 예수님을 그리스도로 고백했으면 구원받은 하나님의 백성임을 확신해야 합니다.

이마에 인침 받은 하나님의 종들

여섯째 인을 떼신 후, 새로운 장면이 전개되었습니다. 요한계시록에 인의 종류가 셋이 있습니다. 첫 번째는 요한계시록 5장의 '책을 봉한 인'이고, 두 번째 인은 요한계시록 13장 16절에 나오는 '적그리스도 인'이며, 세 번째 인은 본문에 나오는 '살아 계신 하나님의 인'입니다.

요한은 네 천사가 땅 네 모퉁이에 서 있는 것을 보았습니다. 네 천사가 사방의 바람을 붙잡아 바람으로 땅과 바다와 각종 나무에 불지 못하게 했습니다. 바람은 파괴, 전쟁을 뜻합니다. 땅의 사방에서 바람이 불어온다는 것은 온 세상에 나타날 재앙을 암시합니다. 종말에 나타날 하나님의 재앙은 코로나19와 같은 재앙은 재앙도 아닙니다. 네 천사가 그 바람을 붙잡아 땅과 바다와 각종 나무에 불지 못하도록 했습니다. 그 이유가 무엇입니까?

> "또 보매 다른 천사가 살아 계신 하나님의 인을 가지고 해 돋는 데로부터 올라와서 땅과 바다를 해롭게 할 권세를 받은 네 천사를 향하여 큰 소리로 외쳐 이르되 우리가 우리 하나님의 종들의 이마에 인치기까지 땅이나 바다나 나무들을 해하지 말라 하더라."(계 7:2~3)

하나님의 인을 가지고 있는 천사가 네 천사를 향해 큰 소리로 '하나님의 종들 이마에 인을 치기까지 땅이나 바다나 나무들을 해하지 말라'고 외쳤습니다. 이 천사는 인을 들고 있었습니다. 이 천사는 하나님의 종들 이마에 하나님의 도장을 찍는 천사였습니다. 성경에 인(seal)을 친다는 것은 세 가지 의미가 있습니다.

첫째는 내용물을 보호한다는 뜻입니다(마 27:66; 계 5:1). 예수님이 지금 들고 있는 두루마리는 일곱 개의 인으로 봉해져 있습니다. 어린양 예수님이 그 인을 뗄 때까지 그 속에 담긴 비밀이 보호되었습니다.

둘째는 인을 치는 사람의 소유라는 뜻입니다. 당시에는 노예들의 이마에 주인의 소유권을 표시하는 불도장을 찍었습니다. 하나님께서 그 종들의 이마에 인을 치신 것은 하나님의 소유임을 표시해 놓으신 것입니다.

셋째는 보증의 의미가 있습니다. 하나님께서 어린양의 피로 구속하신 백성을 하나님 나라에 갈 때까지 보호해 주시고 보증이 되어 주신다는 것입니다.

하나님께서 그 종들의 이마에 인을 치신 것은 세 가지 의미를 다 가지고 있습니다. 이마에 인을 치신 것은 모든 사람이 다 볼 수 있도록 함입니다. 우리가 하나님으로부터 인침을 받을 때 하나님의 소유가 되고, 하나님의 보호를 받는 하나님의 자녀로 확증됩니다(고후 1:22; 아 8:6; 롬 8:15). 사방에서 불어오는 재앙으로부터 보호를 받습니다(계 9:4; 겔 9:1~7; 딤후 2:19). 그러면 하나님께서 자기 종들에게 어떻게 인을 치십니까? 붉은 도장을 들고 다니며 예수님을 믿는 사람들의 이마에 도장을 찍을까요? 우리는 어떻게 인침을 받았습니까?

> "그가 또한 우리에게 인치시고 보증으로 우리 마음에 성령을 주셨느니라."(고후 1:22)
> "그 안에서 너희도 진리의 말씀 곧 너희의 구원의 복음을 듣고 그 안에서 또한 믿어 약속의 성령으로 인치심을 받았으니."(엡 1:13)
> "베드로가 이르되 너희가 회개하여 각각 예수 그리스도의 이름으로 세례를 받고 죄 사함을 받으라 그리하면 성령의 선물을 받으리니."(행 2:38)

우리가 복음을 듣고 회개하여 예수 그리스도의 이름으로 세례를 받고 죄 사함을 받으면 성령을 선물로 받습니다. 예수님을 그리스도로 고백할 때, 성령께서 마음에 하나님의 자녀로 인쳐 주십니다. 또 하나님의 자녀인 것을 보증하기 위해 내 안에 성령께서 내주하십니다. 성령이 내 안에 내주하면 우리의 신앙의 상태에 따라 들고 나가는 것이 아닙니다. 우리 안에 내주하시는 성령이 영광스러운 하나님 나라를 기업으로 받는 보증이 됩니다(고후 5:5).

그러면 하나님께서 인치신 목적이 무엇입니까? 말세에 일어나는 모든 재앙으로부터 우리를 보호하시기 위함입니다. 성령께서 우리 안에서 말할 수 없는 탄식으로 우리를 위해 간구합니다. 하나님께서 우리를 모든 진리 가운데로 인도합니다. 마귀의 유혹으로부터 우리를 보호해 줍니다. 하나님을 아빠 아버지(롬 8:15)라고 부르며 언제든지 기도하도록 합니다.

이제 우리가 복음을 듣고 믿어 성령의 인침 받았으면 하나님의 자녀요 하나님의 소유된 백성입니다. 하나님 나라를 상속받은 하나님의 백성입니다. 하나님의 사랑을 받은 자녀입니다. 누구도 하나님의 손에서 우리를 빼앗아 갈 수 없습니다. 언제든지 하나님께 나아가 기도할 수 있습니다. 따라서 우리는 어떤 경우에도 예수님을 그리스도 고백하고 믿는 성도는 하나님의 인침 받은 하나님의 자녀임을 확신하고 흔들리지 말아야 합니다.

하나님과 어린양을 찬양하는 흰옷 입은 무리들

> "내가 인침을 받은 자의 수를 들으니 이스라엘 자손의 각 지파 중에서 인침을 받은 자들이 십사만 사천이니"(계 7:4)

그 천사가 다니며 이스라엘의 각 지파 중에 인을 쳤습니다. 그 수가 14만 4천 명이었습니다. 여기에서 이스라엘의 각 지파는 구약의 12

지파가 아닙니다. 왜냐하면, 요한계시록 7장 5~8절에 12지파 이름(유다, 르우벤, 갓, 아셀, 납달리, 므낫세, 시므온, 레위, 잇사갈, 스불론, 요셉, 베냐민)이 창세기 49장 1~27절에 나오는 지파 이름(르우벤, 시므온, 레위, 유다, 스불론, 잇사갈, 단, 갓, 아셀, 납달리, 요셉, 베냐민)과 에스겔 48:1~8절, 23~28절(단, 아셀, 납달리, 므낫세, 에브라임, 르우벤, 유다, 베냐민, 시므온, 잇사갈, 스불론, 갓)에 나오는 내용과 차이가 나기 때문입니다.

그 차이점을 살펴보면 유다 지파가 먼저 나옵니다. 유다 지파에서 메시아가 나신 것을 반영한 것입니다. 단 지파가 생략되었습니다. 우상숭배로 제외되었습니다(삿 18:18~19, 30; 왕상 12:29~20). 에브라임 지파가 생략되고 요셉 지파가 나옵니다. 에브라임 지파 또한 우상을 숭배했기 때문입니다(호 4:17). 레위 지파는 기업을 받지 못한 지파인데, 12지파에 레위 지파가 들어가 있습니다. 제사장은 혈통이 중요하지 않다는 것입니다. 모든 지파에 크고 작음에 따라 관계없이 똑같이 일만 2천 명이 반복합니다.

그렇다면 이스라엘의 12지파는 무엇을 뜻합니까? 이스라엘의 각 지파는 구약의 12지파가 아니라 예수님을 믿음으로 새롭게 거듭난 새 이스라엘, 신약교회를 가리킵니다. 신약성경에 교회를 이스라엘의 12지파로 말씀했습니다(약 1:1; 마 19:28; 눅 22:30; 롬 2:29; 갈 6:16).

그러면 14만 4천 명은 누구를 뜻합니까? 이단들이 14만 4천 명을 아전인수로 해석합니다. 여호와의 증인(Jehovah's Witnesses)은 14만 4천 명을 여호와의 증인으로 부름을 받은 자로 봅니다. '여호와의 증인'은 럿셀(C. Russell)이 세운 집단으로, 1874년에 예수님이 재림한다고 주장하였지만 예수님의 재림이 이루어지지 않자 1914년에 오신다고 수정하였습니다. 1914년에 예수님이 재림하시지 않게 되자 예수님은 오셨는데 사람들의 눈에 보이지 않을 따름이라고 주장하였습니다. 1940년 이후에는 그들을 추종하는 사람들의 숫자가 14만 4천 명이 넘게 되자 그의 후계자 러더퍼드(J.F. Rutherford, 1869~1942)는 또 다른 수효의 여호와의 증인이 있다고 주장하였습니다. 안상홍증인회, 영생교, 통일교, JMS, 신천지, 에덴성회 등 이단들은 자기들이 하나님의 인침을 받은 자라고 주장합니다.

특히 신천지는 순교자들의 영혼 14만 4천 명과 살아 있는 신천지 집단의 육체가 하나 된다고 주장합니다. 이를 영육일체(靈肉一體), 신인합일(神人合一)이라고 합니다. 신인합일 한 신천지 집단은 교주 이만희와 함께 죽지 않고 이 땅에서 1000년 동안 왕노릇한다고 합니다. 이것이 그들의 영생교리입니다.[16] 그리고 이만희가 보혜사 재림주라고 합니다.[17] 그러나 2020년 3월 2일 오후 3시 14분에 코로나19로 신천지 교주 이만희의 정체가 드러났습니다. 보혜사 재림주라는 이만희의 얼굴이 왜 그리 쭈글쭈글하고, 어떻게 코로나 검수를 받고, 어떻게 사람들에게 큰 절을 두 번씩이나 하며 용서를 구합니까? 필자는 신천지가 주장하는 영육일체, 신인합일은 소위 무당들이 말하는 접신(接神)과 다를 바 없다고 봅니다.

여기에서 14만 4천 명은 여호와증인들도 아니고 이만희를 추종하는 추종자들도 아닙니다. 14만 4천 명은 신·구약 교회, 즉 12×12=144에 히브리 사람들에게 가장 많다는 뜻인 1,000을 곱한 숫자, 다시 말해 가장 많다는 뜻입니다. 14만 4천 명은 아담 이후로부터 예수 그리

16 http://m.kmib.co.kr/view.asp?arcid=0924180230

17 http://m.kmib.co.kr/view.asp?arcid=0924148907

스도께서 재림하실 때까지 복음을 듣고 구원을 받은 모든 성도를 가리킵니다. 다시 말해 메시아로 오실 예수님을 믿은 구약 시대의 성도들과 구약에 예언되고 약속한 메시아가 성육신으로 이 땅에 오신 예수님을 믿고 장차 재림하실 예수님을 기다리는 신약 시대의 모든 성도, 유대인과 이방인들로 구성된 교회를 말합니다(롬 2:28~29, 9:6~7).

그런데 신천지 집단과 여호와의 증인은 14만 4천 명을 자기들 집단에 들어온 숫자라고 하니 이보다 헛되고 황당한 거짓말이 어디 있습니까? 사도 요한이 받은 계시가 2,000년 후에 나타날 여호와 증인들과 신천지 집단들을 가리켰다는 말입니까? 어떻게 2,000년 동안 그 많은 그리스도인과 순교자를 빼놓고 2,000년 후에 여호와의 증인들과 신천지 사람들을 택할 수 있습니까? 이 지구상에 기독교인이 수억 명입니다. 한국만도 900만 명인데, 여호와의 증인과 신천지 교주인 이만희를 따르는 14만 4천 명만 구원받을 수 있다는 것이 말이나 됩니까?

로마의 카타콤(Catacomb)과 카파도키아(Cappadocia)의 데린구유(Derinkuyu)의 지하 도시에 묻혀 있는 순교자만 해도 14만 4천 명이 넘습니다. 우리는 여호와의 증인과 신천지 집단의 말에 미혹되고 현혹되어서는 결코 안 됩니다. 14만 4천 명 속에 예수님의 십자가로 구원받은 우리(나)도 포함되어 있다는 것을 확신해야 합니다.

요한이 이 일 후에 보니 하나님의 인침 받은 사람이 각 나라와 족속과 백성과 방언에서 아무도 능히 셀 수 없는 큰 무리가 나왔습니다(계 7:9). 그들은 흰옷을 입고 있었습니다. 이들은 그리스도의 피로 죄 씻음 받은 거룩한 이들이었습니다. 그들은 손에 종려나무 가지를 들고 흔들며 하나님과 어린양 앞에서 기뻐하며 승리의 찬양을 하고 있었습니다. 그러면 그들이 큰 소리로 외쳐 부르는 찬양의 내용이 어떠합니까?

"큰 소리로 외쳐 이르되 구원하심이 보좌에 앉으신 우리 하나님과 어린양에게 있도다 하니."(계 7:10)

그 찬양이 얼마나 놀랍고 얼마나 아름다웠는지 천사들이 보좌와 장로들과 네 생물의 주위에 서 있다가 보좌 앞에 엎드려 얼굴을 대고 하나님께 경배하며 찬양했습니다(계 7:11). 각 나라와 족속과 백성과 방언에서 능히 셀 수 없는 큰 무리가 구원하심이 하나님과 어린양에게 있음을 찬양하였습니다. 그들이 부르는 찬송의 특징은 찬송의 처음에도 '아멘'이고, 찬송의 끝에도 '아멘'입니다.

"이르되 아멘 찬송과 영광과 지혜와 감사와 존귀와 권능과 힘이 우리 하나님께 세세토록 있을지어다 아멘 하더라."(계 7:12)

'아멘'은 반드시 그렇다는 것을 강조합니다. 그들은 찬송, 영광, 지혜, 감사, 존귀와 권능과 힘이 우리 하나님께 세세토록 있도록 찬양했습니다.

그때 장로 중 하나가 사도 요한에게 "이 흰옷을 입은 자들이 누구며 또 어디서 왔느냐"(계 7:13)고 물었습니다. 이 질문은 장로가 몰라서가 아니라 사도 요한에게 강조해서 알려주기 위한 것입니다. 요한이 "내 주여 당신이 아시나이다"라고 대답했습니다. 사도 요한은 무리가 부르는 찬송의 그 장엄함에 감동만 받고 있었지 그들이 어디서 온 누구인지 몰랐습니다. 그러자 장로가 말했습니다.

"이는 큰 환란에서 나오는 자들인데 어린양의 피에 그 옷을 씻어 희게 하였느니라."(계 7:14하)

찬송하는 무리는 큰 환난에서 믿음으로 승리한 예수 그리스도의 십자가 피로 죄 씻음을 받은 모든 성도, 앞에서 말한 14만 4천 명입니다. 이들은 믿음을 지키기 위해 큰 환난을 이기고 마침내 어린양의 피의 은혜로 천국에 온 사람들입니다. 그들의 수는 헤아릴 수 없을 정도로 많았습니다. 그런 그들이 지금 하나님 보좌 앞과 어린양 앞에서 승리를 찬양했습니다.

요한이 환란을 견디고 승리한 이들이 하나님 앞에서 영광의 찬송을 하는 모습을 보았을 때 얼마나 놀랍겠습니까? 고난받는 성도들을 생각하며 늘 마음 아파하며 눈물을 흘리는 요한에게 얼마나 큰 위로가 되었겠습니까? 하나님 보좌와 어린양 앞에서 종려나무를 흔들고 있는 그 셀 수 없는 많은 무리 속에는 지금 소아시아 각 지역에 흩어져 믿음을 지키고 있는 그들이 있었습니다. 아니 그들만 있습니까? 우리도 장차 이 셀 수 없는 무리 속에서 그들과 함께 승리의 찬양을 하게 됩니다.

지금 우리가 고난 중에 있을지라도 장차 그들 속에서 함께 찬양할 것을 생각해 보십시오. 이 얼마나 영광스럽고 감격스럽습니까? 그래서 장로는 지금 고난받는 성도들의 장래에 대한 영광스러운 환상을 보여 준 것입니다. 우리가 이 구원의 무리에 속한 것은 전적으로 예수 그리스도의 피로 깨끗함을 받았기 때문입니다. 우리는 이 확신을 굳게 잡아야 합니다.

그들 위에 장막을 치신 하나님

첫째, 그들 위에 장막을 치신 하나님

> "그러므로 그들이 하나님의 보좌 앞에 있고 또 그의 성전에서 밤낮 하나님을 섬기매 보좌에 앉으신 이가 그들 위에 장막을 치시리니 그들이 다시는 주리지도 아니하며 목마르지도 아니하고

해나 아무 뜨거운 기운에 상하지도 아니하리니."(계 7:15~16)

하나님이 그들 위에 장막을 치셨는데 그들이 누구입니까? 그들은 14만 4천 명, 복음을 듣고 구원받아 이마에 인침을 받은 허다한 무리를 가리킵니다. 그들의 모습이 어떠합니까? 그들은 하나님 보좌 앞에 있습니다. 성전에서 밤낮 하나님을 섬겼습니다. 그러자 보좌에 앉으신 이가 그들 위에 장막을 치셨습니다. 하나님께서 흰옷을 입은 허다한 무리 위에 장막을 치고 그들과 함께 거하셨습니다. '장막을 치다'(spread tent)란 하나님께서 그들의 보호자가 되신다는 뜻입니다. 하나님께서 장막을 치시니 다시는 해와 뜨거운 기운이 그들을 상하게 할 수 없었습니다. 다시는 주리지 않고 목마르지 않았습니다.

이 모습은 출애굽 후에 하나님이 광야에서 이스라엘과 함께 거하시면서 젖과 꿀이 흐르는 가나안 땅으로 인도하신 모습과 비슷합니다. 하나님은 낮에는 구름 기둥으로 뜨거운 태양을 가려 주시고, 밤에는 불기둥으로 추위를 녹여 주셨습니다. 그들의 몸이 상하지 않게 보호해 주셨습니다. 하나님의 장막의 보호 아래 있는 이들은 누구나 고통과 슬픔과 질병과 사망이 없습니다(계 21:1~4).

하나님 나라에는 성전이 없습니다(계 21:22). 여기에서 '성전'이란 하나님과 어린양이 계신 곳입니다. 그의 성전에서 하나님을 섬긴다는 것은 봉사를 뜻합니다. 구속받은 성도들은 더는 제사장의 중보와 제물이 필요 없습니다. 직접 하나님께 나아가 예배드리며 섬길 수 있습니다(벧전 2:9). 밤낮없이 예배를 드립니다. 이는 새 예루살렘 성에는 밤과 낮의 구분이 없기 때문입니다(계 21:25, 22:5).

하나님께서 어린양 예수님의 피로 원수의 손에서 우리를 건지신 목적이 무엇입니까? 종신토록 주님 앞에서 성결과 의로 두려움이 없이 하나님을 섬기기 위함입니다(눅 1:75). 과거 우리는 하나님께 감히 나갈 수 없었고 하나님을 섬기고 싶어도 섬길 수 없었습니다. 이제 우리가 하나님 앞에 나아가 하나님을 섬기고 찬양하고 경배한다는 것은 은혜의 은혜요, 구원받은 성도의 특권 중의 특권입니다.

둘째, 모든 눈물을 씻어 주시는 하나님

> "이는 보좌 가운데에 계신 어린양이 그들의 목자가 되사 생명수 샘으로 인도하시고 하나님께서 그들의 눈에서 모든 눈물을 씻어 주실 것임이라."(계 7:17)

우리는 살면서 눈물이 마를 날이 없습니다. 자녀들로 눈물을 흘립니다. 양들로 눈물을 흘립니다. 가난의 서러움으로 눈물을 흘립니다. 원하는 학교와 직장에 들어가지 못해 눈물을 흘립니다. 사랑하는 사람과 헤어짐으로 눈물을 흘립니다. 때론 감격에 겨워 눈물을 흘립니다. 1980년대에는 최루탄으로 눈물을 많이 흘렸습니다. 대학마을교회는 인하대학교 후문 맞은편에 있었으므로 최루탄으로 매일 눈물이 마를 날이 없었습니다. 그때 우리는 촛불을 켜 놓고 일대일 성경공부를 하곤 했습니다. 촛불이 최루탄 입자를 태울 것이라는 생각에서였습니다. 우리가 하나님 나라에 가면 하나님께서 여러모로 흘렸던 눈물을 닦아 주시며 위로하십니다. "고생했다. 수고했다. 사랑한다."

그런데 이 땅에서 눈물을 하나도 흘리지 않은 사람은 닦아 줄 눈물이 없어 씻음을 받을 일도 없습니다. 그렇다면 이제 어떤 삶을 살아야 합니까? 우리는 핏발 서린 모습, 강퍅한 모습, 살기등등한 모습, 충혈된 모습으로 살지 말고 주님의 은혜와 사랑으로 눈가에 눈물이 고인 모습으로 살아야 하지 않겠습니까? 이어령 교수님은 "이 시대는 핏방울도 땀방울도 아니고 눈물 한 방울이 필요하다네. 지금껏 살아 보니 핏방울 땀방울은 너무 흔해 눈물만이 우리가 인간이라는 걸 증명해 준다네 인간을 이해한다는 건 인간이 흘리는 눈물을 이해한다는 거라네"[18]라고 했습니다. 우리가 복음을 전하다가 박해를 받음으로 눈가에 눈물이 고인 모습으로 살아야 하지 않겠습니까?

하나님은 구속받은 이들의 고통과 아픔을 제해 주십니다. 보좌 가운데 계신 어린양이 구속받은 성도들의 목자가 되십니다. 목자 예수님은 그들을 생명수 샘으로 인도하여 영원한 생명수를 주십니다(요 4:12,14, 7:38; 계 21:6, 22:1,7).

하나님은 대환란을 내리시기 전에 예수님을 믿고 구원받은 성도들에게 성령으로 인을 치셨습니다. 예수님의 피로 구원받아 성령으로 인침을 받은 14만 4천 명 속에 나도 포함되어 있습니다. 하나님은 인침을 받은 우리를 하나님의 소유로 삼으시고, 우리를 보호하시고 지켜 주십니다. 성령께서 보증이 되셔서 우리를 영원한 하나님 나라에 가기까지 인도하십니다. 이제 우리는 어떤 이단의 감언이설에도 흔들리지 말아야 합니다. 우리는 믿음의 선한 싸움을 다 싸우고 영원한 천국에서 주님과 영원히 거할 소망을 굳게 붙들어야 합니다.

---

18 김지수·이어령, 《이어령의 마지막 수업》 (열림원, 2021).

생각하기

1. 어린양이 여섯째 인을 떼신 후 종들의 이마에 인을 치셨습니다(계 7:1~3). 하나님 종들의 이마에 인을 치는 것이 무엇을 뜻하는가를 말해 보세요(계 14:1, 4; 아 8:6; 고후 1:22; 엡 1:13).
2. 인침 받은 자의 수가 14만 4천 명이었습니다(계 7:4~8). 이 숫자가 의미하는 바를 말해 보세요.
3. 이 일 후 요한은 하나님의 보좌와 어린양 앞에서 큰 무리가 구원하심이 하나님과 어린양께 있음을 찬양했습니다(계 7:9~12). 찬양하는 그들의 모습을 말해 보세요.
4. 장로 중의 하나가 흰옷을 입은 무리를 설명해 주었습니다(계 7:14). 흰옷을 입은 사람들은 누구를 뜻하는가를 말해 보세요.
5. 하나님이 그들 위에 장막을 치고 주리지도 목마르지도 않게 해 주셨습니다(계 7:15~17). 장막 아래 보호하시는 하나님의 은혜를 말해 보세요.

V. 심판의 일곱 나팔 (계 8:1~11:19)

일곱 나팔을 받은 일곱 천사(계 8:1~13)

첫째 나팔 – 피 섞인 우박(계 8:1~7)

둘째 나팔 – 피로 물든 바다(계 8:8~9)

셋째 나팔 – 쑥이 된 강물(계 8:10~11)

넷째 나팔 – 어두움의 재앙(계 8:12~13)

회개를 촉구하시는 하나님(계 9:1~21)

다섯째 나팔 – 황충 재앙(계 9:1~12)

여섯째 나팔 – 마병대 등장(계 9:13~21)

다시 예언하라(계 10:1~11)

작은 두루마리 책(계 10:1~11)

세세토록 왕노릇하실 주님(계 11:1~19)

두 증인(계 11:1~14)

일곱째 나팔 – 승리 나팔(계 11:15~19)

15 요한계시록 8:1~13

일곱 나팔을 받은 일곱 천사

"일곱째 인을 떼실 때에 하늘이 반 시간쯤 고요하더니 내가 보매 하나님 앞에 일곱 천사가 서 있어 일곱 나팔을 받았더라." (계 8:1~2)

예수님께서 여섯째 인을 떼시자 천재지변이 일어났습니다(계 6:12~16). 그러자 요한은 예수님께 "진노의 큰 날에 누가 구원받을 수 있습니까?" 의미심장하게 물었습니다. 이에 예수님의 보배로운 피로 구원받은 사람이 인침 받게 되는데, 그 인침 받은 사람의 수가 14만 4천 명이라고 했습니다. 이 숫자는 많다는 히브리 셈법으로, 우리는 예수님의 십자가로 구원을 받은 14만 4천 명 중에 들어 있는 거룩한 하나님의 백성입니다.

본문을 보면 어린양 예수님이 일곱째 인을 개봉하자 일곱 나팔 재앙이 시작되었습니다. 요한계시록 8장 1~5절은 일곱 나팔 재앙이 시작되기 전의 사건으로 성도들의 기도와 하나님께서 성도들의 기도를 받으시는 내용이고, 요한계시록 8장 6~13절은 천사가 일곱 나팔 중 첫째 나팔로부터 넷째 나팔을 불 때마다 나타나는 하나님의 진노입니다.

'일곱 인'과 '일곱 나팔'의 차이는 일곱 인의 환상은 죄악 중에 거룩한 백성이 인침을 받는 환상이라면, 일곱 나팔의 환상은 불순종하고 회개하지 않는 자들에게 나타나는 하나님의 심판입니다. 우리는 마지막 날에 나타날 재앙을 대비하여 하나님의 말씀을 듣고 순종하는 삶을 살아야 합니다.

어린양 예수님이 일곱 인을 떼자

예수님이 일곱째 인을 떼실 때 반 시간쯤 고요하다가 일곱 천사가 일곱 나팔을 받았습니다(계 8:1~2). 일곱 천사가 일곱 나팔을 받았다는 것은 구체적으로 심판이 시작되었음을 알리는 신호입니다. 나팔을 언제 붑니까? 군대에서는 일어나라고 기상나팔을 붑니다. 구약에 보면 백성을 소집할 때 나팔을 불었습니다. 백성이 행군할 때 나팔을 불었습니다(민 10:3~10). 위급한 상황에 나팔을 불었습니다(수 6장). 지금도 비상시에는 나팔을 불지 않습니까? 절기가 시작되었다는 것을 알리기 위해 나팔을 불었습니다(레 23:24; 민 29:1). 왕의 대관식에도 나팔을 불었습니다(왕상 1:34, 39; 왕하 9:13).

신약성경에는 예수 그리스도께서 재림하실 때 나팔 소리로 알리신다고 하셨습니다(마 24:31; 고전 15:52; 살전 4:16). 요한계시록에서는 하나님 진노의 날을 알리는 데 나팔을 사용했습니다(계 8:7~12, 9:1~21).

본문에서 나팔 소리는 하나님 심판의 날을 알리는 경종입니다. 일곱 나팔은 요한계시록 8~11장까지 이어집니다. 심판의 나팔 소리를 듣고도 회개하지 않으면 심판이 가해집니다. 성경에 하나님 심판의 경고를 가볍게 여긴 사람들은 모두 심판을 받았습니다.

노아 시대에 홍수 심판을 대비하지 않은 사람들은 홍수 심판을 받았습니다. 소돔 고모라 사람들도 불과 유황으로 멸하시겠다는 하나님 심판의 경고를 듣고도 회개하지 않아 롯과 두 딸을 제외한 모든 사람이 불과 유황의 심판을 받았습니다. 특히 하나님은 심판을 농담으로 여긴 롯의 사위들을 심판하셨습니다.

예수님이 일곱째 인을 떼실 때 하늘이 반 시간 폭풍전야와 같이 고요했습니다. 이 고요함 속에서 인류 역사의 마지막 종말의 역사가 펼쳐지고 있습니다. 반 시간은 침묵을 경험하는 사람에 따라 짧기도 하고 길 수도 있습니다. 죄를 보고 당장 심판하셔야 하는데 참으셔야 하는 하나님의 마음은 하루가 천 년 같았고, 구원받은 이들을 만나 보고 싶은 하나님의 마음 또한 하루가 천 년 같았을 것입니다.

베드로는 "주의 약속은 어떤 이들이 더디다고 생각하는 것같이 더딘 것이 아니라 오직 주께서는 너희를 대하여 오래 참으사 아무도 멸망하지 아니하고 다 회개하기에 이르기를 원하시느라"(벧후 3:9)라고 했습니다. 회개할 가능성이 있는 사람의 편에서 보면 이 시간은 긍휼의 시간이요, 회개를 거절하는 사람에게는 심판에 대한 두려움과 고통의 시간입니다.

우주가 정지된 것처럼 적막함 속에 감히 누구도 말하는 사람이 없었습니다. 이런 상황에서 일곱 천사가 일곱 나팔을 준비하고 있었습니다. 한편 하나님의 보좌 앞에서 무슨 일이 일어나고 있었습니까?

기도를 받으시고 침묵을 깨신 하나님

> "또 다른 천사가 와서 제단 곁에 서서 금 향로를 가지고 많은 향을 받았으니 이는 모든 성도의 기도와 합하여 보좌 앞 금 제단에 드리고자 함이라 향연이 성도의 기도와 함께 천사의 손으로부터 하나님 앞으로 올라가는지라."(계 8:3~4)

하나님 심판의 적막함 속에 성도들은 기도하고 있었습니다. 한 성도는 병든 육체를 놓고 울며 기도했습니다. 한 성도는 자신의 슬픈 마음을 놓고 기도했습니다. 한 성도는 원통하여 통곡하며 기도했습니다. 한 성도는 배신당한 아픔으로 흐느끼며 기도했습니다. 한 성도는 양들의 이름을 놓고 기도했습니다. 한 성도는 오랫동안 전도하지만, 복음을 받아들이지 않는 가족과 친구들을 위해 기도했습니다. 한 성도는 자신의 기도 제목을 은밀히 아뢰었습니다. 한 성도는 박해와 환난을 이길 수 있도록 기도했습니다. 한 성도는 하나님 나라가 속히 오도록 기도했습니다.

그런데도 하늘에는 침묵만 계속되었습니다. 하나님은 성도의 기도를 외면하고 계신 것만 같았습니다. 침묵하시는 하나님을 보면서 어떤 사람은 "하나님 어디 계십니까?" "주여 당신이 언제까지 침묵하고 계십니까?" 묻기도 했습니다. 그러나 하나님의 침묵 속에는 헤아릴 수 없는 깊은 뜻이 있습니다. 예수님의 침묵은 우리를 향한 사랑입니다. 예수님의 침묵은 우리를 향한 기다림입니다.

하나님은 요한에게 고요함 속에서 한 천사가 성도의 기도를 모두 받아 향연과 함께 기도를 하나님 앞에 올리는 환상을 보여 주셨습니다. 침묵 속에서도 모든 기도가 하나님께 전달되었습니다. 하나님은 역사의 마지막 현장에서도 성도들의 기도를 듣고 계셨습니다.

> "천사가 향로를 가지고 제단의 불을 담아다가 땅에 쏟으매 우레와 음성과 번개와 지진이 나더라."(계 8:5)

'우레와 음성과 번개와 지진'은 이 땅에 내릴 일곱 나팔 재앙의 전조였습니다. 하나님은 드디어 성도들이 드린 기도를 들으시고 침묵을 깨셨습니다. 그러기에 우리는 종말의 때 더 열심히 기도해야 합니다. 우리는 모였다 하면 기도하고 헤어질 때 기도해야 합니다. 기도는 성도의 특권입니다. 기도는 예수님의 사랑과 믿음에 비례합니다.

예수님은 합심하여 기도하면 땅에서 풀면 하늘에서 풀릴 것이라고 말씀하셨습니다(마 18:17~19). 사도 베드로가 옥에 갇혔을 때 초대교회 성도들이 모여 합심 기도했을 때 옥에서 풀려났습니다(행 12:1~12).

그러면 성도가 무엇을 놓고 한마음 한뜻으로 기도해야 합니까? 예수님은 제자들에게 너희는 이렇게 기도하라고 하셨습니다.

> "그러므로 너희는 이렇게 기도하라 하늘에 계신 우리 아버지여 이름이 거룩히 여김을 받으시오며 나라가 임하시오며 뜻이 하늘에서 이루어진 것 같이 땅에서도 이루어지이다."(마 6:9~10)

첫째로 하나님의 이름이 거룩히 여김을 받으시도록 기도해야 합니다. '이름'은 성품과 인격과 삶 전체를 말합니다. 그러므로 '이름이 거룩히 여김을 받으시오며'(Hallowed be by thy name, KJV)에서 이름은 하나님의 인격, 하나님의 속성을 의미합니다. 하나님의 속성은 거룩입니다. 하나님은 죄인들이 가까이할 수 없는 거룩하신 분이십니다(사 6:3; 계 4:8). 하나님은 본래 거룩하시므로 우리가 하나님을 거룩하게 할 수 없습니다. 그러나 우리는 하나님의 이름을 드러내는 도구입니다. 예수님은 마태복음 5장 16절에서 "너희 착한 행실을 보고 하늘에 계신 너희 아버지께 영광을 돌리게 하라"고 말씀하셨습니다.

다른 종교를 믿는 사람들이 나쁜 짓을 해도 그들이 믿는 신을 욕하지 않습니다. 그런데 우리가 나쁜 짓을 하면 우리를 욕하지 않고 우리가 믿는 하나님, 예수님과 교회를 욕합니다. '하나님 믿는 사람이 왜 그래! 예수 믿는 사람이 왜 그래! 교회에 다니는 사람이 왜 그래!' 그래서 바울은 네가 율법을 범함으로 하나님의 이름을 욕되게 하고 이방인 중에서 모독을 받는다고 했습니다(롬 2:23~24).

한국리서치가 종교 호감도를 조사했는데 100점 만점에 천주교 57.7점, 불교 50.4점에 비해 기독교는 31.6점이었습니다(2021.12.16. 국민일보). 그 이유를 보면 첫째가 이기적이다. 둘째는 말과 행동이 다르다. 셋째는 독선적이라는 것입니다. '말과 행동이 다르다'에서 행동은 세상 사람과 다를 바 없으면서 말만 고상하게 한다는 것입니다. 따라서 우리는 삶의 현장에서 하나님의 이름이 거룩히 여김을 받도록 말도 고상하고 행동도 고상한 언행일치(言行一致), 신행일치(信行一致)해야 합니다.

둘째로 하나님 나라가 임하도록 기도해야 합니다. '나라'(*βασιλεία*)란 공간보다 통치를 뜻합니다. 아담의 불순종으로 하나님의 통치가 상실됐습니다. 그러나 예수 그리스도께서 십자가에 죽고 부활하심으로 하나님 나라가 회복되었습니다. 이 나라는 세상에 속한 것이 아닙니다. 하나님 나라는 내적이며 신령합니다. 하나님 나라는 먹는 것과 마시는 것이 아니라 오직 성령 안에 있는 의와 평강과 희락입니다(롬 14:17). '의'는 하나님과 바른 관계이고, '평강'은 이웃과 이웃 사이의 관계이고, '희락'은 내 안에 나타나는 현상입니다. 하나님 나라는 우리 안에 있습니다(눅 17:20~21).

'나라이 임하옵시며'(Thy kingdom come, KJV)는 사탄이 지배하는 나라를 하나님께서 통치하는 세계가 되도록 기도해야 합니다. 그러기 위해 복음을 전해야 합니다. 우리가 복음을 전하면 사탄의 통치가 좁아지고 반면에 하나님 나라가 확장됩니다. 바울은 하나님 나라를 위해 죄수의 몸으로 로마에까지 가서 복음을 전했습니다.

셋째로 하나님의 뜻을 위해 기도해야 합니다. 하나님 나라에는 완전한 하나님 아버지의 뜻이 이루어졌습니다. 그러나 땅에서는 이루어지 않았습니다. "기회는 공정하게, 과정은 정의롭게, 결과는 평등하게"라고 구호를 외치지만 공정하지도 않고 정의롭지도 못하고 평등하지도 못합니다. 사회는 여전히 불의하고 불평등하고 불공정합니다. 이로써 사회 곳곳에 병리 현상이 나타나고 있습니다. 따라서 우리는 이 땅에서도 모든 사람이 하나님의 뜻에 순종하고, 하나님의 뜻을 앞세우도록 기도해야 합니다. 무슨 일을 하든지 하나님의 뜻을 먼저 생각하고, 하나님의 뜻대로 기도하고, 하나님의 뜻대로 행해야 합니다.

예수님은 일생을 하나님의 뜻에 복종하셨습니다. 예수님의 생애를 배운 토마스 아켐피스(Thomas a Kempis)는 이렇게 기도했습니다. "오 주여, 주께서는 더 나은 길을 아십니다. 주께서 원하시는 대로 이것이나 저것이나 다 이루어지게 하여 주시옵소서. 무엇이나 주께서 원하시는 것은 원하시는 것만큼 또 주께서 원하실 때 주시옵소서. 꼭 주님의 존귀를 위하여 나에게 행하시옵소서. 주께서 보내고 싶으신 곳에 나를 보내시고, 만사에 주의 뜻대로 하시옵소서. 나는 주의 손에 있사오니 바퀴처럼 마음대로 돌리옵소서. 나는 주의 종입니다. 무엇이나 명령대로 하겠나이다. 나는 나를 위해 살기를 원치 않나이다. 주님만을 위해 살기를 원하나이다. 주님, 오직 온전히 가치 있는 주의 종이 되게 하여 주옵소서."

넷째로 좋은 교회가 되도록 기도해야 합니다. 좋은 교회는 하늘에서 뚝 떨어지지 않습니다. 좋은 교회는 우리가 만들어 가는 것입니다. 그렇다면 어떻게 하면 좋은 교회가 될 수 있습니까? 각 사람이 좋은 성도가 되면 좋은 교회가 됩니다. 개인 개인이 예수님께 칭찬 듣는 성숙한 성도가 되면 좋은 교회가 됩니다. 이것은 좋은 교회의 공식입니다.

성도의 생활 중에서 기도만큼 중요한 것은 없습니다. 기도는 하나님의 보좌를 움직일 수 있습니다. 믿음의 기도에 대해 이런 말이 있습니다. "기도는 하늘의 열쇠며, 세상의 기둥이며, 헌신의 불이며, 지식의 빛이며, 지혜의 저장소며, 영혼의 힘이며, 낙심의 치료제며, 영광의 선구자며, 인내의 보모며, 순종의 수호자며, 평정의 샘이며, 슬픈 자의 위안이며, 의로운 자들의 승리며, 눌린 자들의 돕는 자이며, 인생을 소생하게 하는 것이며, 죽음을 달콤하게 하는 것이며, 하늘의 삶을 미리 맛보는 것이다."

지금은 죄악의 파도가 넘실댑니다. 하나님의 심판 또한 점점 다가오고 있습니다. 하나님은 이런 세상에 마지막 남은 거룩한 하나님의 집, 예배당에서 모여 기도하는 저희를 보시고 한 사람이라도 구원하시기 위해 심판을 유보하십니다. 하나님은 우리의 기도에 귀를 기울이십니다. 우리의 기도는 하나님의 심판을 좌우합니다. 하나님은 소돔과 고모라를 멸하시는 중에도 아브라함의 기도를 기억하여 롯을 구원하셨습니다(창 19:29). 예수님은 제자들에게 이렇게 말씀하셨습니다.

> "삼가 이 작은 자 중의 하나도 업신여기지 말라 너희에게 말하노니 그들의 천사들이 하늘에서 하늘에 계신 내 아버지의 얼굴을 항상 뵈옵느니라."(마 18:10)

하나님은 택하신 자녀를 위해 천사를 보내어 보호하십니다. 그 천사들이 하늘에서 하나님의 얼굴을 뵙고 있습니다. 우리의 기도를 금 향로에 담아 예수 그리스도의 이름과 함께 하나님 아버지께 올립니다. 하나님은 지금도 천사들에게 금 향로를 주시면서 "가서 너희가 맡은 성도들이 드리는 기도를 여기에 담아 오라"고 명령하십니다. 천사들은 하나님 앞으로 가져갈 기도를 담으려고 금 향로를 들고 기도하는 우리 앞에서 기다리고 있습니다. '금 향로'(golden censer)는 지성소 휘장 앞 분향단(altar of incense)에 놓여 있습니다. 그렇다면 우리는 어떤 삶을 살아야 하겠습니까? 말세일 때 더욱더 기도해야 합니다. 우리는 기도하되 쉬지 말고 기도하고 항상 성령 안에서 기도해야 합니다(살전 5:17;

엡 6:18). 기도는 강력한 무기입니다.

첫 번째 나팔 재앙에서 네 번째 나팔 재앙

하나님이 기도를 받으시고 침묵을 깨고 나팔 재앙을 내리셨습니다. 나팔 재앙은 하나님께서 애굽에서 내리신 열 가지 재앙과 유사합니다. 하나님께서 애굽에 열 가지 재앙을 내리신 것은 여호와 하나님의 참되심을 드러내시기 위함입니다. 이와 마찬가지로 역사의 마지막 심판도 하나님이 살아 계시고 의로운 하나님을 드러내시기 위함입니다. 첫째 나팔을 불었을 때 어떤 일이 일어났습니까?

> "첫째 천사가 나팔을 부니 피 섞인 우박과 불이 나와서 땅에 쏟아지매 땅의 삼분의 일이 타 버리고 수목의 삼분의 일도 타 버리고 각종 푸른 풀도 타 버렸더라."(계 8:7)

첫 번째 천사가 나팔을 불었을 때 하늘에서 피 섞인 우박이 떨어졌습니다. 이로써 각기 땅과 수목의 1/3이 타 버렸습니다. 이는 마치 소돔과 고모라와 같지 않습니까? 하나님은 의인 열 명이 없어서 소돔과 고모라를 불과 유황을 비같이 내림으로 심판하셨습니다. 출애굽기에는 우박의 크기를 강조했다면 마지막 심판은 피가 섞인 우박을 강조합니다. 이는 애굽의 재앙보다 심판이 훨씬 크다는 것을 보여 주고 있습니다(겔 38:22; 욜 2:30; 미 1:4). 그리고 불을 강조합니다.

그런데 문제는 피 섞인 우박을 어떻게 해석하는가입니다. 상징으로 보느냐, 문자 그대로 보는가입니다. 우리가 피 섞인 우박을 생각하면 핵무기가 생각납니다. 하나님은 자연의 재해로 심판하실 수 있지만, 인간이 만든 무기로도 심판하십니다. 그리고 '수목과 푸른 풀이 타 버린다'는 것은 산성비로 지구상의 여러 곳에 식물이 자라지 않는 현상을 생각하게 됩니다. 이런 모든 현상은 하나님 심판의 전초입니다.

두 번째 천사가 나팔을 부니 불 붙는 큰 산과 같은 것이 바다에 던져지매 바다의 1/3이 피가 되었습니다. 바다에 생명을 가진 피조물들과 배들의 1/3이 깨졌습니다(계 8:8~9). 이는 출애굽기 열 가지 재앙 중의 하나인 강이 피가 되는 것과 같은 모습입니다. 이것 또한, 상징일 수 있고, 실제 일어날 수 있는 사건일 수도 있습니다.

일본 후쿠시마 원전 파기로 일본산 명태나 수산물을 먹으면 안 되고, 특히 일본의 오키나와섬 주위에 원전 폐기물을 버려 그곳에 나는 생선도 먹으면 안 된다고 합니다.

세 번째 천사가 나팔을 부니 횃불 같이 타는 큰 별이 하늘에서 떨어져 강들의 1/3과 여러 물샘에 떨어지니 이 별의 이름은 쓴 쑥(Wormwood)이었습니다. 쑥은 쓴 것의 상징입니다. 물은 달아야 합니다. 그런데 1/3의 물이 쓴 쑥이 되어 그 물을 마시는 많은 사람이 죽었습니다(계 8:10~11).

세계에 100개의 큰 강이 있습니다. 그런데 1/3이 오염되어 강물을 마실 수 없게 됩니다. 이 재앙은 지금도 일어나고 있습니다. 지금 강들은 폐수로 중증을 앓고 있습니다. 그렇게 맑고 깨끗하다는 미국의 미시간 호수, 러시아의 바이칼 호수가 죽어 가고 있습니다. 이것은 무엇을 상징합니까? 하나님은 강물로 심판하고 계십니다.

네 번째 천사가 나팔을 부니 갑자기 우주 곳곳에 빛을 흡수해 버리는 거대한 '블랙홀'이 생겨서 해의 1/3이 빛을 잃었습니다. 달과 별의 1/3도 빛을 잃었습니다. 낮 1/3도 비춤이 없고, 밤 1/3도 그러했습니다(계 8:12). 낮 열두 시간 중 네 시간은 일체의 빛을 볼 수 없는 암흑 세계가 되었고, 밤도 그러했습니다. 지구에 도달하는 태양열의 1/3이 감축되니 곳곳에 기상 이변이 생겼습니다. 한국은 춘하추동의 사계절이 분명했습니다. 그런데 점점 봄가을이 짧아지는 이상 기온이 발생하고 있습니다.

본문에 1/3이 12번 반복됩니다. 이는 하나님이 완전히 멸하지 않고 회개할 시간을 주신다는 것을 알 수 있습니다(겔 5:2). 이런 재앙의 메시지는 한 가지입니다. 그것은 '하나님께로 돌아오라'입니다. 하나님께로 돌아오되 '마음을 찢고 돌아오라'입니다(욜 2:13).

'마음을 찢는다'란 죄에 대해 눈물을 흘리는 것입니다. 우리가 마음을 찢고 참된 회개를 하면 하나님께서 죄를 사하시고 모든 불의에서 깨끗하게 해 주십니다(요일 1:9). 우리 죄가 주홍 같고 진홍과 같이 붉을지라도 회개하면 흰 눈과 같고 양털같이 희고 깨끗하게 해 주십니다(사 1:18). 공의를 비같이 내려 주십니다(호 10:12). 은혜의 단비, 사랑의 단비를 내려 주십니다. 나의 묵은 마음 밭이 아름다운 하나님의 정원이 되어 생명의 꽃이 피어나고, 곡식같이 풍성하게 되고, 포도나무같이 꽃이 피고, 향기는 레바논의 포도주와 같이 되고(호 14:7), 물 댄 동산과 같이 됩니다(사 58:11; 렘 31:12).

하나님께서 남은 심판의 나팔이 불기 전에 요한에게 매우 불길한 광경을 하나 보여 주셨습니다.

> "내가 또 보고 들으니 공중에 날아가는 독수리가 큰 소리로 이르되 땅에 사는 자들에게 화, 화, 화가 있으리니 이는 세 천사들이 불어야 할 나팔 소리가 남아 있음이로다 하더라."(계 8:13)

독수리가 큰 소리로 화가 있을 것을 외치고 다녔습니다. 독수리는 성경에서 두 가지 의미가 있습니다. 하나는 택한 백성을 돌보시는 상징(출 19:4)과 다른 하나는 하나님의 심판과 재앙을 상징합니다(신 28:49; 렘 48:40; 겔 17:7; 호 8:1; 마 24:28). 광야에서 짐승과 사람이 죽어 가면 독수리가 어떻게 알고 모여 듭니다. 그러다가 숨을 거두면 독수리들이 새까맣게 그 위에 내려앉습니다. 하나님의 말씀이 선포되어도 반응이 없으면 이와 같은 종말의 현상이 일어납니다.

이 재앙이 "땅에 사는 자들에게"라고 했습니다. 땅에 있는 자들은 땅에 사는 단순한 사람들이 아닙니다. 하나님—인간—만물의 창조질서를 파괴하고 세상 가치관대로 사는 자들입니다. 우리 죄를 위해 십자가에 죽으신 예수님을 믿지 않고 거부하는 자들입니다.

우리는 하나님의 무서운 재앙을 보았습니다. 이제 우리는 어떻게 해야 합니까? 하나님 앞에 회개하고 죄 사함을 받아야 합니다. 그런데 세상은 더 악하여 마음이 강퍅해지고 포악해지고 사랑이 식어 갑니다. 이기적이고 가증스럽습니다. 하나님의 말씀을 농담으로 여깁니다. 하나님은 이런 인간들에게 재앙의 심각성을 알려 주시며 회개를 촉구하십니다. 하나님은 그 인자하심과 용납하심과 길이 참으심이 풍성하신 분입니다(롬 2:4). 반면에 하나님은 공의로우신 분입니다. 하나님은 말씀을 무시하는 자들은 반드시 심판하십니다.

이럴 때 믿는 우리는 어떤 삶을 살아야 합니까? 하나님께 기도해야 합니다. 하나님은 우리의 기도를 들으시고 구원역사를 완성해 가십니다. 그리고 여러 재앙을 우연으로 받아들이지 말고 하나님의 재앙이 임박한 경고로 받아들여 마음을 찢으며 회개하여 하나님께로 돌아와야 합니다. 지금은 회개하고 하나님께로 돌아가야 할 시간입니다.

생각하기

1. 어린양 예수님이 일곱째 인을 떼실 때에 하나님 앞에 서 있던 일곱 천사가 일곱 나팔을 받았습니다(계 8:1~2). 나팔의 의미를 말해 보세요.
2. 다른 천사가 제단 곁에 서서 금 향로에 많은 향을 받았습니다(계 8:3~5). 향은 무엇을 뜻하고 기도의 중요성을 말해 보세요.
3. 첫째, 둘째, 셋째, 넷째 천사가 나팔을 불었을 때 1/3만 재앙을 입었습니다(계 8:6~12). 이것이 주는 의미를 말해 보세요.
4. 공중에 날아가는 독수리가 화가 있으리라고 외쳤습니다(계 8:13). 하나님의 심판을 말해 보세요.

16 요한계시록 9:1~21

회개를 촉구하시는 하나님

"이 재앙에 죽지 않고 남은 사람들은 손으로 행한 일을 회개하지 아니하고 오히려 여러 귀신과 또는 보거나 듣거나 다니거나 하지 못하는 금, 은, 동과 목석의 우상에게 절하고 또 그 살인과 복술과 음행과 도둑질을 회개하지 아니하더라." (계 9:20~21)

하나님은 요한에게 공중에 날아가는 독수리 환상을 보여 주시며 큰 소리로 "땅에 사는 자들에게 화, 화, 화가 있으리니 이는 세 천사가 불어야 할 나팔 소리가 남아 있다"(계 8:13)라고 외치라고 했습니다. 사람들에게 나타날 큰 화가 세 개 남았다는 것입니다.

본문에 다섯 나팔과 여섯 나팔 재앙은 땅에 사는 사람들에게 나타날 재앙입니다. 이 재앙은 자연에 나타나는 심판이 아니라 예수 그리스도를 믿지 않는 사람에게 직접 나타나는 재앙입니다. 이 두 재앙은 앞으로 일곱 번째 나팔을 불 때 나타날 심판이 얼마나 크고 두려운 것인가에 대한 경고입니다.

이제 하나님의 무서운 재앙을 보았으면 우리는 어떻게 해야 합니까? 우리는 하나님 앞에서 마음을 찢고 회개하여 하나님께로 돌아와야 합니다. 그런데 세상은 더 악하여 사람들의 마음이 포악하고 강퍅해져 갑니다. 극도로 자기중심과 이기적이며 가증스럽습니다. 세상은 성경 말씀을 농담으로 여깁니다. '하나님의 심판이 설마 내게, 우리 세대에 오겠어!' 하며 하나님 심판의 심각성을 깨닫지 못하고 살아갑니다. 하나님은 이런 사람들에게 어둠의 재앙과 황충 재앙, 그리고 전쟁 재앙을 보여 주십니다. 우리는 종말의 때, 각종 우상을 숭배하는 죄에서 돌이켜 여호와 하나님만 섬겨야 합니다.

어둠과 황충의 재앙

첫째 나팔 재앙에서 넷째 나팔 재앙까지는 자연의 재해로 간접 재앙이었습니다. 그런데 이제부터는 땅에 거하는 사람들에게 직접 나타나는 재앙입니다.

다섯째 천사가 나팔을 불자 사도 요한은 하늘에서 떨어진 별 하나를 보았습니다. 이 '별'은 사탄입니다(사 14:12~17; 눅 10:18). 사탄은 하나님의 피조물로 천사장 중의 하나였습니다. 그런 그가 교만하여 하나님을 대적하다가 하늘에서 쫓겨났습니다. 그가 무저갱의 열쇠를 받더니 무저갱을 열었습니다. '무저갱'(abyss)은 바닥의 끝이 없는 캄캄하고 어두운 곳으로, 악령들이 심판받을 때까지 갇혀 있는 옥입니다. 천사장이 타락하여 쫓겨날 때 악령들도 무저갱으로 떨어져 갇혀 있습니다. 그런데 모든 악령이 무저갱에 갇혀 있는 것은 아닙니다. 어떤 악령은 지금도 우리 주위에서 활동하고 있습니다. 하나님은 마지막 때에 죄인들을 심판하기 위해 갇혀 있는 악령들을 풀어 주십니다. 무저갱을 열었을 때 어떤 일이 일어났습니까?

> "그가 무저갱을 여니 그 구멍에서 큰 화덕의 연기 같은 연기가 올라오매 해와 공기가 그 구멍의 연기로 말미암아 어두워지며 또 황충이 연기 가운데로부터 땅 위에 나오매 그들이 땅에 있는 전갈의 권세와 같은 권세를 받았더라."(계 9:2~3)

첫째는 그 구멍에서 엄청난 양의 시커먼 연기가 올라와 공기와 해가 어두워져 가시거리가 1m도 안 되었습니다. 이는 가치관의 혼돈을 뜻한다고 볼 수 있습니다.

사탄은 사람들을 어둡게 해서 옳고 그름을 구별할 수 없도록 합니다. 그래서 사탄에게 지배받는 사람은 너 나 할 것 없이 자신의 참된 가치와 자기 실존을 알지 못합니다. 사탄에게 지배받는 사람은 공의와 불의를 구분하지 못합니다. 사탄에게 지배를 받는 사람은 무지하여 선과 악을 알지 못합니다. 한마디로 사탄에게 지배받는 사람은 어둠과 밝음을 구분하지 못합니다. 밤을 낮 삼아 건물의 외부도 검고 내부도 검고, 음습한 술집을 찾아 밤 문화를 즐깁니다. 반면에 빛의 자녀는 밝은 낮을 사랑합니다. 빛의 자녀는 새벽 문화를 사랑합니다. 이른 아침에 일어나 성경을 읽고 묵상하며 기도합니다.

둘째는 그 구멍에서 황충이 나왔습니다. 황충(locust)은 메뚜기를 의미합니다. 우리는 메뚜기의 위력을 잘 알지 못합니다. 그러나 중동 지방에서 메뚜기 떼는 무서운 존재입니다. 메뚜기 떼의 길이가 약 6km나 되어 60m 미만의 건물은 아예 알아볼 수조차 없고, 메뚜기 떼가 한번 지나가면 그 땅의 푸른 것은 하나도 남지 않는다고 합니다.

펄 벅(Pearl S. Buck)의 《대지》[19]는 중국 농촌의 모습을 사실적으로 그려 낸 작품입니다. 드넓은 평원에 메뚜기 떼가 지나가는 길목에는 아무것도 남는 게 없습니다. 곡식부터 풀잎, 심지어 나무 이파리, 부드럽고 연한 나뭇가지까지도 다 먹어 치웁니다. 메뚜기 떼의 피해는 상상을 초월합니다. 애굽의 열 가지 재앙 중의 하나가 메뚜기 재앙입니다. 메뚜기 재앙은 메뚜기가 푸른 잎사귀를 모두 갉아 먹어 남는 것이 없었습니다. 그런데 본문의 황충은 이와 달랐습니다.

19 펄 S. 벅, 유희명 역, 《대지》(서울: 청목사, 2001).

"그들에게 이르시되 땅의 풀이나 푸른 것이나 각종 수목은 해하지 말고 오직 이마에 하나님의 인침을 받지 아니한 사람들만 해하라 하시더라."(계 9:4)

이 황충은 풀이나 푸른 풀을 상하게 하는 것이 아니라 오직 이마에 하나님의 인침을 받지 아니한 사람들만 해칩니다. 황충은 사람을 괴롭힙니다(계 9:5~6).

황충이 사람을 해치고 괴롭힌다는 뜻이 무엇입니까? 필자는 사람들의 마음, 파란 마음을 모두 갉아먹는다고 해석하고 싶습니다. 사람은 누구에게나 파란 마음이 있습니다. 어효선 씨가 작사하고 한용희 씨가 작곡한 유명한 〈파란 마음 하얀 마음〉이란 동요가 있습니다. "우리들 마음에 빛이 있다면 여름엔, 여름엔 파랄 거여요. 산도 들도 나무도 파란 잎으로 파랗게 파랗게 덮인 속에서 파아란 하늘 보고 자라니까요."

사람에게는 드높은 꿈과 희망, 따뜻한 마음, 불쌍한 사람을 보면 돕고 싶은 동정심, 가슴 아픈 사연이 있을 때 흐르는 눈물, 이런 것은 동심에 젖은 파란 마음입니다. 그런데 이 황충이 한번 지나가면 우리의 파란 마음, 파란 희망과 꿈이 사라지고, 따뜻한 마음이 온데간데없이 사라집니다. 그 곱던 파란 마음이 완악해지고 잔인해집니다. 부드럽던 눈초리가 표독스럽고 매섭습니다. 황충은 우리의 청순한 영혼을 파괴하여 감사와 기쁨을 사라지게 합니다. 다른 사람을 파괴하는 데서 즐거움을 찾습니다. 따뜻한 사랑이 사라집니다.

우리는 살면서 따뜻한 사랑을 그리워합니다. 우리는 파란 꿈을 그리워합니다. 우리는 젊었을 때의 그 청순한 꿈을 그리워합니다. 우리는 티 없이 맑고 밝은 파란 마음을 그리워합니다. 시인은 젊은이를 청춘이라고 일컫습니다. '청춘'(靑春)이란 푸른 봄이란 뜻입니다. 청춘의 계절은 고귀합니다. 청춘은 아직 세상의 때가 묻지 않은 순진함과 미래가 넓게 열려 있어서 무한한 기회가 주어져 있습니다.

시편은 청년을 새벽이슬과 같다고 했습니다(시 110:3). 이슬이란 기체 중에 있는 수분이 밤에 온도가 내려가 작은 물방울이 뭉쳐져 땅에 내리는 것을 일컫습니다. 비가 오지 않는 팔레스타인에서 이슬은 식물이 자라는 데 절대 필요합니다. 조금 전까지도 식물이 말라 시들어 가다가도 새벽이슬을 맞으면 금시 새 힘을 내어 파릇파릇 소생합니다. 새벽이슬은 깨끗하고 영롱합니다. 이처럼 청년에게도 새벽이슬처럼 영롱하고 깨끗하고 맑은 영혼이 있습니다. 영혼이 맑은 사람은 하나님의 비전을 보며 미래의 꿈을 꿉니다.

시인 민태원은 《청춘예찬》[20]에서 청춘을 이렇게 노래했습니다. "청춘! 이는 듣기만 하여도 가슴이 설레는 말이다. 청춘! 너의 두 손을 가슴에 대고 물방아 같은 심장의 고동을 들어보라. 청춘의 피는 끓는다. 끓는 피에 뛰노는 심장은 거선의 기관같이 힘쩍다. 인류의 역사를 꾸며 내려온 동력은 꼭 이것이다. 이성은 투명하되 얼음과 같으며, 지혜는 날카로우나 갑 속에 든 칼이다. 청춘의 끓는 피가 아니더면 인간이 얼마나 쓸쓸하였으랴? 얼음에 싸인 만물은 죽음이 있을 뿐이다."

청년들에게 생명을 불어넣는 것은 따뜻한 봄바람입니다. 풀밭에 속잎 나고 가지에 싹이 트고 꽃 피고 새 우는 봄날의 천지는 얼마나 기쁘며 얼마나 아름답습니까? 이것을 얼음 속에서 불러내는 것이 따뜻한 봄바람입니다. 인생에 따뜻한 봄바람을 불어 보내는 것은 청춘의 끓는 피입니다. 청춘의 피가 뜨겁기에 인간의 동산에는 사랑의 풀이 돋고, 이상의 꽃이 피고, 희망의 놀이 뜨고, 열락(悅樂)의 새가 노래합니다.

20 민태원, 《청춘예찬》(서울: 범우사, 2007).

그런데 청춘은 꼭 나이로 결정되는 것은 아닙니다. 시인 사무엘 울만(Samuel Ullman)은 청년을 이렇게 정의하고 있습니다. "청춘이란 인생의 어떤 기간이 아니다. 마음가짐을 말한다. 장미의 용모, 붉은 입술, 나긋나긋한 손발이 아니고 씩씩한 의지, 풍부한 상상력, 불타오르는 정열을 뜻한다. 청춘이란 두려움을 물리치는 용기, 안이함을 선호하는 마음을 뿌리치는 모험심을 의미한다. 때로는 20세 청년보다도 70세 인간에게 청춘이 있고, 나이를 더해 나가는 것만으로 사람은 늙지 않는다. 이상을 잃어버릴 때 바로 늙는다."

요즘 시대를 일컬어 비전이 없고, 꿈을 잃어버린 절망의 시대라고 합니다. 키에르케고어(S. Kierkegaard)는 절망은 죽음에 이르는 병이라고 했습니다. 필자는 절망을 넘어 무망(無望)의 시대라고 말하고 싶습니다. 그러면 왜 청년들이 독수리가 하늘을 나는 푸른 꿈을 상실한 채 절망스럽게 살아가고 있습니까? 왜 청년들이 죽음의 관속에 누워 있습니까? 파란 마음, 드높은 꿈과 희망이 넘쳐야 할 젊은이들이 왜 이렇게 살아갑니까? 이는 황충이 젊은이의 파란 마음을 갉아먹었기 때문입니다.

청년, 인생이 그렇게 긴 것이 아닙니다. 그러기에 그 시기에 반드시 해야 할 것들을 해야 합니다. 공자는 15세에 지학(志學)하고, 20세에 약관(若冠)하고, 30세에 입지(立志)하고, 40세에 불혹(不惑)하고, 50세에 지천명(知天命)하고, 60세에 이순(耳順, 천지 만물의 이치에 통달하고 듣는 대로 모두 이해할 수 있다)하고, 70세에 종심(從心, 뜻대로 행하여도 도리에 어긋나지 않는다)이라고 했습니다.

필자는 이렇게 말하고 싶습니다. "30대는 마음의 성실함과 그 손의 공교함으로(시 78:72) 자기가 하는 분야에 전문가가 되고, 40대는 돈과 탐욕과 자리의 유혹을 이기고 성숙해야 하고, 50대는 마음을 새롭게 하여 주님께 소망의 닻을 내리고, 60대는 인생의 2모작으로 다음 세대를 준비해야 한다." 이제 우리가 뜻을 정했으면 그것을 위해 시간을 투자해야 합니다. 성공과 실패는 시간의 투자에 비례합니다.

때를 놓치지 말아야 합니다. 때란 매우 중요합니다. 때의 중요성을 아는 사람은 시간을 아무렇게나 헛되이 보내지 않습니다. 스티븐 코비(Stephen Covey)는 《소중한 것을 먼저 하라》[21]에서 사람의 하는 일을 네 가지로 구분했습니다. 긴급하고 중요한 일, 긴급하지 않지만 중요한 일, 중요하지 않지만 긴급한 일, 긴급하지도 않고 중요하지도 않은 일로 구분했습니다. 우리는 긴급하고 중요한 것에 시간을 투자해야 합니다. 그런데 사람들이 의미 없는 것에 시간을 허비합니다.

시간관리 전문가 마이클 포티너(Michael Potino)가 미국 사람들이 평균 72세를 산다고 가정하고 일생 동안 소모하는 시간을 계산해 보았습니다. 잠자는 데 23년, 직장에서 일하는 데 20년, 쉬면서 즐기는 데 7년, 먹고 마시는 데 6년, 줄을 서거나 신호등을 기다리는 데 5년, 약속한 사람을 기다리는 데 3년, 여자들이 물건을 찾기 위해 핸드백을 뒤지는 데 3년, 가사 일에 4년, 전화기를 붙들고 있는 시간이 1년이었습니다. 요즘은 스마트폰 게임과 바보상자 TV의 시청에 꽤 많은 시간을 허비합니다.

반면에 예배드리는 시간은 1년 6개월이라고 했습니다. 여자들이 핸드백 뒤지는 시간보다 적습니다. 누구나 만남이 소원하고 대화가 뜸해지면 친밀감이 떨어집니다. 이게 사랑과 행복학의 법칙입니다. 우리는 중요하고 가치 있는 것에 시간과 물질을 투자해야 합니다.

노벨(Alfred Bernhard Nobel)이 값진 삶을 살게 된 일화가 있습니다.

---

21 Stephen R. Covey, 김경섭 역, 《소중한 것을 먼저 하라》 (서울; 김영사. 2002).

노벨의 형이 죽었는데, 신문에 노벨이 죽은 기사가 실렸습니다. 노벨의 죽음에 대한 사람들의 평가는 '죽음의 상인, 사망'이라는 기사였습니다. 그는 이 기사를 읽는 순간 큰 충격을 받았습니다. 나에 대한 사람들의 평가가 단지 돈 많은 사람, 죽음의 다이너마이트를 팔아 부자가 된 정도로 알려져 있었기 때문이었습니다. 그는 이제 내가 죽었을 때 사람들이 "저 사람은 위대한 삶을 살았다"라는 평가를 받아야 하겠다고 생각했습니다. 그래서 그는 다이너마이트를 만들어 모은 돈을 모두 노벨상 기금으로 냈습니다. 그는 죽음의 때를 생각하고 가치 있고 의미 있는 일을 한 것입니다.

영국의 대부호 캐리(Carey)는 두뇌가 명석한 두 아들을 두었습니다. 그는 두 아들을 큰 자랑으로 여기며 살았습니다. 큰아들은 조지(George)이고, 둘째 아들은 윌리엄(William)이었습니다. 두 아들은 모두 옥스퍼드대학을 졸업한 수재들이었습니다. 어느 날 아버지는 두 아들을 불러 장래 희망을 물었습니다. 큰아들의 대답은 "저는 아버지의 대를 이어 대부호가 되는 것이 꿈입니다"라고 했습니다. 아버지는 큰아들의 대답을 듣고 흐뭇했습니다. 이제 둘째 아들 윌리엄이 대답할 차례가 되었습니다. 둘째 아들의 대답은 "저는 인도 선교사가 되는 것이 꿈입니다. 저는 그곳에 가서 영혼을 구원하겠습니다"라고 대답했습니다. 아버지는 둘째 아들의 대답을 듣고 무척 실망했습니다. 큰아들은 대부호요 정치가로 명성을 날렸습니다. 그러나 그의 명성과 재산은 오래 가지 못하고 몰락했습니다. 윌리엄은 그의 꿈대로 인도 선교사가 되었습니다. 그의 선교로 많은 인도 사람들이 예수님을 믿고 새로운 삶을 살게 되었습니다.

대영백과사전은 두 사람을 어떻게 평가하고 있는지 아십니까? 인도

선교사 윌리엄에 대해서는 두 면을 할애해 자세히 소개하고 있습니다. 반면에 대부호이자 정치가이었던 조지에 대해서는 단 한 줄로 기술했습니다. "윌리엄 케리의 형" 우리는 무슨 일을 하든지 하나님의 소명의식을 가지고 가치가 있고 의미 있게 살아야 합니다. 매사 때가 있는 법입니다. 예수님은 말씀하셨습니다.

> "때가 아직 낮이매 나를 보내신 이의 일을 우리가 하여야 하리라 밤이 오리니 그 때는 아무도 일할 수 없느니라."(요 9:4)

우리에게는 일할 수 없는 죽음의 때, 병들 때가 반드시 옵니다. 우리는 젊을 때 하나님의 일을 해야 합니다. 이 세상에 중요한 일이 많다고 하지만 복음을 전하여 잠든 영혼, 죽은 영혼을 깨우고 살리는 것보다 더 중한 것은 없습니다.

내게 청년의 때가 다시 온다면 정말 멋지고, 가치 있는 삶을 살고 싶지만 지나간 시간은 돌아오지 않습니다. 헤겔의 법철학 서문에 "미네르바 부엉이는 석양에만 날기 시작한다"는 유명한 말을 했습니다. 미네르바는 지혜의 여신인데, 항상 부엉이를 데리고 다녔습니다. 그런데 미네르바의 부엉이는 황혼 무렵에야 날개를 펴기 시작했습니다. 이는 이성적인 철학이나 진리에 대한 인식은 시대에 선행하기보다는 일이 다 끝날 무렵에야 알게 된다는 뜻입니다. 잠언 기자는 이런 절망 중에 하나님께서 계시를 주셨습니다.

> "묵시가 없으면 백성이 방자히 행하거니와 율법을 지키는 자는 복이 있느니라."(잠 29:18).

묵시(vision)가 없으면 방향이 없습니다. 방향이 없으므로 방자히 행동합니다. 방자히(perish)란 망한다는 뜻입니다. 그러나 비전을 가진 사람은 목적이 분명하여 망하는 행동을 하지 않습니다. 그래서 비전이 중요합니다. 비전은 내일을 창조하는 원동력입니다.

그 황충들의 모습이 어떠합니까? 전쟁을 준비하는 말들 같고, 머리에 금 같은 비슷한 관을 썼고, 얼굴은 사람 얼굴 같고, 또 여자의 머리털 같은 머리털이 있고, 이빨은 사자의 이빨 같고, 또 가슴에는 철 호심경과 같은 호심경(breastplate)으로 무장하였고, 날개들의 소리는 병거와 많은 말들이 전쟁터로 달려가는 소리 같았습니다. 전갈과 같은 꼬리와 쏘는(sting) 살이 있어서 그 꼬리에는 다섯 달 동안 사람들을 해하는 권세가 있었습니다(계 9:7~10).

이것은 무슨 괴물 같지 않습니까? 요즘 이런 괴물 게임들이 많이 있는 것으로 알고 있습니다. 이런 괴물 게임을 한두 시간 하면 심령이 강팍해집니다. 파란 마음이 모두 폐허가 됩니다.

그들의 왕은 무저갱의 사자인데, 히브리어로는 아바돈(אֲבַדּוֹן)이요, 헬라어로는 아볼루온(*Απολλύων*)이었습니다. '아바돈'이나 '아볼루온'은 모두 파괴자란 뜻입니다. 이 황충들은 파괴자입니다. 하나님과의 관계를 파괴하고, 인간과 인간과의 관계를 파괴하고 자연을 훼손시킵니다.

두 번 다시 오지 않는 인생, 단 한 번밖에 없는 인생, 황금기인 청년의 때 황충에게 먹히지 않도록 해야 합니다. 그러면 우리가 어떻게 해야 황충에게 파란 마음이 먹히지 않도록 할 수 있을까요?

우리는 창조주 하나님을 만나야 합니다(전 12:1). 우리는 청년의 때에 정욕을 피하고 주를 깨끗한 마음으로 부르는 자들과 함께 의와 믿음과 사랑과 화평을 따라 살아야 합니다(딤후 2:22). 다니엘처럼 분명한 뜻과 방향을 잡고 살아야 합니다(단 1:8). 그러려면 예수님의 십자가와 부활을 믿고 거듭나 하나님의 자녀가 되어야 합니다. 우리는 예수님을 믿어 황충에게 공격받지 않고 파란 꿈과 따뜻한 마음을 가진 사람이 되어야 합니다.

회개하지 않는 남은 사람들

여섯째 천사가 나팔을 불었습니다(계 9:13). 그러자 하나님 앞 금 제단 네 뿔에서 한 음성이 들렸습니다. 나팔을 가진 여섯째 천사에게 말하기를 큰 강 유브라데에 결박한 네 천사를 놓아 주라고 했습니다. '유브라데'(Euphrates)는 인류 문명의 첫 발상지로서 가인(Cain)이 아벨(Abel)을 죽인 곳이요, 니므롯(Nimrod)이 바벨탑을 쌓은 곳입니다.

네 천사가 결박에서 풀리자 하나님께서 정한 때, 마병대(hosemen)가 나타났는데 1/3의 사람을 죽이기로 준비된 자들이었습니다. 마병대의 수는 2억(two hundred million, NIV) 명으로, 2억의 대군이 동원되는 전쟁이 일어나게 됩니다. 2차 세계대전 때 동원된 총 군인이 약 3천만 명이 안 되었습니다. 그런데 2억 명의 군대가 동원되니 그 전쟁은 어떠하겠습니까? 마병이 탄 말과 마병들을 보니 불빛과 자줏빛과 유황빛 호심경이 있고 말들의 머리는 사자 머리 같고, 입에서는 불과 연기와 유황이 나왔습니다. 이로써 인류의 1/3이 죽었습니다. 그 남은 자들은 회개할 마지막 기회입니다. 그런데 이런 재앙을 당한 사람들의 반응은 어떠했습니까?

> "이 재앙에 죽지 않고 남은 사람들은 손으로 행한 일을 회개하지 아니하고 오히려 여러 귀신과 또는 보거나 듣거나 다니거나 하지 못하는 금, 은, 동과 목석의 우상에게 절하고 또 그 살인과 복술과 음행과 도둑질을 회개하지 아니하더라."(계 9:20~21)

그들은 회개하지 않고 오히려 각종 우상을 숭배하여 영이 타락하고 도덕과 윤리가 땅에 떨어졌습니다. 하나님께서 회개할 기회를 주실 때 속히 회개해야 합니다. 바울은 "보라 지금은 은혜받을 만한 때요 보라 지금은 구원의 날이로다"(고후 6:2하)라고 했습니다. 지금이야말로 회개하고 은혜받고 구원을 받을 날입니다.

전쟁은 국가 사이에 세력의 균형이 깨질 때 발생합니다. 독일 함부르크 대학 연구기관 AKUF에 따르면 1999년 전까지 세계 전쟁 횟수는 35건이며 그중에 1/4은 자원과 관련되어 있다고 했습니다. 필자는 앞으로 국가 간의 대립이 더 심화되고, 국가 간의 무역도 점차 자유무역에서 보호무역으로 될 것이라고 봅니다. 이러다 보면 각 나라는 생존을 넘어 존폐위기에 놓이게 되어 목숨 걸고 싸울 것입니다. 앞으로 잔인하게 죽고 죽이는 일이 비일비재할 것입니다. 거기다가 최첨단 무기로 무장하여 전쟁할 것입니다. 이것이 마지막 날에 나타날 마병대의 모습일 수도 있습니다.

어둠의 재앙과 황충 재앙과 전쟁 재앙의 때, 세상의 화려함이 무슨 의미가 있습니까? 이제 우리는 눈에 보이는 세상을 부러움의 대상이 아니라 선교의 대상으로 볼 수 있어야 합니다. 황충으로 꿈을 잃지 말고 하나님 안에서 꿈을 가져야 합니다. 우상을 겸하여 섬긴다면 가슴을 찢고 회개하여 주님만 섬겨야 합니다.

생각하기

1. 다섯째 천사가 나팔을 불 때 땅에 떨어진 별 하나가 있었습니다(사 14:12~17; 눅 10:18). 떨어진 별이 상징하는 바를 말해 보세요.
2. 그가 무저갱을 열었을 때 황충들이 땅 위에 올라왔습니다(계 9:2~12). 황충들의 모습과 화를 말해 보세요.
3. 여섯째 천사가 나팔을 불 때 마병대가 나타났는데 1/3의 사람을 죽이기로 준비된 자들이었습니다. 그런데도 재앙에 살아남은 자들은 회개하지 않았습니다(계 9:13~21). 왜 그들이 회개하지 않았는가를 말해 보세요.

다시 예언하라

"그가 내게 말하기를 네가 많은 백성과 나라와 방언과 임금에게 다시 예언하여야 하리라 하더라."(계 10:11)

요한계시록 10장은 마지막 일곱째 나팔 재앙이 일어나기 전의 환상이고, 요한계시록 11장에서 마지막 나팔인 일곱 번째 나팔이 울립니다. 이 마지막 나팔은 주님의 재림을 알리는 소리로, 이 나팔 소리는 믿는 자들에게는 구원과 승리의 소리요, 믿지 않는 자들에게는 두려움과 심판의 소리입니다.

본문은 힘센 다른 천사에 대한 환상(계 10:1~4)과 하나님의 말씀이 반드시 이루어질 것에 대한 천사의 메시지(계 10:5~7), 그리고 재림의 때 성도의 삶에 관한 말씀입니다(계 10:8~11).

재림의 때, 성도는 어떤 삶을 살아야 합니까? 성도는 달고 쓴 말씀을 들었으면, 그 말씀을 지키고 행해야 합니다. 더 나아가 달고 쓴 말씀을 선포해야 합니다. 그렇다면 우리가 종말의 때에 해야 할 일은 분명합니다. 우리는 나의 죄를 위해 십자가에 죽으시고 부활하신 예수님, 장차 심판주로 다시 오실 예수님을 사모하며, 십자가와 부활의 복음을 선포해야 합니다. 이것이 마지막 종말의 때 살아가야 할 태도입니다.

인봉하고 기록하지 말라

사도 요한이 본 다른 천사는 힘센 천사로 이제까지 나타난 천사와 달랐습니다. 천사는 하나님의 영광을 상징하는 구름을 입고 하늘에서 내려왔습니다. 그 머리 위에 무지개가 있고 얼굴은 해와 같고 그 발은 불기둥 같았습니다. 천사가 오른발은 바다를 밟고 왼발은 땅을 밟고 있었습니다. 그가 사자가 부르짖는 것처럼 큰 소리로 외치니 일곱 우레가 소리를 내어 말했습니다(계 10:1~3).

이 힘센 천사는 마치 예수님의 모습과 같습니다. 그러나 주경 학자들은 이 힘센 천사를 새롭게 등장하는 천사로 봅니다. 이 천사의 손에는 펴 놓인 작은 두루마리가 들려 있었습니다. 이 작은 두루마리는 요한계시록 5장에 나오는 두루마리와 대조가 됩니다. 요한계시록 5장의 두루마리는 일곱 인으로 봉해져 있었습니다. 그런데 본문에 나오는 두루마리는 펼쳐 있었습니다. 요한계시록 5장의 두루마리는 심판과 구원을 강조했다면, 본문의 두루마리는 누구나 읽을 수 있다는 것을 강조하고 있습니다. 작은 두루마리는 다른 종교의 경전과 달리 부피가 작으나 이 속에 인간의 구원과 심판이 담겨 있고 인간들에게 가장 영향력이 있는 책이라는 것입니다.

세상에는 많은 책이 있습니다. 우리는 이런 책들로부터 풍부한 지식과 지혜와 상상력과 많은 정보를 얻습니다. 그러나 이런 책들은 우리를 구원에 이르게 하지 못합니다. 성인군자가 쓴 어떤 위인전도 우리를 죄와 죽음으로부터 구원해 주지 못합니다.

그러나 신, 구약성경 66권에는 우리를 구원에 이르게 하는 지혜가 담겨 있습니다. 성경은 죄와 죽음의 문제를 해결해 줍니다. 하나님의 사람으로 온전하게 합니다. 성경은 하나님의 사람으로 거듭나게 합니다. 성경은 좋은 품성과 인격으로 다듬어 줍니다. 성경은 구원받은 사람을 교훈하고 바르게 하고 의로 교육하기에 유익합니다. 더 나아가 성경은 하나님으로부터 부르심과 사명을 감당할 수 있도록 합니다(딤후 3:15~17).

어린양 예수님이 인봉한 것을 떼어 그 내용을 보여 주셨습니다. 그런데 사도 요한이 하늘에서 일곱 우레가 말할 때 기록하려고 하자, 천사가 인봉하고 기록하지 말라고 했습니다(계 10:4). 요한은 말씀에 순종하여 우레의 소리를 기록하지 않았습니다. 그러면 하나님께서 왜 사도 요한에게 일곱 우레의 말을 기록하지 말라고 하셨을까요? 이는 한마디로 사람들이 읽어서 유익이 되지 않기 때문입니다.

예수님은 하나님 나라의 비밀을 다 말씀하여 주셨습니다. 예수님은 씨 뿌리는 비유로 천국의 비밀을 말씀하셨습니다. 그런데 예수님은 재림의 날짜에 관해서는 말씀하시지 않았습니다. 이는 하나님 아버지께 권한에 있으므로 아들이신 예수님도 모른다고 하셨습니다(마 24:36). 예수님이 재림의 날짜를 말씀하시지 않은 이유가 무엇일까요? 이는 재림의 날과 시를 모르는 것이 우리에게 유익하기 때문입니다.

그런데 사람들은 호기심으로 그날과 그때를 알려고 하고, 나름대로 추측합니다. 그러다가 하나님 계시의 말씀을 넘어가는 이단들이 생겨납니다. 다미선교회 이장림은 1988년에 '다미선교회'를 조직하여 1992년 10월 28일에 휴거할 것이라고 주장하였습니다. 그를 따르는 추종자들은 이날에 휴거를 준비한다고 세상을 시끄럽게 하였으나 happening으로 끝났습니다. 펄시 콜레(Percy Collet)는 1990년대에 '내가 본 천국'과 천국의 100가지 비밀 등으로 미혹했습니다. 요즘도 이단과 사이비종교 단체가 예수님이 언제 재림하신다며 사람들을 유혹하고 미혹하여 가정을 깨고 사회에 물의를 일으키고 있습니다.

성경에 기록되지 않은 것을 알려고 하는 호기심과 추측은 금해야 합니다. 아담이 타락한 것도 선악을 알게 하는 열매에 대한 호기심과 동시에 사탄의 미혹에 빠졌기 때문입니다. 전도서는 "형통한 날에는 기뻐하고 곤고한 날에는 되돌아보아라 이 두 가지를 하나님이 병행하게 하사 사람이 그의 장래 일을 능히 헤아려 알지 못하게 하셨느니라"(전 7:14)라고 했습니다.

하나님은 우리에게 신, 구약성경 66권을 주셨습니다. 여기에 하나님의 모든 계시가 다 기록되어 있습니다. 그러므로 기록된 말씀 밖으로 넘어가면 안 됩니다(고전 4:6). 특히 예언의 은사를 그릇되게 생각하는 사람들이 많습니다. 예언의 은사를 마치 인생의 앞날을 알아맞히는 것으로 착각합니다. 이것은 크게 잘못된 생각입니다. 우리의 앞날을 아시는 분은 오직 하나님뿐이십니다. 하나님은 사람에게 인간의 길흉화복을 알도록 미리 보이지 않으셨습니다.

그런데 예언의 은사를 받았다며 점쟁이 같은 사람들이 있습니다. 성경에서 예언이란 하나님의 말씀을 대언하는 것입니다. 구약의 선지자들은 모세 5경을 기초로 그 시대를 말씀에 조명하여 회개의 메시지를 전했습니다. 그리고 장래의 예언을 말씀하셨는데, 이는 장차 오실 메시아에 관한 것입니다. 그들의 예언대로 예수 그리스도께서 오심으로 선지자들의 모든 예언이 성취되었습니다. 이제 우리는 성경에 기록되지 않은 말씀을 상상하여 알려고 하거나 자기 나름대로 추측하여 설명하거나 가르쳐서는 안 됩니다.

성경은 "어리석고 무식한 변론을 버리라 이에서 다툼이 나는 줄 앎이라"(딤후 2:23)라고 경고했습니다. 요한계시록 22장 18절은 "내가 이 두루마리의 예언의 말씀을 듣는 모든 사람에게 증언하노니 만일 누구든지 이것들 외에 더하면 하나님이 이 두루마리에 기록된 재앙들을 그에게 더하실 것이요"라고 경고했습니다. 칼뱅(Calvin, Jean)은 "성경이 가라고 하면 가고, 멈추라고 하면 멈추라"라고 했습니다. 예수님은 사탄의 유혹을 기록된 말씀으로 물리치셨습니다(마 4:4~10). 우리는 성경 66권에 기록된 내용으로 만족해야 합니다.

그 비밀이 이루어지리라

> "내가 본 바 바다와 땅을 밟고 서 있는 천사가 하늘을 향하여 오른 손을 들고 세세토록 살아 계신 이 곧 하늘과 그 가운데에 있는 물건이며 땅과 그 가운데에 있는 물건이며 바다와 그 가운데 있는 물건을 창조하신 이를 가리켜 맹세하여 이르되 지체하지 아니하리니."(계 10:5~6)

천사는 하늘을 향해 오른손을 들고 맹세하였습니다. 오른손을 든 것은 법정에서 증언하는 증인의 모습입니다. 천사가 맹세하는 하나님은 어떤 분입니까? 하나님은 세세토록 살아 계시는 분이십니다. 하나님은 하늘과 땅과 바다 가운데 있는 모든 생물과 피조물들을 창조하신 창조주, 지금도 살아 계셔서 역사를 주관하시며 의인을 구원하시고 악인을 심판하시는 하나님께 맹세했습니다. 그 천사가 맹세한 내용이 무엇입니까?

> "일곱째 천사가 소리 내는 날 그의 나팔을 불려고 할 때에 하나님이 그의 종 선지자들에게 전하신 복음과 같이 하나님의 그 비밀이 이루어지리라 하더라."(계 10:7)

일곱째 천사가 나팔을 불려고 할 때 하나님이 그의 종들에게 전하신 복음과 같이 하나님의 그 비밀이 이루어진다고 말씀하셨습니다. 복음은 유대인이나 이방인이나 구분하지 않고 예수 그리스도 안에서 아브라함의 후손이 되어 언약의 상속자가 되는 것입니다(엡 2:11~22). 바울은 하나님의 그 비밀을 "깊도다 하나님의 지혜와 지식의 풍성함이여, 그의 판단은 헤아리지 못할 것이며 그의 길은 찾지 못할 것이로다"(롬

11:33)라고 찬양했습니다.

'하나님의 그 비밀'(the mystery of God)은 예수 그리스도로 말미암는 구원과 인류의 종말입니다. '이루어지리라'(will be accomplished)란 성취되리라는 뜻입니다. 인류의 종말은 넓게는 예수 그리스도의 재림으로 인한 종말과 좁게는 개인의 죽음이라는 종말이 있습니다. 그렇다면 우리는 종말 앞에 어떤 자세로 살아야 합니까?

요한계시록 16장 15절에 "보라 내가 도둑 같이 오리니 누구든지 깨어 자기 옷을 지켜 벌거벗고 다니지 아니하며 자기의 부끄러움을 보이지 아니하는 자는 복이 있도다"라고 말씀했습니다. 베드로는 "그러나 주의 날이 도둑 같이 오리니 그날에는 하늘이 큰 소리로 떠나가고 물질이 뜨거운 불에 풀어지고 땅과 그 중에 있는 모든 일이 드러나리로다"(벧후 3:10)라고 했습니다. 예수님은 우리가 예기치 않을 때 오십니다. 그러므로 우리는 예수님의 재림을 소망하며 항상 깨어 예비해야 합니다.

예수님의 재림을 소망하며 예비하는 사람은 충성스럽고 지혜로운 종으로 주인의 사람들에게 때를 따라 양식을 나누어 줍니다. 하루하루를 아무렇게 보내지 않고 하나님의 영광을 위해 삽니다. 하나님께서 맡기신 사명을 충성스럽게 섬깁니다. 반면에 예수님의 재림을 소망하지 않는 자는 마음에 악한 생각을 품고 주인이 더디 오리라 생각하고 먹고 마시며 육신의 정욕을 따라 삽니다. 주인이 맡겨 준 사명을 충성스럽게 섬기지 않습니다. 이런 사람은 주인으로부터 저주를 받습니다(마 24:42~44).

우리의 삶은 그렇게 긴 것이 아닙니다. 우리의 삶은 두 번 다시 오지 않는 한 번밖에 없는 짧은 인생입니다. 우리는 언젠가 삶을 마감해야 날이 반드시 옵니다. 삶을 마감하고 비문에 무슨 내용을 적고자 합니까? 인생에 마지막 한마디는 그 사람의 삶의 결산입니다. 독일의 문호

괴테의 마지막 한마디는 "나에게 빛을"(more light)이었습니다. 그의 인생은 한마디로 빛이 없는 어두운 삶이었습니다. 나폴레옹은 "나는 불행했다! 프랑스, 군대, 조세핀"이었습니다. 베토벤은 "친구여 박수를, 비극은 끝났다!"이었습니다. 그의 인생은 한마디로 비극이었습니다. 계몽주의자 볼테르는 "나는 하나님과 사람에게 버림을 받았소! 만일 6개월만 더 살게 해 준다면 내가 소유한 절반이라도 주겠소" 하며 눈을 감았습니다. 회의론자 홉스는 "나는 이제 어둠 속으로 떨어져 들어가려 한다"라고 했습니다. 성철 스님은 "내가 뭇 선남선녀를 속였으니 내 죄가 수미산보다 너무 크다"라고 했습니다.

유머에 도박중독자가 임종을 맞이했습니다. 그는 가족들이 지켜보는 가운데 숨이 넘어갈 듯하더니 갑자기 한 손을 위로 올리고 화투짝을 쥐는 모습을 한 후 '비광에 사꾸라 광이 있어야 치제' 하고 숨을 거두었다고 합니다. 그의 마지막 한마디에서 그가 어떤 인생을 살았는지 짐작할 수 있습니다. 또 아들이 아버지의 비문을 적으려고 하니 아버지가 한 일이 없었습니다. 그래서 아들은 비문에 '아버지는 태어나서 먹고 자다가 한 여생을 마치고 죽다'라고 기록했다고 합니다. 그렇다면 우리는 비문의 내용을 무엇이라고 적겠습니까?

이 책을 갖다 먹어라

> "하늘에서 나서 내게 들리던 음성이 또 내게 말하여 이르되 네가 가서 바다와 땅을 밟고 서 있는 천사의 손에 펴 놓인 두루마리를 가지라 하기로."(계 10:8)

하늘에서 사도 요한에게 천사의 손에 펴 놓인 '두루마리를 가지라'(take the scroll)는 음성이 들렸습니다. 이것은 하나님께서 우리에게 주신 축복이요 은혜입니다.

지금은 우리가 성경을 갖는 것이 자연스럽습니다. 그러나 종교개혁 이전까지는 사제 몇몇 사람을 제외하고는 성경을 소유할 수 없었습니다. 종교개혁이 가져다 준 선물 중의 하나는 몇몇 사람들의 손에 묶여 있던 성경이 모든 사람의 손에 들려진 것입니다. 지금은 성경이 널려 있고 종류도 다양합니다.

그런데 무엇이든지 넘쳐나면 그 가치를 잊기 쉽습니다. 그래서 사람들은 성경이 얼마나 소중한지 모릅니다. 그리고 성경을 단순히 가지고 있는 것은 중요하지 않습니다. 문제는 어떤 목적으로 갖고 있느냐가 중요합니다. 장식용으로 가지고 있으면 백과사전보다도 못합니다. 정보 가치가 없습니다. 주일에 먼지 묻은 성경을 툭툭 털고 가지고 오는 성경 또한 의미와 가치가 없습니다. 천사는 작은 두루마리를 갖다 먹으라고 했습니다.

> "내가 천사에게 나아가 작은 두루마리를 달라 한즉 천사가 이르되 갖다 먹어 버리라."(계 10:9상)

성경을 소유하고 가까이 두는 것으로 끝나지 말고 밥을 먹듯이 먹으라는 것입니다. 우리는 육의 생명을 위해 하루 세끼 꼭 챙겨 먹습니다. 우리가 육의 양식을 위해 얼마나 많은 시간과 많은 물질을 투자합니까? 이와 마찬가지로 우리는 영의 양식을 위해 성경을 열심히 먹어야 합니다. 우리는 영의 건강을 위해 인터넷이나 TV를 보는 시간을 줄이고 성경을 읽고 묵상하는 것을 즐거이 해야 합니다. 믿음의 선진인 다윗과 예레미야와 에스겔은 성경 말씀을 먹는 감격을 이렇게 고백했습니다.

> "주의 말씀의 맛이 내게 어찌 그리 단지요 내 입에 꿀보다 더

> 다니이다."(시 119:103)
>
> "만군의 하나님 여호와시여 나는 주의 이름으로 일컬음을 받는 자라 내가 주의 말씀을 얻어 먹었사오니 주의 말씀은 내게 기쁨과 내 마음의 즐거움이오나."(렘 15:16)
>
> "내게 이르시되 인자야 내가 네게 주는 이 두루마리를 네 배에 넣으며 네 창자에 채우라 하시기에 내가 먹으니 그것이 내 입에서 달기가 꿀 같더라."(겔 3:3)

천사는 사도 요한에게 성경에 두 가지 맛이 있다고 했습니다. 하나는 입에서는 꿀같이 달지만 먹은 후에 배에서는 쓰다는 것입니다. 입에서 달고 배에서 쓰다는 것이 무슨 뜻입니까?

> "네 배에는 쓰나 네 입에는 꿀 같이 달리라 하거늘 내가 천사의 손에서 작은 두루마리를 갖다 먹어 버리니 내 입에는 꿀 같이 다나 먹은 후에 내 배에서는 쓰게 되더라."(계 10:9하~10)

첫째, 말씀을 듣는 기쁨과 이를 실천하는 데에는 고통이 있다.

하나님의 말씀을 듣는 것은 어렵지 않습니다. 그러나 그 말씀을 나의 말씀으로 소화하여 실천하는 데에는 고통이 따릅니다. 알기는 다 알겠는데 행동으로 옮긴다는 것은 쉽지 않습니다. 말씀을 순종하는 데에는 고난이 따릅니다.

우리가 말씀을 읽고 묵상하고 메시지를 듣다 보면 마음에 갈등과 찔림이 들 때가 있습니다. 이는 말씀이 살아 역사하고 있다는 증거입니다. 말씀이 부담으로 다가올지라도 순종하면 말씀이 우리의 삶을 지배하게 되고, 말씀이 삶을 지배하게 되면 예수님의 성품이 내 안에 조각됩니다. 반면에 말씀을 듣기는 듣는데 그 말씀이 길가에 떨어진 씨처럼 반응이 없으면 말씀이 내게 역사하고 있지 않다는 증거입니다.

우리는 말씀을 들을 때마다 말씀이 내 심령에 고통이 와야 합니다. 내 자아가 부서지고 깨지는 고통이 있어야 합니다. 요한 웨슬리(John Wesley)는 어느 날 기도하다가 이런 기도를 했습니다. "주님, 이 성경을 내게 주소서. 내가 어떤 희생을 치르더라도 성경에서 메시지를 받게 하소서. 그리하여 이 성경이 참으로 나의 성경이 되게 하소서. 나로 이 성경의 사람이 되게 하소서."

둘째, 말씀은 단맛과 쓴맛을 모두 포함하고 있다.

하나님의 말씀을 듣고 회개하고 순종하면 단맛이 되고, 그렇지 않으면 쓴맛이 됩니다. 회개하면 은혜의 말씀으로 다가오고 회개하지 않으면 진노와 심판으로 다가옵니다.

요즘 성도 중에는 회개 없이 축복의 단맛만 보려고 합니다. 그것은 신앙생활을 바르게 하는 것이 아닙니다. 하나님은 그런 사람들을 그대로 버려두지 않고 징계하십니다. 징계하신 후에는 싸매 주셔서 이전보다 더 아름답고, 더 강건하고, 더 순수하고, 더 풍성한 삶으로 채워 주십니다.

셋째, 예언하라.

> "그가 내게 말하기를 네가 많은 백성과 나라와 방언과 임금에게 다시 예언하여야 하리라 하더라."(계 10:11)

천사는 사도 요한에게 성경을 먹는 것으로 끝나지 말고 예언하라고 했습니다. '예언하라'(must prophesy)는 것은 선포하라는 뜻입니다. 무엇을 선포해야 합니까? 입에는 달지만, 배에는 쓴 하나님 계시의 말씀을 모든 백성과 나라, 방언과 임금에게 선포하는 것입니다. 이는 선교 책임을 강조하는 말씀입니다. 우리가 성경 말씀을 순종한다면 마지막 선교의 명령까지도 순종하여야 합니다(행 1:18). 이것이 교회의 책무요 우리의 사명입니다.

성경 말씀에 순종하면 구원이요, 불순종하면 심판입니다. 그렇다면 사랑하는 부모님과 형제와 친구들이 마지막 날에 심판의 주님을 만나도록 하겠습니까? 아니면 구원의 하나님을 만나도록 하겠습니까? 영원한 이산가족으로 살겠습니까? 아니면 영원한 가족으로 살겠습니까? 구원의 하나님, 영원한 가족으로 살려면 복음을 전해야 합니다.

말세에 모든 답은 성경에 있습니다. 그러므로 우리는 말세에 하나님의 말씀을 읽고 묵상하고 말씀대로 살아야 합니다. 한 걸음 더 나아가 성경 말씀을 선포해야 합니다. 우리가 말씀을 선포하려면 복음을 들고 세상으로 나가야 합니다. 그런데 성경은 언제나 거부 상품입니다. 그래서 고난이 따릅니다. 그러나 고난이 있는 만큼 예수님의 생명이 우리의 죽을 육체에 나타납니다. 바울은 고린도후서 4장 11절에서 “우리 살아 있는 자가 항상 예수를 위하여 죽음에 넘겨짐은 예수의 생명이 또한 우리 죽을 육체에 나타나게 하려 함이라”(고후 4:11~12)라고 고백했습니다.

성경은 성도들의 삶의 표준입니다. 성경 말씀은 달지만 씁니다. 성경 말씀을 지킬 때 생명이 있습니다. 하나님은 복음에 계시된 그 비밀을 반드시 성취하십니다. 따라서 사도들과 선지자들에게 주신 복음 진리를 굳게 잡아야 합니다. 더 나아가 달고 쓴 복음을 세상에 나아가 외쳐야 합니다. 이것은 말세에 사는 교회의 책무요 성도들의 사명입니다.

생각하기

1. 구름을 입고 하늘에서 내려온 힘센 천사의 오른손에 작은 두루마리를 들고 있었습니다(계 10:1~4). 이 두루마리가 요한계시록 5장의 두루마리와 다른 점을 말해 보세요.
2. 천사는 모든 것을 창조하신 이를 가리켜 맹세하여 지체하지 않겠다고 하였습니다(계 10:5~7). 그의 종 선지자들에게 전하신 복음을 말해 보세요.
3. 사도 요한이 천사의 말에 따라 두루마리를 먹었을 때 입에는 꿀같이 달고 후에는 배에서 썼습니다(계 10:9~10). 이 말씀의 의미를 말해 보세요.
4. 천사가 사도 요한에게 많은 백성과 나라와 방언과 임금에게 다시 예언하라고 했습니다(계 10:11). 예언의 내용과 교회의 책무를 말해 보세요.

18 요한계시록 11:1~19

세세토록 왕노릇하실 주님

"일곱째 천사가 나팔을 불매 하늘에 큰 음성들이 나서 이르되 세상 나라가 우리 주와 그의 그리스도의 나라가 되어 그가 세세토록 왕노릇하시리로다 하니."(계 11:15)

요한계시록에 중심을 이루는 환상 중의 하나는 일곱 인과 일곱 나팔, 그리고 일곱 대접입니다. '인'은 하나님의 비밀이 하나씩 하나씩 펼쳐지는 것이며, '나팔'은 위험을 경고하는 것이고, '대접'은 남김없이 진노를 퍼붓는다는 뜻이 있습니다.

어린양 예수님께서 첫째 인을 떼니 흰 말이 나타났고(계 6:1~2), 둘째 인을 떼니 붉은 말이 보였고(계 6:3~4), 셋째 인을 떼니 검은 말이 등장했고(계 6:5~6), 넷째 인을 청황색 말이 등장했습니다(계 6:7~8). 다섯째 인을 떼니 성도들의 영혼이 보였고(계 6:9~11), 여섯째 인을 떼니 지진과 하늘의 징조들이 나타났고(계 6:12~17), 일곱째 인을 떼니 일곱 나팔 재앙이 시작되었습니다.

첫 번째 나팔 재앙은 피 섞인 우박 재앙(계 8:1~7), 두 번째 나팔 재앙은 바다의 피 재앙(계 8:8~9), 세 번째 나팔 재앙은 강물의 쑥 재앙(계 8:10~11), 네 번째 나팔 재앙은 어둠의 재앙(계 8:12), 다섯 번째 나팔 재앙은 황충 재앙(계 9:1~10), 여섯 번째 나팔 재앙은 마병대의 등장입니다(계 9:13~21).

본문은 일곱 번째 나팔 재앙이 일어나기 전에 일어난 사건과 일곱째 재앙인 나팔 재앙을 기록하고 있습니다. 요한계시록 11장 1~14절은 성전을 측량하라는 말씀과 두 증인, 요한계시록 11:15~19절은 일곱 번째 나팔 재앙입니다. 이 나팔은 예수님의 재림을 알리는 소리입니다. 이 나팔 소리는 믿는 자에게는 구원의 소리요, 믿지 않는 자에게는 심판의 소리입니다. 우리는 예수님의 재림과 재림 후의 영광을 바라보며 환난과 박해를 이기고 영광스러운 예수님의 재림을 맞을 수 있어야 합니다.

일어나 하나님의 성전을 측량하라

> "또 내게 지팡이 같은 갈대를 주며 말하기를 일어나서 하나님의 성전과 제단과 그 안에서 경배하는 자들을 측량하되 성전 바깥 마당은 측량하지 말고 그냥 두라 이것은 이방인에게 주었은즉 그들이 거룩한 성을 마흔두 달 동안 짓밟으리라."(계 11:1~2)

힘센 천사가 요한에게 지팡이와 같은 갈대를 주며 일어나 하나님의 성전과 제단, 그 안에서 경배하는 사람들을 측량하라고 했습니다. '측량하다'(measure, *μέτρησον*)는 재건과 보존한다는 뜻으로, 하나님의 보호와 소속이라는 뜻을 담고 있습니다.

힘센 천사는 첫째로 성전(*ναόν*)을 측량하라고 했습니다. 우리가 보통 성전이라고 하면 성전 마당과 성소와 지성소를 뜻합니다. 그런데 여기에서 성전은 성전 마당을 포함하지 않는 성소와 지성소를 뜻합니다. 성소에는 속죄 제물을 드리는 번제단, 회개를 상징하는 물두멍(놋대야), 무교병이 놓인 떡 상과 금 등대와 향단이 있습니다.

지성소에는 십계명이 새겨진 언약의 돌판과 싹이 난 아론의 지팡이, 만나를 담은 금 항아리가 들어 있는 법궤가 있습니다. 법궤 뚜껑은 순금판으로 되어 있는데, 이곳은 하나님과 사람이 만나는 은혜의 장소인 속죄소입니다(히 9:3~5). 지성소는 하나님이 거하시는 거룩한 장소입니다. 성소에 들어갈 수 있는 사람은 제사장이고, 지성소에 들어갈 수 있는 사람은 오직 대제사장 한 사람뿐입니다. 그것도 1년에 한 번 들어갈 수 있습니다.

신약 시대는 교회가 하나님이 거하시는 거룩한 성전입니다. 교회는 예수 그리스도의 피로 구원받은 하나님의 백성이 모인 거룩한 언약 공동체입니다. 그렇다면 성도는 성전에서 제사 드리는 제사장들입니다.

둘째로 제단을 측량하라고 했습니다. 제단은 하나님께 제사 드리는 단입니다. 제단은 희생 제물을 태워서 드리는 성전 마당의 번제단과 향을 태워 드리는 성소 중앙의 분향단이 있습니다. 여기에서 제단은 분향단으로 성도들이 드리는 기도를 가리킵니다(계 8:3, 9:13).

셋째로 성전 안에서 경배하는 사람들을 측량하라고 했습니다. 성전 안에서 경배하는 이들은 예수 그리스도를 믿어 구원받은 새 언약의 백성입니다(계 1:5, 5:10).

이를 측량하되 성전 바깥마당은 측량하지 말라고 했습니다. 하나님은 이사야 1장 12절에서 형식으로 예배를 드리는 사람을 일컬어 마당을 밟는다고 말씀하셨습니다. 하나님은 그런 그들에게 향해 화가 있으리라고 경고하셨습니다. 천사는 이방인들이 거룩한 성을 마흔두 달 동안 짓밟게 된다고 했습니다. 이방인은 하나님을 믿지 않는 모든 자를 일컫습니다.

우리는 '측량하라'는 말씀에서 내가 예수님을 믿지만, 하나님의 보호를 받을 수 있는가를 돌아봐야 합니다. 왕 같은 제사장다운 삶을 살고 있는지? 우리 몸(bodies)을 하나님이 기뻐하시는 거룩한 산 제물(living sacrifices)로 드리는 영적인 예배를 드리고 있는지? 아니면 형식으로 예배를 드리고 있지는 않은지? 그럴듯한 무늬만 있는 무늬 신자는 아닌지? 모양만 있는 허수아비 신자는 아닌지? 기도가 주문을 외우듯 중언

부언하는 만트라(mantra)는 아닌지? 자신의 신앙을 살펴봐야 합니다.

에스겔 47장을 보면 에스겔에게 환상을 보여 주던 사람이 줄자를 꺼내어 동으로 천 척(약 0.5km)을 재라고 한 후 그 물(water)을 건너라고 했습니다. 그 물은 에스겔의 발목까지 올랐습니다. 그는 다시 천 척을 재라고 하고 또 건너라고 했습니다. 이번에는 물이 무릎까지 올랐습니다. 다시 천 척을 재고 건너라고 하여 건너니 허리에 닿았습니다. 다시 천 척을 재라고 하면서 건너라고 하였습니다. 물이 불어 헤엄치지 않으면 건널 수 없는 거대한 바다와 같이 되었습니다.

여기에서 발목을 적시는 발목 신자가 있고, 무릎만 적시는 무릎 신자가 있고, 허리만 적시는 허리 신자가 있고, 심장과 머리까지 적시는 온몸 신자가 있다는 것을 알 수 있습니다. 필자는 '발목 신자'란 한 발은 세상에, 다른 한 발은 교회에 걸치고 있는 '양다리 신자', '무릎 신자'는 교회를 다니고 있지만, 세상을 기웃거리는 '기린 신자', '허리 신자'는 오래 동안 교회를 다니지만, 열매가 없는, 속칭 알을 낳지 못하는 묵은 닭과 같은 신자라고 표현하고 싶습니다.

반면에 심장과 머리까지 적시는 신자는 예수님의 십자가가 나의 십자가요, 예수님의 부활을 나의 부활로 믿는 신자를 뜻합니다. 이런 이는 기도를 하더라도 낙타 무릎이 되기까지 기도하고, 주님과 교회를 위해 헌신하되 온몸으로 헌신하고, 찬송하더라도 뜨거운 가슴으로 부르고, 한 영혼을 구원하고자 간절한 마음으로 전도하고, 주님께서 주시는 십자가를 즐거움으로 지고, 자기를 부인하며 주님의 말씀에 철저하게 순종합니다. 섬김과 나눔과 사랑과 헌신이 몸이 배어 있습니다.

우리가 십자가와 어린양 예수님 피의 은혜를 마음에 깊이 영접하고 감사할 때 하나님의 보호를 받고, 비록 예수님을 믿지 않는 자들로부터 박해와 조롱을 받을지라도 그것은 마흔두 달, 3년 반, 잠깐입니다. 하나님은 진실한 성도를 지켜 주시고 보호하여 주십니다. 그러므로 우리는 주님의 피로 사신 주님의 몸 된 교회를 사랑하고 영과 진리로 예배를 드리고 어려운 이웃을 따뜻한 마음으로 섬겨야 합니다.

예언하는 두 증인

> "내가 나의 두 증인에게 권세를 주리니 그들이 굵은 베옷을 입고 천이백육십 일을 예언하리라 그들이 이 땅의 주 앞에 서 있는 두 감람나무와 두 촛대(등대)니."(계 11:3~4)

주경 학자들은 '두 증인'을 여러 가지로 해석합니다. 어떤 사람은 에녹과 엘리야, 모세와 엘리야, 베드로와 바울이라고 합니다. 필자는 경건한 성도들, 복음의 증인들과 교회로 봅니다. 두 증인은 이 세상을 다스리시는 주님 앞에 서 있는 두 감람나무이며 두 등대입니다. '두 감람나무'는 기름 부음 받은 자들이고(슥 4:3,14), '두 등대'는 교회를 가리킵니다. '1,260일'은 3년 반으로 상징적인 숫자입니다.

감람나무와 등대는 긴밀한 관계가 있습니다. 감람나무는 수령이 2천 년 이상 넘기도 합니다. 감람나무 기름으로 등대가 빛을 발합니다. 등대의 목적은 빛을 발하는 데 있습니다. 그렇다면 교회와 성도의 사명이 무엇입니까? 두말할 것 없이 빛을 발하는 것입니다. 빛을 발하는 것은 성도의 사명이요 교회의 책무입니다. 예수님께서 제자들에게 말씀하셨습니다.

> "너희는 세상의 빛이라 산 위에 있는 동네가 숨겨지지 못할 것이요."(마 5:14)

예수님은 '너희는 세상의 빛이다'라고 하셨습니다. 빛은 어둠을 밝힙니다. 빛은 생명을 있게 하고 자라게 합니다. 빛은 사실을 사실대로 보여줍니다. 빛은 어둠을 어둡게, 흰 것을 희게 보이게 합니다. 빛은 금은보화를 금은보화로, 쓰레기는 쓰레기로 나타나게 합니다. 빛은 어두운 사람의 얼굴은 어둡게 보이게 하고, 밝은 얼굴은 밝게 보이게 합니다.

우리는 세상을 비추는 빛입니다. 그렇다면 우리는 자문자답을 해 봐야 합니다. 나는 세상을 비추는 빛과 같은 삶을 살고 있는가? 세상에서 자기 자신을 크리스천, 성도라고 분명하게 밝힐 수 있는 크리스천 정체성이 있는가?

필자가 10여 전에 미국 시애틀에서 목사 임직식을 마치고 귀국할 때 일입니다. 이여호수아 선교사님이 스타박스 1호점에서 선물로 사준 컵 두 개를 가방에 넣었는데 그것이 X-ray에 이상한 물건으로 찍혔던 모양입니다. 9.11 사태[22]로 출국 심사 과정이 까다롭던 때였는데 심사관이 가방을 열라고 하여 열면서 'I am pastor'라고 하니, 그는 'Oh, I am born again christian'이라고 하며 통과하라고 하는 말을 들었습니다. 우리는 이처럼 분명하게 거듭난 성도라고 말할 수 있는가?

진리의 빛, 생명의 빛, 사랑의 빛을 밝히기를 부끄러워하지는 않는가? 빛보다 어둠을 더 좋아하고, 예수님보다 세상을 더 사랑하지는 않는가? 이제 우리는 세상의 빛으로서, 가정과 이웃과 직장과 대학과 사회에 적극적으로 예수님의 생명과 희망의 빛을 비춰야 합니다. 우리가 빛을 비춰서 의는 의로 드러나고, 부정은 부정으로 드러나고, 선은 선으로 드러나고, 악은 악으로 드러나도록 해야 합니다.

---

22 2001년 9월 11일 이슬람 국제 테러 조직 Al-Qaeda가 민간 항공기 4대를 납치하여 뉴욕시의 세계무역 센터(WTC) 쌍둥이 건물에 충돌 붕괴시키고 워싱턴의 국방부 청사 일부를 폭파시켜 수천 명의 인명을 희생시킨 사건.

천사는 그들에게 굵은 베옷을 입고 1,260일 동안 예언하라고 했습니다. 예언은 성경 말씀을 대언하는 것입니다(계 1:3, 22:7,10,18). 하나님은 교회와 복음의 증인들에게 하나님의 말씀을 대언하도록 성령의 기름을 부어 주셨습니다. 그러므로 말세의 때 교회와 성도들의 사명은 믿지 않는 자들에게 복음을 전하여 하나님의 백성이 되도록 하는 것입니다.

예수님의 공생애 첫 메시지는 "회개하고 복음을 믿으라"(막 1:15)입니다. 예수님이 제자들에게 마지막으로 부탁하신 명령은 땅끝까지 복음을 증언하라는 것입니다(마 28:18~20; 막 16:15; 눅 24:47~48; 요 20:21; 행 1:8).

하나님께서 이를 위해 두 증인에게 불을 주셨습니다(계 11:5). 그러자 두 증인의 입에서 예언의 말씀이 불같이 나왔습니다(렘 5:14). 원수들이 해하려고 하면 불이 그들을 삼켰습니다. 누구든지 그들을 해하고자 하면 죽임을 당하였습니다. 두 증인은 권능으로 하늘을 닫아 버렸습니다. 예언하는 동안 비가 오지 않았습니다. 또 권능을 가지고 물을 피로 변하게 했습니다. 아무 때든지 원하는 대로 땅에 여러 재앙을 내렸습니다(계 11:6).

이런 모습은 모세가 바로에게 행한 재앙들이 연상됩니다. 모세가 완고한 바로 왕에게 "내 백성을 보내라. 그들이 광야에서 나를 섬길 것이니라"라는 하나님의 말씀을 선포했습니다. 바로는 완고하여 하나님의 백성을 보내지 않았습니다. 하나님은 이런 그에게 열 가지 재앙으로 심판하셨습니다.

두 증인이 증언을 마치자 무저갱으로부터 짐승(beast, *θηρίον*)이 올라왔습니다(계 11:7~9). 이 짐승은 하나님과 교회를 대적하는 원수, 적그리스도입니다. 두 증인은 적그리스도와 싸우다가 그 이름대로 순교했습니다. '증인'은 법정에서 사실대로 증언한다는 뜻이 있고, 헬라어로 순교자(*μάρτυς*)란 뜻이 있습니다. 순교한 두 증인의 시체가 큰 성 길에 놓였습니다. 두 증인이 순교한 곳의 이름은 소돔과 애굽이라고 불렸습니다(계 11:8). 소돔(Sodom)은 음란을 상징하고 애굽(Egypt)은 우상을 상징합니다.

두 증인이 하나님과 교회를 적대하는 적그리스도의 공격을 받아 순교하자 세상은 두 증인을 사흘 반 동안 장사를 지내지 못하게 했습니다. 그들은 춤을 추며 기뻐하고 서로 예물을 보내며 승리의 축제를 벌였습니다(계 11:10). 그러나 두 증인이 어떻게 되었습니까?

> "삼 일 반 후에 하나님께로부터 생기가 그들 속에 들어가매 그들이 발로 일어서니 구경하는 자들이 크게 두려워하더라."
> (계 11:11)

두 증인이 3일 반 후에 부활했습니다. 그러자 구경하는 자들이 크게 두려워했습니다. 그뿐만 아니라 두 증인은 영광스러운 모습으로 구름 타고 하늘로 올라갔습니다(계 11:12). 그런 후에 큰 지진이 나서 성의 1/10이 무너지고, 지진에 죽은 사람들이 칠천이나 되었습니다(계 11:13). 그 남은 자들은 두려워하여 영광을 하늘의 하나님께 돌렸습니다.

겉으로 보면 적그리스도가 승리하고 교회와 예수님을 믿는 사람들이 실패하는 것처럼 보입니다. 그러나 교회와 믿는 이들은 반드시 승리합니다. 그러기에 우리는 소돔과 고모라 같은 세상을 향해 믿음으로 담대하게 복음을 선포해야 합니다.

일곱 나팔을 불매

둘째 화가 지나가고 셋째 화가 속히 이르게 됩니다. 드디어 일곱 번째 나팔 재앙이 선포되었습니다. 일곱 번째 천사가 나팔을 불자 하늘에서 큰 음성이 났습니다.

> "일곱째 천사가 나팔을 불매 하늘에 큰 음성들이 나서 이르되 세상 나라가 우리 주와 그의 그리스도의 나라가 되어 그가 세세토록 왕노릇하시리로다 하니 하나님 앞에서 자기 보좌에 앉아 있던 이십사 장로가 엎드려 얼굴을 땅에 대고 하나님께 경배하여 이르되 감사하옵나니 옛적에도 계셨고 지금도 계신 주 하나님 곧 전능하신 이여 친히 큰 권능을 잡으시고 왕노릇하시도다."(계 11:15~17)

마지막 나팔은 하나님과 상관이 없는 사람들에게는 두려움과 통곡의 나팔 소리입니다(마 24:31). 반면에 성도들에게는 승리와 영광의 나팔 소리입니다.

그동안 세상은 온갖 죄와 사망과 악이 지배했습니다. 이제 마지막 나팔이 울리는 순간, 예수님께서 모든 악을 심판하시고 큰 권능으로 영원히 왕노릇하십니다. 여호와께서 천하의 왕이 되시고, 그날에는 여호와께서 홀로 한 분이시고, 그의 이름은 홀로 하나이십니다(슥 14:9).

하나님께서는 그날에 원수들을 멸하시고, 하나님을 의지하는 모든 시대의 모든 믿는 자들에게 상을 주십니다. 예수 믿는 소자 한 사람에게 냉수 한 그릇을 떠 준 사람도 그날에는 상을 잃지 않습니다(마 10:42). 작은 자나 큰 자나 다 상을 주십니다. 일선에서 열심히 사역한 사역자들이나 남몰래 기도하며 수고하는 성도들이나 빠짐없이 상을 주십니다. 이 땅에서 상을 받지 못한 사람들, 보이지 않는 곳에서 이름도 없이 빛도 없이 사랑의 수고를 아끼지 않고 기도하며 한 영혼을 돌보는 무명의 성도에게도 상을 주십니다. 가난한 자나 부한 자나, 남녀노소를 막론하고 하나님을 경외하는 모든 사람에게 상을 주십니다. 아무도 이 상을 뺏지 못합니다. 이날은 모든 눈물과 슬픔과 고통이 사라집니다.

장로들의 기도를 들으신 하나님은 어떻게 응답하셨습니까?

> "이에 하늘에 있는 하나님의 성전이 열리니 성전 안에 하나님의 언약궤가 보이며 또 번개와 음성들과 우레와 지진과 큰 우박이 있더라."(계 11:19)

하늘에 있는 하나님의 성전이 열렸습니다. 그러자 성전 안에 하나님의 언약궤가 보였습니다. 여기에서 하나님의 성전은 교회입니다(엡 2:22). '언약궤'(ark of the covenant)는 새 언약이 담겨 있는 궤입니다.

'옛 언약'(Old Covenant)이 율법을 행함으로 구원을 받는 언약이라면, '새 언약'(New Covenant)은 예수 그리스도를 믿음으로 구원받는 언약입니다. 예수 그리스도를 믿음으로 구원받은 성도는 언제나 하나님의 전에 나아갈 수 있습니다(히 9:11~12, 10:19~22).

또 하늘의 성전에는 번개와 음성들과 우레와 지진과 우박이 있었습니다. 이는 하나님의 엄위와 임재를 뜻합니다.

우리는 때로 세상의 화려함을 볼 때 교회와 믿는 우리 자신이 초라하게 느껴질 때가 있습니다. 때로는 세상과 비교하며 우울해질 때가 있습니다. 그러나 교회와 성도는 세상을 향해 위대한 승리를 선포한 후에 원수들 앞에서 당당하게 하나님의 영원한 집을 향해 올라갑니다. 우리는 눈을 들어 이런 영광스러운 모습을 볼 수 있어야 합니다.

이런 예화가 있습니다. 아프리카에 열심히 선교하던 선교사 한 명이 있었습니다. 그는 선교지에서 부인과 자식을 잃고 심한 좌절에 빠진 상태로 미국으로 돌아옵니다. 공교롭게도 그 배 안에는 아프리카를 순방을 마치고 돌아오는 미국 대통령이 타고 있었습니다. 배가 샌프란시스코 항만 접안 시설에 댔습니다. 그러자 대통령을 환영하기 위한 수많은 인파가 몰려들어 열광적으로 대통령을 맞이했습니다. 바닥에는 붉은 카펫이 깔리고 군악대의 나팔 소리가 쏟아져 내리는 오색찬란한 종이꽃가루 사이를 뚫고 울려 퍼졌습니다.

대통령이 빠져나간 후에 그 선교사가 의기소침한 모습으로 혼자 쓸쓸히 배에서 내려올 때 군악대의 소리도 멈췄고 붉은 카펫도 거두어져 있었습니다. 그는 눈물을 흘리며 이렇게 말했습니다. "주님 내가 주님을 위해 내 모든 생을 바쳐 사역했습니다. 그 결과가 이것입니까?" 눈물을 머금고 부둣가를 빠져나가는 이 선교사 앞에 주님은 저녁노을의 모습을 빌어 영광스럽게 나타나셔서 이렇게 말씀하셨습니다. "아들아, 너는 아직 고향에 돌아오지 않았다. 네가 고향에 돌아오는 날 군악대 팡파르 소리와는 비교도 되지 않는 천군 천사의 나팔 소리와 함께 내가 친히 너를 마중 나가마!" 이것이 크리스천의 영광입니다.

하나님은 기도하고 경건하게 예배드리는 성도들을 보호하십니다. 교회와 경건한 성도들이 반드시 승리합니다. 예수님은 반드시 승리와 심판주로 오십니다. 이날은 성도들에게 기쁨과 승리와 영광의 날입니다. 하나님은 예수님을 위해 드린 우리의 삶을 다 아십니다. 우리의 헌신을 받으시고 기뻐하시며 상을 주시며 맞으십니다. 우리는 예수님의 재림의 때 하나님 나라에 영광스럽게 입성할 소망을 바라며 끝까지 믿음의 인내로 살 수 있어야 합니다.

생각하기

1. 하나님은 요한에게 하나님의 성전과 제단과 예배자들을 측량하라고 하셨습니다(계 11:1~2). 그 뜻을 말해 보세요.
2. 하나님은 두 증인, 두 감람나무와 두 등대는 굵은 베옷을 입고 1,260일 동안 예언하라고 했습니다(계 11:3~4). 두 증인은 누구이며 감람나무와 등대의 관계를 말해 보세요.
3. 하나님은 순교한 두 증인을 영광스럽게 하셨습니다(계 11:5~14). 그들의 영광을 말해 보세요.
4. 일곱째 천사가 나팔을 불자 주와 그리스도의 나라가 세세토록 왕노릇하리라는 음성이 들려왔습니다(계 11:15~18). 그들이 찬양하는 하나님에 대해 말해 보세요.
5. 하늘에 있는 하나님의 성전이 열렸을 때 언약궤가 보였습니다(계 11:19). 하나님의 언약궤가 보인 것이 무엇을 의미하는지 말해 보세요.

Ⅵ. 예언의 계시에 관한 설명 (계 12:1~14:20)

어린양의 피와 증언하는 말씀으로 이기었다(계 12:1~17)

성도들의 인내와 믿음(계 13:1~18)

시온산에 어린양과 함께 서 있는 14만 4천 명(계 14:1~20)

19 요한계시록 12:1~17

어린양의 피와 증언하는 말씀으로 이기었다

"또 우리 형제들이 어린양의 피와 자기들이 증언하는 말씀으로써 그를 이겼으니 그들은 죽기까지 자기들의 생명을 아끼지 아니하였도다."(계 12:11)

마지막 나팔이 울려 퍼지고 예수님이 재림하시면 세상 나라는 주님의 나라가 되고 예수님께서 세세토록 왕노릇하십니다. 마지막 나팔은 예수님이 그리스도이심을 선포하며 믿지 않는 자들에게는 멸망의 소식입니다. 그러나 믿는 자들에게는 새 하늘과 새 땅이 열리는 희망의 소식입니다(계 11:15~19).

요한계시록 12~14장은 일곱 대접 재앙이 있기 전(계 15~16장)에 교회와 성도들이 받을 고난(계 12~13장)과 그 후 하나님의 공의의 심판이 나옵니다(계 14장).

본문에는 여자와 붉은 용이 대조되어 나옵니다. 여자의 모습은 영광스럽고 아름다웠습니다. 반면에 붉은 용은 머리가 일곱이고, 뿔은 열이며 그 일곱 머리에는 일곱 왕관이 있었습니다. 붉은 용은 사탄을 상징하고 여자는 교회를 뜻합니다. 붉은 용은 끊임없이 지상에 있는 교회를 박해합니다. 그러나 교회는 반드시 승리합니다. 교회가 어떻게 붉은 용의 궤계를 이길 수 있습니까? 오직 어린양 예수님의 피와 십자가 복음의 증언입니다. 우리가 십자가의 피와 말씀을 의지하고 복음을 증언할 때 끊임없이 공격하는 사탄을 이길 수 있습니다.

한 여자와 큰 붉은 용

"하늘에 큰 이적이 보이니 해를 옷 입은 한 여자가 있는데 그 발아래에는 달이 있고 그 머리에는 열두 별의 관을 썼더라." (계 12:1)

사도 요한이 하늘의 큰 이적을 보았습니다. 그것은 한 여자의 모습이었습니다. 그 여자의 모습은 빛나는 태양의 옷을 입은 듯했습니다. 이는 여자의 모습이 얼마나 영광스럽고 아름다운가를 보여 줍니다. 그 발아래에는 고요한 빛을 내는 달이 있었습니다. 이것은 어두운 밤에도 이 여자의 가치는 변함이 없다는 뜻입니다. 머리에는 열두 별의 관을 쓰고 있었습니다. 이 관은 승리와 영광의 관(στέφανος)이었습니다.

주경 학자들은 여자에 대해 마리아, 유대교로 보기도 하지만 필자는 교회로 봅니다. 교회는 승리의 영광과 아름다움이 있습니다. 교회는 유형에 따라 크게 셋으로 구분합니다. 우주교회(universal church)와 지역교회(local church), 구약교회와 신약교회, 그리고 승리한 교회와 전투하는 교회입니다. 우주교회는 과거와 현재와 미래의 모든 교회 성도를 포함합니다. 우주교회는 주님이 재림하시는 날에 주님 앞에 모두 모이게 됩니다. 지역교회는 지금 성도들이 출석하는 교회를 말합니다. 지역교회는 언제나 불완전합니다. 그러나 지역교회는 우주교회를 이루기 위해 하나님이 쓰시는 중요한 기관입니다.

구약교회는 예수 그리스도께서 오시기 전에 예수님을 기다리고 사모하던 하나님의 언약 공동체를 말하고, 신약교회는 구약의 예언대로 우리 죄를 위해 십자가에 죽고 부활하신 예수님을 그리스도로 고백하고, 부활하시고 승천하신 예수 그리스도께서 장차 영광스러운 부활의 몸으로 다시 오실 날을 사모하며 모인 하나님의 언약 공동체입니다. 구약교회가 주로 이스라엘 민족이라면 신약교회는 모든 족속, 모든 나라에서 예수님을 믿고 부름을 받은 모든 성도입니다.

승리한 교회는 이 땅에서 신앙생활을 마치고 주님 앞에 부름을 받은 성도들을 말합니다. 전투하는 교회는 지상에 남아서 사탄의 공격을 받으며 그리스도의 복음을 전하면서 하나님의 뜻을 이루기 위해 선한 싸움을 하는 교회입니다. 승리한 교회가 천상 교회라면, 전투하는 교회는 지상교회입니다.

이 여자가 아이를 배어 해산하게 되매 아파서 부르짖었습니다(계 12:2). 여기에서도 여자는 교회를 말하고, 아이는 여자의 후손(창 3:15), 예수 그리스도를 가리킵니다(계 12:5). 그렇다고 교회가 예수 그리스도를 낳았다는 뜻이 아닙니다. 이는 구약교회가 간절히 소망하고 기다렸던 메시아가 드디어 육의 몸으로 이 땅에 오셨다는 뜻입니다. 이로써 신약교회가 열렸고, 신약교회는 다시 오실 예수님을 사모하고 소망하게 됩니다.

그런데 하나님이 보여 주시는 환상은 영광스럽고 아름다운 교회의 환상만이 아니었습니다. 천사는 다른 이적을 보여 주었습니다. 이 이적은 강력한 교회를 대적하는 사탄이었습니다. 그래서 성경은 '보라'(behold, KJV)고 외쳤습니다.

> "하늘에 또 다른 이적이 보이니 보라 한 큰 붉은 용이 있어 머리가 일곱이요 뿔이 열이라 그 여러 머리에 일곱 왕관이 있는데 그 꼬리가 하늘의 별 삼분의 일을 끌어다가 땅에 던지더라 용이 해산하려는 여자 앞에서 그가 해산하면 그 아이를 삼키고자 하니."(계 12:3~4)

천사가 보여 준 다른 이적은 큰 붉은 용의 모습이었습니다. '붉다'는 것은 지옥과 피의 상징으로 살인을 뜻합니다. 머리가 일곱이고, 뿔은 열이고, 그 일곱 머리에는 일곱 왕관이 있었습니다. 여기에서 '머리'는 지혜를 의미하고, '뿔'은 힘을 뜻합니다. '일곱'은 완전수를 말하고, '열'은 많다는 뜻입니다.

머리가 일곱이라는 것은 지혜가 거의 완전하고, 뿔이 열이라는 것은 능력이 대단하다는 뜻입니다. 여기에서 머리의 왕관은 승리의 면류관이 아니라 권력의 관(*διαδήματα*)입니다. 사탄은 나름대로 왕권을 가지고 있습니다. 그 힘이 얼마나 큰지 꼬리만 움직여도 1/3의 하늘의 별을 끌어다가 땅에 던질 수 있었습니다. 여기서 '용'은 옛 뱀, 마귀라고도 하고, 사탄이라고도 하는 온 천하를 꾀는 자입니다(계 12:9). 붉은 큰 용이 여자가 해산하면 해산한 아기를 삼키려고 그 여자 앞에서 지켜보고 있었습니다.

창세기 3장에서 인류의 조상 아담을 타락시킨 사탄은 그리스도가 오시기 전까지 땅에서 왕노릇하였습니다. 그런데 하나님의 아들 예수 그리스도께서 이 땅에 오시면 그의 통치는 사라지게 됩니다. 그래서 사탄은 예수 그리스도가 태어나기만 하면 삼켜 버리려고 만반의 준비를 하였습니다.

그리스도의 탄생 소식을 들은 유대 왕 헤롯은 예수님을 죽이기 위해 베들레헴 지경에 있는 두 살 아래의 아이들을 모두 죽이도록 명령했습니다(마 2:16). 그뿐만 아니라 사탄은 예수님이 광야에서 예수님을 40일 동안 여러 모양으로 시험하여 죽이려고 하였습니다. 사탄은 베드로를 이용하여 십자가의 길을 가지 못하도록 미혹했습니다(마 16:23). 예수님은 가룟 유다의 배반과 가식적인 종교지도자와 자기 유익을 따라

여기에 붙고 저기에 붙는 무지한 백성, 진리를 따르지 않고 세상 권세와 영광을 좇아 사는 로마 총독 빌라도에 의해 십자가에 못 박혀 죽으셨습니다. 이제 예수님의 죽으심으로 사탄이 승리하여 사망이 영원히 왕노릇하게 된 것 같습니다. 그러나 십자가에 죽으신 예수 그리스도는 어떻게 되셨습니까? 붉은 큰 용은 아기를 삼키려고 했지만 삼킬 수 없었습니다. 왜 그렇습니까?

> "여자가 아들을 낳으니 이는 장차 철장으로 만국을 다스릴 남자라 그 아이를 하나님 앞과 그 보좌 앞으로 올려가더라."(계 12:5)

예수님은 철장으로 만국을 다스리기 때문입니다. '철장(iron scepter)으로 만국을 다스린다'는 것은 모든 피조물을 통치하실 왕권을 가진 분이라는 뜻입니다(시 2:7~9, 사 9;6). 예수님은 하나님의 능력으로 죽은 자 가운데 사흘 만에 부활하셨습니다(롬 1:3~4; 고전 15:3~4). 예수님은 부활하셔서 인류의 최대 원수인 사망 권세를 이기고 만주의 주가 되셨습니다. 예수님은 부활하시고 승천하셔서 하나님의 보좌 우편에 계셔서 영원히 왕노릇하십니다.

그와 동시에 하나님은 여자인 교회를 1,260일, 3년 반 동안 하나님의 양육을 받기 위해 하나님이 예비하신 광야로 피신하게 하셨습니다(계 12:6). 광야로 피신한 교회는 신약 시대의 교회를 말합니다. 신약 시대 교회는 광야 한복판에 있습니다. 이것은 현재 우리가 사는 현장이요 현재 교회의 모습입니다.

우리는 광야에서 많은 환란과 박해를 경험합니다. 때로는 건강으로, 때로는 장래 염려로, 때로는 절망과 불신으로, 때로는 의심으로, 때로는 절망으로, 팬데믹(감염병)으로, 목마름과 굶주림과 헐벗음으로 어려움을 경험합니다. 지상에 있는 교회는 광야 한복판에 있으므로 사탄의 공격을 받습니다. 아무리 완벽한 교회라 할지라도, 경건한 그리스도인이라 할지라도, 예수님의 보혈로 구속받았다 할지라도, 오히려 경건한 삶을 살고자 하면 할수록 더욱더 환란과 박해를 경험합니다.

그러나 광야는 하나님이 예비하신 곳입니다. 그러기에 환란과 박해와 고난 중에도 하나님의 보호를 받습니다. 하나님의 보호를 받으므로 교회는 궁극으로 승리합니다. 교회의 승리는 그리스도의 승리요, 또한 하나님 백성의 승리요, 나의 승리입니다. 그러므로 예수님의 피로 구원받은 우리는 어떤 어려움이 있을지라도 낙심하거나 염려하지 말고 끝까지 믿음으로 살아야 합니다. 하나님이 예비하신 광야 교회가 가장 안전합니다.

피와 증거

"하늘에 전쟁이 있으니 미가엘과 그의 사자들이 용과 더불어 싸울새 용과 그의 사자들도 싸우나 이기지 못하여 다시 하늘에서 그들이 있을 곳을 얻지 못한지라 큰 용이 내쫓기니 옛 뱀 곧 마귀라고도 하고 사탄이라고도 하며 온 천하를 꾀는 자라." (계 12:7~9상)

미가엘(Michael)은 천사장입니다. 천사는 하나님의 뜻을 전달하는 전령, 메신저입니다. 하늘에서 천사장 미가엘이 용과 전쟁이 벌어졌습니다. 이 전쟁은 대 환난입니다(단 12:1). 큰 용은 다른 이름으로 옛 뱀입니다(창 3:1). 또한, 큰 용은 마귀와 사탄으로 나타납니다.

마귀는 하나님과 성도와의 사이를 갈라놓습니다. 마귀는 형제와 형제 사이를 갈라놓습니다. 마귀는 남편과 아내 사이를 갈라놓습니다. 마귀는 부모와 자녀 사이를 갈라놓습니다. 마귀는 목사와 성도 사이를 갈라놓고 성도와 성도 사이를 갈라놓고 교회를 갈라놓습니다.

마귀의 주된 무기는 거짓 확신과 불신과 의심입니다(창 3:1). 마귀는 의심을 심어 하나님과 관계를 이간질합니다. 마귀는 불신과 의심을 심어 인간 상호 간에 관계를 단절시킵니다. 마귀는 불신과 의심으로 가정을 분열시키고, 교회를 분열시키고, 사회를 분열시키고 공동체를 파괴합니다. 마귀는 지금도 각종 불신과 의심을 심어 마음을 갈라놓아 두 마음을 품도록 합니다. 가정과 교회, 사회에 불신과 의심을 심어 서로 갈라놓습니다. 우리의 전쟁은 마귀와 싸움이요 불신과 의심과 싸움입니다.

이솝 우화 중에 네 마리의 황소에 관한 이야기가 있습니다. 어느 들판에 네 마리의 황소가 한가롭게 뛰놀고 있었습니다. 황소는 풀을 뜯을 때나 잠을 잘 때도 늘 함께할 정도로 사이가 좋았습니다. 위험이 닥치면 서로 힘을 합쳐 위기를 극복했습니다. 사자 한 마리가 황소들을 호시탐탐 노렸으나 네 마리를 한꺼번에 상대하기에는 힘이 부쳤습니다. 아무리 해도 그들을 서로 떼어 놓을 수 없었습니다. 그러다가 어느 날 사자는 뒤쳐져 풀을 뜯는 황소에게 다가가 귓속말로 속삭였습니다. "다른 소들이 네 흉을 보더라." 사자는 다른 소들에게도 차례로 거짓말을 했습니다. 그때부터 네 마리의 황소는 서로를 불신하기 시작했습니다. 그들은 사자의 꾐에 빠져 서로 불신하여 뿔뿔이 흩어졌고 사자는 한 마리 한 마리 황소를 공격하여 모두 잡아먹었습니다.

마귀라는 표현에서 사탄이라는 명칭이 나옵니다. 사탄(satan)은 반대자, 적대자란 뜻으로, 자기 지위를 지키지 아니하고 처소를 떠난 천사입니다(벧후 2:4; 유 6). 사탄은 하나님을 대적하고, 하나님의 백성을 대적하고, 신앙을 갖는 것을 반대하고, 주님께 충성하고 헌신하는 것을 적대하고, 전도하는 것을 적대합니다. 그러나 마귀의 결국이 어떠하였습니까?

> "그가 땅으로 내쫓기니 그의 사자들도 그와 함께 내쫓기니라." (계 12:9하)

마귀가 하늘의 전쟁에서 패하고 땅으로 쫓겨났습니다. 하늘에서 쫓겨난 마귀의 패잔병이 땅에 내려와 예수님을 믿는 성도들에게 두려움과 불신을 심어 참소합니다.

> "내가 또 들으니 하늘에 큰 음성이 있어 이르되 이제 우리 하나님의 구원과 능력과 나라와 또 그의 그리스도의 권세가 나타났으니 우리 형제들을 참소하던 자 곧 우리 하나님 앞에서 밤낮 참소하던 자가 쫓겨났고."(계 12:10)

마귀는 참소하는 자입니다. '참소'(slander)는 악한 말로 남을 헐뜯고 거짓말로 중상모략 비방한다는 뜻입니다. 우리가 연약하여 말씀대로 살지 못할 때, 신앙생활을 제대로 하지 못할 때, 제대로 기도 생활을 하지 못할 때, 마귀가 조용히 찾아와 속삭입니다. "얘야, 너 예수 믿는 것 맞아?", "너 그렇게 생활하면서도 하나님 자녀라고 할 수 있어?" 이때 우리는 자신도 모르게 사탄의 속삭임에 영향을 받습니다. "맞아, 나는 하나님의 자녀가 아니야. 내가 이런 짓을 하고 이 모양으로 신앙생활하고 있으니, 신앙이고 뭐고 다 그만두자!" 마귀는 이런 식으로 우리를 중상모략하고 헐뜯고 이간질하고 관계를 파괴하여 신앙생활에서 점점 멀어지게 합니다. 우리는 어떻게 마귀의 참소와 미혹과 유혹을 이길 수 있습니까?

첫째, 예수님의 피로 이길 수 있다.

"또 우리 형제들이 어린양의 피와"(계 12:11상)

성도는 마귀와 싸울 때, 승리의 병기는 두 가지입니다. 이 병기를 모르면 성도는 계속 마귀에게 패배하게 됩니다. 중요한 승리의 비밀은 첫째가 어린양 예수님 피입니다. 왜 어린양의 피가 사탄과 싸움에서 승리의 병기가 됩니까? 이는 이스라엘 백성이 출애굽한 사건에서 찾을 수 있습니다. 이스라엘 백성은 하나님의 약속을 믿고 어린양을 잡아 그 피를 문설주에 발랐습니다. 그러자 죽음의 재앙이 넘어갔습니다. 이스라엘 백성은 마침내 어린양의 피로 바로의 압제에서 해방되었습니다. 어린양의 피는 예수 그리스도의 십자가 보혈의 모형입니다. 세례 요한은 예수님을 보고 "보라 세상 죄를 지고 가는 어린양이로다"(요 1:29)라고 외쳤습니다.

예수님은 하나님의 어린양으로, 우리 죄를 위해 십자가에서 죽으셨습니다. 예수님께서 십자가에 죽으실 때 흘리신 피는 대속의 피입니다. 예수님의 피는 우리의 모든 죄를 정결하게 하는 능력이 있습니다. 예수님은 십자가에 죽고 사흘 만에 부활하심으로 사탄 마귀가 지배하던 사망 권세의 머리통을 깨고 승리하셨습니다. 예수 그리스도의 피는 우리를 죄에서 깨끗하게 하십니다. 우리가 우리 죄를 자백하면 모든 불의에서 깨끗하게 하십니다(요일 1:7). 우리가 회개하면 우리의 붉은 죄가 양털처럼, 흰 눈처럼 깨끗하고 정결하게 됩니다(사 1:18). 그러므로 누구도 나를 정죄할 수 없습니다(롬 8:1~2).

"그러므로 이제 그리스도 예수 안에 있는 자에게는 결코 정죄함이 없나니 이는 그리스도 예수 안에 있는 생명의 성령의 법

> 이 죄와 사망의 법에서 너를 해방하였음이라."(롬 8:1~2)

그뿐만 아니라 예수님은 지금도 우리를 위해 중보 기도하십니다. 우리는 연약하여 쉽게 넘어집니다. 그런데도 끝까지 믿음의 경주에서 탈락하지 않는 것은 예수님께서 하나님 보좌 우편에서 우리를 위해 중보 기도해 주시기 때문입니다. 그러므로 예수 그리스도 십자가의 피를 믿고 의지할 때 의심과 불신을 심는 사탄 마귀를 이길 수 있습니다. 누구도 우리를 하나님의 사랑에서 끊을 수 없습니다.

> "누가 정죄하리요 죽으실 뿐 아니라 다시 살아나신 이는 그리스도 예수시니 그는 하나님 우편에 계신 자요 우리를 위하여 간구하시는 자시니라 누가 우리를 그리스도의 사랑에서 끊으리요 환난이나 곤고나 박해나 기근이나 적신이나 위험이나 칼이랴 … 그러나 이 모든 일에 우리를 사랑하시는 이로 말미암아 우리가 넉넉히 이기느니라 … 우리를 우리 주 그리스도 예수 안에 있는 하나님의 사랑에서 끊을 수 없으리라."(롬 8:34~39)

둘째, 말씀의 증언으로 이길 수 있다.

> "자기들이 증언하는 말씀으로써 그를 이겼으니 그들은 죽기까지 자기들의 생명을 아끼지 아니하였도다."(계 12:11하)

증언하는 말씀으로 이길 수 있습니다. 말씀을 증언하면 사탄의 지배 아래 있던 사람이 구원받습니다. 죄인이 구원받으면 사탄의 영역이 좁아집니다. 반면에 하나님의 통치 영역이 넓어지고, 하나님의 나라가 확장되고, 하나님의 승리가 선포됩니다.

이를 안 믿음의 선배들은 생명을 아끼지 않고 말씀을 증언했습니다. 세상에 목숨이 아깝지 않은 사람은 한 명도 없습니다. 그러나 그들은 말씀이 한 영혼을 구원하고, 사탄을 패배시킨다는 것을 알았으므로 목숨을 걸고 말씀을 증언했습니다. 말씀을 증언하는 사람 또한 삶이 달라집니다. 이 비밀을 알게 되면 목숨을 걸고 말씀을 전하게 됩니다.

큰 독수리 날개를 받은 교회

영적 전쟁의 근원과 승리의 비밀을 밝힌 후, 이제 마지막 전쟁이 왔음을 선포합니다. 이 시기는 사탄이 최후 발악의 시기입니다.

> "용이 자기가 땅으로 내쫓긴 것을 보고 남자를 낳은 여자를 박해하는지라."(계 12:13)

십자가의 피를 증언하지 않는 교회나 성도는 마귀의 공격도 없고, 공격을 받을 리도 없습니다. 반면에 교회가 십자가와 부활의 복음을 증언하면 할수록 마귀는 자기 활동 영역이 좁아지므로 십자가의 보혈을 증언하지 못하도록 집요하게 공격합니다. 깨어 있는 교회, 깨어 있는 성도일수록 사탄의 공격과 박해는 더 강렬합니다. 그러나 우리가 마귀의 공격을 받을 때 조금도 두려워할 필요가 없습니다. 왜 그렇습니까?

> "그 여자가 큰 독수리의 두 날개를 받아 광야 자기 곳으로 날아가 거기서 그 뱀의 낯을 피하여 한 때와 두 때와 반 때를 양육 받으매."(계 12:14)

이는 큰 독수리가 두 날개로 교회를 받아 광야에 있는 자기 곳으로 날아가 뱀을 피해 한 때와 반 때 동안에 양육을 받기 때문입니다. 독수리 날개는 구원의 능력을 상징합니다(출 19:4; 신 32:10~12; 사 40:31). '한 때'(a time), '두 때'(times), '반 때'(half a time)는 3년 반을 말합니다. 3년 반은 환난 후의 3년 반을 말합니다. 하나님은 마귀의 맹렬한 공격과 핍박에도 교회를 지켜 주십니다(계 12:15~16).

요즘 사탄은 교회를 향해 쾌락주의, 상대주의, 합리주의, 물질주의, 세속주의, 이단과 사이비 등으로 사정없이 토해 냅니다. 특히 사탄 마귀는 쾌락과 탐욕과 다원주의 물결, 문화라는 이름으로 교회를 공격합니다. 가장 무서운 것은 죄가 문화를 이루어 도전할 때입니다. 죄가 문화를 이루게 되면 사람들이 죄를 가볍게 여기고, 죄를 자연스럽게 짓고, 자연스럽게 죄를 즐깁니다. 그럴 때 우리는 하나님의 공의와 거룩함을 의심하기 쉽습니다. 그러나 하나님의 도우심으로 강물을 삼키어 교회를 보호해 주십니다. 이제 마귀는 문화라는 큰 강물로 교회를 공격해도 안 되니까 정체를 드러내어 떼를 지어 공개적으로 도전합니다(계 12:17).

사탄은 첫 사람 아담을 의심과 불신과 거짓 확신을 심어 타락시킨 이래 계속해서 성도들에게 의심과 불신을 심어 미혹합니다. 우리가 어떻게 사탄 마귀의 미혹을 이길 수 있습니까? 첫째는 어린양 예수님의 피의 복음을 붙들고, 둘째는 예수 그리스도의 복음, 십자가와 부활의 복음을 증언할 때 사탄 마귀를 이길 수 있습니다.

생각하기

1. 해를 옷 입은 여자가 아이를 낳았습니다(계 12:1~5). 여자와 아이가 누구를 가리키는가를 말해 보세요.
2. 하늘에서 큰 용이 내쫓겼습니다(계 12:7~9상). 큰 용의 정체를 말해 보세요.
3. 형제들이 어린양의 피와 증언하는 말씀으로 그를 이겼습니다(계 12:10~12). 피와 말씀의 능력을 말해 보세요.
4. 여자가 뱀의 피하여 한 때, 두 때, 반 때를 양육받았습니다(계 12:13~17). 교회를 보호하시는 하나님에 대해 말해 보세요.

성도들의 인내와 믿음

"누구든지 귀가 있거든 들을지어다 사로잡힐 자는 사로잡혀 갈 것이요 칼에 죽을 자는 마땅히 칼에 죽을 것이니 성도들의 인내와 믿음이 여기 있느니라."(계 13:9~10)

우리는 가진 것이 없습니다. 돈도 없습니다. 명예와 권세도 없습니다. 그러나 우리가 가지고 있는 것이 하나 있습니다. 그것은 어린양 예수님의 피입니다. 예수님의 보혈은 승리의 피, 영광의 피입니다. 우리는 약하여 쉽게 넘어지고 절망하고 좌절하지만, 십자가 보혈의 능력을 붙들고, 십자가 보혈의 은혜를 의지하고 십자가 피의 복음을 증언할 때 광야와 같은 세상에서 넉넉히 이기고도 남습니다.

본문을 보면 하나님께서 맹렬한 공격과 박해에도 교회를 지켜 주시자(계 12:15~16), 붉은 큰 용, 사탄과 마귀는 바다에서 짐승을 불러내고(계 13:1~10), 또 땅에서 짐승을 불러내어(계 13:11~18) 교회를 무너뜨리려고 합니다. 바다에서 나온 짐승은 교회를 대적하는 세속 권력을 뜻하고, 땅에서 올라온 짐승은 교회 내에서 활동하는 거짓 그리스도를 의미합니다.

예수님이 오실 날이 가까울수록 세속 권력과 거짓 그리스도의 두 세력이 뭉쳐서 교회를 공격합니다. 우리는 어떻게 이들을 물리칠 수 있습니까? 구원은 오직 예수님의 십자가의 피에 있음을 확신해야 합니다. 그리고 우리의 경배의 대상은 오직 예수님임을 확신해야 합니다.

바다에서 올라온 짐승

바다에서 한 짐승(beast)이 올라왔습니다(계 13:1). 그 짐승의 모습은 뿔이 열 개이고 머리가 일곱이었습니다. 뿔 하나하나에 권력을 상징하는 왕관을 쓰고 있었고, 그 머리 하나하나에는 하나님을 모독하는 이름이 붙어 있었습니다.

이 모습은 큰 붉은 용, 옛 뱀, 마귀의 모습과 비슷합니다(계 12:3). 이 짐승은 사탄 마귀에게서 받은 권세로 하나님의 신성과 능력을 부인하고 하나님을 대적하는 세상 권세 잡은 자들입니다. 이는 정치 제도로 교회와 성도를 핍박하는 적그리스도를 가리킵니다.

이 짐승의 얼굴은 표범과 같았습니다. 그 발은 곰의 발 같고, 입은 사자의 입 같았습니다. 표범의 특징은 신속함을 나타내고, 곰의 발은 포악성을 나타내고, 사자의 입은 무자비함을 나타냅니다. 짐승의 머리가 일곱 개였습니다. 그중 하나가 치명상으로 죽게 되었던 상처가 나았습니다(계 13:3). 이 짐승은 예수 그리스도의 부활을 흉내 냈습니다. 온 땅이 이를 보고 기이히 여겨 그 짐승을 따랐습니다. 큰 붉은 용이 그 짐승에게 권세를 주었습니다(계 13:4). 그러자 그 짐승은 더욱 강해졌습니다. 많은 사람이 그를 따르며 누가 이 짐승과 같고, 누가 이 짐승과 싸울 수 있느냐며 말했습니다.

이 세상은 힘이 센 자를 중심으로 모든 질서가 이루어집니다. 그러기에 권력 투쟁이 있습니다. 권력 투쟁은 표범처럼 상대의 약점을 공격합니다. 곰의 발처럼 치고 사자의 입처럼 물어뜯습니다. 여우처럼 교활합니다. 뱀처럼 독을 뿜어냅니다. 여기에는 싸움에서 이긴 자만이 살아남기에 도덕과 윤리가 없으며 긍휼과 자비가 없습니다. 세상은 강한 자가 나타나면 모든 추가 그쪽으로 기웁니다.

20세기에는 미국과 소련이라는 양대 산맥이 서로 자웅을 겨루었습니다. 그러다가 1989년에 소련연방(USSR)이 붕괴하자 미국이 초강대국(super nation)이 되어 스스로 세계 경찰국가로 자임했습니다. 21세기에 들어와 14억의 인구를 내세워 중국이 부상하기 시작했습니다. 이에 위기의식을 느낀 미국이 중국을 견제하고, 중국은 중국대로 미국을 향해 대응합니다. 세상 나라는 힘의 논리에 좌우됩니다.

영적인 세계도 마찬가지입니다. 우리가 영적으로 무장되어 있지 않으면 사탄에게 지배당하게 됩니다. 성경은 성도들에게 전신갑주로 무장하라고 말씀합니다. 우리가 믿음과 사랑과 소망으로 무장하여 십자가의 피의 복음을 의지하고 십자가와 부활의 복음을 전하면 모든 중심추가 하나님께로 기울게 됩니다. 이때 만백성이 성삼위 하나님께 복종하게 됩니다.

마귀의 권세를 받은 이 짐승은 과장되고 하나님을 모독하는 입을 받았습니다.

> "또 짐승이 과장되고 신성모독을 말하는 입을 받고 또 마흔두 달 동안 일할 권세를 받으니라."(계 13:5)

큰 붉은 용, 사탄 마귀가 짐승에게 권세를 준 것은 하나님을 모독하기 위한 것입니다. 짐승은 그리스도께서 재림할 때까지 자기에게 주어진 권세를 최대한 이용하여 교회와 성도를 박해하고 하나님을 대적합니다(계 13:15; 11:9). 그러나 이 짐승의 권세의 기간은 마흔두 달, 3년 반 동안 정해져 있습니다. 짐승은 하나님을 향해 비방하기 시작했습니다.

> "짐승이 입을 벌려 하나님을 향하여 비방하되 그의 이름과 그의 장막 곧 하늘에 사는 자들을 비방하더라."(계 13:6)

짐승은 자기 자신이 하나님이라고 주장하며 하나님을 모독합니다(살후 2:4). 하나님을 모독하는 행태는 역사 속에서 자주 나타납니다. 수리아(Syria)의 안티오쿠스(Antiochus)는 신성을 모독하는 대표적인 인물로 기록되어 있습니다. 안티오쿠스는 대군을 이끌고 예루살렘을 침략하여 성전의 기물들을 모두 약탈해 갔습니다. 많은 사람을 죽였습니다. 율법서를 발견되는 대로 다 찢고 불살랐습니다. 그는 고국으로 떠나면서 "진리는 모두 땅에 떨어졌다"라는 글을 남기는 패역무도한 자였습니다.

이 짐승은 하나님의 장막, 곧 하늘에 사는 자들을 비방하였습니다. 하늘에 사는 사람들이란 하늘 시민권을 가진 모든 성도를 가리킵니다(빌 3:20). 성도들은 이 땅에 살고 있지만, 예수 그리스도와 함께 하늘에 앉아 있습니다(엡 2:6; 골 3:1). 우리의 주민등록은 이 땅에 있지만, 우리의 시민권은 하늘에 있습니다.

이 짐승은 사탄 마귀의 권세를 받아서 수단과 방법을 가리지 않고 성도들을 공격하였습니다. 그날에 어린양의 생명책에 기록되지 않은 사람들은 그 짐승에게 절하고 경배합니다(계 13:7~8). 교회에 다니지만, 예배당의 마당만 밟는 무늬 신자들, 성도인 것 같지만 생명이 없는 허수아비 신자들은 그날에 고난을 이기지 못하고 배교하고 짐승을 숭배합니다.

종말에 큰 붉은 용, 사탄 마귀는 세상 권세를 절대화하여 모든 사람이 짐승에게 경배하도록 합니다. 정치 세력을 등에 업고 기독교를 공격합니다. 로마 황제들은 "전지전능한 황제시여, 영원히 영광과 찬양을 받으시기에 합당하신 구원자시여!"라는 말을 들었습니다. 히틀러는 "우리의 메시아며, 구세주시여!"라는 말을 들었습니다. 일제강점기에는 일왕을 천황으로 숭배하도록 강요했습니다. 그것이 바로 신사참배입니다.

북한에서는 김일성을 "대대로 충성해야 할 우리의 위대한 영도자시며, 인민의 영원한 아버지"라고 부릅니다. 김일성과 김정일 동상을 만들어 놓고 절하고, 김정은에게 충성하고 경배하게 합니다. 독재자들은 언제나 절대권력을 이용하여 스스로 하나님 보좌에 앉아 하나님 행세를 하며 우상화하도록 강요합니다.

지금 동성애자들은 인권이라는 이름으로 절대권력화하여 동성애가 잘못되었다고 거론조차 할 수 없는 법을 만들고자 합니다. 교회에서 동성애를 죄라고 하면 고발대상이 됩니다. 앞으로 필자는 수십 번 고발대상이 됩니다. 그들에게 비친 교회와 목사는 없어져야 할 타도의 대상입니다. 동성애의 깃발이 무지개인데, 남색(indigo)을 뺀 여섯 가지 색깔입니다. 무지개 색깔과 비슷한데 무지개가 아닙니다. 비슷하나 아닙니다. 우리는 이런 혼미한 시대에 살고 있습니다. 우리는 이런 시대에 언제든지 사로잡히고 칼에 순교당할 수 있습니다. 우리가 어떻게 박해를 이기고 신앙의 순결을 지킬 수 있습니까?

> "누구든지 귀가 있거든 들을지어다 사로잡힐 자는 사로잡혀 갈 것이요 칼에 죽을 자는 마땅히 칼에 죽을 것이니 성도들의 인내와 믿음이 여기 있느니라."(계 13:9~10)

첫째, 주의 말씀을 들어야 합니다.

'귀가 있거든 누구든지 들으라'고 했습니다. '듣다'(ἀκουσάτω)는 '청취하다', '깨닫다'는 뜻입니다(마 12:19; 행 13:16). 예수님은 비유를 말씀하신 후 "귀 있는 자는 들으라"라고 말씀하셨습니다(마 13:9). 귀가 있다고 모두 들을 수 있는 것은 아닙니다. 들을 수 있는 귀가 있어야 들립니다. 아름다운 음악을 들어도 들을 귀가 없으면 들을 수 없습니다.

반면에 음악을 들을 귀가 있으면 감동합니다. 말씀도 들을 귀가 없으면 예배 시간에 하품하고 몸을 비비 꼽니다. 그러나 말씀을 들을 귀가 있는 사람은 말씀의 뜻을 깨닫고 감동하여 믿음이 날로 성장합니다.

문맹(文盲)이 글을 못 보고, 색맹(色盲)이 빛깔을 분간하지 못하듯, 이맹(耳盲)은 소리를 듣지 못합니다. 공자는 나이 60이 되어야 이순(耳順)에 이른다고 했습니다. 사람이 말을 배우는 데는 2년이 걸리지만, 경청을 배우는 데는 60년이 걸립니다. 이청득도(耳聽得道), 들을 귀가 있어야 도(말씀, 로고스)를 깨닫게 되고, 이청득심(耳聽得心), 들을 귀가 있어야 사람의 마음을 얻게 됩니다.

그리고 듣는다는 것은 말씀을 굳게 붙들고, 순종한다는 뜻입니다. 우리가 말씀을 듣고 순종할 때 환난의 날에 흔들리지 않고 믿음의 순결을 지킬 수 있습니다.

둘째, 인내와 믿음이 있어야 합니다.

'인내'(*ὑπομονή*)란 '~ 아래서 버틴다'는 뜻으로, 전진하는 결의, 극복해 나가는 것을 말합니다. 어떤 장애물이 있더라도 지연하거나 낙담하지 않고 실의에도 좌절하지 않고 목적지에 이르는 것이 인내입니다. 실패와 승리는 얼마나 참고 인내하느냐에 달려 있습니다. 적그리스도가 우리의 믿음을 변질시키기 위해 우리를 미혹할 때 그 환경을 버텨 내는 것이 인내입니다. 인내가 소극적이고 수동적이라면 믿음은 능동적이고 적극적입니다. 믿음은 하나님을 신뢰하는 것입니다. 하나님께 내 삶을 맡기는 것입니다. 하나님께 맡긴다는 것은 장래를 맡기는 것입니다. 우리는 오늘을 살아가면서 때로는 불확실한 미래로 고민과 염려와 근심에 사로잡힐 때가 있습니다. 베드로는 이런 우리에게 권면합니다.

"너희 염려를 다 주께 맡기라 이는 그가 너희를 돌보심이라."
(벧전 5:7)

오늘의 시대를 불확실성의 시대라고 합니다. 우리의 삶이 불확실하고 미래가 불확실합니다. 입시를 앞둔 부모들은 입시 문제, 자녀를 둔 부모는 양육과 교육문제, 인간관계 문제, 대학생들은 졸업 후의 진로 문제, 2030 세대들은 결혼 문제, 주택 문제, 은퇴를 앞둔 사람들은 노후문제, 그리고 코로나 문제 등으로 근심하고 걱정합니다.

그런데 불안과 근심과 걱정은 아담이 범죄한 이후에 모든 사람의 문제입니다. 아담이 범죄하자 곧 두려워서 동산 나무 사이로 숨었습니다. 가인이 죄를 지었을 때 불안과 두려움으로 유리 방황하는 자가 되었습니다. 우리가 아담의 생명을 가지고 있는 한 근심에서 떠날 수 없습니다. 그러나 예수님은 제자들에게 "근심하지 말라"고 명령하시고, 하나님을 믿으니 또 나를 믿으라고 하셨습니다.

제자들이 근심하는 이유는 하나님을 믿는 믿음이 없었기 때문입니다. 그래서 예수님은 하나님을 믿고 예수님을 믿으라고 말씀하셨습니다. 예수님을 믿는다는 것은 십자가에 죽으신 예수님을 믿으라는 말씀입니다. 십자가는 고난의 상징입니다. 그러나 십자가는 하나님의 능력이요 하나님의 계시입니다(고전 1:23~24). '믿음'(trust)이란 맡기는 것입니다. 맡기는 것은 의탁하는 것입니다. 의탁하는 것은 하나님께 기도하는 것입니다. 하나님께 맡기고 의탁하는 사람만이 기도할 수 있습니다. 그리고 믿음이란 하나님께 시선을 집중하고 고정하는 것입니다(히 12:2). 우리가 말씀을 듣고 순종하며 인내하며 하나님을 전폭으로 믿고 신뢰할 때 승리할 수 있습니다.

땅에서 올라온 짐승

땅에서 또 다른 짐승이 올라왔습니다. 땅에서 올라왔다는 것은 바다에서 올라왔다는 짐승과 대조하기 위한 표현입니다. 이제 육해공군의 사탄 마귀가 다 등장했습니다. 그런데 그의 모습은 새끼 양 같은데 머리에 두 뿔이 있었습니다. 양은 본래 뿔이 없습니다. 언뜻 보면 어린양 예수님의 모습과 흡사하여 속기 쉽습니다. 그 짐승은 용처럼 말했습니다(계 13:11). 짐승은 겉으로 어린양처럼 보이지만 그 속은 마귀의 궤계로 가득 차 있었습니다. 이는 마지막 때에 나타나는 거짓 선지자의 모습입니다.

말세에 사는 성도는 외부의 핍박을 견딜 수 있는 믿음뿐만 아니라 거짓 선지자의 그릇된 가르침을 분별하고 진리의 말씀에 굳게 서야 합니다(롬 16:18; 고후 11:14). 진리의 말씀에 굳게 서는 것은 예수 그리스도의 죽으심과 부활을 역사적인 사실로 받아들여 주관적인 진리로 영접하는 것입니다.

바다에서 땅으로 올라온 짐승이 하는 일이 무엇입니까?

> "그가 먼저 나온 짐승의 모든 권세를 그 앞에서 행하고 땅과 땅에 사는 자들을 처음 짐승에게 경배하게 하니 곧 죽게 되었던 상처가 나은 자니라."(계 13:12)

이 짐승은 땅에 사는 사람들에게 먼저 나온 짐승을 경배하도록 했습니다. 먼저 나온 짐승은 바다에서 올라온 짐승입니다. 이 짐승은 뿔이 열 개이고 머리가 일곱 개가 달린 짐승입니다. 그 일곱 개의 머리 중 하나가 죽게 되었다가 다시 살아난 그 짐승입니다.

땅에서 올라온 짐승은 사람들 앞에서 놀라운 일을 행했습니다. 그는 심지어 불이 하늘로부터 땅에 내려오게 하는 이적도 나타냈습니다. 이 짐승은 사람들을 미혹하여 바다에서 올라온 적그리스도인 짐승을 위해 우상을 만들게 했습니다(계 13:14). 그리고 그 짐승에게 생기를 주어 말하게 하였습니다. 그러자 사람들은 서로 앞다투어 짐승에게 경배했습니다. 그 짐승에게 경배하지 않는 자들은 모두 죽였습니다. 그뿐만 아니라 모든 자, 작은 자나 큰 자나 부자나 가난한 자나 자유인이나 종에게 그 오른손과 이마에 표를 받게 하였습니다(계 13:16~17).

하나님은 예수님을 믿은 하나님 종들의 이마에 도장을 찍으셨습니다(계 7:3). 이는 하나님의 소유된 백성임을 나타내는 표였습니다. 이 짐승도 하나님의 흉내를 내어 짐승의 표를 받게 했습니다. 오른손은 신체의 활동을 말하고, 이마는 사람의 신분, 지위와 인격을 나타냅니다. 짐승의 표를 받는 것은 전심으로 짐승에게 충성을 고백하는 것입니다.

이 짐승의 표를 받지 못하면 물건을 매매할 수 없게 했습니다(계 13:17). 초대 성도들의 박해와 환난 중의 하나는 가진 것을 빼앗아 살아갈 수 없도록 한 것이었습니다(히 10:34). 이런 일은 앞으로 얼마든지 가능합니다. 절대독재자와 거짓 선지자가 나타나 힘을 합하면 짐승의 표를 받지 않는 성도들에게 경제활동을 제약할 수 있습니다.

지금은 어느 시대보다도 혼자 살 수 없습니다. 국가도 자력갱생으로 살아갈 수 없습니다. 지금 북한이 자력갱생을 부르짖고 있지만 고립되어 제대로 살아갈 수 없습니다. 한국도 어려움에 놓여 있기는 마찬가지입니다. 안보는 미국에, 경제는 중국이라는 말이 있습니다. 한국은 이를 벗어날 수 없는 것이 현실입니다.

요즘 코로나19로 국가가 개인 정보를 가지고 통제하고 있습니다. 국가가 우리의 일거수일투족을 다 들여다보고 있습니다. 앞으로 독재자가 나타나면 이전의 독재자보다 비교할 수 없을 만큼 절대 독재자가 될 수 있습니다. 거기다가 최고 통치자가 적그리스도가 된다면 요한계시록의 말씀이 현실로 다가오게 됩니다. 카르 마르크스(Karl Marx) 이론에 의식화된 사람이 2%만 있으면 그 사회를 뒤집을 수 있다고 보고 있습니다. 이단 교주에게 절대 충성하는 집단이 2%가 되면 이단이 한국을 쥐락펴락할 수 있습니다.

"지혜가 여기 있으니 총명한 자는 그 짐승의 수를 세어 보라
그것은 사람의 수니 그의 수는 육백 육십 육이니라."(계 13:18)

그 짐승의 수를 세어 보니 666이었습니다. 필자는 전장에서 언급한 대로 '666'은 네로의 히브리 이름, 곧 '네로 가이사'(Caesar Nero) 문자를 수로 합한 것입니다. 한 예를 든다면 洪吉洞(홍길동)이란 이름이 있다면 이를 한자 획으로 23이 되는 것과 같습니다. 요한계시록의 숫자는 상징적입니다. 일곱 교회, 일곱 인, 일곱 나팔, 일곱 대접에서 7은 완전수입니다. 그렇다면 '6'은 완전수의 7에서 하나가 모자란 수입니다. 이는 불완전한 인간의 수입니다. 이 불완전한 수가 3번 반복한 것이 666입니다. 불완전하면서 완전한 척 보이는 것이 바로 666입니다. 이런 자가 하나님의 자리에 앉아서 신성을 모독합니다.

사탄은 666 숫자를 받아야 구원이 있다고 합니다. 그러나 우리가 구원받는 것은 666의 표를 받느냐, 못 받느냐에 있지 않습니다. 우리의 구원은 적그리스도에게 경배하느냐, 아니면 예수 그리스도께 경배하느냐에 따라 결정됩니다. 우리의 구원은 예수 그리스도를 믿는 믿음에 있습니다. 우리의 구원은 성령의 인치심에 있습니다. 우리의 구원은 예수 그리스도의 피에 있습니다. 우리의 구원은 오직 예수 그리스도의 십자가에 있습니다. 우리의 구원은 "오직 예수!"입니다. 그러므로 우리

는 666 숫자에 신경 쓸 필요 없습니다. 우리의 초점과 관심은 오직 예수 그리스도의 십자가에 두어야 합니다.

그런데 사람들은 말세가 가까워질수록 귀가 얇아 세상의 말에 귀를 기울입니다. 요즘 넘쳐나는 가짜 뉴스와 가짜 YouTube에 열광합니다. 그러나 우리는 말세가 가까워질수록 십자가와 부활의 복음을 믿고 의지해야 합니다. 지혜와 총명으로 양의 탈을 쓰고 용의 입으로 말하는 거짓 교사들의 정체를 분별해야 합니다. 그래서 예수님께서 말세에 거짓 교사들을 조심하라고 경계하셨습니다.

> "그때에 어떤 사람이 너희에게 말하되 보라 그리스도가 여기 있다 보라 저기 있다 하여도 믿지 말라 거짓 그리스도들과 거짓 선지자들이 일어나서 이적과 기사를 행하여 할 수만 있으면 택하신 자들을 미혹하려 하리라 너희는 삼가라 내가 모든 일을 너희에게 미리 말하였노라."(막 13:21~23)

요즘 거짓 선지자가 나타나 성도들을 미혹합니다. 지금 이단 집단이 숨어 있는 것 같지만 그렇지 않습니다. 이단은 지금도 고개를 쳐들고 편지를 보내고 카톡으로 접근합니다. 우리는 어떤 경우에도 십자가의 피로 구원받아 생명책에 기록된 약속을 믿고 거짓 그리스도에게 미혹되지 않도록 삼가 주의해야 합니다. 그리고 666은 반드시 패한다는 것을 기억해야 합니다. 영국의 토마스 토랜스(Thomas F. Torrance)는 이런 말을 했습니다. "666은 성 삼위일체 777이라는 숫자를 흉내 낸 사악한 것이다. 666은 반드시 패한다."

우리가 사는 이 시기는 사탄이 자기 때가 얼마 남지 않은 것을 알고 최후의 발악을 하고 있습니다. 사이비 집단과 이단들이 예수 그리스도와 비슷한 모습으로 나타나 그럴듯한 감언이설로 우리를 미혹합니다. '미혹'이란 낚시꾼이 고기를 잡기 위해 던지는 떡밥을 말합니다. 미끼는 아름다울수록 좋습니다. 사탄은 우리에게 아름다운 것을 던져서 꿥니다.

사탄이 에덴에서 여자를 유혹할 때 어떻게 유혹했습니까? 사탄은 여자에게 접근하여 선악을 알게 하는 나무를 보았을 때 먹음직하고 보암직하고 지혜롭게 할 만큼 탐스럽게 느끼도록 미혹해 유혹의 덫에 넘어가도록 했습니다(창 3:6). 아브라함의 조카 롯은 땅을 선택할 때 여호와의 동산 같고 애굽 땅과 같은 소돔과 고모라를 택했습니다(창 13:10~11). 그 도시는 음란과 광란의 도시였습니다. 다윗은 우리아(Uriah)의 아내 밧세바(Bethsabee)와 간음했습니다. 이는 다윗이 한 여인의 목욕하는 아름다운 겉모습만 보았기 때문입니다(삼하 11:2).

사탄은 죄의 결과를 보여 주지 않고 쾌락만을 보여 줍니다. 사탄은 십자가가 없는 달콤한 것만을 보여 줍니다. 달콤한 유혹에는 반드시 사탄의 덫이 숨겨져 있습니다. 죄는 우리에게 거부감과 불쾌감을 주지 않습니다. 죄에는 낙이 있습니다(히 11:25). 죄에는 전율과 박진감이 있습니다. 그러나 죄의 결과는 사망이라는 것을 알고 사탄이 던져주는 미끼를 물으면 안 됩니다.

그리고 탐욕을 물리치고 우리가 가지고 있는 모든 것들, 시간과 물질과 은사 등을 주님의 영광을 위해, 그리고 도움의 손길이 필요한 곳에 사용해야 합니다. 필자가 《예레미야에서 만난 복음》에서 언급했듯이 필자와 필자의 아내는 김상복 목사님 사모님으로부터 물질의 청지기 자세를 새롭게 배우는 계기가 있었습니다. 루마니아 김다윗 선교사가 2019년 봄에 망막 전막증 유리체 제거 수술을 하기 위해 귀국하여 신촌 세브란스 병원에서 치료를 받았습니다. 김다윗 선교사와 김레베카

선교사의 항공료와 치료비가 적지 않게 들었습니다.

사모님이 이를 아시고 두 사람의 항공료를 보내 주셨습니다. 필자의 아내가 이를 감사하여 인사를 드리니 사모님께서 이런 글을 보내 주셨습니다. “하나님께서 저희에게 맡겨 주신 것을 필요한 곳에 쓰시도록 심부름한 것뿐이라고 전해 주세요.” 그렇습니다. 우리가 가지고 있는 것은 움켜쥐기 위한 것이 아니고 하나님께서 필요한 곳에 쓰도록 맡겨 주신 것입니다. 따라서 우리는 물질의 욕망과 물질의 노예가 되지 말고 청지기 자세를 가지고 살아야 합니다.

종말이 가까울수록 사이비 집단과 이단들이 예수 그리스도와 비슷한 모습으로 나타나 그럴듯한 감언이설로 우리를 미혹합니다. 이럴 때 우리는 고백해야 합니다. “구원은 오직 예수님의 십자가의 피에 있다.” “우리의 경배의 대상은 오직 예수님이다.” 그리고 우리는 인내와 믿음으로 사탄과 싸워 승리하여야 합니다.

생각하기

1. 바다에서 뿔이 열 개, 머리가 일곱에 왕관을 쓴 짐승이 나타났습니다(계 13:1~2). 짐승의 정체를 말해 보세요.
2. 온 땅이 그 짐승을 따르며 용과 짐승에게 경배합니다(계 13:3~4). 사람들이 권력과 마귀를 따르는 동기를 말해 보세요.
3. 짐승과 영적 전쟁에서 생명책에 기록되지 못한 사람들은 죽임을 당하고 인내와 믿음을 지킨 사람들은 승리합니다(계 13:5~10). 인내와 믿음의 중요성을 말해 보세요.
4. 땅에서 올라온 짐승은 666의 짐승의 표를 받도록 미혹합니다(계 13:11~18). ‘666’이 상징하는 것은 무엇이며, 이럴 때일수록 우리는 어떤 삶을 살아야 하는가를 말해 보세요.

21 요한계시록 14:1~20

시온산에 어린양과 함께 서 있는 14만 4천 명

"또 내가 보니 보라 어린양이 시온산에 섰고 그와 함께 십사만 사천이 서 있는데 그들의 이마에는 어린양의 이름과 그 아버지의 이름을 쓴 것이 있더라."(계 14:1)

요한계시록 14장은 13장과 대조를 이룹니다. 요한계시록 13장에는 짐승이 나오는데, 요한계시록 14장에는 어린양이 나옵니다. 요한계시록 13장은 적그리스도를 따르며 666표를 받은 자들이 나오는데, 요한계시록 14장에는 구원받은 14만 4천 명이 나옵니다. 이들은 어린양과 함께 시온산에 서 있습니다. 이들은 박해와 환란을 참고 승리한 거룩한 성도들입니다. 그리고 천사가 전해 준 영원한 복음과 예수 그리스도의 알곡 추수와 천사들의 추수 비유가 나옵니다.

큰 붉은 용과 바다에서 올라온 세속의 권력자인 적그리스도, 그리고 땅에서 온 거짓 그리스도를 추종하는 자들의 종말은 멸망입니다. 그러나 어린양 예수 그리스도를 따르는 사람들은 하나님 앞에서 새 노래를 부릅니다. 적그리스도에게 속한 자들의 마지막 모습이 비극이라면 그리스도에게 속한 성도들의 마지막 삶은 영광스럽습니다.

본문은 우리가 승리를 위해 무엇을 해야 하는가를 가르쳐 줍니다. 우리가 해야 할 것은 어린양 예수님이 나의 주가 되심과 내가 그의 자녀 됨을 확신해야 합니다.

마지막 시대의 성도들

> "또 내가 보니 보라 어린양이 시온산에 섰고 그와 함께 십사만 사천이 서 있는데 그들의 이마에는 어린양의 이름과 그 아버지의 이름을 쓴 것이 있더라(And I looked. and, Lo, a Lamb stood…, KJV."(계 14:1)

사도 요한은 바다와 땅에서 나오는 두 짐승의 환상을 보았습니다(계 13:1, 11). 요한이 세상을 바라보니 큰 자나 작은 자나 부자나 가난한 자나 자유인이나 종들이나 어디를 바라봐도 666표를 받은 자들뿐이었습니다. 황제숭배의 물결이 온 세상을 뒤덮고 있었습니다. 인간은 숭배의 대상이 될 수 없음에도 로마 황제는 막강한 권력을 가지고 온 세상으로 자기를 숭배하도록 강요했습니다. 그렇게 하지 않으면 아무 물건도 사고팔 수 없고 죽임을 당했습니다.

이런 상황에서 사도 요한은 또 다른 환상을 보았습니다. 그는 그 환상을 보고 너무 놀라 '와'(Lo, KJV) 감탄했습니다. 그 환상은 시온산에 어린양이 서 계시고, 그와 함께 14만 4천 명이 서 있었습니다. 시온산은 예루살렘 동남쪽에 있는 곳으로, 하나님의 거룩한 예루살렘 성전이 있는 곳입니다. 이 산은 예루살렘에서 가장 높아 적의 공격을 받아도 피할 수 있는 지형적인 특징을 갖고 있습니다. 무엇보다도 하나님의 거룩한 성전과 말씀이 있어서 안전합니다(사 2:3). 이곳에는 하나님이 계시고, 온 세상을 다스리는 하나님의 보좌가 있습니다.

시온산은 유대인에게 꿈에도 잊을 수 없는 곳입니다. 세상이 아무리 요란하고 혼란에 빠져도 시온산만큼은 안전했습니다. 그런데 여기에서 말하는 시온산은 문자적인 예루살렘을 의미하지 않습니다. 이는 이미 예루살렘 성전이 A.D.70년에 로마의 디도(Titus) 장군에 의해 파괴되고 불바다가 되었기 때문입니다. 로마 군사들은 돌 틈에 껴 있는 금을 캐내기 위해 성전의 돌 하나까지 다 파괴했습니다. 이때 남아 있는 서쪽 성벽이 '통곡의 벽'입니다. 그러면 주님이 서 계신 시온산은 어디입니까? 14만 4천 명이 주님과 함께 서 있는 시온(Zion)은 어디입니까? 이곳은 넓게는 하늘나라, 좁게는 성삼위 하나님이 계시는 신약교회입니다. 이는 바울이 고린도교회를 성령이 거하시는 하나님의 전이라고 말한 것에서 알 수 있습니다(고전 3:16~17).

그렇다면 한 가지 질문할 수 있습니다. 하나님의 언약 공동체인 교회가 가장 안전한 곳이라면 왜 교회가 박해와 환란을 당하는가입니다. 왜 믿음의 사람들이 고난받고, 민족이 아픔을 겪어야 하는가입니다. 그러나 분명히 알아야 할 것은 믿는 성도가 때로 겪는 박해와 고난은 그것으로 끝나지 않고 반드시 영광으로 나타난다는 것입니다. 그렇다면 우리의 고난은 더는 고난이 될 수 없습니다. 순교와 죽음이 헛되지 않습니다.

세상 나라는 은혜가 없습니다. 세상 나라는 늘 분노와 원망으로 가득차 있습니다. 용서가 없고 보복의 악순환입니다. 그러나 예수님의 피로 세우신 하나님의 언약 공동체, 예수님의 몸 된 교회는 하나님의 은혜가 있습니다. 하나님의 용서가 있습니다. 성령의 은혜로 격정과 분노를 죽입니다. 그러기에 하나님 나라, 하나님이 계신 교회가 가장 안전합니다. 그러면 시온산에서 예수님과 함께 서 있는 그들의 특징이 어떠합니까?

첫째, 그들의 이마에 어린양과 아버지의 이름이 쓰여 있다.

"그들의 이마에는 어린양의 이름과 그 아버지의 이름을 쓴 것이 있더라."(계 14:1하)

성경에 '인을 친다'는 단어가 많이 나옵니다. 대표로 에베소서의 '성령으로 인을 쳤다'(엡 1:13)는 구절입니다. 당시 노예의 이마에는 '노예'라는 불도장이 찍혀 어디를 가든지 그의 신분이 드러났습니다. 노예는 속량을 받지 않는 한, 평생 노예 신분으로 살아야 했습니다.

반면 성도들의 이마에는 어린양과 하나님의 이름이 쓰여 있습니다. 이들은 어린양의 피로 구원받은 거듭난 성도들입니다. 그들은 예수님의 피로 구원받았으므로 어떤 환란과 박해도 견딜 수 있었습니다. 어떤 사탄의 유혹과 공격도 이길 수 있었습니다. 누구도 하나님께 대한 믿음과 예수 그리스도에 대한 사랑을 끊을 수 없었습니다. 그들은 예수님의 피로 구원받았기에 네로를 경배하거나 돈과 권력, 쾌락과 탐욕에 머리를 숙이지 않았습니다.

그들의 이마에 어린양과 하나님 아버지의 이름이 쓰여 있다는 것은 영생을 뜻합니다. 영생은 곧 유일하신 참 하나님과 그가 보내신 예수 그리스도를 아는 데 있습니다(요 17:3). '안다'는 뜻은 단순히 듣고 보아서 아는 것이 아닙니다. 책을 읽음으로 아는 단순한 지식이 아닙니다. '안다'는 말은 히브리어로 '야다'(ידע)로 남편과 아내가 연합하여 한 생명을 낳는 신비로운 관계를 말합니다. 우리가 하나님을 알고 예수 그리스도를 아는 순간 내 안에 새로운 생명이 탄생하게 됩니다. 이 생명은 아담 생명과 전혀 다른 예수 생명입니다.

'안다'는 뜻은 현재 가정법으로 점점 자라는 것을 말합니다. 우리가 참 하나님과 하나님께서 보내신 예수님의 인격과 성품을 알아가고, 예수님의 십자가와 부활을 알아갈 때 영생이 풍성해집니다. 기쁨과 감사가 넘치게 됩니다. 아픔과 질병과 고통과 실패는 하나님을 알게 하는 교과서가 됩니다. 그래서 바울은 예수 그리스도의 십자가와 그의 죽으심과 부활을 알고자 자신의 모든 것을 배설물로 여겼습니다. 그리고 영생은 예수님의 말씀을 듣고 예수님을 보내신 성부 하나님을 믿는 데 있습니다(요 5:24).

우리는 예수님을 보내신 하나님과 예수님께서 나의 죄를 위해 십자가에 죽으심을 믿음으로 보혜사 성령의 인침을 받아 영생을 얻었습니다. 영생은 인생의 최후에 행과 불행, 구원과 파멸을 좌우합니다. 그래서 예수님은 우리에게 "사람이 천하를 얻고도 자기 목숨을 잃으면 무엇이 유익하리요"라고 경고하셨습니다.

A.D.8세기경에 유럽을 기독교 국가로 만든 황제가 칼 대제(Karl Magnus, 742~814)입니다. 이 황제의 묘지를 발굴했는데, 발굴에 참여했던 사람들은 황제의 조각상을 보고 놀랐습니다. 그는 황제의 의복을 입고 손에는 황제의 홀을 쥐고 앉아 있었고, 무릎 위에 성경을 펼쳐 놓고 손가락으로 성경 구절 하나를 가리키고 있었습니다. 그 성경 구절은 "사람이 만일 온 천하를 얻고도 자기 목숨을 잃으면 무엇이 유익하리요"(막 8:36)이었습니다.

그는 천하를 통일한 황제요, 모든 영화를 다 누린 사람이었습니다. 죽고 난 후에 그게 무슨 소용이 있습니까? 우리는 칼 대제의 모습을 보면서, 이 세상 모든 영광을 누렸다 할지라도 하나님이 주시는 영생을 소유하지 못하면 아무 의미가 없다는 메시지를 읽을 수 있습니다.

둘째, 그들은 새 노래를 불렀다.

그들은 새 노래(new song)를 불렀습니다(계 14:2~3). 그 나라의 민족의 특성과 그 사람의 됨됨이를 알려면 그 민족의 민요와 그 사람이 부르는 노래를 보면 알 수 있습니다. 우리나라의 대표적인 민요인 '아리랑'을 보면 한과 서러움과 복수심이 서려 있습니다. 그런데도 남북한

스포츠 단일팀에서는 아리랑을 연주합니다. 흑인들의 영가를 보면 슬픔이 배여 있습니다. 러시아 음악은 침울합니다. 라틴 계통의 음악은 경쾌합니다. 북한의 음악은 선동적입니다.

필자만 그런지 모르지만 요즘 젊은이들이 부르는 노래를 들으면 마음이 산란해지고 정신이 혼미해집니다. 필자는 그들이 왜 그런 노래를 좋아하는가를 나름대로 생각해 보았습니다. 아마도 instant food를 먹고 탄산음료를 마시고 모유보다 우유를 먹고 자란 세대여서 그런 것이 아닌가 생각해 봅니다. 음악은 인격과 영성에 지대한 영향을 끼치므로 좋은 음악을 듣고 불러야 합니다.

그 성도들이 부르는 노래는 많은 물소리 같았습니다. 거대한 폭포에서 떨어지는 물소리를 들어본 적이 있습니까? 필자는 1993년에 백두산에서 떨어지는 장백폭포를 본 적이 있는데, 엄청난 소리를 내면서 물이 떨어지는데 다른 소리는 모두 삼켜져 들리지 않았습니다. 미국의 나이아가라 폭포도 마찬가지입니다. 이처럼 그들의 찬양은 이 세상의 모든 것을 삼켜 버렸습니다. 그들이 부르는 새 노래는 큰 우렛소리와도 같았습니다. 그들의 노래는 큰 소리로, 확신과 자신에 찬 소리였습니다. 그들이 부르는 새 노래는 마치 거문고 타는 소리같이 아름다웠습니다.

이 노래가 얼마나 신비스러운지 어린양의 피로 구속받은 자 외에는 누구도 배울 수 없었고 따라 부를 수도 없었습니다. 그런데 이 노래는 생소한 노래가 아니라 구원함을 받은 그 순간, 예수님께서 우리에게 주신 노래입니다. 새 노래는 새롭게 배워서 부르는 것이 아니라 지금 우리가 부르는 찬송입니다.

14만 4천 명 외에는 배울 사람이 없다는 것은 음이 어렵고 까다로워서 배울 수 없다는 것이 아닙니다. 이는 구원을 받지 못한 사람은 누구도 부를 수 없다는 것입니다. 물론 불신자들도 찬송가를 따라 부를 수는 있지만, 그것은 새 노래가 아니라 단순한 립싱크(lip-sync)에 불과합니다. 구원받지 못한 사람이 "예수를 나의 구주 삼고, 성령과 피로써 거듭나니, 이 세상에서 내 영혼이, 하늘의 영광 누리도다. 이것이 나의 간증이요, 이것이 나의 찬송일세, 나사는 동안 끊임없이 구주를 찬송하리로다"(새찬송가 288장) 이런 찬송가를 부를 수 있습니까? 물론 부를 수는 있으나 신앙고백이 없는 찬송은 찬송이 아닙니다. 이는 새 노래가 아니라 다만 그들의 입으로 부르는 노래일 뿐입니다.

세상 노래 가사는 주로 이별과 사랑입니다. 그러나 새 노래의 주제는 하나님과 예수 그리스도로 우리에게 행하신 놀라운 구원과 사랑, 영광과 승리의 노래입니다. 우리가 왜 주님을 찬양합니까? 우리는 예수 그리스도의 구원을 말로 다 표현할 수 없어서 찬양합니다. 그 구원의 감격을 어떻게 표현할 수 없어서 찬양합니다. 우리가 찬양할 때 하나님께서 우리에게 행하신 놀라운 구원의 은혜가 마음에 새겨집니다. 승리의 확신이 생깁니다. 우리의 눈과 귀가 예수님께 향합니다. 우리 마음이 하나님 보좌로 다가갑니다. 예수님의 능력이 나타나고 우리의 신앙이 성숙해집니다. 그래서 잭 R 테일러는 《찬양 중에 거하시는 하나님》[23]에서 "찬양은 우리의 인격과 운명을 바꾼다"고 했습니다. 찬송은 능력입니다. 찬송은 예배요 신앙고백입니다. 시편은 지극히 위대하심을 따라 하나님을 찬양하라고 했습니다.

> "천지는 없어지려니와 주는 영존하시겠고 그것들은 다 옷 같이 낡으리니 의복 같이 바꾸시면 바뀌려니와 주는 한결같으시고 주의 연대는 무궁하리이다."(시 102:26~27)

---

23 잭 R.테일러, 이석철 역, 《찬양 중에 거하시는 하나님》(서울: 요단출판사, 2011).

"그의 능하신 행동을 찬양하며 그의 지극히 위대하심을 따라 찬양할지어다."(시편 150:2)

그리고 바울은 "시와 찬송과 신령한 노래들로 서로 화답하여 너희의 마음으로 주께 노래하며 찬송하며"(엡 5:19)라고 했습니다.

사람을 기념하는 방법의 하나는 기념비와 동상을 세우는 것입니다. 그러나 시간이 흐르면 사람들의 생각이 바뀌어 철거의 대상이 되기도 합니다. 인하대학교 교정에 이승만 전 대통령 동상이 세워져 있었지만 철거되고 동상의 대(臺)만 남아 있습니다. 그러나 하나님은 한결같으시고 주의 연대는 무궁하고 영원하시고 영존하시는 분입니다. 하나님의 뜻과 행함은 변함이 없습니다. 하나님만이 영원히 찬양받으시기에 합당하십니다. 따라서 우리가 하나님께 기도하고 말씀을 읽고 듣는 데서 한걸음 더 나아가 살아 계신 하나님을 찬양해야 합니다. 찬양은 감사의 표현입니다.

셋째, 그들은 순결하였다.

"이 사람들은 여자와 더불어 더럽히지 아니하고 순결한 자라." (계 14:4상)

'순결'(pure)은 성적(性的) 행위 그 이상을 뜻합니다. '여자와 더불어 더럽히지 않았다'는 것은 바르지 못한 성 행동만을 의미하지 않고 더러운 말, 더러운 물건, 더러운 생각을 포함합니다. 구약에서 이스라엘을 처녀로, 신약에서는 교회를 그리스도의 정결한 신부로 묘사합니다(왕하 19:21; 사 37:22; 렘 18:13; 암 5:2; 고후 11:2).

오늘날은 음란을 일반적인 일로 생각합니다. 거기다가 간통죄까지 폐지되었습니다. 그뿐만 아니라 예술을 통하여 음행을 정당화하고 있습니다. 예술에는 저속하고 음란한 예술이 있는 반면에 고상한 예술이 있습니다. 고상한 예술은 사람의 인격과 삶의 가치관과 마음을 정화시킵니다. 반면에 저속한 음악과 미술과 소설과 영화는 우리의 마음을 세속화시킵니다. 범죄자들을 보면 폭력 영화나 만화 등에서 영향을 받았다는 통계가 있습니다.

우리는 폭력과 에로틱한 영화나 음악이나 미술이나 소설 등을 멀리하고 고결한 음악과 소설과 조각과 미술과 영화를 듣고 보고 읽어야 합니다. 우리에게 감명을 주는 번연의 《천로역정》, 존 밀튼의 《실낙원》, 아 켐피스의 《그리스도를 본받아》, 미켈란젤로의 천지창조의 그림과 피에타 조각상, 렘브란트의 돌아온 탕자의 그림, 헨델의 《메시아》, 아우구스티누스의 《참회록》, 영화 〈벤허〉 등과 같은 작품을 읽고 듣고 감상하고 시청하면 심성이 맑고 밝고 깨끗해집니다.

시대가 변하고 천지가 없어질지라도 성도와 교회는 세속화되어서는 결코 안 됩니다. 우리는 하나님 앞에서 순결과 거룩성을 지켜야 합니다. 말도 거룩하고 생각도 거룩하고 행함도 거룩해야 합니다. 이 세대를 본받지 말며 세상과 벗하지 말아야 합니다(롬 12:2; 약 4:4).

연(蓮)은 시궁창에서 자라지만 환경에 영향을 받지 않고 아름다운 연꽃을 피웁니다. 바다에서 사는 물고기도 짠 물에서 살지만, 환경을 영향을 받지 않고 짜지 않고 담백합니다. 따라서 성도는 세상에 발을 딛고 살지만, 세상의 영향을 받아서는 안 됩니다. 오히려 세상에 선한 영향력을 끼쳐야 합니다.

넷째, 그들은 예수님께 순종하였다.

> "어린양이 어디로 인도하든지 따라가는 자며."(계 14:4중)

그들은 세상의 가치관을 따라 살지 않고 어린양의 인도를 받았습니다. 그들은 예수님이 어디로 인도하든지 그대로 따를 준비가 되어 있었습니다. '따라가다'는 예수님께 대한 절대 순종을 뜻합니다.

우리가 예수님을 믿기 전에는 자기 뜻과 마음대로 살았습니다. 그러나 우리가 예수님을 믿은 다음에는 하나님의 뜻을 따라 삽니다. 우리는 하나님의 뜻을 따르기 위해 기도합니다. 기도로 하나님을 뜻을 찾고, 하나님의 뜻을 좇아 한 걸음 한 걸음 나아갑니다. 누가 하나님의 자녀입니까? 하나님의 말씀을 따르는 사람입니다. 바울은 "무릇 하나님의 영으로 인도함을 받는 사람은 곧 하나님의 아들이라"(롬 8:14)라고 했습니다.

다섯째, 그들은 하나님께 헌신했다.

> "사람 가운데에서 속량함을 받아 처음 익은 열매로 하나님과 어린양에게 속한 자들이니."(계 14:4하)

그들은 처음 익은 열매를 하나님께 드렸습니다. '처음 익은 열매'(first fruit)는 그 해에 수확한 첫 소산물(잠 3:9), 첫 결과물(고전 15:22), 또는 복음 전도로 처음 결실한 성도, 곧 최초의 회심자(롬 16:5)를 뜻합니다. 이를 드렸다는 것은 하나님께 대한 전적인 헌신과 삶의 우선순위를 하나님께 두었음을 의미합니다.

창세기 4장 3~4절을 보면 가인(Cain)은 하나님께 땅의 소산물의 첫 열매를 드렸다는 말이 없습니다. 그런데 아벨(Abel)은 첫 새끼와 그 기름으로 드렸다고 했습니다. 첫 새끼를 드렸다는 것은 삶의 우선순위를 하나님께 두었음을 의미합니다. 하나님은 잠언 3장 9절에 "네 재물과 네 소산물의 처음 익은 열매로 여호와를 공경하라"고 했습니다. 예수님도 제자들에게 "너희는 먼저 그의 나라와 그의 의를 구하라"고 하셨습니다. 먼저는 우선순위를 말합니다. 이를 볼 때 하나님께 처음 익은 열매를 드린다는 것은 하나님을 나의 삶에 최우선순위를 두고 있다는 신앙고백이요 믿음의 행위입니다.

여섯째, 그들은 흠이 없었다.

"그 입에 거짓말이 없고 흠이 없는 자들이더라."(계 14:5)

거짓말은 색깔을 부여해 새빨간 거짓말, 새하얀 거짓말로 구분합니다. 2017년 한국 EBS에서 기획한 '거짓말'에서는 하루 평균 3번의 거짓말을 한다는 연구 결과를 소개하였고, 네덜란드 암스테르담대학교 연구팀은 일생에서 거짓말을 가장 많이 하는 시기를 알아보기 위해 6~77세의 참가자 1,000여 명을 대상으로 조사를 진행했는데, 전체 연령대의 하루 평균 거짓말 횟수는 2.19번으로 집계됐고, 거짓말은 3세 전후부터 시작하게 되는데 이는 언어능력과 인지능력이 발달하는 시기와 연관이 있고, 나이가 점차 높아질수록 거짓말이 늘어나고 있었습니다. 무엇보다도 거짓말을 하지 않은 사람은 한 명도 없다는 것입니다. 그리고 1997년에 미국 서던 캘리포니아대학의 심리학자 제럴드 제리슨(Jerald M. Jellison)의 연구 결과를 보면 거짓말을 많이 하는 직업으로 점원, 정치인, 언론인, 변호사, 판매원, 심리학자 순이었습니다. 이를 볼 때 사람이 진실하게 산다는 것이 쉬운 것은 아닙니다. 예수님을 믿는 성도도 허물과 거짓이 많습니다.

그러나 세상 사람과 성도와 다른 점은 하나님 앞에 나아가 진솔하게 아뢰고 회개하는 것입니다. 우리가 십자가 앞에 나가서 회개하면 하나님께서 예수님의 피로 정결하게 씻어 주십니다. 따라서 우리가 거짓과 위선이 지배하는 세상에서 진실하게 살 수 있는 길은 십자가 앞에 나가 회개하는 것입니다. 하나님은 우리가 회개할 때 용서하십니다.

우리가 시온산에서 어린양 예수님과 함께하려면 예수님의 주되심(Lordship)과 예수 그리스도의 피로 거듭난 자녀임을 확신해야 합니다. 세속의 삶을 버리고 말씀을 따라 신앙의 순결을 지켜야 합니다. 예수님의 사랑과 은혜를 찬양하며 예수님의 인도하심을 따라 날마다 회개하여 정직한 삶을 살아야 합니다.

세 천사가 전해 준 영원한 복음

> "또 보니 다른 천사가 공중에 날아가는데 땅에 거주하는 자들 곧 모든 민족과 종족과 방언과 백성에게 전할 영원한 복음을 가졌더라."(계 14:6)

사도 요한은 온 백성에게 전할 영원한 복음을 가진 또 다른 천사를 보았습니다. 영원한 복음은 십자가와 부활의 복음입니다. 그들은 영원한 복음을 영접하고 하나님을 두려워하며 그에게 영광을 돌리며 창조주 하나님을 경배하였습니다(계 14:7).

두 번째 천사는 바빌론의 멸망을 선포하였습니다(계 14:8). 바빌론은 우상숭배의 중심지였습니다(계 18:2; 렘 51:7). 바빌론은 세상 권세와 부정과 부도덕의 상징이었습니다. 바빌론은 많은 나라에 진노의 포도주를 마시게 하여 우상을 섬기게 하고 음행하게 했습니다. 하나님은 그런 자들을 반드시 심판하십니다.

세 번째 천사는 짐승과 우상에게 경배하고 그 이마와 손에 표를 받으면 하나님의 진노 포도주를 마시게 된다고 했습니다(계 14:9). 이로써 그들은 거룩한 천사들과 어린양 앞에서 불과 유황으로 고난을 받으며 밤낮 쉼이 없습니다(계 14:10~11). 그곳은 죽고 싶어도 죽을 수 없습니다.

구세군(Salvation Army)의 창설자인 윌리엄 부스(William Booth)는 이렇게 말했습니다. “오늘날 왜 그리스도인들이 전도하지 않습니까? 그것은 그들이 아직 지옥에 대해 알지 못하기 때문입니다. 내가 저들을 데리고 단 한 번만이라도 지옥의 광경을 보여 줄 수만 있다면, 그들은 형제를 붙들고 눈물을 흘릴 것입니다. 그들은 아내와 남편을 붙들고 호소할 것입니다. 그들은 동네로 뛰어나가서 지나가는 사람마다 옷을 붙들고 예수 그리스도의 사랑을 전할 것입니다.” 우리가 불과 유황으로 타는 지옥이 있다는 것을 믿을 때, 우리의 전도는 더욱 간절해질 것입니다.

그날에 주 안에서 죽은 자들은 모든 수고를 그치고 안식을 누립니다. 행한 일에 보상을 받습니다(계 14:12~13). 우리가 이를 안다면 어떤 삶을 살아야 합니까? 천사가 전해 준 영원한 복음을 전하며 하나님을 경배해야 합니다.

두 종류의 추수

사도 요한은 두 종류의 추수를 보았습니다. 하나는 예수 그리스도께서 때가 되어 알곡처럼 익은 성도들을 추수하는 모습입니다(계 14:14~16). 다른 하나는 천사들의 추수입니다(계 14:17~20).

“또 불을 다스리는 다른 천사가 제단으로부터 나와 예리한 낫

가진 자를 향하여 큰 음성으로 불러 이르되 네 예리한 낫을 휘둘러 땅의 포도송이를 거두라 그 포도가 익었느니라 하더라."
(계 14:18)

이 말씀은 중동 지방에서 포도주를 만들 때를 비유로 심판을 보여주는 말씀입니다. 농부는 익은 포도송이를 거두어 큰 포도주 틀에 넣고 사람이 발로 밟아 으깨면 포도액이 되어 흘러나옵니다. '익었다'는 것은 절정에 이르렀다는 뜻입니다.

죄악이 절정에 이르자 천사가 예리한 낫으로 휘둘러 불신자들을 하나님의 진노 포도주 틀에 던져 밟고 으깨니 피가 1,600스다디온(Stadion)까지 퍼졌습니다(계 14:19~20). '스다디온'은 로마 시대에 거리를 측정하는 단위로, 1스다디온은 약 192m로, 1,600스다디온은 약 307km가 됩니다. 이는 심판의 물결이 온 땅을 덮을 것이라는 상징적인 의미입니다. 하나님은 때가 되면 반드시 알곡을 천국에 모으고 가라지는 불에 태웁니다(마 13:24~30). 이때 이를 갈며 슬피 울게 됩니다.

악인들은 이 세상에 악을 차곡차곡 쌓는 것이요, 의인들은 하나님 나라에 선을 쌓는 것입니다. 사람들은 심판이 어디 있느냐? 내가 죄를 지어도 아무렇지 않다며 큰소리칩니다. 그러나 하나님은 반드시 심판하십니다. 우리는 하나님 앞에서 겸허하게 살아야 합니다.

지금은 하나님의 심판이 임박한 때입니다. 하나님의 심판은 철저합니다. 이때 우리는 무엇을 해야 합니까? 영원한 복음을 영접하고 하나님을 두려워하며 예수님을 알지 못하여 죽어 가는 그들에게 영원한 복음, 십자가와 부활의 복음을 전해야 합니다.

생각하기

1. 시온산에 어린양과 함께한 14만 4천 명이 서 있었습니다. 그들은 새 노래를 불렀습니다(계 14:1~5). 그들이 부르는 새 노래에 대해 말해 보세요.
2. 다른 천사가 영원한 복음을 가지고 있었습니다(계 14:6~7). 천사가 외친 영원한 복음에 대해 말해 보세요.
3. 둘째 천사는 큰 성 바빌론이 무너짐을 전했습니다(계 14:8). 바빌론은 어떤 곳인가를 말해 보세요.
4. 셋째 천사는 짐승과 우상에게 경배하면 진노 포도주를 마시게 된다고 했습니다(계 14:9~16). 진노의 포도주에 대해 말해 보세요.
5. 불을 다스리는 천사가 추수했습니다(계 14:18~20). 심판이 얼마나 무서운가를 말해 보세요.

Ⅶ. 일곱 대접 심판 (계 15:1~16:21)

의롭고 참되신 하나님(계 15:1~8)

진노의 일곱 대접을 땅에 쏟으라(계 16:1~21)

첫째 대접 재앙 – 악한 종기(계 16:1~2)

둘째 대접 재앙 – 바다 재앙(계 16:3)

셋째 대접 재앙 – 강 재앙(계 16:4~7)

넷째 대접 재앙 – 태양 재앙(계 16:8~9)

다섯째 대접 재앙 – 짐승의 보좌 재앙(계 16:10~11)

여섯째 대접 재앙 – 큰 강 유브라데 재앙(계 16:12~16)

일곱째 대접 재앙 – 공중 재앙(계 16:17~21)

22 요한계시록 15:1~8

의롭고 참되신 하나님

"하나님의 종 모세의 노래, 어린양의 노래를 불러 이르되 주 하나님 곧 전능하신 이시여 하시는 일이 크고 놀라우시도다 만국의 왕이시여 주의 길이 의롭고 참되시도다."(계 15:3)

요한계시록 15장은 마지막 대접 재앙이 내려지기 전에 요한이 본 세 가지 이상입니다. 요한계시록 15장 1절에서 대접 재앙이 마지막 심판임을 말씀하고, 요한계시록 16장 17절에서는 하늘에서 일곱 번째 대접을 쏟으면서 하나님의 심판이 끝났다고 선포하였습니다. 이 선포는 예수님을 믿지 않는 자들에게는 탄식과 절망을 넘어서 아무 희망이 없는 무망(無望)의 소식입니다. 반면에 예수님을 믿고 환난을 당하고 박해받던 성도들에게는 감격과 환희와 승리의 기쁜 소식입니다.

천사와 제단(순교자들)은 하나님의 마지막 심판을 보고 "주 하나님 곧 전능하신 이시여 하시는 일이 크고 놀라우시도다 만국의 왕이시여 주의 길이 의롭고 참되시도다"(계 15:3하)고 외쳤습니다. 주의 길은 의롭고 참됩니다. 그렇다면 지금 우리는 의롭고 참된 하나님 앞에서 의롭고 참되게 살고 있습니까? 우리는 하나님 앞에서 참되고 의롭게 살아야 합니다. 예수님의 십자가 은혜를 값비싸게 여겨야 합니다.

마지막 재앙을 가진 일곱 천사

"또 하늘에 크고 이상한 다른 이적을 보매 일곱 천사가 일곱 재앙을 가졌으니 곧 마지막 재앙이라 하나님의 진노가 이것으로 마치리로다."(계 15:1)

이적이란 단어가 요한계시록에 세 번 나옵니다(계 12:1, 3, 15:1). '이적'(sign)은 인간의 상상을 초월한 기이한 현상을 말합니다. 본문에서는 '크고 이상한 다른 이적'이라고 했습니다. '크고 이상한 다른 이적'은 요한계시록 12장 3절의 큰 이적과 대조가 됩니다. 본문의 크고 이상한 다른 이적은 큰 붉은 용에게 내리는 재앙입니다. 이 재앙은 순교자들의 탄원에 대한 하나님의 응답입니다(계 6:10).

그들은 큰 소리로 하나님께 "거룩하시고 참되신 대 주재여, 언제까지 이 불의한 세상을 내버려 두시겠습니까? 언제까지 예수님을 대적하는 저들을 내버려 두시겠습니까? 예수님을 믿고 복음을 전하는 자들이 언제까지 냉대를 받아야 합니까? 왜 의로운 사람이 핍박을 받고, 왜 불의한 사람이 득세합니까? 어느 때 우리가 흘린 피를 갚아 주시며, 어느 때 하나님의 공의를 나타내시겠습니까?"라고 탄원했습니다.

하나님께서 그들의 탄원을 들으시고 마지막 재앙인 일곱 대접을 쏟으셨습니다. 이 재앙은 남김없이 다 쏟으시는 하나님의 최후 진노입니다. 이 진노보다 더 큰 재앙은 없습니다. 예수님은 일찍이 마지막 재앙에 대해 말씀하셨습니다.

> "이는 그 때에 큰 환난이 있겠음이라 창세로부터 지금까지 이런 환난이 없었고 후에도 없으리라 그 날들을 감하지 아니하면 모든 육체가 구원을 얻지 못할 것이나 그러나 택하신 자들을 위하여 그 날들을 감하시리라."(마 24:21~22)

마지막 재앙은 출애굽 재앙이나 노아 홍수나 소돔과 고모라 재앙과는 비교가 되지 않습니다. 출애굽기에 보면 하나님은 마음이 완악한 바로에게 모세와 아론을 보내어 하나님의 말씀을 전했습니다.

"내 백성을 보내라 그러면 그들이 광야에서 내 앞에 절기를 지킬 것이니라 하셨나이다."(출 5:1하)

이에 바로(Pharah)는 '여호와가 누구냐, 내가 그의 말을 듣고 이스라엘을 보내겠느냐? 나는 여호와를 알지 못하니 이스라엘도 보낼 수 없다'고 했습니다(출 5:2). 바로는 그들을 더욱더 학대했습니다. 하나님은 이런 바로에게 재앙을 내리셨습니다.

하나님은 그들이 숭배하는 나일강을 피로 변하게 하는 재앙을 내리셨습니다(출 7:20~21). 애굽 사람들은 마실 물이 없어 오염된 물을 마셔야 했습니다. 그래도 바로는 이스라엘을 보내지 않았습니다. 하나님은 개구리 재앙, 티끌 재앙, 파리 재앙, 가축들에게 돌림병 재앙, 악성 종기 재앙, 우박 재앙, 메뚜기 재앙, 흑암 재앙을 내리셨습니다. 그래도 바로는 마음이 완악하여 이스라엘을 보내지 않았습니다(출 8:1~10:29).

하나님은 바로에게 마지막 재앙을 내리셨습니다. 마지막 재앙은 바로의 장자를 비롯하여 애굽의 모든 장자와 가축의 첫 새끼가 죽는 것이었습니다. 애굽의 전 지역에 첫아들이 죽지 않은 집이 한 집도 없을 정도로 줄초상이 났습니다(출 11:1~12:30). 모든 집마다 통곡이 그치지 않았습니다. 한꺼번에 죽어 가니 묻을 곳이 없었습니다. 2020년에 코로나19로 많은 사람이 죽어 가니 시신을 굴착기로 모래사장에 묻는 나라도 있었습니다. 마지막 재앙은 그들에게 큰 고통이었습니다.

하나님은 자비롭고 은혜롭고 노하기를 더디하고 인자와 진실이 많으십니다(출 34:6). 그러나 회개하지 않을 때 재앙을 내리십니다. 사람들은 하나님의 재앙을 우연한 사건으로 치부합니다. 나일강이 피로 변해도 자연 현상 중의 하나라고 가볍게 여깁니다. 역병인 코로나19를 경험하면서도 매년 반복되는 전염병 정도로 생각하며 백신을 개발하여 국민의 70%가 백신을 맞으면 면역이 생겨 일상으로 돌아갈 것으로 생각합니다.

사람들은 여러 재앙을 만날 때마다 인간의 방법으로 생각하고 인간의 방법으로 피해 가려고 합니다. 그러면 그럴수록 더 큰 재앙을 만나게 됩니다. 지금 코로나 백신을 70% 접종해도 전염력이 더 강한 델타 변이 바이러스가 나타났고, 2021년 11월 26일에 남아프리카에서 전염력이 강한 오미크론이 발생했습니다. 그러므로 우리는 크고 작은 재앙들을 우연한 일로 여기지 말고, 범사에 하나님의 주권을 인정하고 하나님의 눈으로 보고, 하나님 편에서 생각하고, 하나님의 귀로 듣고, 하나님의 뜻을 찾아 회개하고 하나님의 말씀에 순종해야 합니다.

그러면 인류를 공포로 몰아넣고 있는 코로나의 발생 원인이 어디에 있습니까? 우연한 일입니까? 필자는 《데살로니가전·후서에서 만난 복음》에서 언급을 했지만, 그 원인은 박쥐를 먹는 데서 시작되었다고 합니다.

레위기 11장을 보면 먹지 말아야 할 음식과 먹어야 할 음식이 나옵니다. 정한 새는 말씀하지 않고 부정한 20종의 새들을 들고 있습니다. 이런 새들의 공통점은 사납고 죽은 고기를 뜯어 먹고, 주로 밤에 활동합니다. 독수리는 공격적이고 약탈에 빠릅니다. 피를 흘리는 잔인함이 있습니다. 까마귀는 음울하고 올빼미는 어둠을 좋아합니다. 박쥐 또한 어두움을 좋아하고 낮에는 쥐, 밤에는 날짐승입니다. 그런데 사람들은 성경에 먹지 말라는 박쥐를 먹습니다. 이는 박쥐가 건강(정력)에 좋기 때문이라고 합니다. 코로나19는 바로 인간의 탐욕, 식탐에서 왔습니다. 식탐은 배(胃)를 섬기는 우상숭배입니다. 욕심이 잉태한즉 죄를 낳고 죄가 장성한즉 사망에 이릅니다(약 1:15). 욕심은 모든 죄의 근원입니다.

성도는 먹는 것에서부터 절제하여 맑고 밝고 깨끗한 삶을 살아야 합니다. 구별된 경건한 삶을 살아야 합니다. 경건은 범사에 유익하니 금생과 내생에 약속이 있습니다(딤전 4:8하). 이제 우리는 먹고 마시는 것, 옷 입는 것, 말하는 것, 행하는 것, 생각하는 것 등 모든 면에서 경건에 이르는 삶을 살아야 합니다.

유리 바다에서 부르는 승리의 노래

> "또 내가 보니 불이 섞인 유리 바다 같은 것이 있고 짐승과 그의 우상과 그의 이름의 수를 이기고 벗어난 자들이 유리 바다 가에 서서 하나님의 거문고를 가지고."(계 15:2)

유리는 약간의 티나 얼룩만 져도 드러납니다. 그런데 '불 섞인 유리 바다 같은 것'이라고 했습니다. 하나님 앞에는 조금이라도 흠이 있으면 다 드러납니다. 그렇다면 불 섞인 유리 바다 위에 거문고(하프)를 가진 그들은 누구입니까? 사람은 누구나 허물이 있고 약점이 있고 흠이 있습니다. 누구도 완전한 사람이 없습니다.

그러나 예수님의 어린양의 피는 모든 흠과 모든 허물을 덮습니다. 불 섞인 유리 바다 위에서 거문고(하프)를 가진 그들은 어린양의 피로 정결함을 받은 거룩한 성도들입니다. 그들은 마귀의 삼위일체라고 일컫는 큰 붉은 용(사탄), 바다에서 올라온 짐승(적그리스도), 땅에서 올라온 짐승인 거짓 선지자(계 13:1, 15, 17, 16:13)의 세력에 미혹되거나 굴종하지 않았습니다. 그들은 끝까지 복음 진리를 굳게 잡고 믿음을 지킨 순례자들입니다.

그들은 믿음으로 666인 짐승의 표를 받지 않고 시온산에 서 있는 14만 4천 명입니다. 그들은 환난과 박해 중에도 말씀과 인내의 믿음으로 지킨 성도들입니다(계 14:12). 그들은 예수님께서 추수하신 알곡들입니다(계 14:15). 그들은 모두가 믿음의 선한 싸움에서 승리한 거룩한 성도들입니다. 그들은 믿음을 지키다가 순교한 분들도 있습니다(계 13:15).

그들이 끝까지 믿음의 순결을 지키고자 했을 때 고통이 얼마나 컸겠습니까? 그들은 하나님께 탄원했습니다. 하나님은 그들의 탄원을 드디어 응답하셨습니다. 그러자 그들은 불이 섞인 유리 '바닷가'(beside the sea)에 서서 거문고를 들고 하나님을 찬양하였습니다.

> "하나님의 종 모세의 노래, 어린양의 노래를 불러 이르되 주 하나님 곧 전능하신 이시여 하시는 일이 크고 놀라우시도다 만국의 왕이시여 주의 길이 의롭고 참되시도다 주여 누가 주의 이름을 두려워하지 아니하며 영화롭게 하지 아니하오리이까 오직 주만 거룩하시니이다 주의 의로우신 일이 나타났으매 만국이 와서 주께 경배하리이다 하더라."(계 15:3~4)

그들은 하나님의 종 모세와 어린양의 노래를 불렀습니다. 그들이 찬양하는 하나님은 어떤 분입니까? 하나님이 하시는 일은 너무나 크고 놀랍습니다. 크고 놀라우신 일을 하시는 하나님의 길은 참되고 의로우십니다.

불이 섞인 유리 바다와 같은 유리 바다 위에 서서 하나님을 찬양하는 그들의 모습은 감동적입니다. 필자는 이들의 모습을 보면서 영화 〈쿠오 바디스(quo vadis) 주여 어디가시나이까〉에서 믿음의 순결을 지키다가 사자의 밥이 되면서도 기쁨이 충만한 모습으로 찬송하는 성도들의 모습이 떠오릅니다. 우리는 이들의 찬양에서 하나님을 향한 믿음의 노래를 듣게 됩니다. 우리는 이들의 찬양에서 고난은 우리를 하나님께로 더 가까이 나가게 하는 길이 됨을 알게 됩니다. 우리는 이들의 찬양에서 하나님을 향한 구원의 찬양을 봅니다.

우리는 삶의 현장에서 불공정하고 불의한 모습을 많이 보아왔습니다. 우리 선조들은 젊은 10대에 일제강점기에 정신대로 끌려가 말할 수 없는 고통을 겪은 것을 듣고 있습니다. 해방된 것이 75년이 되었으나 상처가 아직도 아물지 않고 있습니다. 한국의 반일종족주의(反日種族主義)에 속한 한 교수는 그분들이 돈을 벌기 위해 자발적으로 갔다고 주장합니다. 그는 일제식민지 사관을 가지고 있는 사람들입니다.

1940년대 필자의 고향에는 하루에 네 처녀가 혼례를 했다고 합니다. 이는 결혼하지 않은 처녀는 일제가 강제로 위안부로 데려갔기 때문입니다. 필자의 큰누님도 그날에 혼례를 하게 되었는데, 매형 되실 분이 인천에서 직장에 다녔는데, 바람이 불어 인천과 당진까지 오가는 배가 끊겨 사흘 후에 혼례를 했다고 합니다.

필자가 1982년에 인천에 왔을 때 집과 교회 전세를 얻어 주신 복덕방 할머니가 계셨습니다. 이분은 황해도 해주에서 피난 오신 분인데 제게 '다윗 아버지, 저는 위안부에 끌려가지 않기 위해 저 멍텅구리 할아버지와 결혼했습니다'라고 하는 말을 여러 번 들었습니다. 이런 증인들이 있는데, 한국의 반일종족주의자들은 그들이 스스로 돈을 벌기 위해 갔다고 주장합니다.

하버드대학 램지어(John Mark Ramseyer) 교수는 피해자가 작성한 계약서를 제시하지 못한 채 위안부로 끌려간 것이 아니라 계약을 맺고 자발로 돈을 벌기 위해 갔다고 논문을 썼습니다. 그는 일본의 전범 기업 미쓰비시(三菱)로부터 학술 지원을 받는 일본 극우 성향 교수입니다.

유대인들은 나치의 혹독한 시련 앞에 "하나님, 지금 어디 계십니까?"

이런 글을 남겼습니다. 우리 또한 이런 모습을 보면서, 하나님은 왜 침묵만 하시고 계십니까? 하나님은 지금 어디에 계십니까? 묻게 됩니다. 우리가 아무리 염량세태(炎凉世態)에 산다고 할지라도 신의와 은혜를 헌신짝처럼 버리고 자기 유익과 욕심을 따라 사는 이들을 보면 섭섭한 마음이 들어 "하나님, 지금 어디 계십니까?" 묻게 됩니다. 불의와 불법을 자행하는 이들을 보면 "하나님 지금 어디 계십니까?" 묻게 됩니다.

마침내 하나님의 참되시고 의로우신 일이 드러났습니다. 그러자 그들은 구원하신 어린양 예수님을 찬양했습니다. 그들이 찬양하는 예수님은 어떤 분입니까? 예수님은 우리가 받아야 할 하나님의 진노와 심판을 십자가에서 다 받으셨습니다. 예수님은 그 고통이 너무 커서 십자가에서 "엘리 엘리 라마 사박다니! 나의 하나님 나의 하나님 어찌하여 나를 버리셨나이까!"(마 27:46) 부르짖으셨습니다.

이처럼 우리의 구원은 단순한 구원이 아니라 하나님의 무서운 심판으로부터의 구원입니다. 예수님의 십자가 희생에 따른 측량할 수 없는 값비싼 구원입니다. 독일의 디트리히 본회퍼(Dietrich Bonhoeffer) 목사님은 히틀러 암살 음모에 가담했다는 이유로 사형을 당하였습니다. 그가 옥에 있는 동안에 《나를 따르라》[24]라는 '제자의 도'를 저술했습니다. 그는 이 책에서 '값싼 은혜'(cheap grace)를 언급했습니다. "값싼 은혜는 교회의 치명적인 적이다. 값싼 은혜란 싸구려 노점상의 물건들처럼 아무 데서나 마구 남용되는 은혜를 말한다. 값싼 은혜는 사도 정신이 없는 은혜요, 십자가가 없는 은혜요, 그리스도가 없는 은혜이다. 은혜란 밭에 숨겨진 보물과도 같은 것이다. 구원의 은혜를 값비싸게 여길 때 그 은혜가 헛되지 않게 된다."

24 디트리히 본회퍼, 김순현 역, 《나를 따르라》 (서울: 복있는사람, 2016).

우리는 값비싼 예수님의 십자가 피로 구원받아 어린양의 생명책에 기록되어 있습니다. 누구도, 그 무엇도 어린양의 생명책에 기록되어 있는 우리를 해칠 수 없습니다(요 10:28~29). 그래서 사도 베드로는 최후 승리의 날을 간절히 사모하라고 했습니다.

> "하나님의 날이 임하기를 바라보고 간절히 사모하라 그 날에 하늘이 불에 타서 풀어지고 물질이 뜨거운 불에 녹아지려니와 우리는 그의 약속대로 의가 있는 곳인 새 하늘과 새 땅을 바라보도다."(벧후 3:12~13)

그날에 하늘이 불에 타서 풀어지고 물질이 뜨거운 불에 녹아나도 우리는 하나님의 약속대로 의가 있는 곳, 새 하늘과 새 땅에 들어가게 됩니다. 그렇다면 우리는 이제 어떻게 살아야 합니까? 예수님의 어린양으로 구원받은 값비싼 구원을 헛되이 여기지 말아야 합니다. 우리가 구원을 헛되이 여기지 않으려면 의로우시고 거룩하신 하나님 앞에서 두렵고 떨림으로 낮과 같이 단정히 살아야 합니다. 히브리서는 이렇게 말씀했습니다.

> "또 약속하신 이는 미쁘시니 우리가 믿는 도리의 소망을 움직이지 말며 굳게 잡고 서로 돌아보아 사랑과 선행을 격려하며 모이기를 폐하는 어떤 사람들의 습관과 같이 하지 말고 오직 권하여 그날이 가까움을 볼수록 더욱 그리하자."(히 10:23~25)

우리가 믿는 복음, 십자가와 부활의 소망을 굳게 잡고 서로 돌아보며 사랑과 선행으로 서로 격려해야 합니다. 또한, 모이기를 폐하는 사람들처럼 살지 말고 서로 권하여 주님께서 재림하시는 그날이 가까울수록 더욱 모여 찬양하고 기도하고 말씀을 읽고 묵상하고 복음을 전하여 하나님 나라가 속히 오도록 기도해야 합니다. 어려우면 어려울수록 더욱 더 죄와 거리를 두고 성도와 사람들과는 더욱더 거리를 좁혀야 합니다.

진노의 대접을 받은 일곱 천사

> "또 이 일 후에 내가 보니 하늘에 증거 장막의 성전이 열리며 일곱 재앙을 가진 일곱 천사가 성전으로부터 나와 맑고 빛난 세마포 옷을 입고 가슴에 금띠를 띠고."(계 15:5~6)

사도 요한은 이 일 후에 하늘에 있는 증거 장막의 성전이 열리는 또 다른 이적을 보았습니다. '증거 장막'(tabernacle of the Testimony)은 지성소를 뜻합니다. 지성소는 대제사장만이 들어갈 수 있고, 지성소 안에는 언약궤가 있으며, 언약궤 안에는 십계명의 돌판과 만나와 아론(Aaron)의 싹 난 지팡이가 있습니다. 그 언약궤 위가 속죄소(시은좌)입니다. 하나님은 이곳에 거하시며, 이곳에서 죄인들을 만나 주시고 은혜를 베푸십니다.

'하늘에 있는 증거 장막'에는 십계명의 돌판이 있는 것이 아니라 새 언약의 말씀이 있습니다. 어린양의 피가 뿌려져 있습니다. 성전 문이 열렸습니다. 성전 문이 열리자 하나님의 보좌에 만국의 왕이시며 거룩하신 하나님이 앉아 계셨습니다. 성전으로부터 일곱 재앙을 맡은 일곱 천사가 나왔습니다. 이것은 마지막 재앙이 만국의 왕이신 하나님의 통치 아래 있다는 것입니다.

재앙을 맡은 천사들의 모습은 '맑고 빛난 세마포 옷을 입고 가슴에 금띠를 띠고' 있었습니다. '맑고 빛난 세마포'는 성결을 의미하고, 금띠는 존귀를 뜻합니다. 네 생물 중 하나가 진노의 심판을 천사에게 전달하는 순간, 순교자들의 기도가 응답이 되었습니다. 이 천사들이 무엇을 받았습니까?

"네 생물 중의 하나가 영원토록 살아 계신 하나님의 진노를 가득히 담은 금 대접 일곱을 그 일곱 천사들에게 주니."(계 15:7)

'네 생물 중 하나'는 모든 피조물의 대표로(계 4:6), 하나님의 섭리와 경륜을 나타내는 사람입니다(계 1:4~14). 그들 중의 하나가 일곱 천사에게 하나님의 진노가 담긴 금 대접을 주었습니다. 그는 금 대접에 담긴 진노를 '영원토록 살아 계신 하나님의 진노'라고 했습니다. 진노를 내리시는 하나님은 영원토록 살아 계십니다. 천지를 창조하시고 세상을 통치하시며 주관하십니다.

금대접에 담긴 진노는 하나님을 대적하고 교회와 예수 그리스도를 믿는 사람들을 박해한 모든 죄의 진노입니다(계 18:5). 하나님은 길이 참으시는 분입니다. 그러나 길이 참으시는 하나님의 사랑을 멸시하고 회개하지 않는 자에게는 진노를 쏟으십니다(롬 2:5).

순교의 피를 흘린 성도들이 원수를 갚아 달라고 기도했을 때 천사는 금 대접에 담아 어린양에게 드렸습니다(계 5:8). 이 기도를 담았던 금 대접에 하나님의 진노를 담아 일곱 천사에게 주었습니다. 마지막 대접 재앙은 성도들의 피에 대한 보응입니다.

이제 성도들의 탄원이 성취되었습니다. 믿는 자들을 괴롭히고, 예수님을 믿지 않는 불의한 자들은 이 땅에서 화를 면할지 모르지만, 마지막 날에 반드시 심판을 받습니다. 이때는 회개하고 싶어도 회개할 수 없고 예수님을 믿고 싶어도 믿을 수 없습니다. 이는 어리석은 다섯 처녀가 문이 닫힌 어린양의 혼인 잔치에 들어갈 수 없는 것과 같습니다(마 25:1~13).

하나님의 영광과 능력으로 성전에 연기가 가득 찼습니다. 그러자 일곱 천사의 일곱 재앙이 마치기까지는 성전에 능히 들어갈 자가 없었습니다(계 15:8). 성경에 '연기'(smoke)는 하나님의 영광과 임재(臨在)를 상징하지만, 여기에서는 하나님의 무서운 심판을 뜻합니다. 일곱 대접 재앙은 하나님의 무서운 재앙으로 누구도 막을 수 없습니다.

포스트모던 시대는 옛말이 되었습니다. 지금은 초고속, 초저지연성, 초연결성이라는 5G 시대, AI 시대, 플랫폼 시대로 재편되고 있습니다. 지금은 모든 것이 플랫폼입니다. 교육도 플랫폼, 경제도 플랫폼, 심지어 교회도 플랫폼입니다. 사회학 학자들은 이를 가 보지 않은 자본주의로 들어가고 있다고 진단하며 이 변화는 지난 100년간 경험했던 변화의 폭을 능가한다고 했습니다. 지난 100년은 만(萬) 년을 경험했던 폭을 능가한 것으로 보고 있습니다. 그렇다면 변화의 폭이 얼마나 큰가를 알 수 있습니다. 거기다가 코로나19는 이를 더욱 부채질하고 있습니다.

우리는 이런 시대를 맞으면서 미래가 불안합니다. 그러다 보니 사람들은 믿을 것은 돈이라며 가상화폐까지 손을 댑니다. 교인은 가나안 신자가 늘어나고 있습니다. 절대 진리를 부정하고 절대 자기가 중심이 되어 가고 있습니다. 우리는 이런 시대에 사사(Judge) 시대와 같이 나를 중심한 자기 의, 자기 공로, 자기 자랑, 자기 뜻과 자기 생각과 자기 소견에 옳은 대로 사는 나동설, 나 중심에서 돌이켜 하나님의 의, 하나님의 공로, 하나님 자랑, 하나님의 뜻대로 사는 하동설, 하나님 중심이 되어야 합니다.

우리는 어린양의 피로 구원받아 불이 섞인 유리 바다와 같은 바다 위에서 승리의 노래를 부르는 거룩한 성도들입니다. 그렇다면 이제 우리는 어떻게 살아야 합니까? '나' 중심에서 '하나님' 중심으로 살아야 합니다. 세상과 구별된 삶을 살아야 합니다. 불이 섞인 유리 바다와 같은 바다 위에서 찬양을 드리는 거룩한 성도답게 살아야 합니다.

생각하기

1. 우상숭배를 거절하던 이들이 불 섞인 유리 바다에서 하나님의 거문고를 가지고 모세와 어린양 예수님을 찬양했습니다(계 15:1~4). 이들이 찬양하는 모습을 말해 보세요.
2. 이 일 후에 하늘에서 증거 장막이 열리며 일곱 재앙을 가진 일곱 천사가 성전으로부터 나왔습니다(계 15:5~6). 일곱 천사가 성전에서 나왔다는 의미에 대해 말해 보세요.
3. 네 생물 중의 하나가 그들에게 하나님의 진노를 담은 금 대접을 주었습니다(계 15:8). 이것이 의미하는 바가 무엇이고, 그때 성전에 무슨 일이 일어났는가를 말해 보세요.

진노의 일곱 대접을 땅에 쏟으라

"또 내가 들으니 성전에서 큰 음성이 나서 일곱 천사에게 말하되 너희는 가서 하나님의 진노의 일곱 대접을 땅에 쏟으라 하더라."(계 16:1)

요한계시록에는 일곱 인, 일곱 나팔, 일곱 대접 재앙이 나옵니다. 본문은 일곱 대접의 진노입니다. 대접 재앙은 마지막 재앙으로 쏟아붓는 하나님의 진노입니다. 하나님의 진노 대접을 받은 일곱 천사가 어디에 진노를 쏟았습니까?

첫 번째 대접에서 네 번째 진노의 대접은 땅과 바다와 강과 태양을 향해 쏟았습니다. 다섯 번째에서 일곱 번째 진노의 대접은 짐승과 강과 공중에 쏟았습니다. 공중은 악한 영들이 활동하는 곳입니다(엡 2:2).

우리는 진노의 대접을 쏟으시는 하나님을 보면서 이제 어떤 삶을 살아야 합니까? 우리는 참되고 의로우신 하나님 앞에서 다시 오실 예수님을 소망하며 깨어서 하나님께서 정해주신 경계 안에서 살아야 합니다. 각계에 유브라데 강물(river water of Euphrates)이 흐르도록 해야 합니다. 이 강물은 힘의 강물(river water of power)이 아니라 사랑의 강물(river water of love)입니다. 이 사랑의 강물이 가정과 사회와 교회와 민족과 세계 인류에게 흘러넘치도록 해야 합니다.

자연에 쏟으시는 진노의 대접

"또 내가 들으니 성전에서 큰 음성이 나서 일곱 천사에게 말하되 너희는 가서 하나님의 진노의 일곱 대접을 땅에 쏟으라 하더라."(계 16:1)

사도 요한은 성전에서 일곱 천사에게 "하나님의 진노 대접을 쏟으라"라는 큰 음성을 들었습니다. 첫 번째 천사가 첫 진노의 대접을 땅에 쏟았습니다. 그러자 짐승의 표를 받은 사람들과 그 우상에게 경배하는 자들에게 악하고 독한 종기가 생겼습니다(계 16:2). '그러자 이 악하고 독한 종기'는 하나님께서 모세로 애굽에 내리신 여섯 번째 재앙과 같습니다(출 9:10~11). 그리고 이 악하고 독한 종기는 욥의 몸에 난 악창과 같습니다(욥 2:7). 이 종기는 욥에게 참기 힘든 고통이었습니다(욥 2:13).

두 번째 천사가 둘째 진노의 대접을 바다에 쏟자 바다가 즉시 죽은 자의 피같이 되어 모든 생물이 다 죽었습니다(계 16:3). 나팔 재앙은 바다의 1/3만 재앙을 입혔지만(계 8:8~9), 진노의 대접 재앙은 바다의 생물이 전멸했습니다.

나일강이 애굽 사람에게 생명의 젖줄이었다면, 지중해 바다는 로마인들에게 생명의 젖줄이었습니다. 지중해 바다는 로마인들에게 비전과 꿈의 장소요 삶의 현장이었습니다. '바다가 죽었다'는 것은 그들의 꿈과 삶의 터가 무너졌다는 것입니다.

요즘 많은 이들이 비전을 상실한 채 살아갑니다. 그래서 '비전상실증후군'(Boiled frog syndrome)이란 용어가 생겼습니다. 미국 코넬대학교에서 개구리가 현실에 안주할 때 어떻게 되는가를 실험했습니다. 개구리 한 마리를 비커에 넣고 밑에 분젠등을 놓고 1초에 화씨 0.017도씩

물이 데워지도록 불꽃을 아주 작게 해 놓았습니다. 온도가 서서히 높아지므로 개구리는 온도의 변화를 눈치채지 못했습니다. 온도는 0.017도씩 올라가는데 개구리는 여전히 비커에서 나올 생각을 하지 않았습니다. 두 시간 반쯤 지나자 개구리는 자기가 죽어 가는 것조차 느끼지 못하고 그대로 삶아졌습니다. 누구나 현실에 안주하면 자기도 모르게 죽어 갑니다. 비전상실증후군은 어쩌면 둘째 진노의 대접이 쏟아지고 있는 현상일 수 있습니다.

셋째 천사가 세 번째 진노의 대접을 강에 쏟자 강이 피가 되었습니다. 세 번째 나팔 재앙은 강의 1/3을 쓴 물로 만들었으나(계 8:11), 진노의 대접이 쏟아지니 모든 강이 피가 되었습니다(계 16:4). 물은 인간의 생명과 직결되어 있습니다. 물의 근원인 강이 피로 변했으니 마실 물이 없어졌습니다. 그들은 마실 물이 없어 타는 목마름으로 죽어 갔습니다. 하나님께서 왜 이런 재앙을 내리셨습니까? 물을 다스리는 천사가 그 이유를 이렇게 외쳤습니다.

> "내가 들으니 물을 차지한 천사가 이르되 전에도 계셨고 지금도 계신 거룩하신 이여 이렇게 심판하시니 의로우시도다."(계 16:5)

하나님이 이런 재앙을 내리신 이유는 성도들을 괴롭히고 피를 흘린 자들에 대한 진노였습니다. 지금은 공의가 무너져 악인이 득세하고 의인이 핍박을 받고 업신여김을 당하는 것 같습니다. 그러나 거룩하시고 의로우신 하나님께서 반드시 그 의를 드러내십니다. 시편에 "내가 어려서부터 늙기까지 의인이 버림을 당하거나 그의 자손이 걸식함을 보지 못하였도다 그는 종일토록 은혜를 베풀고 꾸어 주니 그의 자손이 복을 받는도다"(시 37:25~26)라고 했습니다. 그러므로 우리가 박해받고 은혜를 원수로 갚는 것을 커피 마시듯 하는 세상일지라도 의로운 하나님 앞에서 절망하지 말고 살아야 합니다.

바울은 예수님께서 오셔서 어둠에 감추인 것을 드러내시므로 사람과 하나님의 역사를 함부로 판단하지 말라고 했습니다(고전 4:3~5). 악령은 앞에서 덤벼들지만, 비방은 언제나 뒤에서 몰래 덮친다는 말이 있습니다. 비방은 살인행위입니다. 자살하는 연예인들을 보면 거의 비방을 견디지 못해서입니다. 인터넷의 특징은 비대면성, 익명성입니다. 그러다 보니 책임지지 못할 말로 비방합니다. 살인은 칼이나 총으로만 하는 것이 아닙니다. 사슴이 사냥꾼이 쏜 화살을 급소에 맞으면 그 자리에 꼬꾸라지지만, 빗맞으면 도망갑니다. 그러나 시간이 흐르면 피를 많이 흘려 결국은 죽습니다. 비방의 화살은 상대방의 급소를 맞힐 수도 있지만 빗맞힐 수도 있습니다. 충격적인 비방의 말을 들으면 3, 4년 후에 심장병과 암이 발생한다고 합니다.

의로우신 하나님을 믿는 우리는 함부로 남을 판단하고 재단하고 비판해서는 안 됩니다. 사람의 판단이 아무리 옳을지라도 의롭지 못합니다. 사람의 판단기준은 자기의 의, 자기 생각, 자기 지식, 자기 경험입니다. 때로는 증거와 물증을 가지고 판단하지만, 그 물증도 확실하지 못할 때가 있습니다. 사람들은 내가 두 눈으로 봤다, 두 귀로 똑똑히 들었다고 하지만, 사람은 너 나 할 것 없이 보고 듣는 것도 자기에게 관심이 있는 것만 듣고 보고 느낍니다. 자기 생각과 일치하는 정보만 받아들입니다. 이런 심리를 확증편향(confirmation bias)이라고 합니다.

거기다가 사람들은 남이 잘되기보다 못되기를 바라는 본성이 없지 않아 있습니다. 그래서 선한 눈으로 다른 사람을 보지 않습니다. 또 사람들은 내용보다 외모를 보고 판단합니다. 그러다가 사람을 판단하고 정죄합니다. 그러나 우리는 모든 판단을 의로우신 하나님께 맡기고 함부로 다른 사람을 판단하거나 정죄하지 말고 하나님 앞에서 의롭게 살아야 합니다.

> "그들이 성도들과 선지자들의 피를 흘렸으므로 그들에게 피를 마시게 하신 것이 합당하니이다 하더라."(계 16:6)

물을 차지한 천사는 그들이 선지자들의 피를 흘리게 했으므로 피를 마시는 것이 합당하다고 했습니다.

우리는 이 말씀에서 마지막 날 하나님의 공의로운 심판대 앞에 서게 될 두 모습을 보게 됩니다. 하나는 복음을 위하여 피를 흘린 사람이고, 또 하나는 자기를 위해 피를 흘린 사람입니다. 자기를 위하여 피를 흘린 사람, 자기만을 위해 산 사람은 피를 마시게 됩니다. 그러나 하나님은 복음을 위하여 희생하고 주님을 따랐던 사람들에게 위로와 보상과 칭찬과 영광으로 갚아 주십니다.

그렇다면 지금 우리(나)는 어느 자리에 서 있습니까? 자기를 위하여 헌신하고 자기에게 충성하는 자리에 있습니까? 아니면 예수님과 복음을 위해 헌신하는 자리에 있습니까? 우리(나)는 마지막 날에 주와 복음을 위하여 충성하고 헌신하여 예수님의 영광과 칭찬이 있는 자리에 서야 합니다.

> "또 내가 들으니 제단이 말하기를 그러하다 주 하나님 곧 전능하신 이시여 심판하시는 것이 참되시고 의로우시도다 하더라."(계 16:7)

순교한 영혼들이 제단 아래에서 그들의 피를 갚아 달라고 부르짖었습니다(계 6:9~10). 하나님은 그들의 기도를 들으시고 물과 물의 근원을 피로 변하게 하셨습니다(계 8:3~5). 마지막 진노의 심판 날에 하나님은 의로우심을 드러내셨습니다. 의로우신 하나님은 성도들의 드린 기도를 다 기억하시고 응답하셨습니다. 그러므로 우리 또한 주님과 복음을 위해 마음 놓고 헌신하고 충성할 수 있습니다.

넷째 천사가 네 번째 진노의 대접을 쏟으니, 해가 권세를 받아 불로 사람들을 태웠습니다(계 16:8). 나팔 재앙은 해와 달과 별들의 1/3을 어둡게 했습니다(계 8:12). 이제는 태양이 뜨거워져서 모든 사람이 타죽게 되었습니다. 여름에 30도만 되어도 더워서 에어컨을 켭니다. 그런데 온도가 100도가 된다고 생각해 봅시다. 에어컨이 감당할 수 있겠습니까? 이 네 번째 대접 재앙은 장차 있을 영원한 불 심판의 그림자입니다.

> "각 사람의 공적이 나타날 터인데 그 날이 공적을 밝히리니 이는 불로 나타내고 그 불이 각 사람의 공적이 어떠한 것을 시험할 것임이라."(고전 3:13)
> "이제 하늘과 땅은 그 동일한 말씀으로 불사르기 위하여 보호하신 바 되어 경건하지 아니한 사람들의 심판과 멸망의 날까지 보존하여 두신 것이니라."(벧후 3:7)

영원한 불 심판 앞에 구원받은 성도는 해와 어떤 뜨거운 기운에도 상하지 않습니다(계 7:16). 하나님은 이런 불 심판 앞에 우상을 숭배하며 하나님을 대적하던 자들이 회개하기를 원하셨습니다. 그런데도 그들은 죄를 회개하지 않았습니다. 오히려 그들은 하나님의 이름을 비방했습니다. 하나님께 영광을 돌리지 않았습니다(계 16:9). 하나님을 대적하고 그들이 경배하던 짐승의 본성대로 살았습니다. 그들의 최후는 불과 유황의 심판이었습니다(계 14:10~11).

이를 볼 때 하나님께서 대접을 쏟으시는 진노의 목적은 짐승을 따르던 죄를 돌이켜 회개하도록 기회를 주신 것입니다. 하나님은 마지막 순간까지 한 영혼이라도 회개하고 하나님께 돌아오기를 원하십니다. 하나님은 사랑과 긍휼함과 은혜가 많으신 분입니다.

이미 자연 재앙이 시작되었습니다. 2020년 겨울에 미국 텍사스 기온이 -10℃ 이하로 내려가고 2021년 6월에 미국 서부 시애틀 기온이 40℃가 오르내리는 등 여러 자연재해를 보고 경험하면서, 그 속에서 하나님의 메시지를 읽고 듣고 볼 수 있어야 합니다. 그런데 사람들은 자연재앙을 단순히 온난화의 결과로 여깁니다. 그러나 하나님이 창조하신 자연계에는 우연이란 존재하지 않습니다. 우리는 자연재해 속에서 하나님이 진노의 대접을 쏟고 계신다는 메시지를 무거운 마음으로 받아들이고 회개하고 하나님께로 돌아가야 합니다.

짐승의 왕좌에 쏟으시는 진노의 대접

다섯 천사가 진노의 대접을 짐승의 보좌에 쏟으니 그 나라가 곧 어두워졌습니다(계 16:10). 바다에서 올라온 짐승은 큰 붉은 용의 하수인이요, 적그리스도요, 세상의 권세를 잡은 자입니다. 짐승의 왕좌는 당시 황제숭배를 강요하던 로마 황제를 뜻합니다. 또한, 짐승의 왕좌는 하나님을 대적하고 세상 권세를 숭배하도록 강요하는 모든 세력을 가리킵니다.

다섯째 천사가 하나님의 진노 대접을 왕좌에 쏟으니 그 왕좌가 흔들리고 칠흑같이 어두워졌습니다. 사람들은 악하고 독한 종기에다 칠흑같이 어두우니 너무 고통스러워서 혀를 깨물며 조금이라도 고통을 잊고자 했습니다. 그런데도 그들은 악하여 하나님을 비방하며 회개하지 않았습니다(계 16:10~11). 그러자 여섯째 천사가 여섯 번째 진노의 대접을 큰 강 유브라데(Euphrates)에 쏟았습니다. 그러자 유브라데 강물이 말랐습니다.

> "또 여섯째 천사가 그 대접을 큰 강 유브라데에 쏟으매 강물이 말라서 동방에서 오는 왕들의 길이 예비되었더라."(계 16:12)

큰 강 유브라데가 마르니 동방에서 오는 왕들의 길이 되었습니다. '동방의 왕들'은 마귀의 지배받는 사람들을 말합니다. 특히 동방의 왕들은 바빌론을 뜻합니다. 우리가 다 아는 바와 같이 유브라데는 나일강, 인더스강, 황하강과 더불어 4대 문명의 발상지입니다.

특히 유브라데는 이스라엘이 이방 세계와 정신적인 경계선, 울타리이요, 로마인에게는 동방과의 정신적인 경계선, 울타리였습니다. 이 경계선이 무너졌습니다. 이 경계선이 무너지자 이스라엘로 이방 문화가 쏟아져 들어왔습니다. 이방 문화는 우상 문화입니다. 어느 사회나 공동체나 경계선이 무너지면 분쟁이 생기고 갈등이 생기고 혼란이 생깁니다. 하나님과 인간 사이의 경계선이 무너졌을 때 인간은 하나님과 같이 되고자 교만으로 에덴동산에서 추방당했습니다.

지금 사회 곳곳에 경계선이 무너지고 있습니다. 윤리와 도덕의 경계선이 무너지고 있습니다. 국제 사회에도 경계선이 무너지고 있습니다. 사람들은 경계선이 없으면 좋을 줄로 알고 이를 환호하고 있습니다. 그런데 삶의 역설이 있습니다. 날아오르는 연줄을 끊으면 연은 더 높이 날 줄 알지만, 연은 땅바닥으로 추락합니다. 울타리를 거두면 가축들이 더 자유롭게 살 줄 알지만 사나운 짐승에게 잡아먹힙니다. 관심을 없애면 다툼이 없어질 줄 알았습니다. 그러나 다툼이 없으니 남남이 됩니다.

간섭을 없애면 편하게 살 줄 알지만 바로 외로움이 몰려옵니다.

인간은 상호 간에 유브라데가 있어야 합니다. 부부 사이에도 유브라데가 있어야 합니다. 이것이 무너지면 다툼이 생기고 가정이 깨집니다. 사회도 유브라데가 있어야 합니다. 사회에 유브라데가 없으면 4분 5열이 됩니다. 교회도 유브라데가 있어야 합니다. 교회의 유브라데가 없으면 서로 갈등과 반목과 불화로 성령의 역사가 일어날 수 없습니다. 국가 간에도 유브라데가 있어야 합니다. 그렇지 않으면 분쟁과 전쟁이 발발합니다.

그러므로 우리는 각계에 유브라데 강물이 흐르도록 해야 합니다. 이 강물은 힘의 강물(water of power)이 아니라 사랑의 강물(water of love)입니다. power game이 아니라 love game의 강물입니다. power game은 분열과 상처와 아픔을 줍니다. 그러나 love game은 평화와 기쁨과 행복을 줍니다. 사랑은 사람을 살리고, 공동체를 살리고, 인류에게 평화와 기쁨을 줍니다. 우리에게 사랑만 있으면, 우리 시대에 사랑만 있으면 이 시대는 완전히 달라질 것입니다. 그렇다면 우리는 이제 어떤 삶을 살아야 합니까? 우리는 가정과 사회와 교회와 민족과 세계 인류에게 예수 그리스도의 사랑의 강물, 유브라데 강물이 흘러넘치도록 해야 합니다.

> "또 내가 보매 개구리 같은 세 더러운 영이 용의 입과 짐승의 입과 거짓 선지자의 입에서 나오니."(계 16:13)

더러운 영인 큰 붉은 용의 입과 짐승의 입 그리고 거짓 선지자의 입은 마귀의 삼위일체입니다. 성령을 비둘기로 표현하는데, 마귀는 개구리로 표현합니다. 성령은 거룩함과 순결입니다. 그러나 개구리는 더럽고 습한 곳을 좋아합니다. 무엇보다 개구리는 양서류(兩棲類)로서 뭍의 생물인지, 물의 생물인지 소속이 불분명합니다. 마귀는 '신자인지, 불신자인지' 불분명하게 만듭니다. 마귀는 개구리처럼 시끄럽게 합니다. 더러운 영은 귀신의 영입니다. 더러운 영이 이적을 행하여 하나님 곧 전능하신 이의 큰 날을 위하여 온 천하 왕들을 모았습니다(계 16:14). 이것이 대환란입니다. 대환란의 때 예수님이 도둑같이 오십니다.

> "보라 내가 도둑 같이 오리니 누구든지 깨어 자기 옷을 지켜 벌거벗고 다니지 아니하며 자기의 부끄러움을 보이지 아니하는 자는 복이 있도다."(계 16:15)

우리는 원수들이 아무리 강해 보여도 두려워할 필요가 없습니다. 왜냐하면, 예수님이 도둑같이 오시기 때문입니다. 우리는 도둑같이 오실 주님을 소망하며 늘 깨어 있어야 합니다(살전 5:2). 깨어 있는 삶은 기도하는 삶입니다. 그리고 자기 옷을 지켜야 합니다. '자기 옷을 지킨다'는 것은 의와 거룩함으로 무장하라는 말입니다. 다음은 벌거벗고 다니지 말아야 합니다. 이는 죄를 짓지 말라는 말입니다. 죄는 부끄러운 것입니다.

그런데 요즘 죄를 부끄러워하지 않습니다. 이는 죄가 문화를 이루고 있기 때문입니다. 간통죄가 폐지되어 간음을 죄로 여기지 않습니다. 이혼을 죄로 여기지 않습니다. 동성애를 부끄러워하지 않습니다. 이는 죄가 보편화가 되어 하나의 문화를 이루고 있다는 증거입니다. 우리는 죄를 죄로 여기고 죄를 부끄러워할 줄 알아야 합니다. 이런 현장에 사는 우리는 자기를 지킬 수 있어야 합니다. 예수님께서 말씀하셨습니다.

> "그런즉 깨어 있으라 너희는 그 날과 그 때를 알지 못하느니라."(마 25:13)

예수님은 종말의 때 슬기로운 처녀와 어리석은 처녀의 비유를 들어 깨어 기름을 준비한 슬기로운 다섯 처녀는 천국의 혼인 잔치에 들어갔지만 기름을 준비하지 않은 어리석은 다섯 처녀는 문이 닫혀 어린양의 혼인 잔치에 참석하지 못했습니다. 깨어 준비된 사람만이 마지막 심판의 날에 심판받지 않습니다(마 25:1~13). 영어 속담에 기회는 준비된 자에게만 주어진다는 말이 있습니다(Opportunity comes to those who are ready). 기회란 우리에게 늘 주어지는 것이 아닙니다. 그리스의 신화에 '기회의 신'의 조각상을 보면 다리에 날개가 달려 있고, 앞머리가 대머리가 아니라 뒷머리가 대머리입니다. 기회는 순간적으로 지나가므로 앞에서 잡아야 한다는 것입니다. 성경 여러 곳에 깨어 근신하라는 말씀이 나옵니다.

> "모든 기도와 간구를 하되 항상 성령 안에서 기도하고 이를 위하여 깨어 구하기를 항상 힘쓰며 여러 성도를 위하여 구하라."(엡 6:18)
>
> "근신하라 깨어라 너희 대적 마귀가 우는 사자 같이 두루 다니며 삼킬 자를 찾나니."(벧전 5:8)

마귀는 타협하거나 대화의 대상이 아니라 대적해야 할 대상입니다. 야고보서 4장 7절에 "그런즉 너희는 하나님께 복종할지어다 마귀를 대적하라 그리하면 너희를 피하리라"(약 4:7)라고 했습니다. '대적한다'(resist)는 군사 용어로 원수를 반격한다는 뜻입니다. 그러기 위해서는 깨어 있어야 합니다.

더러운 세 영(용의 입, 짐승의 입, 거짓 선지자)이 히브리어로 아마겟돈이라 하는 곳으로 왕들을 모았습니다(계 16:16). 사람들은 아마겟돈이 어디인지 위치에 관심이 많습니다. 아마겟돈(Armageddon)은 히브리어로 '하르 메깃돈'(הַר מְגִדּוֹן)입니다. '하르'는 '작은 산' 또는 '산'이라는 말이고, '메깃돈'은 '메깃도'(Megiddo)입니다. 이를 헬라식 표현으로 '므깃도의 산'(언덕)이란 뜻입니다.

그런데 므깃도는 산이 아니라 평야입니다. 그렇다면 아마겟돈은 어느 특정한 장소가 아닙니다. 이는 '마귀가 일으키는 전쟁', '모이는 장소', '모이는 산'을 뜻하는 상징적인 단어입니다(계 19:11~21). 아마겟돈이란 곳으로 왕들을 모아 큰 전쟁을 일으킵니다. 그러자 하나님은 어떻게 하십니까?

공중에 쏟으시는 진노의 대접

일곱째 천사가 일곱 번째 진노의 대접을 공중에 쏟았습니다. 공중은 더러운 영들이 활동하는 곳입니다. 하나님은 사탄에게 직접 진노를 쏟으셨습니다. 공중에 진노의 대접이 쏟아지자 성전에서 보좌로부터 "되었다"(계 16:17)라는 큰 음성이 들렸습니다. '되었다'(It is done)는 다 이루었다는 뜻입니다. 하나님의 진노를 다 쏟으셨다는 말입니다.

세 영의 왕들이 합심하여 전쟁을 일으키지만 죽음 권세를 이기신 예수님께서 최종적으로 승리하십니다. 예수님께서 십자가에서 하신 말씀이 무엇입니까? "다 이루었다"(요 19:30)입니다. 더러운 세 영이 합심하여 대적하지만 성삼위 하나님께서 더러운 세 영을 이기고 승리하셨습니다.

번개와 뇌성과 큰 지진이 있어 만국의 성이 무너지고 큰 성 바빌론성도 무너졌습니다(계 16:17~20). 큰 성 바빌론은 마지막 날에 일어날 적그리스도의 왕국을 가리킵니다. 큰 성 바빌론은 귀신의 처소입니다.

큰 성 바벨론은 각종 더러운 영이 모이는 곳입니다. 큰 성 바벨론은 각종 더럽고 가증한 새들이 모이는 곳입니다. 큰 성 바벨론은 하나님을 대적하는 악의 세력들이 쌓아 올린 거대한 제국입니다. 이 큰 성이 세 갈래로 갈라져 완전히 파멸했습니다.

그것으로 끝나지 않았습니다. 공중에서 우박 세례를 퍼부었습니다. 우박의 무게가 한 달란트, 약 60kg이나 되었습니다(계 16:21). 달란트는 시대마다 무게가 달랐습니다. 구약 시대는 34kg, 신약 시대에는 20kg이었습니다. 사람들은 악의 세력들이 세운 큰 성 바벨론이 영원할 것처럼 생각합니다. 이런 진노 앞에 바벨론이 살아남을 수 있겠습니까?

그런데도 사람들은 바벨론이 영원할 것으로 여기고 하나님께 등을 돌리고 바벨론으로 향합니다. 세상에 있는 것을 놓지 않으려고 하나님을 대적합니다. 그러나 그날에 우리가 붙잡고 있던 거짓 확신과 소망들이 한순간에 사라집니다.

이제 우리는 하나님의 대접 진노 앞에 어떻게 살아야 합니까? 도둑같이 다시 오실 예수님을 소망하며 착한 행실의 옷을 입고 깨어 있어야 합니다. 의로우신 주님 앞에 의롭게 살아야 합니다. 어디에서나 선을 넘지 말고 사랑의 강물이 흐르도록 해야 합니다. 눈에 보이는 바벨론을 의지하지 말고 영원한 하나님 나라를 소망하며 살아야 합니다.

생각하기

1. 첫 번째, 두 번째, 세 번째 진노의 대접을 땅에 쏟으니 악하고 독한 종기가 나고, 바다가 죽은 자의 피같이 되어 모든 생물이 다 죽었습니다(계 16:1~3). 이를 각기 말해 보세요.
2. 세 번째, 네 번째 진노의 대접을 강과 태양에 쏟자 피와 불이 되자 그들이 하나님의 심판은 의로우시다고 외쳤습니다(계 16:4~9). 하나님의 의로운 심판을 말해 보세요.
3. 다섯 번째와 여섯 번째 진노의 대접을 짐승의 보좌와 유브라데에 쏟으니 물이 말랐습니다(계 16:10~16). 유브라데강이 말랐다는 것과 아마겟돈이 의미하는 것이 무엇인지 말해 보세요.
4. 일곱 번째 진노의 대접을 공중에 쏟으니 하나님이 '다 되었다'고 하셨습니다(계 16:17~20). 이 말씀의 뜻을 말해 보세요.

Ⅷ. 바빌론 멸망 (계 17:1~18:24)

만주의 주요 만왕의 어린양 예수님(계 17:1~18)

– 바빌론(종교)의 멸망

내 백성아, 거기에서 나오라(계 18:1~24)

– 바빌론(정치)의 멸망

24 요한계시록 17:1~18

만주의 주요 만왕의 어린양 예수님

"그들이 어린양과 더불어 싸우려니와 어린양은 만주의 주시요 만왕의 왕이시므로 그들을 이기실 터이요 또 그와 함께 있는 자들 곧 부르심을 받고 택하심을 받은 진실한 자들도 이기리로다."(계 17:14)

성경은 마지막 세상 왕국을 바빌론으로 묘사합니다. 세상 왕국은 고대 바빌론 제국으로 시작하여 수많은 제국이 흥망성쇠를 거듭했습니다. 애굽, 앗수르, 바빌론, 메대와 페르시아, 헬라, 로마 제국은 각기 다른 사상과 문명으로 출발했습니다. 그러나 모두 바빌론 제국의 모형입니다. 사라센 제국과 몽골제국, 대영제국, 일본제국과 독일제국, 소련연방과 미합중국과 중국도 모두 바빌론 제국의 모습입니다.

본문에는 큰 음녀가 지배하는 바빌론 왕국의 죄상이 나옵니다. 사탄 마귀가 큰 음녀를 이용하여 믿는 이들을 공격하지만, 만주의 주요 만왕의 왕, 어린양 예수님을 이길 수 없습니다. 부르심을 받고 택함을 받은 진실한 성도들을 이길 수 없습니다.

지금은 큰 음녀(great prostitute)가 지배하고 있습니다. 이런 시대에 만주의 주, 만왕의 왕이신 어린양 예수님을 믿는 진실한 성도가 되어 세상 권력을 등에 업고 교회와 성도를 미혹하는 적그리스도의 미혹을 이기고 승리하기를 기도합니다.

큰 음녀(great prostitute)

또 일곱 대접을 가진 일곱 천사 중 하나가 요한에게 큰 음녀가 받을 심판을 보여 주었습니다(계 17:1). 여기에서 '큰 음녀'(great prostitute)는 바빌론을 말하지만, 이것은 묵시적인 표현으로 로마 제국을 가리킵니다. 로마 제국을 큰 음녀라고 표현한 것은 큰 뜻이 있습니다. 음녀는 부도덕하고 음란한 여자를 의미합니다. 음녀에 해당하는 헬라어 '포르네'(*πόρνη*)는 팔기 위해 내어놓은 물건이란 뜻으로, 돈을 목적으로 몸(성)을 파는 여자를 말합니다. 그런데 보통 음녀가 아니라 큰 음녀입니다. 그러니 얼마나 많은 사람을 미혹하였는지 짐작이 갑니다. 큰 음녀가 물 위에 앉아 있었습니다. 이것은 음녀가 백성과 열방에 큰 영향을 주고 있다는 것입니다(계 17:15).

임금들과 사람들이 큰 음녀에 놀아나고 그 음행의 포도주에 취했습니다(계 17:2). 큰 음녀가 따라 주는 음행의 포도주를 받아 마시고 정신이 몽롱하여 음행에 빠졌습니다. 그렇게 살지 않으면 세상에서 성공할 수 없고, 생업에 종사할 수 없고, 물건을 사고팔 수 없어서 어쩔 수 없이 신앙의 순결을 버리며 큰 음녀와 음행하며 살아야 했습니다.

큰 음녀의 모습은 자주와 붉은빛의 옷을 입고 금과 보석과 진주로 꾸몄습니다. 그 금잔에는 가증한 물건과 그의 음행의 더러운 것들로 가득 채워져 있었습니다(계 17:4). 자주와 붉은빛은 비싼 염료로 만들어진 옷감으로 보통 사람은 감히 쳐다볼 수도 없는 옷이었습니다. 그뿐만 아니라 큰 음녀는 금과 보석과 진주로 귀걸이와 목걸이, 팔걸이, 발걸이로 몸을 치장했습니다. 큰 음녀는 비록 음녀일지라도 사람들의 눈에 톡 튀는 명품만 걸치고 다녔습니다. 큰 음녀의 손에는 금 술잔이 들려 있었습니다. 금 술잔은 술을 따르는데 사용하는 잔이 아니라 점을 치는

데 사용하는 잔이었습니다. 임금과 사람들은 음녀의 술잔에 자신의 삶을 맡겼고, 세상 풍조를 따라 사치와 향락과 음행을 일삼았습니다.

성도와 큰 음녀의 차이점이 무엇입니까? 성도는 붉은 옷이 아니라 흰 세마포(linen)를 입습니다. 이것은 바른 행실을 뜻합니다. 예수님의 성품인 온유와 겸손과 사랑, 충성, 자비, 절제로 단장합니다. 어떤 시련의 때에도 삶을 운명에 맡기지 않고 하나님의 뜻과 섭리를 따라 삽니다. 어떤 위기에도 믿음과 양심을 좇아 살아갑니다. 드디어 큰 음녀의 정체가 드러났습니다.

> "그의 이마에 이름이 기록되었으니 비밀이라, 큰 바벨론이라, 땅의 음녀들과 가증한 것들의 어미라 하였더라."(계 17:5)

당시 창기들은 '창기'라고 쓴 머리띠를 둘렀습니다. 이 큰 음녀의 이마에는 '비밀'(MYSTERY), '큰 바빌론', '땅의 음녀들', '가증한 것들의 어미'라고 쓰여 있었습니다. 사람들은 큰 음녀의 이름이 비밀이므로 그 정체를 잘 알 수 없었습니다. 사람들이 정신을 차려서 성경 말씀의 시각과 가치관으로 보아야 분별할 수 있었습니다.

19세기 계몽주의 사상이 일어난 후에 많은 사람은 과학과 이성이 발달하면 모든 거짓 종교와 미신이 사라질 것으로 생각했습니다. 그런데 실상은 계몽주의자들의 예상과 정반대로 가고 있습니다. 더 많은 우상과 더 많은 미신과 더 많은 사이비종교와 이단들이 이성과 첨단 과학을 교묘하게 이용하여 사회에 침투하고 있습니다.

우리나라에 점치고 사주 관상과 무당에 종사하는 사람이 30만 명, 무속인이 15만 명이라고 합니다. 20, 30대가 10명 중의 9명이 점집을 찾는다는 통계가 있습니다. 정치인들이 선거 때만 되면 무속인을 찾는 것은 공공연한 사실입니다. 세상은 단순히 세속화되어 가는 것이 아니라 우상이 종교화되고, 이단들이 종교화되고 있습니다. 엘리트라고 자처하는 대학생들이 이단의 꾐에 빠져 학업을 포기합니다. 왜 그렇습니까? 이는 그 실체를 드러내지 않고 아주 비밀스럽게 접근하기 때문입니다. 필자가 《데살로니가전·후서에서 만난 복음》에서 언급했듯이 더글러스 R. 그루두이스(Douglas R. Groothuis)는 《뉴에이지 운동 정체》[25]에서 다섯 가지 구체적인 목표를 열거하고 있습니다. 뉴에이지 운동은 포스트모더니즘에서 파생되었습니다.

첫째는 자연보호를 주장합니다. 자연보호, 얼마나 좋습니까? 그러나 그들의 숨은 뜻은 인간과 자연이 하나라는 사상으로 몰고 가서 결국은 자연을 숭배하도록 합니다.

둘째는 성차별을 폐지하자고 주장합니다. 그들은 양성(남녀)평등이 아니라 성평등을 주장합니다. 여기에는 남성과 여성만 있는 것이 아니라 제3의 성인 동성애가 있다는 것을 강조합니다. 그들은 gender라는 용어를 사용하여 여성 해방을 부르짖는데, 여기에 숨은 뜻은 여성을 신격화하고, 동성애를 합법화하고자 함에 있습니다.

알렉산더 히슬롭(Hislop Alexander)은 《두 개의 바빌론》[26]에서 하나님을 반역하는 원인은 바빌론 왕조 시조 니므롯(창 10:9~10)이 자기 부인을 신격화하여 사람들이 여성 신을 쉽게 접근하도록 한 데서 비롯되었다고 보았습니다. 그 부인이 세미라미스(Semiramis)인데, 그녀는 반인반수(半人半獸)로 묘사되고 있습니다. 여기서부터 여신을 섬기기 시

---

25 더글라스 R. 그루두이스, 박영호 역, 《뉴에이지 운동정체》 (서울 CLC, 기독교문서선교회, 1992).

26 알렉산더 히슬롭, 안티오크 번역실 역, 《두개의 바빌론》 (서울: 안티오크, 1997).

작하여 메소포타미아에서는 이슈타르, 이집트에서는 이시스, 그리스에서는 아프로디테, 로마에서는 비너스, 가톨릭에서는 마리아를 숭배합니다.

셋째는 선과 악의 차별을 폐지하자고 주장합니다. 그들은 절대 선도 없고 절대 악도 없다고 주장합니다. 그러다 보니 죄가 보편화되어 죄를 죄로 여기지 않습니다. 죄책감도 없고 죄의식도 없게 됩니다. 죄를 부끄러워하는 마음이 없으면 사람이 아닙니다. 맹자는 사람과 동물과 다른 것은 자기 잘못을 부끄러워하고 남의 잘못을 미워하는 수오지심(羞惡之心)이라고 했습니다.

넷째는 모든 종교를 통합하자고 주장합니다. 여기서부터 종교 다원주의가 시작됩니다. 종교 다원주의의 목표는 하나의 국가를 만드는 것입니다. 세계가 하나가 되려면 종교가 하나가 되어야 합니다. 종교를 통합하자고 운동을 펼치는 결사체가 프리메이슨(Freemason)입니다. 모든 종교는 형태가 각기 다를지라도 행위로 구원을 받는 것입니다. 그러나 기독교는 믿음으로 구원을 받습니다. 따라서 종교를 하나로 통합하자는 기저(基底)에는 십자가와 부활의 복음을 부인하려는 음모가 있습니다.

큰 음녀는 하나님을 모독하는 가증한 물건과 음행의 어미였습니다. 그러면 큰 음녀는 우리를 어떻게 유혹합니까?

첫째, 큰 음녀는 성공과 물량으로 사람을 유혹합니다.

음녀를 '큰' 음녀라고 했습니다. 스스로 모든 음녀의 어미라고 자랑하고 세상 왕들 위에 군림했습니다. 큰 음녀는 사람들에게 거대한 힘과 거대한 것을 추구하도록 미혹했습니다. 크게 성공하라, 많은 돈을 벌라, 큰 집과 큰 차를 사도록 미혹했습니다. 교회를 세우더라도 크게 교회를 짓도록 유혹했습니다. 그리고 큰 음녀가 미혹하는 것은 피라미드 구조입니다. 피라미드 구조는 다단계 구조입니다. 이 구조는 무한경쟁으로 최고의 정점에 오르도록 몰아갑니다.

아담은 하나님과 같이 되고자 하는 욕망으로 하나님이 엄히 명령하신 선악을 알게 하는 나무의 열매를 먹었습니다. 아담의 후예들은 최고가 되고자 바벨탑을 쌓았습니다. 하나님 없이 최고가 되고, 정상에 오르고자 하는 것은 타락한 아담 본성이요 아담의 후예들의 모습입니다. 큰 음녀는 타락한 아담의 본성을 자극합니다. 성경은 최고가 되고, 부자가 되는 것을 죄로 여기지 않습니다. 예수님은 최고가 되고자 하는 제자들에게 '그래, 최고가 되어라'라고 하셨습니다. 예수님은 최고가 되는데, 피라미드 구조가 아니라 종이 되어 낮아져 섬기라고 말씀하셨습니다.

예수님은 섬김을 받기 위해 오시지 않고 오히려 하나님 나라의 모든 권세를 버리고 낮아져서 섬기는 종으로 오셨습니다(막 10:45). 예수님은 죄인들을 섬기시되 십자가에 죽기까지 섬기셨습니다. 마침내 하나님은 예수님을 부활 승천하게 하셔서 만백성이 그 무릎 아래 엎드려 섬기게 하셨습니다. 세상 원리는 스스로 높아져서 남을 지배하고 군림합니다. 그러나 성경의 원리는 낮아져서 섬기는 것입니다.

둘째, 큰 음녀는 선정적으로 유혹합니다.

사람은 남녀노소를 막론하고 성의 유혹에 약합니다. 하나님은 인간이 성의 유혹에 약한 것을 아시고 간음하지 말라는 계명을 주셨습니다(출 20:14). 성경은 곳곳에 음행하지 말라고 경고하였습니다.

요즘 큰 음녀는 드라마나 영화나 문학 작품으로 음란과 음행을 미화하고 조장합니다. 특히 큰 음녀는 인터넷을 이용하여 음란의 광란으로 질주하도록 합니다. 이 음란은 육감적이고 찰나적이고 정신을 차리기 어려울 정도로 현란하여 너나 할 것 없이 미혹당합니다. 그런데 음행은 단순히 남녀의 불륜만을 뜻하지 않습니다. 영적으로 죄악과 짝하며 사치와 향락에 빠져 있는 세속 도시나 불신 집단을 상징합니다. 하나님보다 세상 것들을 사랑하는 것이 음행입니다. 하나님보다 물질과 성을 더 사랑하면 성과 물질이 바로 음행입니다. 배(胃)를 섬기는 배(胃)신자, 곧 식탐이 음행입니다.

셋째, 큰 음녀는 외모 지상주의로 미혹합니다.

큰 음녀는 외형에서 화려합니다. 큰 음녀는 사치와 허영과 외모 지상주의 가치관으로 미혹합니다. 사탄이 아담을 미혹할 때 보암직하고 탐스럽게 보이도록 했습니다. 사탄은 언제나 이생의 자랑과 안목의 정욕과 육신의 정욕으로 미혹합니다.

요즘 한국은 성형 수술로 유명합니다. 우스갯소리로 천국에는 한국 사람들이 성형으로 거의 비슷하여 천국에 원판이 따로 보관되어 있다는 말이 있습니다. 컬러텔레비전이 보급된 이래, 외모지상주의를 더욱 더 부채질하고 있습니다. 대중매체의 광고는 인간의 외모와 화려함을 덧칠합니다. 그래서 어린아이로부터 노인에 이르기까지 외모를 가꾸는 데 많은 돈과 시간을 허비합니다. 결혼의 조건도 외모가 첫째입니다.

미국 플로디다주립대학 짐 맥널티(Jim Mcnulty) 심리학 교수는 결혼 대상으로 여자보다 남자가 외모를 중히 여긴다는 연구 보고서를 발표했습니다. 그러나 성경은 외모보다 내면을 가꾸도록 말씀합니다. 사람의 아름다움은 내면과 그 내면의 순수함에 있음을 거듭 말씀합니다. 베드로는 "너희의 단장은 머리를 꾸미고 금을 차고 아름다운 옷을 입는 외모로 하지 말고 오직 마음에 숨은 사람을 온유하고 안정한 심령의 썩지 아니할 것으로 하라 이는 하나님 앞에 값진 것이니라"(벧전 3:3~4)라고 했습니다.

복음 진리를 부정하는 사상과 이단은 모두 비밀로 포장되어 있습니다. 비밀로 포장하여 하나님을 모독하여 가증한 것들을 섬기도록 합니다. 거기다가 음행의 어미이기에 미혹의 덫에 한 번 걸리면 쉽게 벗어날 수 없습니다. 설령 빠져 나와도 그 세력에 세뇌되어서 오랫동안 성경 말씀과 십자가의 보혈로 치료를 받아야 합니다. 이뿐만 아니라 큰 음녀는 성도들의 피와 예수를 증언하는 증인들을 박해하고 죽이는 것을 서슴지 않았습니다(계 17:6). 큰 음녀는 성도들의 피에 굶주린 들개와 같았습니다.

이 큰 음녀가 탄 짐승은 붉은빛이었습니다. 그 짐승의 몸에는 하나님을 모독하는 이름들이 가득 적혀 있었고, 짐승은 일곱 머리와 열 뿔을 가지고 있었습니다(계 17:3). 이 짐승은 요한계시록 13장 1절에 나오는 짐승으로, 사탄인 큰 붉은 용과 같은 색깔을 하고 있었습니다. 이를 볼 때, 큰 음녀는 사탄의 권세를 위임받은 존재입니다.

큰 음녀는 일곱 머리를 하고 있었습니다. '일곱 머리'(seven heads)는 여자가 앉은 일곱 산, 일곱 왕이라고 했습니다(계 17:7~11). 로마는 로물루스(Romulus)가 기원전 7세기경에 팔라티노(Palatino) 언덕을 중심으로 일곱 개의 언덕에 세워진 것으로 알려져 있습니다. 그래서 일곱 산은 일곱 산에 세워진 로마를 뜻하고 일곱 왕은 로마 황제를 뜻한다고 봅니다. 그러나 필자는 여기에서 '일곱 산'과 '일곱 왕'을 여러 로마 황제들로 보기도 하지만, 구 바빌론, 앗수르, 바빌론, 메대와 바사, 헬라 다섯 나라와 현재의 로마, 로마 멸망 후에 일어날 적그리스도의 나라로 보는 것이 옳다고 여겨집니다.

여덟째 왕은 짐승입니다. '열 뿔'은 열 왕이라고 했습니다(계 17:12). '열 왕'은 상징적인 의미로 짐승의 권세, 적그리스도의 권세를 따르는 세상의 통치자와 권세를 가리킵니다. 그들은 짐승과 연합하여 스스로 짐승에게 충성하고 어린양에게 대적했습니다(계 17:13).

사도 요한이 보니 이 여자는 성도들의 피와 예수님의 증인(순교자)들의 피에 취해 있었습니다. 이는 마치 피에 굶주린 늑대와 같았습니다(血於饑狼). 이를 본 사도 요한은 놀랐습니다(계 17:6). 요한은 이러다가 교회가 망하고, 믿는 성도들도 망하는 것은 아닌가 하는 두려움이 밀려왔습니다. 천사는 이런 요한의 마음을 알고 큰 음녀가 멸망할 것이라는 비밀을 알려 주었습니다(계 17:8,11).

짐승은 지금 무저갱에 있습니다. 어린양의 십자가 죽음과 부활, 승천으로 패배하여 결박되어 있습니다. 그 짐승이 잠시 무저갱에서 올라와 최후 발악을 합니다. 당시 무소불위의 권세를 휘두르던 네로 황제가 그러했습니다. 그는 짐승의 화신이었습니다. 막강한 권세로 교회를 핍박하던 큰 음녀와 짐승의 세력은 결국 망했습니다.

이 짐승의 권세에 놀라고 굴복하는 자는 그 이름이 생명책에 기록되지 못한 자들입니다. 그러나 그 이름이 어린양의 생명책에 기록된 성도들은 짐승에게 놀라지도 않고 굴복하지도 않습니다. 그들이 결국 망한다는 비밀을 알고 있기 때문입니다. 따라서 우리는 세상이나 세상에 있는 것들을 사랑하거나, 이런 것에 오염되지 말고, 적극적으로 큰 음녀의 정체를 알고 대적해야 합니다.

> 이 세상이나 세상에 있는 것들을 사랑하지 말라 누구든지 세상을 사랑하면 아버지의 사랑이 그 안에 있지 아니하니 이는 세상에 있는 모든 것이 육신의 정욕과 안목의 정욕과 이생의 자랑이니 다 아버지께로부터 온 것이 아니요 세상으로부터 온 것이라."(요일 2:15~16)

만주의 주 만왕의 왕 예수님

그러면 우리가 이 큰 음녀의 미혹을 어떻게 이길 수 있습니까?

> "그들이 어린양과 더불어 싸우려니와 어린양은 만주의 주시요 만왕의 왕이시므로 그들을 이기실 터이요 또 그와 함께 있는 자들 곧 부르심을 받고 택하심을 받은 진실한 자들도 이기리로다."(계 17:14)

첫째, 어린양과 함께 있어야 합니다.

요한계시록은 예수님을 '어린양'으로 묘사하였습니다. 어린양은 속죄와 희생의 제물입니다. 어린양 예수님은 심판받을 인간을 구원하시기 위해 십자가에서 죽으셨습니다. 십자가에 죽으신 예수님은 붉은빛 짐승보다 무력해 보이고 화려한 큰 음녀보다 초라해 보입니다. 그러나 예수님은 만주의 주요, 만왕의 왕이십니다.

그들이 만왕의 왕이신 어린양을 대적하나 어린양이 이깁니다. 성경은 "내가 너로 여자와 원수가 되게 하고 네 후손도 여자의 후손과 원수가 되게 하리니 여자의 후손은 네 머리를 상하게 할 것이요 너는 그의 발꿈치를 상하게 할 것이니라"(창 3:15)라고 말씀했습니다. 사탄은 예수님을 십자가에 못 박음으로써 그의 발꿈치를 상하게 했으나, 예수님께서 사흘 만에 부활하심으로 그의 머리를 상하게 하셨고 마지막 날에 그를 진멸합니다.

잠언 7장에 어리석은 한 젊은이가 나옵니다. 그는 아무 생각 없이 세상을 배회하다가 큰 음녀를 만나 죄를 지었습니다. 잠언은 그런 그에게 말씀합니다.

> "네 마음이 음녀의 길로 치우치지 말며 그 길에 미혹되지 말지어다 대저 그가 많은 사람을 상하여 엎드러지게 하였나니 그에게 죽은 자가 허다하니라."(잠 7:25~26)

우리는 잘못된 호기심으로 세상과 벗해서는 안 됩니다. 어린양의 피로 정결함을 받고 말씀 안에 살고, 예수님과 동행하며 그 사랑 안에 거해야 합니다.

둘째, 진실해야 합니다.

'진실하다'(faithful)란 충성스럽고 믿음직스럽다는 뜻입니다. 사탄과 큰 음녀를 이기려면 신실한 믿음과 부르심과 택하심에 충성스러운 사람으로 살아야 합니다. 성도의 삶은 진실한 믿음과 충성입니다.

사람은 큰 음녀의 미혹과 그의 힘을 이길 수 없습니다. 인간의 지혜로 이길 수 없습니다. 인간의 방법으로 이길 수 없습니다. 천하장사 삼손도 큰 음녀의 미혹을 이기지 못해 음행의 길에서 벗어나지 못했습니다.

그러면 우리가 큰 음녀의 미혹을 어떻게 이길 수 있습니까? 우리가 만왕의 왕 되신 주님을 의지하면 큰 음녀의 유혹을 이길 수 있습니다. 예수님께서 부르시고 그의 피로 구원받고 부르심을 받은 진실한 성도는 꼬리를 흔드는 큰 음녀의 미혹을 이길 수 있습니다. 우리가 십자가의 피를 의지하고, 하나님 앞에 나아가 날마다 진솔하게 회개하면 큰 음녀의 미혹을 이길 수 있습니다. 큰 음녀의 특징은 거짓과 비밀이므로 진실만이 이길 수 있습니다.

이제 하나님을 대적하기 위해 세상의 모든 악의 세력이 연합전선을 폈습니다(계 17:16~17). 그러나 그들의 경영은 허사가 되었습니다. 그러자 자기들이 타고 있던 큰 음녀를 공격했습니다. 값비싼 자주와 붉은 빛 옷을 벗기고 온갖 보석으로 장식한 음녀의 살을 뜯어 먹었습니다. 미움과 분노가 큰 만큼 복수도 컸습니다. 이처럼 악인은 자신의 유익을 위해 협력하다가 유익이 되지 않으면 서로 배신하고 배반하는 이전투구(泥田鬪狗), 진흙탕에서 싸우는 개처럼 서로 물고 물어뜯습니다. 그러다가 결국 모두 망합니다.

그 짐승이 큰 음녀를 배반한 것은 하나님의 주권 아래 있기 때문입니다(계 17:17). 하나님은 사탄의 세력들 사이에 일어나는 분열을 심판의 도구로 사용하십니다(렘 25:9~14). 하나님은 그들의 더러운 욕망대로 버려 두어 스스로 망하게 하십니다(롬 2:24). 하나님의 심판은 사탄의 세력이 망할 것이라는 예언이 성취될 때까지 계속됩니다. 큰 음녀는 큰 성 바빌론입니다(계 17:18, 18:2). 큰 음녀는 하나님을 대적하는 사탄의 악한 세력과 그들이 만들어 놓은 악한 제도입니다.

우리는 큰 음녀가 지배하는 세상에 살고 있습니다. 우리는 거대한 바빌론 문화 속에 살고 있습니다. 그러나 크고 화려한 바빌론은 반드시 사라집니다. 세상도 그 정욕도 지나가되 오직 하나님의 뜻을 행하는 자만이 영원합니다(요일 2:17). 따라서 우리는 만유의 주이시고 만왕의 왕이신 어린양 예수님을 믿고 진실하게 살아야 합니다. 우리는 눈에 보이는 세상에 동화되거나 사랑하지 말고 어린양 예수님을 사랑하고 영원한 하나님 나라를 소망하며 살아야 합니다.

생각하기

1. 임금들과 사람들이 큰 음녀에 놀아나고 음행의 포도주에 취했습니다(계 17:1~2). 큰 음녀의 손에 든 금 술잔에 대해 말해 보세요.
2. 큰 음녀의 이마에 비밀, 큰 바벨론, 땅의 음녀들과 가증한 것들의 어미라고 기록되었습니다(계 17:3~6). 큰 음녀가 어떻게 사람을 미혹하는가를 각기 말해 보세요.
3. 큰 음녀는 일곱 머리를 하고 일곱 산, 일곱 왕이라고 했고, 열 뿔을 가지고 있었습니다(계 17:7~13). 일곱 산과 열 뿔에 대해 말해 보세요.
4. 큰 음녀는 어린양, 만주의 주, 만왕의 왕을 이길 수 없었습니다(계 17:14~18). 우리가 어떻게 큰 음녀를 이길 수 있는가를 말해 보세요.

25 요한계시록 18:1~24

내 백성아, 거기에서 나오라

"또 내가 들으니 하늘로부터 다른 음성이 나서 이르되 내 백성아, 거기서 나와 그의 죄에 참여하지 말고 그가 받을 재앙들을 받지 말라."(계 18:4)

바둑에서 "대마는 죽지 않는다"(too big to fail)라는 유명한 말이 있습니다. 그러나 대마(大馬)도 죽습니다. 리먼 브러더스(Lehman Brothers) 투자은행은 미국의 4대 거대 금융그룹으로, 1850년에 독일계 유대인이 세운 은행입니다. 이 금융그룹이 2008년에 세계 금융위기로 파산되었습니다. 유대인이 세계 최대 금융시장인 뉴욕 월가(New York Wall street)의 대형 금융사 90%를 차지하고 있는데, 유대인이 세운 거대한 투자은행이 파산될 줄 누가 알았겠습니까?

요한계시록 17장에서 큰 음녀가 세상을 지배했습니다. 그런 큰 음녀가 사탄과 마귀와 세상 권세 잡은 자들에 의해 불살라 살해되었습니다. 영원할 줄 알았던 큰 성 바빌론 성이 흔적도 없이 사라졌습니다. 이처럼 세상에 눈에 보이는 모든 것은 모두 영원하지 않습니다. 세상에 보이는 모든 것은 거짓된 소망입니다. 겉으로 화려해 보이지만 속은 썩은 동아줄에 불과합니다.

본문은 바빌론의 멸망 원인과 바빌론의 멸망하는 모습을 보게 됩니다. 그런 중에 하나님은 "내 백성아, 거기서 나오라. 그의 죄에 참여하지 말라. 그가 받을 재앙들을 받지 말라"(계 18:4)라고 호소하십니다. 본문에서 우상을 숭배하는 그 나라와 백성은 반드시 망한다는 것과 그런 중에 우리가 어떤 삶을 살아야 하는가를 배울 수 있습니다. 우리는 바빌론 우상 문화에서 나와 믿음으로 살아야 합니다.

바빌론의 멸망의 원인

이 일 후에 다른 천사가 하늘에서 내려오는 것을 보니 큰 권세를 가졌는데 그의 영광으로 땅이 환해졌습니다. 그 천사가 힘센 음성으로 외쳤습니다.

> "힘찬 음성으로 외쳐 이르되 무너졌도다 무너졌도다 큰 성 바벨론이여 귀신의 처소와 각종 더러운 영이 모이는 곳과 각종 더럽고 가증한 새들이 모이는 곳이 되었도다."(계 18:2)

'무너졌도다, 무너졌도다'를 두 번 외치는 것은 무너짐이 확실하다는 것입니다. '무너졌다'(ἔπεσεν)는 것은 헬라어 시제로 부정과거입니다. 이는 미래에 일어날 일이지만, 너무 분명하고 확실한 사건임을 나타내는 표현입니다.

초대교회는 로마를 바빌론으로 표현했습니다(벧전 5:13). "로마는 하루아침에 세워지지 않았다"(Rome was not built in a day)라는 말이 있습니다. 그러나 천사는 로마의 멸망을 선포했습니다. 천사의 예언대로 A.D.476년에 게르만 용병대장 오도아케르(Odoacer)가 황제 로물루스(Romulus)를 내쫓음으로 서로마제국이 막을 내렸습니다. 강력한 힘과 풍요와 사치로 화려하던 로마가 하루아침에 폐허가 되었습니다. 하루아침에 멸망하여 귀신과 더러운 영이 모이는 곳으로 전락했고, 시체를 뜯어먹는 가증한 새들이 모이는 도시가 되었습니다. 하늘을 찌르던 화려한 제우스 신전과 비너스 여신상, 황제숭배 신전이 순식간에 무너졌습니다. 우리는 2001년 9월 11일에 뉴욕의 세계무역 센터가 순식간에 무너졌던 것을 기억합니다. 2018년에 미국의 4대 금융그룹인 리먼 브러더스(Lehman Brothers) 투자은행이 파산하는 것을 지켜보았습니다. 로마는 이처럼 처참하게 무너졌습니다.

누가 로마가 하루아침에 무너진다고 생각했겠습니까? 사람들은 로마가 영원하리라고 생각했습니다. 19세기에 빅토리아 왕조 시대에 영국은 태양이 지지 않는 나라였습니다. 사람들은 영국이 망하리라고 생각했을까요? 그러나 대영제국도 사라졌습니다.

사람들은 미국이 영원할 것으로 생각합니다. 그러나 미국의 모리스 버만(Morris Berman)은 《미국 문화의 몰락》(The Twilight of American Culture)[27]에서 미국은 4, 5세기경의 로마제국처럼 찬란했던 전성기를 지나 사회 혼란기로 치닫고 있다고 경고하면서, "미국은 문화의 몰락이라는 역사적인 숙명 앞에 결코 예외가 될 수 없다"라고 했습니다. 그것이 점점 현실로 다가오고 있습니다. 바이든(Joe Biden) 미국 48대 대통령은 2021년 8월 31일에 아프가니스탄(Afghanistan)에서 미군을 철수하며 미국이 '세계의 경찰' 역할을 벗어던지고 국익을 바탕으로 현재와 미래의 외교 안보 위협 대응에 집중하겠다고 선언했습니다.

필자는 70여 년 동안 살아오면서 두 가지를 깨달았습니다. 하나는 사람이 금시 사라질 소위 완장을 차기만 하면 거만해지고 교만해져 선배도 스승도 의리도 없는 것을 보았습니다. 두 번째는 눈에 보이는 것은 언젠가 다 사라진다는 것입니다. 완장이 사라지면 권세도 사라지고 권세가 사라지니 사람도 떠나고 돈도 떠납니다. 그래서 "정승 집 개가 죽으면 문전성시고 정승이 죽으면 텅텅 빈다"라는 말이 있습니다. 하나님의 부르심을 따라 하나님 앞에서 충성스러운 삶만이 영원합니다.

---

27 모리스 버만, 심현식 역, 《미국 문화의 몰락》 (서울: 황금가지, 2002).

베드로는 젊어서 세상 영광을 따라 살았던 사람입니다. 그는 이 세상에서 거꾸로 매달려서라도 세상 명예와 영광을 추구했던 사람이었습니다. 그런 그가 세상에 화려하고 영광스럽던 모든 것은 '일장춘몽'(一場春夢), '화무십일홍'(花無十日紅)이란 사실을 깨닫고 우리에게 이렇게 권면합니다.

> "그러므로 모든 육체는 풀과 같고 그 모든 영광은 풀의 꽃과 같으니 풀은 마르고 꽃은 떨어지되 오직 주의 말씀은 세세토록 있도다 하였으니 너희에게 전한 복음이 곧 이 말씀이니라."
> (벧전 1:24~25)

새문안교회 강신명 목사님은 고 박정희 대통령 영결식에서 이 말씀을 읽었는데, 많은 이들에게 큰 울림이 되었습니다. 이 말씀은 고 박정희 대통령의 삶을 한마디로 요약한 말씀이었기 때문이었습니다. 18년 동안 무소불위의 권력과 권세를 가졌던 그도 김재규 중앙정보부장의 총탄으로 한순간에 생을 마감했습니다.

성냥불과 반딧불이 똑같은 불빛을 내지만 완연히 다릅니다. 성냥불은 작은 입김에도 금방 꺼집니다. 그러나 반딧불은 비바람에도 빛을 잃지 않습니다. 성냥불은 자기 몸을 태우며 불빛을 내지만 반딧불은 생명에서 나옵니다. 성냥불은 그을음을 남겨 주위를 오염시키지만, 반딧불은 오염 물질을 한 점도 배출하지 않습니다. 물질과 명성과 완장은 성냥불과 같아서 안개처럼 사라지고 많은 사람에게 상처를 주고 사라집니다. 그러나 십자가의 희생과 섬김과 사랑은 내면에서 발하는 반딧불과 같아서 이웃들에게 오랫동안 기억됩니다. 그러면 바빌론이 멸망한 그 원인이 무엇입니까?

"그 음행의 진노의 포도주로 말미암아 만국이 무너졌으며 또 땅의 왕들이 그와 더불어 음행하였으며 땅의 상인들도 그 사치의 세력으로 치부하였도다 하더라."(계 18:3)

음행의 진노 포도주로 만국이 무너졌습니다. '음행'(adultery)이란 우상숭배를 뜻합니다. 우상을 숭배하는 배후에는 반드시 음행이 뒤따릅니다. 그래서 성경은 우상숭배한 자를 행음(prostiution)한 자라고 했습니다(렘 3:2; 호 4:10).

그러면 하나님보다 우상을 숭배하는 원인은 어디에 있습니까? 이는 하나님을 업신여기는 교만에 있습니다. 아담이 하나님의 엄히 명하신 계명을 어긴 것도 하나님과 같이 되고자 하는 교만이었습니다. 아담의 후예들은 끊임없이 하나님과 같이 되고자 했습니다. 창세기 11장을 보면 바벨탑을 쌓는 장면이 나옵니다. 이것은 하나님께 대한 도전이었습니다. 사람들은 성읍과 탑을 하늘에까지 건설하여 자신들의 명성을 높이고, 하나님 없이도 위대한 문명을 이루리라고 확신했습니다. 하나님은 이런 그들의 교만의 바벨탑을 흩으셨습니다.

하나님과 같이 되고자 하는 인간의 교만(*Hubris*)은 지금도 계속되고 있습니다. 이스라엘의 역사학자인 유발 하라리(Yuval Noah Harari)는 2015년에 《호모 데우스》(*Homo Deus*: 신이 된 인간)[28]에서 "인간이 과학기술발달에 힘입어 감염병을 이길 수 있게 되었다. 이제 인간은 조만간 영생불멸 비법도 터득하여 신으로 업그레이드될 것이다"라고 예측하였습니다. 그런데 그가 이 책을 출판한 5년 후, 2020년에 코로나19로 인간을 공포로 몰아넣었습니다.

---

28 유발 하라리, 김명주 역, 《호모 데우스》, 서울: 김영사, 2017.

하나님이 가장 싫어하시는 죄는 교만입니다. 성경에서 교만은 패망의 선봉이고 거만한 마음은 넘어짐의 앞잡이라고 했습니다(잠 16:18). 루이스(Clive Staples Lewis)는 《순전한 기독교》[29]에서 교만의 죄를 "본질적인 악, 최고의 악은 교만이다. 이에 비하면 부정, 탐욕, 술 취함, 그 외의 모든 악은 벼룩에 지나지 않는다"라고 했습니다.

바빌론 왕 느부갓네살(Nebuchadnezzar)은 높이 30m의 신상을 세우고 모든 사람으로 엎드려 절하게 했습니다(단 3:1~7). 지금 북한이 김일성, 김정일 동상에 절하는 것과 같습니다. 그러다가 그는 왕좌에서 쫓겨나 7년간 들짐승과 함께 소처럼 풀을 뜯어 먹으며 살았습니다(단 4:25). 그의 아들 벨사살(Belshazzar) 왕은 1,000명의 귀족을 초대하여 그의 부친 느부갓네살이 예루살렘 성전에서 빼앗아 온 금은 기명으로 술을 마시고 우상을 찬양하며 하나님을 모욕했습니다(단 5:4). 그때 하나님의 손가락이 나타나 벽에 글씨를 썼고 그날 밤 그는 죽었습니다(단 5:30).

로마는 황제숭배를 강요했습니다. 지상의 왕들은 로마를 등에 업고 우상숭배를 강요했습니다. 상인들은 사치 세력과 결탁하여 돈을 모았습니다. 하나님은 그들의 우상숭배와 음행과 사치를 기억하시고 진노의 대접을 쏟으셨습니다(계 16:19). 음행의 극치는 동성연애입니다. 동성연애는 모든 윤리 타락의 극치입니다. 로마서 1장 18~32절은 로마 사회의 축소판입니다. 그들은 우상을 숭배하고 동성연애를 즐겼습니다.

한국은 '평등법'을 제정하려고 합니다. 이 법의 내용은 동성애를 반대하고 비난하면 처벌하는 법입니다. 그러나 이 법의 저변에는 단순히 동성애를 반대하고 비난하면 처벌하는 정도가 아니라 '동성혼인(同性婚姻)

---

29 C.S. 루이스, 장경철 외 역, 《순전한 기독교》 (서울: 홍성사, 2005).

을 합법화'하고자 하는 저의가 숨어 있습니다. 2016년 5월 25일에 서울서부지방법원은 김광수 김승환이 서대문구구청장을 상대로 낸 "동성 간 혼인신고 불수리 불복"에 각하를 내렸습니다. 동성애자들이 이에 대응하여 평등이라는 이름으로 "동성(同性) 간 혼인을 합법화"하고자 하는 것이 평등법입니다. 이 법은 악법 중의 악법입니다.

성경에 하나님이 인간의 행복을 위하여 두 가지 기관을 세웠습니다. 하나는 교회이고, 다른 하나는 가정입니다. 가정은 교회보다 먼저 세워졌습니다. 가정은 생명이 창조되고, 행복이 만들어지는 곳입니다. 가정은 인간이 만나는 최초의 사회공동체입니다. 가정은 생의 보금자리이고, 사회 근간입니다.

동성(同性) 간의 결혼이 합법화할 때 가정은 큰 위기를 맞게 됩니다. 가정이 무너지면 공동체를 지탱하는 근원의 터를 잃게 됩니다. 성경은 기초의 중요성을 이렇게 말씀하고 있습니다. "터가 무너지면 의인이 무엇을 하랴."(시편 11:3) 터가 되는 가정이 무너지면 인류 공동체가 무너집니다.

동성애자들은 동성애를 선천성이라고 주장합니다. 어떻게 동성애가 선천성입니까? 동성애가 선천성이 아니라는 것을 중학교 생물을 공부한 사람도 다 압니다. 사람에게는 남녀 모두에게 상염색체(autosome) 22쌍과 성염색체 한 쌍을 가지고 있습니다. 남자는 XY, 여자는 XX입니다. 남자의 X염색체가 여자의 염색체와 만나면 여자이고, 남자의 Y염색체가 여자의 염색체와 만나면 남자가 됩니다. 생물학적으로 남자와 여자는 배란기 때부터 결정됩니다. 따라서 동성애는 선천성이 아니라 후천성입니다.[30] 유전을 강조하고 환경을 배제하는 프로이트

30 우남식, 《성심리》 (서울: 시그마프레스, 2015).

(Sigmund Freud)조차도 남근기(4~5세)에 동성애자가 될 수 있는 시기로 보았습니다. 에릭슨(Erik Homburger Erikson)도 청소년기(12~18세)에 성적 정체성(sexual identity)을 갖는 시기로, 성적 정체성을 갖지 못하면 혼란을 겪게 되고, 동성애 성향이 될 수 있다고 했습니다. 무엇보다도 동성애들은 자신을 장애로 여기지 않고 건강한 사람이라고 생각합니다. 그렇다면 건강한 사람으로 당당하게 살면 됩니다. 굳이 포괄적 차별 금지법으로 보호를 받을 이유가 없습니다.

로마 사람들은 옳고 그름과 죄를 죄로 여길 줄 모르는 시비지심(是非之心)과 수오지심(羞惡之心)이 없었습니다. 모건 스캇 펙(Morgan Scott Peck)은 《끝나지 않은 여행》[31]에서 죄의식에는 신경증적 죄의식과 실존적 죄의식이 있는데, 사람이 사회에 살아가기 위해서는 일정한 죄의식, 실존적 죄의식이 필요하다고 했습니다. 교도소에 아무 죄의식이 없는 사람이 아주 많고, 또 죄의식을 거의 느끼지 못하여 교도소에 가게 된 사람이 많다는 것입니다. 도스토옙스키(Dostoevskii, Fyodor Mikhailovich Dostoevskii)의 《죄와 벌》에서 라스콜니코프(Raskol'nikov)도 초기에 자기 죄를 시인하지 않았습니다. 사회인지 이론가인 로버트 셀만(Robert Selman)은 사람이 죄의식이 없을 때, 사회인지 5단계 중의 0단계로 봅니다. 사회인지 0단계는 타인을 자기중심으로 보므로 타인이 자신과 다른 관점을 갖고 있다는 것을 전혀 인지하지 못합니다.

로마 사람들은 죄를 상대화했습니다. 나만 죄를 짓는 것이 아니고 재수가 없어서 걸렸을 뿐이라고 했습니다. 이게 바로 상황 윤리(situation ethics)입니다. 그들은 상황에 따라, 자기 입맛에 따라 죄를 달리 해석했습니다. 요즘 자주 쓰는 '내로남불', 내가 하면 로맨스, 남이 하면 불륜

31 모건 스캇 펙, 조성훈 역, 《끝나지 않은 여행》 (서울: 율리시즈, 2020).

입니다.

그뿐만 아니라 그들은 자기를 과시했습니다. 자기를 높이는 것은 하나님 앞에서 큰 죄입니다. 교만은 멸망의 선봉이요 겸손은 존귀의 길잡입니다(잠 18:12). 하나님은 교만한 자를 대적하고 겸손한 자에게 은혜를 주십니다(벧전 5:5). 누가 망합니까? 나는 결단코 망하지 않는다고 생각하는 아집과 교만으로 굳어진 사람입니다.

하나님은 우상숭배를 가장 미워하십니다. 우상숭배는 탐심에서 옵니다(골 3:5). 욕심이 잉태한즉 죄를 낳고 죄가 장성한즉 사망을 낳습니다(약 1:15). 욕심은 지나치게 무엇인가에 집착하는 것입니다. 몰입은 새로운 발명의 세계로 안내하지만, 집착은 죄를 조장합니다. 지나치게 먹는 것에 집착하고, 지나치게 성에 집착하고, 지나치게 물질에 집착하고, 지나치게 땅에 집착하고, 지나치게 명예와 권세에 집착하는 것은 죄입니다. 지금 주위에 일어나는 문제들은 거의 모두가 탐심과 욕망에 집착해서입니다.

탐심과 욕심은 어디에서 올까요? 자족하지 못하는 데서 옵니다. 명심보감에 안분지족(安分知足)이란 말이 있습니다. 사자성어로 '안분낙도'(安分樂道), 영어로 'Happiness lines in contentment'라는 말도 있습니다. 안분지족은 자신의 주어진 삶과 환경에 불평하지 않고, 남과 비교하여 더 얻지 못해 안달하거나 초조하거나 걱정하지 않는 것입니다. 바울은 어떤 형편에서도 자족했습니다. 이는 능력 주시는 자 안에서 모든 것을 할 수 있다는 믿음이 있었기 때문입니다(빌 4:11~13).

탐심과 집착은 우상숭배입니다. 하나님은 교만과 우상숭배를 미워하십니다. 우리는 교만한 자리에서 겸손의 사다리를 타고 내려와야 합니다.

바빌론의 멸망과 성도들의 찬양

하나님은 바빌론을 그들이 행한 대로 되돌려주었습니다(계 18:6). 하나님은 되돌려주시되 그들의 섞은 잔에 갑절로 섞어 돌려줬습니다. '갑절로 갚아 준다'는 말은 하나님의 합당한 징계를 뜻합니다(렘 16:18, 17:18).

바빌론은 만국을 미혹하여 사람들에게 하나님과 어린양을 대적하게 했습니다. 우상숭배의 죄에 빠지게 했습니다. 사치와 향락에 빠지게 하여 하나님보다 향락과 물질에 탐닉하게 했습니다. 하나님의 심판은 그들의 죄에 대한 응당한 심판이었습니다. 하나님은 바빌론이 누렸던 사치와 방탕과 향락을 누리고 즐긴 만큼 고통과 애통으로 갚아 주셨습니다. 바빌론은 애통을 당하지 않으리라고 호언장담했습니다(계 18:7). 바빌론 왕은 하늘에 올라 하나님의 뭇 별 자기 자리를 높이고 북극 집회의 산 위에 앉고자 했습니다(사 14:13). 이런 도시가 하루 사이에 재난이 닥쳤습니다. 그 도시를 하루 사이에 심판하신 주 하나님은 강한 분이십니다(계 18:8).

> "그러므로 하루 동안에 그 재앙들이 이르리니 곧 사망과 애통함과 흉년이라 그가 또한 불에 살라지리니 그를 심판하시는 주 하나님은 강하신 자이심이라."(계 18:8)

바빌론에 나타날 재앙들은 네 가지입니다. 첫째는 사망입니다. 그는 영원히 죽지 않고 사치와 향락을 즐길 수 있는 것처럼 교만했습니다. 둘째는 애통입니다. 사치와 향락을 즐긴 죄에 대한 심판입니다. 셋째는 흉년입니다. 그들은 풍요로웠습니다. 그러나 그들이 믿고 의지하던 물질의 풍요로 징계하십니다. 넷째는 그 큰 성이 불에 타서 사라집니다.

부와 사치를 상징하는 로마가 멸망하니 연쇄 부도가 나서 모두가 망했습니다. 그래서 여러 부류의 사람들이 바벨론 애가(哀歌)를 불렀습니다. 가장 먼저 왕들과 상인들이 애가를 불렀습니다(계 18:10,16). 다음에 바빌론의 상품을 실어 나르며 돈을 벌던 배의 선장과 선원들과 선객들이 머리에 티끌을 뿌리며 불타는 연기를 보고 가슴을 치며 애통했습니다(계 18:19).

상인들은 왕족들과 정략 결혼하여 각종 이권에 개입하므로 막대한 돈을 벌었습니다. 이런 현상은 지금도 다르지 않습니다. 한국의 재벌들은 정관언(政官言)계와 이리저리로 혼맥을 맺고 있습니다.[32] 재벌-권력-언론의 혼맥도를 보면 당대의 실세 정치 관료들과 사돈을 맺고 있습니다. 삼성그룹은 조선, 중앙, 동아일보 등 언론 3사와 모두 연결되어 있습니다. 삼성 이건희 회장이 중앙일보 홍진기 회장의 장녀와 혼인한 데서 출발한 이 혼맥은 현대가인 노신영 전 국무총리와 김동조 전 외무부장관, LG 허정구 회장가를 거쳐 조선일보로 연결되어 있습니다. 그리고 삼성 이건희 회장의 차녀와 동아일보 김병관 회장의 차남이 혼인했습니다. 연령층별 혼인 상대를 보면 60대의 경우에는 재계가 26%에 불과했으나, 50대 29%, 40대 37%, 20, 30대 60% 등 세대가 흐를수록 재벌과 재벌의 혼사가 주를 이루고 있습니다. 재벌가 일원이 유력가문 출신이 아닌 사람과 결혼한 비율은 50대가 33%에서 40대는 27%, 20, 30대는 13% 등으로 '보통 사람'과의 사돈 맺기는 갈수록 줄어들고 있습니다.

권력은 정년이 있으나 상인은 정년이 없습니다. 그래서 상인들은 정권을 쥐고 흔듭니다. 그들은 돈으로 모든 것을 할 수 있다고 생각하는 천민자본가들이었습니다. 하나님은 그들을 심판하셨습니다.

32 MBC, '한국 상류층의 얽히고설킨 혼맥도', 2004.1.13.

천사가 큰 맷돌 같은 돌을 들어 바다에 던짐으로 큰 성 바벨론이 영원히 멸망하는 모습을 보여 주었습니다(계 18:21). 맷돌을 깊은 바다에 던지자 다시는 떠오를 수 없게 되었습니다. 큰 성 바벨론은 이 땅에서 다시 볼 수 없었습니다. 천사는 계속해서 바벨론의 멸망을 말했습니다(계 18:22~23).

사치와 향락을 즐기는 자들의 특징은 멋진 옷을 입고 악기를 동원하여 술을 마시며 그 반주에 춤을 추며 노래 부르는 음주가무(飮酒歌舞)입니다. 그런데 음악이 다시는 들리지 않습니다. 보석을 연마하던 세공업자의 소리도 들리지 않고, 일상생활에서 들을 수 있는 맷돌 소리도 들을 수 없습니다. 밤마다 대낮같이 화려한 조명과 네온사인을 켜 놓고 사치와 향락을 즐기던 성읍이 칠흑같이 어두웠습니다. 신랑과 신부의 음성이 들리지 않았습니다. 신랑 신부가 서로 사랑하여 혼인예식을 올리는 것은 평화롭고 부유하다는 증거입니다.

요한계시록 18장 21~23절에 '결코'라는 단어가 여섯 번 나옵니다. 이는 하나님의 심판은 철저하고 완전하고 참혹하다는 뜻입니다. 그런 중에도 바벨론의 멸망을 보고 찬양하는 사람들이 있었습니다.

> "하늘과 성도들과 사도들과 선지자들아, 그로 말미암아 즐거워하라 하나님이 너희를 위하여 그에게 심판을 행하셨음이라 하더라."(계 18:20)

그동안 성도들은 화려한 바벨론 문화로 주눅이 들었습니다. 죄악 된 바벨론에서 믿음으로 진실하게 살기 위해 많은 박해와 환란을 당했습니다. 바벨론으로부터 무시당하고 박해를 당할 때마다 속으로 적지 않게 울었습니다. 때가 되니 하나님께서 바벨론을 심판하여 이런 아픔을 순식간에 다 씻어 주셨습니다. 하나님은 때가 되면 죄를 심판하시고 믿는 우리의 희생과 아픔을 위로해 주시고 상급을 주십니다. 하나님은 위로의 하나님이요 상급의 하나님이십니다.

내 백성아, 거기서 나오라

세상은 갈수록 바빌론화되어 갑니다. 사치와 향락과 음행이 더욱 기승을 부립니다. 이럴 때 우리는 죄악 된 바빌론 문화에 자기 자신도 모르게 오염되어 내면이 부패되기 쉽습니다. 하나님은 이런 이들에게 말씀하십니다.

> "또 내가 들으니 하늘로부터 다른 음성이 나서 이르되 내 백성아, 거기서 나와 그의 죄에 참여하지 말고 그가 받을 재앙들을 받지 말라."(계 18:4)

하나님은 "내 백성아, 거기서 나오라"라고 부르셨습니다. 하나님은 큰 음녀가 지배하는 세상과 바빌론이 지배하는 문화에서 나오라고 하셨습니다.

하나님은 우상을 숭배하던 갈대아 우르에서 아브라함을 불러내셨습니다. 하나님은 소돔과 고모라를 심판하실 때 롯에게 '그곳을 떠나라', '그곳에서 나오라'고 하셨습니다. 하나님은 바빌론 문화에서 나오라고 하셨습니다. 하나님은 언제나 죄악스러운 문화에서 당신의 백성을 불러내십니다.

교회가 무엇입니까? 하나님의 부름을 받은 백성이 모이는 거룩한 곳입니다. 하나님은 우리를 죄에서 불러내어 교회로 불러 모아 하나님의 백성으로 삼으셨습니다. 우리는 이 세상에 살고 있지만, 이 세상에 속한 자들이 아니라 예수 그리스도께 속한 자들입니다. 그러므로 우리는 세상에 동화되고 닮아가서는 안 됩니다. 우리는 죄악 된 문화와 세상을 변화시키는 하나님의 택하심 받은 사람답게 살아야 합니다. 그러기 위해 우리는 세상과 구별된 삶을 살아야 합니다. 더 나아가 복음을 전하여 이 땅에 하나님의 백성으로 충만해지도록 해야 합니다.

지금은 세상 문화와 그릇된 문화에 시간을 탕진할 때가 아닙니다. 그릇된 죄의 문화에 빠지면 많은 것을 잃게 됩니다. 우리는 더 늦기 전에 하나님께로 나와야 합니다. 머뭇거리다가 죄에서 나오지 않으면 하나님의 크고 무서운 재앙을 만나게 됩니다.

그런데 사람들이 왜 거기서 빠져나오지 못합니까? 지위를 잃지 않고 싶고, 편하고 안락한 삶을 포기하고 싶지 않아서입니다. 롯의 아내처럼 세상의 미련 때문에 나오지 못합니다. 그러나 이제 우리는 어떤 삶을 살아야 하겠습니까? "내 백성아, 나와라!" 이 음성을 듣고 바벨론의 문화에서 나와서 주님의 품에 안겨야 합니다. 주님의 품에 안기는 것이 가장 안전하고 복됩니다.

2002년 월드컵 때의 일화입니다. 박지성 선수는 포르투갈전에서 천금 같은 골을 넣었습니다. 박지성 선수는 골을 넣고 두 팔을 벌리고 감격하는 히딩크 감독으로 달려가 안깁니다. 그러자 히딩크 감독은 박지성 선수를 격하게 포옹합니다. 박지성 선수가 히딩크 감독으로 달려가 히딩크 감독에게 안긴 것은 무명의 선수로 기용해 준 감독의 고마움 때문이었습니다. 히딩크 감독은 이것을 잊지 않고 달려와 안기는 박지성 선수에 대한 사랑이 그 포옹에 진하게 배어 있습니다. 히딩크 감독은 박지성 선수를 축구의 고장 유럽으로 초청하여 세계적인 선수가 되게 하였습니다.

한편 황선홍 선수는 박지성 선수와 비교가 되지 않을 정도로 한국 축구의 스트라이커로 이름을 날리던 선수였습니다. 그도 폴란드전에서 천금 같은 골을 넣었습니다. 이로써 한국은 16강에서 8강, 4강까지 진출하는 계기가 되었습니다. 히딩크 감독은 황선홍 선수가 골을 넣는 순간 박지성 선수가 골을 넣었을 때와 똑같이 양팔을 벌리고 환호합니다. 이때 황선홍 선수는 히딩크를 선택하지 않고 박항서 코치에게 안깁니다. 황선홍 선수는 후에 자기 생애에 가장 후회스러운 결정이었다는 말이 있습니다.

바벨론 문화는 겉으로 화려하게 보이지만 언젠가 반드시 사라집니다. 이제 우리는 바벨론 문화에서 나와 예수 그리스도의 십자가 팔에 안겨야 합니다. 주님은 지금도 십자가에서 두 팔을 벌리고 그 품에 안기기를 원하십니다. “내 백성아, 거기서 나와 그의 죄에 참여하지 말고 그가 받을 재앙들을 받지 말라.” 하나님의 뜻을 행하고 십자가의 길만이 영원합니다. “이 세상도 그 정욕도 지나가되 오직 하나님의 뜻을 행하는 이는 영원히 거하느니라.”(요일 2:17)

생각하기

1. 큰 성 바벨론이 무너져서 귀신의 처소가 되었습니다(계 18:1~5). 큰 성 바벨론 무너진 원인을 말해 보세요.
2. 하나님은 바벨론이 행한 대로 되돌려주었습니다(계 18:6~20). 그들을 심판하시는 하나님에 대해 말해 보세요.
3. 바벨론이 영원히 멸망하였습니다(계 18:21~23). 이제 우리는 어떤 삶을 살아야 하는가를 말해 보세요.

Ⅸ. 그리스도 예수님의 재림 (계 19:1~21)

보라 백마를 탄 자가 있으니(계 19:1~21)

할렐루야 합창(계 19:1~6)

어린양의 혼인 잔치(계 19:7~10)

백마를 타고 오시는 예수님(계 19:11~16)

새들을 위한 하나님의 큰 잔치(계 19:17~21)

보라 백마를 탄 자가 있으니

"또 내가 하늘이 열린 것을 보니 보라 백마와 그것을 탄 자가 있으니 그 이름은 충신과 진실이라 그가 공의로 심판하며 싸우더라."(계 19:11)

하나님께서 심판에 관해 길게 말씀하시고, 바벨론을 심판하심으로 모든 진노와 심판이 끝났습니다(계 6:1~18:24). 하나님의 마지막 심판이 끝나자 하늘나라에서 할렐루야 음악회가 열렸습니다. '할렐루야'(Hallelujah, 알렐루야, 라틴어)란 구약에는 여러 번 나오지만, 신약에는 요한계시록 19장에서만 4번 나옵니다. 이 뜻은 너희의 하나님을 찬양하라는 뜻입니다(할렐-찬양하라, 루-너희의, 야-하나님). 이 할렐루야 음악회에는 24장로와 네 생물과 하나님의 허다한 백성과 천사가 출연하였습니다. 이들의 찬양은 웅장하고 장엄하며 감사와 환희와 기쁨이 넘쳤습니다.

요한계시록에 일곱 가지 복이 나옵니다(계 1:3, 14:13, 16:15, 19:9, 20:6, 22:7). 그중에 어린양의 혼인 잔치에 청함을 받는 복이 있습니다. 하나님의 무서운 심판이 끝나고 신부를 위한 어린양의 혼인 잔치가 시작되고, 주님이 백마를 타고 승리와 영광과 심판주로 오십니다. 다시 오시는 주님은 '충신과 진실'(Faithful and True), '하나님의 말씀'(Word of God), '만왕의 왕'(KING OF KINGS), '만주의 주'(LORD OF LORDS)이십니다.

할렐루야 합창

'이 일 후'란 바빌론의 멸망 후를 말합니다(계 18:21). 바빌론은 당시에 로마를 말하지만, 단순히 로마를 뜻하는 것이 아니라 세상 모든 나라를 가리킵니다. 바빌론이 망하자 하늘에 허다한 무리가 할렐루야 합창을 시작합니다. 그들이 찬양하는 이유가 어디에 있습니까?

첫째, 구원에 대한 찬양

> "이 일 후에 내가 들으니 하늘에 허다한 무리의 큰 음성 같은 것이 있어 이르되 할렐루야 구원과 영광과 능력이 우리 하나님께 있도다."(계 19:1)

그들은 하나님의 무서운 심판을 직접 보았습니다. 하나님의 심판으로 이 세상이 완전히 사라졌습니다. 그런 중에도 그들은 하나님의 심판에서 구원받았습니다. 그들이 하나님의 무서운 심판에서 구원받은 것은 잘나서가 아닙니다. 우리 또한 잘나서 구원받은 것이 아닙니다. 성경은 이렇게 말씀합니다.

> "그는 허물과 죄로 죽었던 너희를 살리셨도다 그때에 너희는 그 가운데서 행하여 이 세상 풍조를 따르고 공중의 권세 잡은 자를 따랐으니 곧 지금 불순종의 아들들 가운데서 역사하는 영이라 전에는 우리도 다 그 가운데서 우리 육체의 욕심을 따라 지내며 육체와 마음이 원하는 것을 하여 다른 이들과 같이 본질상 진노의 자녀이었더니."(엡 2:1~3)

우리는 죄와 허물로 죽었던 자들이었습니다. 그때 우리는 세상의 풍조를 따랐습니다. 육신의 정욕과 안목의 정욕과 이생의 자랑을 좇았습니다. 순간의 쾌락과 돈의 노예로 살았습니다. 기분 내키는 대로, 생각나는 대로, 자기가 원하는 대로 살았습니다. 공중의 권세 잡은 자를 따랐습니다. 공중의 권세 잡은 자는 물질과 명예, 권세와 쾌락과 향락으로 우리를 미혹합니다.

우리는 죄악 중에 태어났습니다(시 51:5). 의를 행할 의지도 없었고 거룩한 삶을 살 수 없었습니다. 오직 죄를 지을 자유와 의지만 있었습니다. 독일의 신학자 칼 하임(Karl Heim)은 "죄를 지을 수 있는 열쇠는 누구나 가지고 있어 죄의 방으로 들어가지만, 그 문을 열고 나올 수 있는 열쇠는 없다"라고 했습니다. 죄는 짓기는 쉬워도 스스로 해결할 수 없습니다.

그런데 하나님은 예수 그리스도 십자가의 피로 우리를 무서운 심판에서 구원해 주셨습니다. 그뿐만 아니라 하나님은 우리를 세상에 고아로 버려 두지 않고 보호하시고 지켜 주셨습니다(요 14:18). 그런데 삶의 현장은 우리를 내버려 두지 않습니다. 비방과 시기와 불신과 비교의식과 치열한 생존경쟁이 나를 고통스럽게 합니다. 우리가 거룩하게 살려고 하면 할수록 큰 시험거리가 되고, 믿음으로 살려고 하면 할수록 시련과 환난이 찾아옵니다. 이 세상은 시험의 무대요 시련과 고난의 현장입니다.

예수님은 이런 중에도 은혜와 사랑의 끈으로 잇대어 거룩한 길로 인도하셨습니다. 하나님이 원하시는 모습으로 빚어 주셨습니다. 하나님의 은혜와 사랑을 생각하니 너무 놀라워서 하나님의 구원과 영광과 능력을 찬양하지 않을 수 없었습니다.

둘째, 참되고 의로우신 하나님의 심판에 대한 찬양

> "그의 심판은 참되고 의로운지라 음행으로 땅을 더럽게 한 큰 음녀를 심판하사 자기 종들의 피를 그 음녀의 손에 갚으셨도다 하고."(계 19:2)

우리는 세상에 살면서 믿음으로 살기 위해 매일 갈등합니다. 반면에 세상 사람들은 갈등하지 않습니다. 그들은 세상을 즐깁니다. 우리는 이에 '하나님의 의'는 과연 어디에 있는가? 묻게 됩니다. 그러나 최종 심판의 때에는 그렇지 않다는 것을 깨닫게 됩니다.

하나님은 성도들을 박해한 자들과 미혹한 적그리스도를 반드시 심판하시고 하나님의 공의를 드러내십니다. 하나님은 언제나 참되고 의로우십니다. 두 번째로 그들이 또 할렐루야를 외치니 연기가 세세토록 올라갔습니다(계 19:3). 이는 참되고 공의로운 하나님께서 바벨론을 온전히 멸망한 것에 대한 상징입니다(사 34:10). 바벨론에 대한 진노의 불길이 세세토록 타올랐습니다. 하나님의 심판은 완전하고 영원합니다.

셋째, 아멘 할렐루야 찬양

> "또 이십 사 장로와 네 생물이 엎드려 보좌에 앉으신 하나님께 경배하여 이르되 아멘 할렐루야 하니."(계 19:4)

'아멘'(Ἀμήν)은 우리말로 '진실'이란 단어로 번역하기도 하지만, 기도문에 사용될 때에는 "진실로 그렇게 이루어지게 하여 주옵소서"란 뜻입니다. 우리는 기도하면서 얼마나 많이 '아멘' 했습니까? 그런데 이뤄지지 않은 것 또한 얼마나 많습니까? 우리는 하늘에서 이루어진 것 같이 땅에서도 이루어지게 해 달라고 기도하지만, 지금의 상황은 그렇지 않아 절망스럽기만 합니다. 그러나 마지막 날에 각 개인의 기도가 다 이루어지고, 하나님의 뜻이 다 이루어집니다. 그날에 우리는 '아멘' 할렐루야로 찬양하게 됩니다.

넷째, 전능하신 하나님의 통치에 대한 찬양

하늘에 허다한 무리와 온 교회와 모든 자연 만물의 찬양이 울려 퍼지자 보좌에서 하나님의 종들에게 찬송하라고 외쳤습니다(계 19:5). 하나님의 종들은 선지자들과 순교자들을 가리킵니다. 그들은 믿음을 지키다가 피를 흘렸습니다. 또 작은 자나 큰 자는 신앙의 크기에 상관없이 구원받은 모든 성도가 모두 하나님께 찬송하라고 외쳤습니다.

> "할렐루야 주 우리 하나님 곧 전능하신 이가 통치하시도다."
> (계 19:6하)

그들은 전능하신 하나님께서 통치하심으로 찬양했습니다. 전능하신 하나님의 통치를 받지 않으면 무당이나 사이비로부터 부적을 받아 몸에 지니고 다니거나 기(氣)를 받으려고 합니다. 그리고 사주팔자라는 운명에 끌려다니게 됩니다. 사주팔자는 태어난 연, 월, 일, 시를 말합니다. 요즘은 수술해서 출산하기도 하고 유도 분만하여 출산하기도 합니다. 그렇다면 산부인과 의사에 따라 운명이 결정된다는 말이 됩니다. 이게 말이 됩니까? 사람이 운명의 사슬에 묶이게 되면 감사보다는 원망합니다. 쓴 뿌리를 품고 살아갑니다. 그러나 하나님께서 나의 전 생애를 통치하시고 나의 인생에 깊이 개입하여 나를 선하신 길로 인도하신다는 것을 믿을 때 범사에 감사하고 기쁨이 넘치는 삶을 살게 됩니다. 우리는 우연히 왔다가 우연히 가는 존재가 아닙니다. 우리의 삶에는 하나님의 깊고 선하신 뜻이 있습니다. 하나님께서 선하신 뜻 가운데 우리를 지으셨습니다.

> "우리는 그가 만드신 바라 그리스도 예수 안에서 선한 일을 위하여 지으심을 받은 자니 이 일은 하나님이 전에 예비하사 우리로 그 가운데서 행하게 하려 하심이니라."(엡 2:10)

'만드신 바라'(workmanship)는 하나님의 피조물, 작품이란 뜻입니다. 제품은 수량으로 판단하고 작품은 의미와 가치로 판단합니다. 우리는 작품 중에 최고의 걸작입니다. 작가가 작품을 만들 때는 반드시 목적이 있습니다. 그러면 하나님께서 우리를 그리스도 안에서 지으신 목적이 무엇입니까?

하나님께서 우리를 지으신 목적은 그리스도 예수 안에서 '선한 일을 위하여'(to do good works) 지으셨습니다. 하나님은 아무렇게나 우연히 우리를 지으신 것이 아니라, 선한 일을 위하여 지으셨습니다. 그러므로 이제 우리는 아무렇게 살면 안 됩니다. 무의미하게 인생을 낭비해서도 안 됩니다. 하나님께서 우리에게 목적하신 선한 뜻이 무엇인가를 찾아 그 선한 뜻을 이루어가는 귀한 삶을 살아야 합니다.

필자는 충남 당진 시골에서 3남 4녀 중 막내로 태어나 시골 교사의 상록수 꿈을 안고 충남대학에 입학했습니다. 대학 1학년, 1970년 6월에 대전 UBF에서 개최한 매포수양회에서 영원한 생명과 사랑의 예수님(요 3:16)을 만난 후, "불의의 무기에서 의의 무기로 살라"(롬 6:13)라는 말씀에 은혜를 받고 사명인의 길을 가고자 결단했습니다. 하나님께서 시골 고등학교 교사로 눈에 보이는 꿈을 좇아 살다가 하루살이처럼 사라질 저를 부르셔서 영원한 복음 역사에 쓰시는 하나님께 감사와 찬양을 드립니다.

어린양의 혼인 잔치

하나님의 무서운 심판이 끝나고 어린양의 혼인 잔치가 시작되었습니다.

> "우리가 즐거워하고 크게 기뻐하며 그에게 영광을 돌리세 어린양의 혼인 기약이 이르렀고 그의 아내가 자신을 준비하였으므로"(계 19:7)

잔치 중에 가장 기쁜 잔치는 혼인 잔치입니다. 유대의 결혼은 세 차례 절차가 있습니다. 첫 번째는 약혼입니다. 약혼은 부모님의 결정으로 결혼 1년 전에 확정합니다. 이때 신랑이 신부에게 지참금을 줍니다. 이 기간에는 동거할 수 없으나 법적으로 부부입니다. 약혼하고 일정한 기간이 지나 결혼하는데, 신랑이 신부를 데리러 신부 집에 갑니다. 마태복음의 열 처녀 비유가 이에 해당합니다(마 25:1~13). 다음에 신랑 집에서 잔치가 있는데 이것이 요한복음 2장의 가나 혼인 잔치입니다.

하나님은 나의 의지와 뜻과 상관없이 만세 전에 나를 택하셨습니다(엡 1:4). 이것이 약혼입니다. 하나님은 나를 신부로 삼으시기 위해 예수님을 이 땅에 보내시고 십자가에 피를 흘리셨습니다. 그 흘리신 피가 지참금입니다. 약혼한 신부는 자신의 몸과 마음과 영혼을 정결하게 해야 합니다. 이것이 성화(sanctification)입니다. 때가 되면 신랑 되신 예수님이 우리를 데리러 오십니다. 이것이 재림입니다. 그리고 어린양의 혼인 잔치가 벌어지는데, 이것이 어린양 혼인 잔치입니다(계 19:9).

어린양의 신부는 교회입니다(계 21:9~10). 교회는 아담 이후로 예수 그리스도께서 오시는 그날까지 어린양의 생명책에 기록된 모든 성도로 구성된 우주교회를 뜻합니다. 그날에 성도들은 사모하고 사랑하던 예수님을 만나 천군 천사들이 보는 앞에서 가장 귀한 자리에 앉게 됩니다.

예수님은 성도들에게 빛나고 깨끗한 세마포를 입도록 허락하셨습니다.

> "그에게 빛나고 깨끗한 세마포 옷을 입도록 허락하셨으니 이 세마포 옷은 성도들의 옳은 행실이로다 하더라."(계 19:8)

'세마포'(linen)는 성도들의 옳은 행실입니다. '옳은 행실'(righteous acts)은 어린양의 피로 구속받은 성도들이 이 땅에서 살면서 경건과 거룩으로 성화에 이르는 삶입니다. 그렇다면 우리는 예수님의 피로 구원받고 옳은 행실로 살고 있습니까? 우리는 믿는다고 하지만 자기 뜻대로, 자기 마음대로 살지는 않습니까? 세상 육체의 욕망을 따라 살지는 않습니까? 눈에 보이는 세상의 것에 집착하며 살지는 않습니까? 다른 사람에게 말로 상처를 주지는 않습니까?

필자는 사람들에게 말로 상처를 많이 주었습니다. 우리는 말에 거룩함이 있어야 합니다. 말의 중요성에 대한 예화가 있습니다. 어느 작은 시골 마을의 성당에서 한 신부가 미사를 드리고 있었습니다. 신부 곁에서 시중들던 소년이 그만 실수로 성찬에 사용하는 포도주잔을 엎질렀습니다. 잔은 깨어지고 포도주가 땅에 쏟아졌습니다. 신부가 노하여 소년에게 소리를 질렀습니다. "다시는 제단 앞에 나타나지 마라." 비슷한 일이 다른 성당에서도 일어났습니다. 그 성당의 신부는 화를 내지 않고 말했습니다. "괜찮다. 나도 어렸을 때 실수를 많이 했단다. 힘을 내라"며 소년을 다독였습니다.

성당에서 쫓겨났던 소년은 후일에 유고슬라비아의 대통령이 되어 독재자로 군림했습니다. 그의 이름은 티토(Josip Broz Tito)입니다. 한편 따뜻한 위로를 받은 소년은 성장해서 미국의 천주교 대주교가 되었습니다. 그의 이름은 풀턴 쉰(Fulton Sheen)입니다. 부주의한 말 한마디가 싸움의 불씨가 되고, 잔인한 말 한마디가 삶을 파괴합니다. 무례한 말 한마디가 사랑의 불을 끕니다. 반면에 인자한 말 한마디가 길을 평탄하게 하고, 칭찬의 말 한마디가 하루를 즐겁게 합니다. 유쾌한 말 한마디가 긴장을 풀어주고, 사랑의 말 한마디가 삶의 용기를 줍니다.

그리고 우리는 선한 양심을 속이며 거짓된 삶을 살지는 않았습니까? 사람이 있는 곳에서는 신실한 사람처럼 보이고 사람이 없는 곳에서는 그렇지 않은 이중적인 삶을 살지는 않았습니까? 예수님은 말씀하셨습니다.

> "이같이 너희 빛이 사람 앞에 비치게 하여 그들로 너희 착한 행실을 보고 하늘에 계신 너희 아버지께 영광을 돌리게 하라."
> (마 5:16)

기독교의 핵심은 예수 그리스도를 믿음으로 구원받는 것입니다. 이제 성도가 믿음으로 구원받았으면 믿음의 구원에 기초하여 믿음의 착한 행실(good deeds)이 있어야 합니다. 착한 행함이 없는 믿음은 그 자체가 죽은 믿음입니다. 믿음의 행실이 있을 때, 그 믿음의 구원이 하나님께 영광으로 나타납니다. 따라서 우리는 주님의 피로 용서받은 성도답게 옳은 행실로 하나님께 영광을 돌려야 합니다.

천사는 어린양의 혼인 잔치에 청함을 받은 자들은 복이 있다고 하시면서 그 말을 기록하라고 하셨습니다(계 19:9). '기록하라'(write, *Γράψον*)는 것은 새기고 잊어버리지 말라는 뜻입니다. 사람들은 이 땅에서 잘 먹고 잘 사는 것을 복으로 생각합니다. 물론 이런 삶도 복입니다. 그러나 우리가 늘 기억하고 잊지 말아야 할 것은 어린양의 혼인 잔치에 청함을 받는 사람이 복이 있다는 말씀입니다. 이는 하나님의 참되신 말씀입니다.

찬송가 'Amazing Grace'의 작사자 존 뉴톤(John Newton)은 자신이 천국에 가게 된다면 놀랄 만한 세 가지의 일을 보게 될 것이라고 하였습니다. "첫째는 그가 보고 싶지 않던 사람들을 많이 보게 될 것이고(세상에서 보기 싫은 사람이 있다면 용서해야 합니다), 둘째는 그가 보고 싶은 사람들을 보지 못해 몹시 그리워하게 될 것이며(그들에게 복음을 전하여 구원받도록 해야 합니다), 셋째는 내가 어린양 예수님의 혼인 잔치에 참여하였다는 것이다."

요한이 이 광경에 압도되어 천사에게 경배하려고 하자 천사는 하지 못하게 했습니다. 천사는 경배의 대상이 아니라 하나님의 말씀을 전달하는 messenger이기 때문입니다.

백마를 타고 오시는 예수님

> "또 내가 하늘이 열린 것을 보니 보라 백마와 그것을 탄 자가 있으니"(계 19:11상)

요한은 하늘이 열리자 백마를 탄 자를 보았습니다. 이 백마 탄 자는 다시 오실 그리스도입니다. 마가복음 13장 26절에는 그리스도께서 구름 타고 큰 권능과 영광으로 오신다고 하였는데, 본문에서는 백마를 탄 왕의 모습으로 오십니다. 이는 승리자로 오심을 가리킵니다. 로마 시대에 전쟁에서 승리한 장군은 흰말을 타고 돌아왔습니다. 흰말은 승리의 상징입니다. 재림하시는 예수님은 모든 원수를 정복한 승리의 왕으로 오십니다. 승리의 왕으로 오시는 예수님은 어떤 분입니까?

첫째, 충신과 진실의 예수님(Faithful and True)

"그 이름은 충신과 진실이라 그가 공의로 심판하며 싸우더라."(계 19:11하)

우리가 사람과 사귐을 갖다 보면 역시 사람은 믿을 것이 못 된다는 것을 알게 됩니다. 사람들은 자기를 과대 포장하여 자기를 드러냅니다. 특히 군대 갔다 온 사람들의 군대 이야기는 아마 거의 과대 포장한다고 해도 과언이 아닐 것입니다. 오직 한 분, 예수님은 신실하시고 진실하십니다.

예수님은 진리이십니다. 우리는 예수님이 진리이시므로 마음 놓고 믿을 수 있습니다. 그리고 예수님은 신실하고 진실하셔서 약속을 반드시 지키십니다. 성경에 많은 약속이 나옵니다. 예수님은 부활에 관해 여러 번 약속하셨습니다. 이 말씀대로 부활하셨습니다. 신약성경에만 재림의 약속이 무려 318번 나옵니다. 주님은 약속대로 반드시 오시되 백마를 타고 승리의 왕으로 오십니다. 이 예수님의 눈은 불꽃 같고 그 머리에 많은 왕관을 가지고 있고 누구도 모방할 수 없는 신비로운 이름을 갖고 계십니다(계 19:12).

둘째, 하나님의 말씀이신 예수님

"또 그가 피 뿌린 옷을 입었는데 그 이름은 하나님의 말씀이라 칭하더라."(계 19:13)

예수님은 피 뿌린 옷을 입으셨습니다. 이는 원수들의 피가 묻어있는 승리자의 모습입니다. 예수님은 원수를 이기셨습니다. 예수님은 '하나님의 말씀'(Word of God)입니다. '말씀'은 헬라어로 로고스(λόγος)입니다. '로고스'(λόγος)는 이성이란 뜻입니다. 당시 헬라인들은 태초에 우주를 존재하게 하고 지배하는 '이성적인 원리'가 있다고 생각했습니다. 그런데 이것은 실체가 아니라 관념상으로 반드시 존재하지 않으면 안 되는 하나의 원리입니다.

그러나 로고스는 헬라인들이 말하는 관념상의 로고스가 아니라 실제 인격체, 곧 예수님을 말합니다(요 1:14; 계 19:13). 예수님은 모든 것이 존재하기 이전, 태초부터 하나님과 함께 계셨습니다. 이 예수님은 성자 하나님이십니다. 이 예수님께서 인간의 죄를 구원하시기 위하여 육의 몸을 입고 이 땅에 오셨습니다. 이 예수님께서 인간의 죄를 구원하시기 위하여 십자가상에서 피를 흘리시고 죽은 자 가운데 부활하시고 승천하셔서 하나님 우편에 앉아 계십니다. 이 예수님께서 만왕의 왕, 만주의 주로 다시 오십니다.

예수님은 입에서 예리한 검으로 만국을 치십니다. 예수님의 말씀은 숨은 죄를 다 들추어 내십니다. 하나님의 말씀은 살아 있고 힘이 있어서, 어떤 날선 검보다도 더 날카로워 사람 속을 꿰뚫어 보시고 마음에 품은 생각과 의도를 밝혀냅니다(히 4:12). 예수님은 철장(iron scepter)으로 다스립니다. 예수님은 대적들의 세력을 철저하게 부수어 무력화시키십니다. 예수님은 진노의 포도주 틀을 밟아 복음의 원수들을 고통으로 파멸시키십니다.

셋째, 전능하신 하나님(Almighty God)

> "그 옷과 그 다리에 이름을 쓴 것이 있으니 만왕의 왕이요 만주의 주라 하였더라."(계 19:16)

전지전능하신 예수님은 불가능이 없으신 분입니다. 예수님은 언제나 우리의 상상을 초월하여 역사하시고 우리의 기도제목을 이루어가십니다. 부유하게 하실 뿐만 아니라 결실을 맺게 하시고, 단련하여 더 많은 열매를 맺게 하십니다. 성경에 모든 이적, 예수님께서 물을 포도주로 변화시키시고 죽은 나사로를 살리신 역사 등은 예수님의 전지능하심을 드러낸 역사적인 사건입니다.

넷째, 만왕의 왕(KING OF KINGS)

성경 곳곳에 예수님을 왕이라고 불렀습니다(사 9:6; 렘 23:5; 히 7:2; 요 18:37; 계 15:4, 17:14). 왕은 존엄성, 권위, 권능을 의미합니다. 종려 주일에 제자들과 큰 무리가 예수님을 왕으로 영접하며 옷을 벗어서 예수님이 가시는 길에 깔았습니다. 그들은 자기들을 낮추고 예수 그리스도를 높이며 그리스도께 영광을 돌렸습니다.

우리가 예수님을 만왕의 왕으로 영접하였다면 우리의 생활과 생각과 말과 모든 일에서 주님을 높여야 합니다. 바울의 삶의 목적은 먹든지 마시든지 무엇을 하든지, 죽으나 사나 그리스도를 존귀하게 하는 것이었습니다(고전 10:31; 빌 1:20). 그리고 예수님을 만왕의 왕으로 영접하였다면 주님께 충성해야 합니다. 왕이 자기 백성에게 한가지 요구하는 것은 충성입니다. 충성하되 끝까지 충성하고 환경에 변함없이 충성해야 합니다.

다섯째, 만주의 주(LORD OF LORDS)

유대인들은 하나님을 이름을 여호와라고 쓰고 읽기는 아도나이(Adonai)라고 불렀습니다. 그리고 신약성경에 예수님을 주라고 불렀습니다(눅 2:11; 행 2:38, 10:36; 롬 10:9, 12~13; 고전 2:8; 계 17:14). '주'

라는 것은 소유주를 뜻합니다.

예수님은 만주의 주이십니다. 우리는 만주의 주이신 종입니다. 종(노예)은 자기 생각이 없습니다. 그렇다면 만주의 주님 생각이 곧 나의 생각이 되고, 만주의 주의 뜻이 곧 나의 뜻이 되고, 만주의 주의 말씀이 곧 나의 말씀이 되어야 합니다. 노예는 주인에게 절대 복종하고 충성하고 헌신합니다. 그렇다면 나는 절대 만주의 주께 복종하고 충성하고 헌신해야 합니다. 노예에게는 자기의 소유가 없습니다. 그렇다면 내가 소유한 모든 것은 만주의 주의 소유입니다. 내 몸과 시간과 자녀도 모두 만주의 주의 것입니다.

일생을 아프리카에 가서 온몸을 다해 섬기다가 외롭게 세상을 떠난 리빙스턴 선교사가 세상 떠나기 전에 자기 일기에 이런 기도를 적어 놓았습니다. "나의 예수, 나의 왕, 나의 생명 나의 전부시여, 나는 다시 내 몸 전체를 당신께 드리나이다."

헨델(Georg, Friedrich Händel)의 메시아(The Messiah), 오라토리오가 1743년 3월 23일에 런던 코벤트 가든 왕립 오페라 극장에서 연주되었습니다. 국왕 조지 2세(George II)가 참석했습니다. 할렐루야가 연주되며, 합창단이 "전능하신 주 하나님이 다스리시리라(For the Lord God omnipotent reigneth). '왕의 왕'(KING OF KINGS), '만주의 주'(LORD OF LORDS)"를 우렁찬 목소리로 합창을 부르자 왕은 감격하여 자리에서 벌떡 일어났습니다. 그 후부터 메시아의 할렐루야 합창이 나오면 일어서는 전통이 생겼습니다.

이후 1838년 영국의 빅토리아 여왕(Alexandrina Victoria)의 대관식 때에 헨델의 오라토리오 '메시아'가 연주되었습니다. 원래 영국의 대관식에서 왕은 일어서지 않는 것이 왕실의 전통이었습니다. 따라서 할렐루야 합창이 시작되었고 모두가 기립하였어도 빅토리아 여왕은 왕실의 전통을 지키려고 일어서지 않았습니다. 그러나 합창단이 "왕의 왕, 만주의 주"(KING OF KINGS, LORD OF LORDS)를 부르자 빅토리아 여왕은 자기도 모르게 일어서서 두 손을 가슴에 얹고 고개를 깊숙이 숙여 경배하였습니다. 후일 빅토리아 여왕은 그날의 경험을 "높으신 하나님 앞에서 지상의 왕권은 아무것도 아닙니다. 땅의 평화는 모든 인간이 하나님을 높일 때에야 이루어집니다."라고 말하였습니다.

우리 주님은 "진실하시고 신실"하시며, "하나님의 말씀"입니다. "전능하신 하나님"(Almighty God). "왕의 왕"(KING OF KINGS), "만주의 주"(LORD OF LORDS)이십니다. 우리는 전능하신 예수님, 만왕의 왕, 만주의 주님을 찬양하고 경배하며 헌신하고 순종하고 충성해야 합니다.

> ♬ 주 예수 이름 높이어 다 찬양하라여라 다 찬양하여라 금면류을 드려서 만유의 주를 찬양하세 찬양 찬양 만유의 주 찬양 아멘 ♬ (새찬송가 37장)

새들을 위한 하나님의 큰 잔치

요한은 한 천사가 태양 안에 서서 공중에 나는 모든 새를 향하여 하나님의 큰 잔치에 모여 거기에 모여든 모든 사람의 살을 쪼아 먹으라고 하는 소리를 들었습니다(계 19:17~18). 모든 사람은 왕들, 장군들, 장사하는 사람들, 말 탄 사람들, 자유인들과 종들, 작은 자들과 큰 자들 모든 부류입니다.

공중의 새들을 위한 잔치는 어린양의 혼인 잔치와 대조가 됩니다. 어린양의 혼인 잔치는 성도들을 위한 잔치라면, 새들의 잔치는 하나님을 대적한 자들을 멸망시키기 위한 잔치였습니다. 이로써 성경 말씀이 성취되었습니다(겔 39:17~20). 예수님도 주검이 있는 곳에 독수리가 모여들 것이라고 말씀하셨습니다(마 24:28).

그 짐승과 땅의 임금들과 그들의 군대가 모여 그 말 탄 자와 그의 군대와 더불어 전쟁을 일으켰습니다(겔 19:19). 이것이 아마겟돈 전쟁입니다(계 16:13~16). 전쟁으로 짐승이 잡혔습니다(계 19:20~21). 짐승은 바다에서 올라온 적그리스도를 가리킵니다. 이 짐승은 자기를 경배하도록 하고 우상을 만들어 섬기게 한 짐승입니다. 땅에서 올라와 표적을 행하던 거짓 선지자도 함께 잡혔습니다(계 13:11~14, 16:13). 그는 미혹된 자들에게 짐승의 표를 찍어서 자신들을 경배하게 한 자입니다(계 13:16~17). 이 둘이 함께 잡혀 산채로 유황불 못에 던져졌습니다. 이곳은 영원한 지옥의 형벌을 받는 곳입니다.

그 나머지 사람들은 모두 말 탄 자의 입에서 나오는 검에 죽임을 당했습니다. 모든 새가 배불렀습니다. 고대로부터 유대인들은 시체가 매장되지 않아 새나 동물에게 먹히는 것을 큰 수치와 저주로 여겼습니다. 이는 하나님을 대적하는 악인과 적그리스도와 거짓 선지자와 그들을 따르는 사람들, 하나님을 대적하고 성도들을 박해하던 자들의 최후의 모습입니다. 그들의 최후는 유황불 못에 들어가 영원히 괴로움을 당합니다. 이것은 하나님과 그리스도를 대적하고 성령을 훼방한 자와 교회와 성도들을 괴롭힌 당연한 대가입니다.

단테는 《신곡》[33]에서 지옥을 아홉 가지로 묘사했습니다. 형벌 중의 형벌인 지옥의 맨 밑에는 배신자가 가는 곳으로 영원히 차가운 얼음 속에 처박혀 신음하는 곳으로 묘사했습니다. 거기에는 은 30에 예수님을 팔아넘긴 가룟 유다와 양옆에는 카이사르를 암살한 브루투스(Brutus)와

33 단테 알리기에리, 김운찬 역, 《신곡》 (열린책들, 2009).

그를 도운 카시우스(Cassius)가 있습니다.

우리는 어린양 예수님의 피로 죄 씻음 받은 정결한 그리스도의 신부입니다. 이제 우리는 어떤 삶을 살아야 합니까? 우리는 옳은 행실로 자신을 매일 단장하여 주님이 전능하신 하나님(Almight God), 만왕의 왕(KING OF KINGS), 만주의 주(LORD OF LORDS)로 다시 오시는 그날, 복된 어린양의 혼인 잔치에 참예할 수 있어야 합니다.

생각하기

1. 무리가 참되고 의로우신 하나님의 심판과 통치를 찬양했습니다(계 19:1~6). 찬양 받으실 하나님은 어떤 분인지 말해 보세요.
2. 어린양의 혼인 잔치에 참여하는 자는 복되다고 했습니다(계 19:7~10). 왜 복된가를 말해 보세요.
3. 예수님은 백마 타고 오십니다(계 19:11~16). 백마를 타고 오시는 예수님은 어떤 분인가를 말해 보세요.
4. 새들을 위한 큰 잔치가 있었습니다(계 19:17~18). 새들에게 먹히는 심판의 비참한 모습을 말해 보세요.
5. 그리스도의 군대와 짐승과 땅의 임금들이 전쟁했습니다(계 19:19~21). 그 결과를 말해 보세요.

X. 천년왕국 (계 20:1~15)

다른 책이 펴졌으니 곧 생명의 책이라(계 20:1~15)

사탄의 갇힘(계 20:1~3)

성도의 부활(계 20:4~6)

사탄의 최후 발악과 영원한 멸망(계 20:7~10)

하나님 보좌에 의한 최후 심판(계 20:11~15)

27 요한계시록 20:1~15

다른 책이 펴졌으니 곧 생명책이라

"또 내가 보니 죽은 자들이 큰 자나 작은 자나 그 보좌 앞에 서 있는데 책들이 펴 있고 또 다른 책이 펴졌으니 곧 생명책이라 죽은 자들이 자기 행위를 따라 책들에 기록된 대로 심판을 받으니."(계 20:12)

악의 세 축은 바다에서 올라온 짐승(적그리스도), 땅에서 올라온 짐승(거짓 선지자), 그리고 큰 붉은 용(사탄)입니다. 그들 중에 적그리스도, 거짓 선지자는 불 못에 던져졌으나 아직 사탄(붉은 큰 용)이 남아 있습니다. 이제 사탄(용)이 천 년 동안 결박당합니다. 한편 성도들은 그리스도와 함께 왕노릇합니다. 천 년이 차매 큰 붉은 용, 사탄이 옥에서 나와 사방팔방(四方八方)으로 백성을 미혹합니다. 그러나 하늘에서 불이 내려와서 태워 심판하십니다. 죽은 자들이 심판의 부활로 나타나 흰 보좌 앞에서 심판을 받습니다.

누가 최후로 구원받습니까? 어린양의 생명책에 기록된 사람입니다. 누가 어린양의 생명책에 기록됩니까? 예수님의 십자가와 부활로 구원받고, 적그리스도와 거짓 선지자와 사탄으로부터 미혹받지 않고 어린양의 순결한 신부로 산 사람입니다. 어린양의 생명책에 기록된 사람은 예수 그리스도와 더불어 하나님 나라에서 영원히 왕노릇합니다. 본문은 큰 붉은 용, 사탄의 결박당함과 최후의 심판, 그리고 성도들의 부활에 관한 말씀입니다.

그리스도와 함께 왕노릇하는 성도들

사도 요한은 천사가 무저갱의 열쇠와 큰 쇠사슬을 손에 들고 하늘에서 내려오는 것을 보았습니다(계 20:1). '무저갱'(Abyss)이란 밑이 없는 끝없는 구덩이를 뜻합니다. 무저갱은 신약성경에서 마귀를 가두는 지옥이고(눅 8:31; 유 1:6; 롬 10:7), 요한계시록에서는 사탄과 마귀가 사는 곳입니다(계 9:1, 11:7, 17:8).

천사는 용, 곧 마귀, 사탄인 옛 뱀을 잡아 쇠사슬로 결박하여 천 년 동안 가두었습니다(계 20:2). '용'은 구약성경에서 리워야단(Leviathan), 괴물인 라합(Rahab), 악어, 뱀으로 불립니다(욥 41:1; 시 74:14, 89:10; 사 27:1, 51:9; 암 9:3). 용은 머리가 일곱이고, 뿔이 열이며, 머리에 일곱의 권력을 상징하는 관이 씌워진 괴물, 큰 붉은 용입니다(계 12:3). 창세기에서는 인류의 조상 아담과 하와를 속인 뱀의 모습으로 나타났습니다(창 3:1). 아담과 하와는 옛 뱀의 유혹을 받고 하나님이 엄히 명하신 선악을 알게 하는 나무의 열매를 먹고 죽음의 형벌과 함께 낙원에서 영원히 추방당했습니다(창 3:6~24). 그 후로 인간은 사탄의 지배 아래에 있었습니다.

'용'은 사탄, 마귀입니다. 마귀는 비방자란 뜻입니다. 마귀는 사람들을 밤낮으로 하나님께 헐뜯어 죄가 있는 것처럼 참소합니다. '사탄'은 대적자란 뜻입니다. 사탄은 끊임없이 하나님을 대적하고 하나님의 자리에 앉고자 합니다. 예수 그리스도를 믿는 자들을 비방하고 훼방하고 대적합니다. 용은 천 년이 지난 후에 잠깐 풀려납니다(계 20:3).

"또 내가 보좌들을 보니 거기에 앉은 자들이 있어 심판하는 권세를 받았더라 또 내가 보니 예수를 증언함과 하나님의 말씀

때문에 목 베임을 당한 자들의 영혼들과 또 짐승과 그의 우상에게 경배하지 아니하고 그들의 이마와 손에 그의 표를 받지 아니한 자들이 살아서 그리스도와 더불어 천년 동안 왕노릇하니."
(계 20:4)

사도 요한은 또 보좌들을 보았습니다. 그 보좌들에 앉은 자들이 있었습니다. 그들은 심판하는 권세를 받았습니다. 그들은 예수님을 증언하고 하나님의 말씀을 지키고 전하다가 순교한 이들이었습니다. 짐승과 그의 우상에게 경배하지 않고 이마와 손에 666표를 받지 아니한 이들이 부활하여 그리스도와 더불어 천 년 동안 왕노릇하고 있었습니다.

그 나머지 죽은 사람들은 천년이 끝날 때까지 살아나지 못했습니다(계 20:5). 그들은 짐승의 표를 받은 사람들입니다. 반면에 순교자들과 짐승의 표를 받지 않은 사람들은 첫째 부활에 참여한 이들입니다. 누구든지 예수 그리스도께서 나를 위해 대신 십자가에 죽으셨다는 것을 믿는 순간에 예수님과 더불어 연합하여 하나님의 자녀가 되어 생명의 부활로 참여합니다.

아담 한 사람의 범죄로 세상에 죄가 들어왔고, 사망이 왕노릇했습니다(롬 5:17). 아담 안에서 모든 사람이 죽었습니다(고전 15:22). 육으로 난 것은 육입니다(요 3:6). 우리는 아담의 죄성(罪性)을 가지고 태어났습니다. 아담의 죄성은 자기중심으로, 자기가 왕입니다. 자기에 대한 집착이 강합니다. 자기 기준으로 모든 것을 보고 모든 것을 듣고 모든 것을 판단합니다. 자기애로 똘똘 뭉쳐 있습니다. 자기 외에 다른 사람을 사랑하지 못합니다. 그러기에 절대로 자기를 포기하지 않습니다.

죄는 집착이고 자기중심성입니다. 죄의 삯은 사망입니다(롬 6:23상). 한 번 죽는 것은 사람에게 정한 것이요, 그 후에는 심판이 있습니다

(히 9:27). 아담의 죄성으로 죽은 사람은 심판의 부활로 나타납니다. 아담 생명은 이 땅에서만 유효한 것이 아니라 영원히 계속됩니다. 아담의 죄성으로 태어난 인간은 뜨거운 불과 유황으로 타는 못에 영원히 거하게 됩니다. 이 세상에서 가장 큰 고통은 화상(火傷)에서 오는 통증입니다. 우리는 이런 곳에서 영원히 살아야 할 자들입니다.

예수님은 이런 죄인들을 구원하시기 위해 십자가에 죽으셨습니다. 이때 우리의 옛사람, 아담 생명이 죽었습니다. 이로써 우리는 예수 생명이 되었습니다. 예수 생명은 아담 생명이 영원한 것처럼 영원합니다. 이 생명은 지금 주님과 함께 하나님의 보좌 우편에 있습니다(엡 2:6). 우리는 이 땅에 살지만, 우리의 시민권은 하늘에 있습니다(빌 3:20).

어떻게 이런 일이 일어날 수 있습니까? 우리는 아직 죽지도 않았습니다. 우리는 부활한 일도 없습니다. 승천한 일도 없습니다. 하나님의 보좌 우편에 앉은 일도 없습니다. 그러나 예수 그리스도께서 우리의 죄를 위해 죽으시고, 무덤에 묻혀 장사 지낸 바 되셨다가, 부활하시고, 승천하시고, 하나님 보좌에 앉으셨습니다. 이것은 예수님만 경험하신 역사적인 사실입니다. 역사적인 사실인 십자가에 죽으신 예수 그리스도를 믿는 순간 우리는 그리스도와 연합하여 예수님이 십자가에 죽으실 때 우리도 죽고, 예수님이 땅에 묻히실 때 우리도 묻히고, 예수님이 부활하실 때 우리도 부활하고, 예수님이 승천하실 때 우리도 승천하고, 예수님이 하늘의 우편에 계실 때 우리도 우편에 앉게 됩니다(엡 2:6).

그러므로 우리는 장차 하나님 나라에 가는 것이 아니라 이미 우리의 영은 하나님 나라에 가 있습니다. 믿는 성도는 누구를 막론하고 예수님을 믿는 동시에 이런 놀라운 은혜가 나타납니다. 그것뿐만 아니라 예수 그리스도를 믿는 성도는 하나님 나라에서 예수 그리스도와 함께 왕노릇합니다. 그래서 첫째 부활에 참여하는 사람들은 복되고 거룩합니다.

둘째 부활은 몸의 부활입니다. 사람이 죽으면 두 종류의 부활로 나타납니다. 예수 그리스도를 믿는 성도는 예수님이 재림하시는 날에 생명의 부활로 나타나고, 믿지 않는 자들은 심판의 부활로 나타납니다(요 5:29). 살아서 예수님의 재림을 맞는 성도는 공중으로 들림을 받습니다. 이를 휴거(rapture)라고 합니다.

본문에 천년과 천년왕국이라는 단어가 나옵니다. 필자가 서론에서 이미 언급했듯이 주경학자들은 천년왕국을 저마다 각기 주장을 달리합니다. 크게 후천년설, 전천년설, 무천년설입니다.

'후천년설'(Posrmillennialism)은 천년왕국이 그리스도의 재림보다 앞선다는 학설입니다. 이 견해는 천년을 문자적으로 보며 예수 그리스도의 재림 전에 천 년 동안 계속되는 것으로 봅니다. 이 견해는 예수님께서 천년왕국을 다스리기 위해 재림하실 때, 성도의 육체의 부활과 성도가 부활하여 천년왕국에서 그리스도와 영원히 왕노릇한다는 사실을 배제합니다.

전천년설은 천년왕국이 이루어지기 전에 예수님이 재림한다는 견해입니다. '전천년설'(Premillienialism)은 '세대주의전천년설'(Dispensationalism)과 '역사적 전천년설'(Historic premillennialism)로 나뉩니다. '세대주의전천년설'은 예수님의 재림이 공중 재림과 지상 재림이 있다는 견해입니다. 반면에 '역사적 전천년설'은 세대주의전천년설과 달리 한 번의 재림으로 그리스도께서 재림하실 때 성도의 부활과 휴거로 천년왕국이 지상에서 이뤄지고 성도들은 모두 왕노릇을 하게 된다고 봅니다.

무천년설은 천년을 문자적으로 보지 않고 완전한 기간, 즉 그리스도의 초림에서 재림 사이를 상징하는 기간으로 봅니다. 복음서나 서신을 보면 예수님의 재림 후에는 심판이 있고, 성도는 영원한 천국에 입성하여 구원이 완성된다고 말씀했습니다. '10'이란 많다는 뜻이고, '1000'(10^3)은 충만한 수입니다. 따라서 천 년이라는 기간은 어느 기간을 뜻하는 것이 아니라 복음이 온 세상에 충만하게 전파되는 기간이라고 볼 수 있습니다.

복음이 충만하게 전파되면 예수님이 재림하십니다. 그 충만한 수는 하나님만이 아십니다. 바울은 이를 신비라고 했습니다(롬 11:25). '신비'란 헬라어로 무스테리온(*μυστήριον*)으로, 이 단어에서 영어 mystery가 나왔습니다. 바울 서신에 신비라는 단어가 22회 나옵니다. 신비란 지나고 보면 당연하지만, 우리의 인식의 한계가 이를 수용할 수 없고 이해할 수 없어 부득이 신비라고 하는 것입니다. 다시 말해서 하나님께는 그것이 신비로운 것이 아니고 당연한 사실입니다. 다만 사람들에게 신비롭게 보일 뿐입니다. 우리가 하나님을 믿는 순간에 우리의 인식의 한계를 극복하고 그 신비를 알 수 있습니다. 믿음은 신비를 깨달을 수 있는 지혜의 통로입니다. 예수님은 재림하실 때와 시간은 아무도 모르고 하나님만이 아신다고 하셨습니다(마 24:36). 따라서 우리가 할 일은 예수님이 재림하시는 그날까지 복음을 전하는 것입니다.

그러면 천사가 언제 마귀를 결박하여 무저갱에 가둬 놓습니까? 예수님은 귀신을 쫓아내면서 마귀가 이미 결박되었다고 말씀하셨습니다(마 12:29). 바울은 예수님께서 십자가로 마귀를 결박하였다고 했습니다(골 2:15). 하나님은 예수님의 십자가 능력으로 마귀를 결박했습니다. 예수님은 십자가에 죽고 부활하심으로 죄와 사망 권세를 사로잡고 있던 마귀를 결박하고 우리를 구원하셨습니다. 그리고 예수님이 재림하시는 날에 사탄 마귀가 영원히 무저갱에 결박됩니다. 십자가는 승리의 십자가입니다. 십자가에서 흘리신 예수님의 보혈은 능력의 피입니다.

이상에서 볼 때, 천년이란 어느 기간이 아닙니다. 예수님께서 성육신하시고 부활 승천 이후부터 재림하시는 그날까지를 상징하는 숫자입니다. 우리가 이 기간에 할 일은 복음이 온 세상에 전하는 것입니다.

첫째 부활에 참여한 자들은 복이 있고 거룩합니다.

> "이 첫째 부활에 참여하는 자들은 복이 있고 거룩하도다 둘째 사망이 그들을 다스리는 권세가 없고 도리어 그들이 하나님과 그리스도의 제사장이 되어 천 년 동안 그리스도와 더불어 왕 노릇하리라."(계 20:6)

첫째 부활에 참여하는 자들이 복이 있고 거룩한 이유는 둘째 사망이 없기 때문입니다. 첫째 사망은 육과 영이 분리되는 것이고, 둘째 사망은 최후의 심판을 뜻합니다(계 20:13~14).

요한계시록 20장 4절에서 '왕노릇하다'(reigned, NIV)의 시제는 과거이고, 20장 6절의 '왕노릇하다'(will reign)의 시제는 미래입니다. 그리스도 안에서 죽은 자들은 이미 그리스도와 더불어 보좌 앞에서 왕노릇하고 있습니다. 한편 이 땅에서 사는 성도들의 영주권은 땅에 있지만, 시민권은 하나님 나라에 있다는 것을 필자는 여러 번 언급했습니다. 따라서 성도는 장차 그리스도와 함께 왕노릇하는 것은 기정사실입니다.

그렇다면 이제 우리는 어떤 삶을 살아야 합니까? 우리는 새로운 신분에 맞게 살아야 합니다. 베드로는 성도를 왕 같은 제사장이라고 했습니다. '왕 같은 제사장'(royal priesthood)의 사명은 "이는 너희를 어두운 데서 불러내어 그의 기이한 빛에 들어가게 하신 이의 아름다운 덕을 선포하게 하려 하심이라"(벧전 2:9하)라고 했습니다. 우리는 내게 이루신 예수님의 아름다운 덕을 선포해야 합니다. 예수님의 사랑을 선포하고, 예수님의 거룩하심을 선포하고, 예수님의 능력을 선포하여야 합니다. 우리는 왕도를 가지고 세계를 가슴에 품고 기품이 있는 왕 같은 제사장으로 살아야 합니다.

유황불 못에 던져지는 사탄

하나님이 정해 놓으신 천년이 차매 사탄이 무저갱에서 놓임을 받고 나왔습니다. 사탄이 나오자마자 무엇을 했습니까? 사탄이 사방팔방에 있는 민족들, 곧 곡과 마곡을 미혹하여 전쟁하려고 불러 모았습니다. '곡과 마곡'(Gog and Magog)은 택한 이스라엘을 침략하기 위하여 북쪽 지방인 마곡에서 오는 전투력이 뛰어나고 호전적인 산악 부족인 메섹(Meshech)과 두발(Tubal)의 왕을 가리킵니다(겔 38:2,6).

그러나 여기에서 곡과 마곡은 하나님의 교회를 멸하려는 사탄의 유혹에 넘어간 적그리스도의 나라들과 그 백성을 가리킵니다. 이들의 수가 모래알처럼 많았습니다. 이들이 택한 백성을 멸하려고 미혹하여 불러 모았으나, 하나님께서 하늘에서 불과 유황을 내려 단번에 멸하셨습니다(겔 38:22). 큰 붉은 용, 사탄 마귀는 불과 유황 못에 던져졌습니다. 거기는 이미 적그리스도와 거짓 선지자가 던져진 곳입니다. 그곳에서 그들은 세세토록 밤낮으로 괴로움을 당합니다.

악의 세력은 매우 강하게 보입니다. 악의 세력은 세상 권세를 등에 업고 있으므로 엄청난 힘을 가지고 있는 것처럼 보입니다. 그 수가 많아서 이길 수 없을 것처럼 보입니다. 그러나 하나님께서 진노하시면 그들은 불에 타는 풀숲과 같고 바람에 흩어지는 안개에 불과합니다. 따라서 우리는 악의 세력을 두려워할 필요 없습니다. 그리고 우리의 씨름은 혈과 육의 상대가 아니라 통치자들과 권세들과 어둠의 세상 주관자들과 하늘에 있는 악한 영들입니다(엡 6:12).

지금 한국은 초대교회 때처럼 박해와 고난은 없습니다. 그러나 형태와 방법이 다를 뿐이지 먹잇감을 찾기 위해 우는 사자와 같이 삼킬 자를 찾는 마귀의 공격은 계속되고 있습니다(벧전 5:8). 그러므로 우리는 늘 사탄과 싸워 이길 수 있도록 영적으로 무장해야 합니다. 영적인 무장은 말씀과 성령의 충만함과 기도와 전도입니다.

그 보좌 앞에 다른 책이 펴졌으니

요한은 크고 흰 보좌(a great white throne)와 거기에 앉아 계신 분의 놀라운 환상을 보았습니다.

> "또 내가 크고 흰 보좌와 그 위에 앉으신 이를 보니 땅과 하늘이 그 앞에서 피하여 간 데 없더라."(계 20:11)

'크고 흰 보좌와 그 위에 앉으신 분'은 예수 그리스도이십니다. 하나님께서 심판하는 권세를 그리스도 예수님께 완전히 위임하셨습니다(요 5:22; 딤후 4:1). 하나님께서 그리스도에게 심판하는 권세를 맡기신 이유는 "그 인자됨을 인하여"(요 5:27)라고 말씀하셨습니다. 하나님은 창조주이신 예수 그리스도께서 성육신(incarnation), 사람이 되셨기에 심판하는 권세를 맡기셨습니다.

'크고 흰 보좌에 앉으셨다'는 것은 권능과 영광, 거룩함과 위엄을 나타냅니다. 크고 흰 보좌에 앉으신 이를 보니 땅과 하늘이 그 앞에서 온데간데없이 사라졌습니다. 이것은 하나님의 심판에 대한 두려움이 얼마나 큰가에 대한 표현입니다. 동시에 썩어짐에 종노릇하던 첫 피조물이 사라지고 새 하늘과 새 땅이 창조될 것에 대한 암시입니다(계 21:1; 사 11:6~9, 65:17; 벧후 3:13). 또 어떤 일이 있었습니까?

> "또 내가 보니 죽은 자들이 큰 자나 작은 자나 그 보좌 앞에 서 있는데 책들이 펴 있고 또 다른 책이 펴졌으니 곧 생명책이라 죽은 자들이 자기 행위를 따라 책들에 기록된 대로 심판을 받으니."(계 20:12)
>
> "누구든지 생명책에 기록되지 못한 자는 불못에 던져지더라."(계 20:15)

하나님 보좌 앞에는 두 책이 놓여 있습니다. 하나는 심판의 책이고, 또 다른 하나는 생명책입니다. '심판의 책'(books)은 복수이고 '생명책'(the book of life)은 단수입니다. 심판의 책은 사람들의 죄목(罪目)이 낱낱이 기록되어 있으므로 여러 권의 책으로 되어 있습니다. 그러나 생명책은 믿는 자, 누구라고 기록되어 있고, 또 죄를 회개하면 모든 죄가 사해지기에 얇을 수밖에 없습니다. 우리가 평소에 회개하고 십자가 보혈로 깨끗하게 죄 씻음을 받아야 할 이유가 여기에 있습니다. 하나님은 이 책의 기록대로 심판하십니다.

우리는 둘 중의 하나에 속해 있습니다. 우리의 이름은 어느 책에 기록되어 있습니까? 심판의 책입니까? 생명의 책입니까? 사랑하는 부모와 남편 아내, 자녀들, 친구와 형제자매들은 어디에 기록되어 있습니까? 우리(나)는 생명책에 기록되었다고 확신하십니까? 나 자신의 이름뿐만 아니라 사랑하는 자녀들, 사랑하는 남편, 사랑하는 아내, 사랑하는 부모님, 사랑하는 친구들의 이름이 생명책에 기록되어 있다고 확신합니까?

만일 사랑하는 사람들이 생명책에 기록되어 있지 않아 불구덩이에 던져진다면 얼마나 슬픈 일입니까? 우리는 다가오는 마지막 심판을 바라보며 사랑하는 이들에게 복음을 전하여 그들이 믿고 구원받아 생명책에 기록되도록 해야 합니다. 여기에 복음전파의 중요성이 있습니다. 이를 안 바울은 "만일 복음을 전하지 아니하면 내게 화가 있을 것이로다"(고전 9:16)라고 했습니다.

생명책에 기록되지 않은 사람은 누구든지 불 못에 던져집니다. 이 세상에 아무리 성인군자라 할지라도 어린양의 생명책에 아름이 기록되지 않은 사람은 예외 없이 불 못에 던져집니다. 그러나 예수님을 믿는 우리는 조금도 걱정할 필요 없습니다. 왜냐하면, 우리는 첫째 부활에 참여하여 어린양의 생명책에 기록되어 있기 때문입니다. 우리는 어린양의 생명책에 기록되어 예수님과 왕노릇합니다. 반면에 생명책에 이름이 없는 자들은 각각 자기들의 행위대로 심판을 받고 사망과 지옥의 불바다에 던져집니다. 이 불바다가 둘째 사망입니다(계 20:13~14).

바다는 매장되지 않은 자들이 있던 곳입니다. 죽은 후에 시체를 매장하지 않는 것은 가장 저주받은 죽음입니다(왕상 13:21~22, 14:11; 렘 8:1~2). 바다가 죽은 자를 다시 내어 주는 것 또한 가장 수치스러운 하나님의 심판입니다. 또 사망과 음부도 그 가운데 죽은 자를 내어 줍니다. 사망은 전쟁이나 기근, 전염병이나 야생 짐승에게 찢겨 죽은 것을 말합니다. 또 음부(hell)는 의롭지 못한 자들이 죽은 후에 가는 곳입니다(눅 16:23). 사망과 음부의 권세 아래 있는 자들도 심판의 부활로 나타나 심판대 앞에 섭니다. 그들은 생전에 그 몸으로 행한 대로 심판을 받습니다(고후 5:10). 누구도 이 심판을 피할 자가 없습니다. 이를 영벌(永罰)이라고 합니다.

우리는 예수를 믿음으로 우리의 이름이 생명책에 기록되어 있습니다. 우리는 하나님 나라에서 영원히 그리스도와 함께 왕노릇합니다. 반면에 생명책에 이름이 없는 자들은 영벌을 받게 됩니다. 우리는 이런 그들에게 복음을 전하여 생명책에 기록되어 하나님 나라에서 예수 그리스도와 영원히 왕노릇할 수 있도록 해야 합니다.

생각하기

1. 요한이 보니 천사가 쇠사슬을 가지고 내려왔습니다(계 20:1~3). 왜 쇠사슬을 가지고 왔는가를 말해 보세요.
2. 요한은 또 보좌들을 봤는데 그 보좌들에 앉은 이들이 심판하는 권세를 받았습니다(계 20:4~6). 어떤 이들이 첫째 부활에 참여하는가를 말해 보세요.
3. 천년이 차매 사탄이 옥에서 나와서 최후의 발악을 합니다(계 20:7~10). 곡과 마곡, 그들이 받을 최후의 심판에 대해 말해 보세요.
4. 요한이 또 보니 크고 흰 보좌와 거기에 앉아 계신 분의 놀라운 환상을 보았습니다(계 20:11). 왜 땅과 하늘이 그 앞에서 피하여 온데간데없는가를 말해 보세요.
5. 그 보좌 앞에 두 종류의 책이 펴있었습니다(계 20:12~15). 두 책에 대해 말해 보세요. 나는 지금 어떤 책에 이름이 기록되었을까요?

XI. 새 하늘과 새 땅, 진실로 속히 오실 예수님

(계 21:1~22:21)

이기는 자의 축복(계 21:1~8)

거룩한 성 새 예루살렘(계 21:9~22:5)

내가 진실로 속히 오리니(계 22:6~21)

28 요한계시록 21:1~8

이기는 자의 축복

"이기는 자는 이것들을 상속으로 받으리라 나는 그의 하나님이 되고 그는 내 아들이 되리라."(계 21:7)

우리는 살면서 여러 어려움과 시련을 겪습니다. 질병으로 고통을 겪기도 합니다. 직장과 학교에서 여러 아픔을 겪습니다. 때로는 예수님을 믿지 않는 부모님과 친구들로부터 박해를 받기도 합니다. 그뿐만 아니라 우리는 때로 남들이 가지는 것을 포기하거나 양보하고, 남들이 누리는 즐거움을 포기하고, 남들이 먹고 마시는 것을 절제해야 합니다. 때론 애매하게 오해를 받기도 합니다. 그런데 성도의 삶이 이것으로 끝나면 얼마나 원통하겠습니까?

그러나 우리가 끝까지 믿음의 경주에서 승리했을 때, 나 자신도 믿을 수 없는 영광이 기다리고 있습니다. 이 영광은 말로 표현할 수 없는 영광입니다. 이 영광은 믿음으로 승리한 자를 위하여 준비하신 최고의 존귀입니다. 하나님은 우리가 이 영광을 기뻐하고 즐거워하고 사모하기를 원하십니다.

누가 이런 영광을 누릴 수 있습니까? 이기는 자가 이런 삶을 누릴 수 있습니다. 우리가 이기는 사람이 되어 이런 영광을 누리기를 기도합니다.

새 하늘과 새 땅

사람은 누구나 때 묻고 낡은 것을 좋아하지 않습니다. 그래서 새 옷을 사 입고, 스타일러를 사서 깨끗한 옷을 입고, 새 차를 사고, 삶을 바꾸어 보기도 합니다. 그런데 이런 것들은 잠시 기분을 새롭게 할 뿐 질적으로 새롭게 해 주지 못합니다. 또 이런 것들은 언젠가 낡아 없어집니다. 그러나 요한은 새로운 세계를 보았습니다.

> "또 내가 새 하늘과 새 땅을 보니 처음 하늘과 처음 땅이 없어졌고 바다도 다시 있지 않더라."(계 21:1)

요한은 처음 하늘과 처음 땅이 없어지고 새 하늘과 새 땅이 펼쳐지는 것을 보았습니다. 본래 '처음 하늘과 처음 땅'(the first heaven and the first earth)은 창조하신 하나님조차도 감탄하실 정도로 아름답고 조화롭게 창조하셨습니다(창 1:31). 그런데 이곳은 마귀의 시험에 노출되어 있었습니다. 첫째 사람 아담은 마귀의 미혹을 받아 에덴에서 쫓겨났습니다. 인간이 타락하여 저주를 받자 땅도 함께 저주받아 가시덤불과 엉겅퀴로 뒤덮였습니다(창 3:19). 인간은 저주받은 땅에서 평생 땀을 흘리며 수고하여야 겨우 소산을 먹고 결국 흙으로 돌아가야 했습니다(창 3:17~18).

이런 저주받은 땅이 '새 하늘과 새 땅'(a new heaven and a new earth)으로 회복되었습니다. 이것은 낡은 것을 고쳐서 새롭게 하는 것이 아니라 질적으로 다른 새 창조입니다(벧후 3:13). 여기에서 '새 하늘'과 '새 땅'에서 '새'라는 형용사는 '새 포도주'와 '새 가죽 부대'에서 말하는 '새'라는 형용사와 같은 단어입니다.

'새'(new)라는 단어는 헬라어로 '네오스'(*νέος*)와 '카이노스'(*καινός*)가 있습니다. 네오스는 숫자상으로 새로운 것입니다. 예를 들어 내가 새 양복을 샀는데 기성복이었습니다. 그것은 새 옷임에는 틀림이 없지만 내가 산 옷과 똑같은 옷을 입은 사람이 또 있습니다. 이럴 때 쓰는 단어가 네오스입니다.

반면에 카이노스는 숫자일 뿐만 아니라 질적으로 다른 새로운 것을 의미합니다. 내가 새 옷을 샀는데 기성복이 아니라 맞춤 집에 가서 내가 고른 원단에 내 체형에 맞는 새 옷을 지어 입은 새 옷, 세상에 나 하나밖에 없는 옷, 이것이 카이노스입니다. 새 하늘과 새 땅은 질적으로 이전과 전혀 달리 새로웠습니다. 창조란 히브리어로 '바라'(בָּרָא)인데, 창세기 1장 1절의 창조와 같은 단어로, 무에서 유를 창조하신 하나님께만 쓰는 단어입니다. 이사야는 이렇게 기록하고 있습니다.

> "보라 내가 새 하늘과 새 땅을 창조하나니 이전 것은 기억되거나 마음에 생각나지 아니할 것이라."(사 65:17)

요한이 본 새 하늘과 새 땅에는 바다가 없었습니다. 요한이 바다가 없다고 한 데에는 깊은 뜻이 있습니다. 바다는 이별의 장소로 통칭합니다. 바다를 주제로 한 가요를 보면 대부분이 이별을 상징합니다. '돌아와요, 부산항에', '목포의 눈물', '연안부두' 등입니다.

요한은 사랑하는 동역자들과 이별하고 밧모섬으로 유배되었습니다. 현재 그는 밧모섬에서 무서운 파도 소리와 울부짖는 바람 소리를 들어야 했습니다. 그는 사랑하는 이들을 보고 싶지만, 바다에 둘러싸여 갈 수 없었습니다. 따라서 바다도 다시 있지 않다는 말은 필자가 생각해 볼 때, 새 하늘과 새 땅에는 이별의 슬픔이 없다는 뜻이라고 보고 싶습니다.

무엇보다도 구약성경에서 바다는 악과 연관되어 있습니다(사 57:20). 요한계시록에서 바다는 사탄과 죽은 자들이 있는 곳과 세상을 뜻합니다(계 13:1, 20:13). 이 세상의 모든 강물이 바다로 모이듯이, 사람들의 생각과 가치관이 모여 세상 가치관이 형성됩니다. 이처럼 바다는 인간의 각종 부패한 본성이 모인 거대한 사회를 뜻합니다.

따라서 새 하늘과 새 땅은 부패한 세상의 가치관과 자랑하던 모든 것이 다 사라지고 오직 하나님의 영광과 존귀만 있는 곳입니다. 죄와 사망의 권세 아래 있던 옛 질서가 사라지고 거룩하신 하나님이 통치하십니다.

하나님의 백성

첫째, 하나님께로부터 내려오는 거룩한 성 새 예루살렘

> "또 내가 보매 거룩한 성 새 예루살렘이 하나님께로부터 하늘에서 내려오니 그 준비한 것이 신부가 남편을 위하여 단장한 것 같더라."(계 21:2)

요한은 또 거룩한 새 예루살렘이 하늘로부터 내려오는 것을 보았습니다. 거룩한 성 새 예루살렘도 이전에 존재하던 예루살렘과 전혀 다른 새로운 예루살렘을 뜻합니다. 여호와 하나님은 하나님의 이름을 두시기 위해 예루살렘을 택하셨습니다(왕상 11:36). 그런데 예루살렘은 하나님의 아들 예수 그리스도를 죽인 사악한 곳, 저주받은 땅이 되었습니다. 예루살렘 성은 처참하게 멸망했습니다.

하늘에서 내려온 거룩한 성, 새 예루살렘은 그 준비한 것이 신부가 남편을 위해 단장한 것과 같았습니다. 결혼식에 가 보면 신부는 눈부실 정도로 아름답게 단장합니다. 바로 새 예루살렘은 눈부실 정도의 아름다운 신부의 모습이었습니다. 여기에서 새 예루살렘은 지리적인 도시를 뜻하지 않습니다. 새 예루살렘은 신랑이신 어린양 예수 그리스도의 신부를 뜻합니다(계 21:9~10). 그리스도의 신부는 하나님이 택하신 거룩한 언약 공동체 교회입니다(계 2:9). 교회는 예수 그리스도의 피로 구원받고 많은 고난과 박해를 견디며 믿음으로 승리한 거룩한 성도가 모인 곳입니다.

그리스도의 신부는 거룩한 성도를 가리킵니다. 무엇이 그토록 성도를 눈이 부시도록 아름답게 만들었습니까? 그것은 고난과 성령의 능력입니다. 성령은 우리의 작은 죄도 지나치지 않고 여러모로 연단하여 모든 불순물을 제거하여 순금보다 더 정결하게 하십니다. 혈기와 반항심을 훈련하여 온유하고 겸손하게 하십니다. 우리의 게으름과 악한 행실과 좋지 못한 습관을 고쳐질 때까지 연단하여 눈부실 정도로 아름다운 그리스도의 신부로 만드십니다. 신부 단장은 외모가 아니라 속 사람의 아름다움입니다(벧전 3:3~4).

둘째, 하나님이 그들과 친히 함께 계셔서

> "내가 들으니 보좌에서 큰 음성이 나서 이르되 보라 하나님의 장막이 사람들과 함께 있으매 하나님이 그들과 함께 계시리니 그들은 하나님의 백성이 되고 하나님은 친히 그들과 함께 계셔서."(계 21:3)

인간의 비극은 하나님께 불순종하고 하나님을 떠난 것으로부터 시작합니다. 죄를 지은 인간은 하나님의 낯을 피하여 하나님의 전에 거할 수 없었고, 거룩하신 하나님 앞에 설 수 없었습니다. 그 결과 인간은 실존을 상실하고 유리방황하게 되었습니다. 그러나 이제 하나님과 함께 거하여 잃어버린 인간의 실존이 회복되었습니다. 성도들은 하나님의 백성이 되고, 하나님은 왕이 되셔서 그 백성을 다스리십니다. 이때 하나님께서 성도들에게 주실 은혜가 무엇입니까?

> "모든 눈물을 그 눈에서 닦아 주시니 다시는 사망이 없고 애통하는 것이나 곡하는 것이나 아픈 것이 다시 있지 아니하리니 처음 것들이 다 지나갔음이러라."(계 21:4)

이 세상은 눈물이 많습니다. 우리는 살면서 눈물이 마를 날이 없습니다. 사람이 태어나서 하루에 자연스럽게 나오는 눈물이 1~1.2㎖라고 합니다. 사람이 일생 동안 70ℓ의 눈물을 흘린다고 합니다. 그러나 하나님 나라에 가면 하나님께서 눈물을 닦아 주시며 아픔을 어루만져 주십니다. 이곳에는 사망, 애통, 아픔, 눈물, 한숨, 괴롬이 존재하지 않습니다.

성경은 현재의 영광보다 장차 받을 영광을 위해 고난을 많이 받으라고 말씀하였습니다. 고난을 받을 때, 낙심하지 않고 참으면 말할 수 없는 영광을 볼 수 있다고 하였습니다. 이 영광은 태양보다 더 밝은 영광입니다. 그래서 성경은 고난 중에 원망하지 말고 감사하라고 하셨습니다.

우리가 살면서 자신을 괴롭힌 사람을 용서하기란 그렇게 쉽지 않습니다. 그런데 하나님은 장차 나타날 영광을 바라보고 용서하라고 하셨습니다. 우리는 때로 예수 그리스도로 말미암아 세상에서 불이익을 당할 때 마음이 힘듭니다. 그러나 하나님은 고난 자체를 기뻐하라고 하십니다. 하나님은 여러 가지로 우리를 연단하여 영광스러운 존재로 빚어 주십니다.

병을 앓고 있는 아내를 둔 남편의 행복이란 이야기가 있습니다. 그는 친구들과 모여 이런저런 이야기를 나누면서 재미있는 시간을 보내고 있었습니다. 모인 친구 중에 농담을 잘하는 사람이 자기 아내를 자랑해 보자고 제안했습니다. 이것은 병을 앓고 있는 친구를 놀리기 위한 것이었습니다. 사람들은 각기 자기 아내를 자랑했습니다. "내 아내는 절세 미인이야, 내 아내는 음식 솜씨가 그만이야!"

이제 병을 앓고 있는 아내의 남편 차례가 되었습니다. 모든 사람의 시선이 그에게 집중했습니다. 저 사람은 과연 무슨 말로 자기 아내를 자랑할까? 그런데 그는 활기 있는 얼굴로 이야기를 시작했습니다. "나는 내 아내로 감사가 넘치네. 자네들이 아는 바대로 나는 아내를 자랑할 것이 없지. 그러나 나의 행복은 이런 아내로 내가 하나님께 무릎을 꿇고 기도하는 사람이 되었지. 만일 가정에 고통이 없고 화평하기만 했다면 지금처럼 믿음이 뜨겁지 않았을 거야. 나는 아픈 아내를 위해 항상 기도하게 되었지. 어찌 감사하지 않을 수 없겠는가?"

영광은 고난과 비례합니다. 그래서 고진감래(苦盡甘來), 전화위복(轉禍爲福)이라는 사자성어가 있고, 젊었을 때 고생은 사서도 한다는 말이 있고, 역경의 열매라는 말이 있습니다. 욥은 "그러나 내가 가는 길을 그가 아시나니 그가 나를 단련하신 후에는 내가 순금같이 되어 나오리라"(욥 23:10)라고 했습니다. 하나님은 내가 가는 길, 슬픔, 고통, 아픔, 모든 것을 다 아십니다. 하나님은 내가 흘린 눈물을 다 아십니다. 하나님은 내가 흘린 눈물을 병에 담으십니다. 하나님은 눈물을 닦아주시며 이제 울지 말라고 말씀하십니다. 그때 우리가 세상에서 흘린 모든 눈물은 기쁨과 환희가 됩니다. 따라서 우리는 평소에 주님을 위해 많은 눈물을 흘려야 합니다.

만물을 새롭게

"보좌에 앉으신 이가 이르시되 보라 내가 만물을 새롭게 하노라 하시고."(계 21:5상)

하나님은 역사의 맨 첫 순간에 "태초에 하나님이 천지를 창조하시니라"(창 1:1)라고 말씀하셨습니다. 이제 인류의 마지막 순간에 하나님께서 선언하십니다. "보라, 내가 만물을 새롭게 하노라." 여기에서 '새롭다'는 단어도 카이노스(καινός)입니다. '새롭게 하노라'(I am making everything new)는 하나님만이 하실 수 있는 말씀입니다. 이 말씀은 거룩하신 하나님의 영광을 나타내는 최상의 표현이고, 하나님의 뜻이고, 목표입니다. 예수님은 이를 위해 우리에게 새 언약을 주셨습니다.

옛 언약은 "이것을 행하라 그리하면 살리라"입니다. 옛 언약은 누구도 지킬 수 없어 새롭게 될 수 없습니다. 그러나 새 언약은 "내가 다 이루어 놓았다. 이제 믿으면 너희가 살리라"입니다. 그래서 예수 그리스도를 믿는 사람은 누구든지 새롭게 됩니다. 그래서 바울은 이렇게 선언합니다.

> "그런즉 누구든지 그리스도 안에 있으면 새로운 피조물이라
> 이전 것은 지나갔으니 보라 새것이 되었도다."(고후 5:17)

새 사람은 옛사람과 전혀 다릅니다. 옛 본성은 눈에 보이는 보상에 따라 움직입니다. 그러나 새 사람은 새로운 원리, 사랑에 지배를 받습니다. 새로운 본성은 과거 그렇게 미워했던 사람을 지금은 사랑하게 됩니다. 전에 괴롭고 고통스럽게 느꼈던 십자가가 천국의 희락임을 알게 됩니다. 전에는 예수 그리스도의 이름이 멀리 있었지만, 이제는 그 소리로 기뻐하게 됩니다. 전에는 소중하게 여기지 않았던 하늘나라의 소망을 참된 소망으로 여깁니다. 예전에 우리는 진노의 자녀였지만 이제는 하나님의 자녀입니다. 예전에는 종이었지만 이제는 자유인입니다. 이전에는 구름 아래서 놀았지만, 이제는 저 높고 높은 세계를 바라보며 살아갑니다. 새로운 비전과 하나님의 영광을 구하고, 하나님 보기를 원하고, 하나님을 사모하고, 기도하기를 즐거워합니다.

하나님은 우리의 마음을 이처럼 새롭게 하십니다. 에스겔은 "또 새 영을 너희 속에 두고 새 마음을 너희에게 주되 너희 육신에서 굳은 마음을 제거하고 부드러운 마음을 줄 것이며"(겔 36:26)라고 했습니다. 하나님께서 우리의 굳은 마음을 제거하시고 부드러운 새 마음을 주십니다.

우리 몸의 장기 중에 간(肝)이 가장 부드럽습니다. 간의 무게는 약 1.2~1.5kg입니다. 이런 간이 굳어지면 간경화가 됩니다. 간경화에 걸리면 아파도 통증이 없습니다. 사람이 간에 이상이 있다고 느끼는 순간 이미 늦었습니다. 그래서 병 중에 가장 무서운 병은 간경화입니다. 그러나 이보다 더 무서운 것은 심경화입니다. 사람의 마음이 굳어지면 완악해집니다. 이 질병에 걸리면 누구도 인정하지 않습니다. 하나님도 인정하지 않습니다. 이 질병이 바로 'NIH'(not invented here), 자신이 최고라는 극도의 이기적인 질병입니다. 그러나 하나님은 우리에게 새 영을 부어 주셔서 부드러운 마음을 주십니다. 새 영을 주셔서 교만한 마음을 겸손하게 하십니다. 사도 요한은 또 하나님의 음성을 들었습니다.

> "또 내게 말씀하시되 이루었도다 나는 알파와 오메가요 처음과 마지막이라 내가 생명수 샘물을 목마른 자에게 값없이 주리니."(계 21:6)

"또 내게 말씀하시되 이루었다"에서 '이루었다'(It is done)는 것은 하나님께서 모든 것을 성취하셨다는 뜻입니다. '알파와 오메가'는 헬라어의 첫 글자요 마지막 철자입니다. 하나님은 모든 존재의 시작이요, 만물의 기원이고, 모든 것의 마침이 됩니다. 세상 누구도 역사를 열고 닫을 수 없습니다. 하나님만이 열고 닫을 수 있습니다. 주님께서 목마른 자에게 값없이 생명수를 주십니다. 누가 이런 상속을 받습니까?

"이기는 자는 이것들을 상속으로 받으리라 나는 그의 하나님이 되고 그는 내 아들이 되리라."(계 21:7)

요한은 '믿는 자'라고 하지 않고 '이기는 자'라고 했습니다. 이 말씀에서 신앙생활이란 영의 전쟁이고, 영의 전쟁에서 승리한 사람만이 상속을 받을 수 있습니다.

세상에는 우리의 신앙을 방해하는 세력이 곳곳에 있습니다. 곳곳에 미혹하는 세력이 숨어 있습니다. 내 안에 각양각색의 죄가 도사리고 있습니다. 우리가 이런 세력과 싸워 이겨야 하나님의 상속을 받고 하나님의 자녀가 됩니다. 세상에서 승자는 한 명이지만 하나님의 나라는 한 사람도 패자가 없는 모두가 승자입니다. 그러면 어떻게 이길 수 있습니까?

첫째, 믿음이 이길 수 있다.

'믿음'이란 '믿는 척'이 아니라 진실하게 믿는 것을 말합니다. 우리가 진실하게 믿으면 반드시 사탄과 각종 죄와 싸워 이길 수 있습니다. 사냥개가 백두산 호랑이를 이길 수 있을까요? 사냥개는 산야를 뒤흔드는 소리, 불타는 눈동자나, 거대한 송곳니, 무서운 앞발을 휘두르는 호랑이를 이길 수 있습니다. 그것은 바로 뒤에 어떤 맹수라도 제압할 수 있는 포수가 총을 들고 있기 때문입니다. 믿는 데가 있기에 사냥개는 겁없이 호랑이를 제압할 수 있습니다. 사실 일대일로 붙으면 사냥개는 호랑이에게 게임이 되지 않습니다. 어린아이가 아빠가 뒤에 있으면 큰 아이들 앞에서도 당당한 모습으로 행동합니다. 뒤에는 아버지가 있기 때문입니다.

우리에게는 누가 있습니까? 우리에게는 죽음을 이기고 부활하신 예수님이 계십니다. 예수님을 믿으면 어떤 사탄의 미혹도 싸워 이길 수 있습니다. 힘은 생각에 있지 않고 믿음에 있습니다. 힘은 상황이 아니라 무엇을 믿느냐의 믿음에 있습니다. 따라서 우리는 예수님을 믿는 믿음을 굳게 지키고 믿음 위에 서 있어야 합니다.

둘째, 사랑이 이길 수 있다.

사람은 사랑을 느낄 때와 공포를 느낄 때, 그 능력의 차가 10배라고 합니다. 사람이 보통 때에는 잠재력을 다 발휘할 수 없습니다. 그러나 큰사랑을 느끼면 상상을 초월한 능력이 나타나 지혜도 생기고, 능력도 생깁니다. 어떤 병마도 이길 수 있습니다. 우리가 독생자를 주시기까지 우리를 사랑하신 하나님의 큰 사랑에 감격할 때, 내가 가지고 있는 잠재력을 발휘할 수 있습니다. 반면에 의심하면 자기가 가진 능력도 발휘할 수 없습니다.

그렇다면 우리가 누군가를 미워하면 이미 진 것이고 사랑하면 이긴 것입니다. 정죄하고 비방하면 진 것이고 사랑하면 이긴 것입니다. 우리가 각기 어려움이 있을 때 비방하고 정죄하고 책임을 전가하면 사탄에게 진 것입니다. 그러나 서로 사랑하고 위로하고 격려하고 기도하면 이미 승리한 것입니다. 우리가 하나님의 크고 놀라운 사랑에 감격하며 사랑의 눈으로 바라보며, 사랑의 귀로 듣고, 사랑의 마음으로 감싸주고, 사랑의 얼굴로 대하고, 사랑의 입으로 말하면 승리하게 됩니다.

셋째, 소망이 이길 수 있다.

일이 잘 풀리지 않고 혼란스러울 때, 하나님 나라에 소망의 닻을 내리고 동굴이 아니라 터널로 생각하며 주님을 바라보며 나가면 이긴 자가 됩니다. 바울은 우리가 환난 중에도 즐거워하나니 이는 환난은 인내를, 인내는 연단을, 연단은 소망을 이루는 줄 앎이라고 했습니다(롬 5:3~4).

환난은 우리의 소망을 순수하게 합니다. 하나님 나라의 약속과 소망이 점점 더 분명해집니다. 그러나 이기지 못한 사람들은 어떻게 됩니까? 불과 유황으로 타는 못에 던져집니다. 이것이 둘째 사망입니다.

> "그러나 두려워하는 자들과 믿지 아니하는 자들과 흉악한 자들과 살인자들과 음행하는 자들과 점술가들과 우상숭배자들과 거짓말하는 모든 자들은 불과 유황으로 타는 못에 던져지리니 이것이 둘째 사망이라."(계 21:8)

'두려워하는 자들'은 예수 그리스도를 믿음에서 오는 환난을 이기지 못한 자들입니다. '믿지 아니하는 자들'은 불신자들과 믿음이 신실하지 못한 자들입니다. '흉악한 자'란 도덕적으로 타락한 자, '살인자'는 남의 생명을 죽인 사람, '음행하는 자'는 성범죄자이고, '점술가들'은 마술이나 점술 등에 빠진 자를 의미합니다. '우상숭배자'를 따로 언급한 것은 이것이 모든 죄의 근본이기 때문입니다.

불과 유황으로 타는 못에 거짓말하는 자들도 포함합니다. 우리는 거짓말을 심각한 죄로 여기지 않습니다. 그러나 성경은 거짓말을 심각하게 다루고 있습니다. 십계명 중에 아홉째 계명이 "네 이웃에 대하여 거짓 증거 하지 말라"(출 20:16)고 했습니다. 도둑질한 물건은 다시 돌려줄 수 있고, 또 배상해 줄 수 있지만, 거짓말로 입힌 상처는 되돌려줄 수 없습니다. 사람이 거짓말을 하면 신뢰할 수 없게 됩니다. 신뢰하지 못하면 친구가 될 수 없고 건강한 공동체를 이룰 수 없습니다. 거짓말은 컨닝, 허위 이력과 경력, 분식회계, 검증이 되지 않은 YouTube를 퍼나르는 것과 논문표절도 포함됩니다.

그러므로 우리는 그리스도인으로서 말과 행동에 있어 신실해야 합니다. "콩으로 메주 쑨다고 해도 믿을 수 없는 사람"이 아니라 "팥으로 메주를 쑨다고 해도 믿을 수 있는 사람", 말이 보증 수표가 되는 신실한 사람이 되어야 합니다. 한국은 세계 경제 10위권입니다. 개발도상 국가에서 선진국이 되었습니다. 그런데 한국의 부패지수(TI, Transparency International)는 2020년에 100점 만점에 61점, 180개국 중 33위입니다. 이제 우리는 선진국답게 진실한 나라, 믿을 수 있는 나라, 부패지수가 낮고 신뢰 지수가 높은 나라가 되어야 합니다.

영적 전쟁에서 이긴 사람만이 하나님 나라의 상속을 받고 하나님의 자녀가 됩니다. 우리가 어떻게 이길 수 있습니까? 십자가에 죽으시고 부활하신 예수 그리스도를 믿는 믿음과 독생자 예수님을 보내신 하나님의 사랑, 그리고 하나님 나라의 소망을 가질 때 영의 전쟁에서 이길 수 있습니다. 영의 전쟁에서 승리할 때 새 하늘과 새 땅에서 정결한 새 예루살렘, 어린양의 신부가 됩니다. 이제 우리는 어떤 삶을 살아야 합니까? 우리는 세상의 원리인 보상의 원리에서 성경의 원리인 믿음과 사랑과 소망을 따라 살아야 합니다.

생각하기

1. 새 하늘과 새 땅을 보니 처음 하늘과 처음 땅, 바다가 다시 있지 않았습니다(계 21:1). 이것은 무엇을 뜻하는가를 말해 보세요(계 20:13; 참조 사 57:20).
2. 거룩한 성 새 예루살렘이 하나님께로부터 내려왔습니다(계 21:2~4). 새 예루살렘은 무엇을 뜻하며, 새 하늘과 새 땅에서 우리가 누리는 은혜와 복에 대해 말해 보세요.
3. 보좌에 앉으신 예수님이 만물을 새롭게 하셨습니다(계 21:5~8). 어떤 사람이 상속을 얻을 수 있고, 둘째 사망에 참여하는 자들은 어떤 사람인가를 말해 보세요.

29 요한계시록 21:9~27, 22:1~5

거룩한 성 새 예루살렘

"다시 저주가 없으며 하나님과 그 어린양의 보좌가 그 가운데 에 있으리니 그의 종들이 그를 섬기며."(계 22:3)

현대 사회는 도시 문명사회입니다. 현대 도시에 수많은 사람이 몰려 살고 있고, 그 안에는 없는 것이 없습니다. 수만 명이 살 수 있는 집이 있고, 그들이 필요한 모든 것들을 살 수 있는 백화점과 상점들이 있습니다. 사통팔달의 교통망과 각기 필요한 교육 시설과 살아갈 수 있는 직장이 있습니다. 이 거대한 도시는 인간의 능력이 만들어 낸 최고의 작품입니다. 사람들은 이 도시를 떠나 살 수 없습니다. 도시에는 사람들이 필요로 하는 모든 것들이 있기 때문입니다. 그래서 사람들은 도시로 몰려듭니다. 성경에서 도시 문명의 상징으로 바빌론(로마)을 들고 있습니다. 바빌론은 도시 문명의 금자탑을 이루었습니다.

일곱 대접을 가진 천사는 바빌론(로마)의 멸망을 선언하였고(계 18장), 본문에서는 하늘에서 내려오는 새 예루살렘의 모습을 보여 주었습니다. 이는 둘을 비교해 보라는 것입니다. 새 예루살렘은 로마와 완전히 달랐습니다. 로마가 아름다우나 이는 마치 천박한 여자가 싸구려 화장품을 덕지덕지 바른 것과 같았습니다. 그러나 새 예루살렘의 아름다움은 신부가 남편을 위하여 단장한 것 같은 고결한 아름다움이었습니다. 로마도 영광이 있지만, 그 영광은 겉모습만 화려하고 속은 썩어 있었습니다. 그러나 새 예루살렘은 영화로운 영광이 있습니다. 본문에서 거룩한 성 새 예루살렘 영광의 모습과 어린양의 보좌를 볼 수 있습니다.

거룩한 성 새 예루살렘의 영광

천사는 요한에게 신부 곧 어린양의 신부, 거룩한 성 새 예루살렘을 보여 주었습니다. 이 천사는 요한에게 물 위에 앉은 큰 음녀가 받을 심판을 보여 준 천사였습니다(계 17:1). 천사가 보여준 어린양의 신부 모습이 어떠합니까?

> "성령으로 나를 데리고 크고 높은 산으로 올라가 하나님께로부터 하늘에서 내려오는 거룩한 성 예루살렘을 보이니 하나님의 영광이 있어 그 성의 빛이 지극히 귀한 보석 같고 벽옥과 수정 같이 맑더라."(계 21:10~11)

요한이 성령의 안내로 본 어린양 신부 모습은 거룩한 성 예루살렘이었습니다. 새 예루살렘이 하나님으로부터 하늘에서 내려왔습니다. 하늘에서 내려온 어린양의 신부, 거룩한 성 새 예루살렘은 큰 음녀와 대조가 되었습니다. 큰 음녀는 가증스러웠습니다. 큰 음녀는 정절과 고결함이 없었습니다. 그러나 신부는 순결하고 고매했습니다. 큰 음녀는 비싼 염료로 만든 화려한 옷과 금과 보석, 진주로 치장하였습니다. 그러나 큰 음녀의 손에는 술잔이 들려 있었는데 가증한 물건과 음행의 더러운 것들이 가득 차 있었습니다(렘 51:7). 반면에 어린양의 신부, 새 예루살렘은 순결하고 아름답고 깨끗하고 진실하였습니다.

큰 음녀가 세상이라면 신부는 거룩한 교회를 가리킵니다. 세상은 자기 유익을 기초로 바람에 나는 겨와 같이 이리저리 옮겨붙습니다. 그러나 어린양의 신부, 교회는 오직 그리스도만을 바라보고, 그리스도에게서 오는 것만 받습니다. 세상은 매혹적이지만 교회는 매력적입니다. 세상은 겉으로 화려합니다. 반면에 교회는 겉으로 화려하지 않습니다. 세상은 복잡하고 변화무쌍합니다. 그러나 교회는 순결합니다. 교회는 단순합니다. 전도도 단순합니다. 전도의 내용도 단순합니다. 전도의 내용은 오직 예수 그리스도의 십자가와 부활입니다.

사람들은 지상의 교회 모습이 초라하고, 서로 다투다가 나누어지는 찢긴 모습, 안에 비도덕적인 모습, 어쩌면 세상보다 더 이기적인 모습으로 적지 않게 실망합니다. 그런 모습을 보고 "저렇게 예수를 믿으려면 차라리 믿지 않겠다"라고 조롱도 합니다. 우리 또한 평소에 나 자신을 바라보고 절망합니다. 소도 한 번 빠진 웅덩이에는 두 번 빠지지 않는다는데, 우리는 실수를 반복합니다. 이런 자신의 연약한 모습과 모순된 삶을 보며 실망스럽기도 하고 고통스럽기도 합니다. 그러나 예수 그리스도께서 재림하시는 날, 거룩한 성 새 예루살렘, 그리스도의 신부인 교회, 어린양의 신부인 성도의 모습이 어떠합니까?

첫째, 하나님의 영광이 있다.

'하나님의 영광이 있어'에서 하나님의 영광은 성화의 완성 단계입니다. 우리가 예수님을 믿으면 의롭다(justified) 함을 받습니다. 믿음으로 의롭다 함을 받은 성도는 성령님의 도우심으로 점점 거룩해집니다. 이것이 성화(sanctification)입니다. 성화 과정을 거쳐 예수님이 재림하시는 그날에 영광(glorified)에 이릅니다.

예수님이 재림하시는 그 날에는 우리의 모순되고 추한 모습을 전혀 찾아볼 수 없습니다. 지금까지 입었던 추한 옷을 벗고 영광스러우며 아름다운 의의 옷을 입고 빛나는 모습으로 살게 됩니다. 그날에 우리는 썩을 몸이 썩지 아니할 몸으로, 욕된(dishonor) 것이 영광스러운 몸으로, 약한 것이 강한 것으로, 육의 몸이 신령한 몸으로 부활하게 됩니다(고전 15:42~45).

그날에는 세상과 교회를 오가며 양다리 걸치고 자기 나름대로 맵시 있게 신앙생활을 한다고 하던 자가 가짜 신부로 드러납니다. 그러나 세상과 짝하지 않고자 자기의 허물을 날마다 주님께 들고 나아가 회개하고, 주님을 의지하며 살던 그가 어린양, 그리스도의 진짜 신부로 드러납니다. 예수 그리스도를 기다리며 예수님을 위하여 많은 고난과 역경을 이긴 성도, 세상으로부터 어리석은 자라고 조롱을 받으면서까지 신실하게 살아온 그가 참된 신부로 드러납니다.

그는 세상에서 이름도 빛도 없는 삶을 살았습니다. 그러나 그 날에는 하늘의 별과 같이 아름답고 영광스러운 신부로 높임을 받습니다. 그날에는 온 세상이 그를 감히 쳐다보지 못하게 됩니다. 이는 너무 아름답고 너무나 영광스러워서 눈이 부시기 때문입니다. 이제 우리는 어떤 삶을 살겠습니까? 평소에 세상과 짝하며 살다가 그 날에 가짜 신부로 드러나겠습니까? 아니면 신실하고 정결한 삶을 살다가 어린양의 신부로 드러나겠습니까? 그날에 우리는 영광스러운 모습으로 드러나야 합니다.

둘째, 존귀한 존재가 된다.

'그 성의 빛이 지극히 귀한 보석 같고 벽옥과 수정같이 맑더라'라는 것은 투명하여 어떠한 티나 흠이 없다는 것을 표현한 말입니다. 바울은 "자기 앞에 영광스러운 교회로 세우사 티나 주름 잡힌 것이나 이런 것들이 없이 거룩하고 흠이 없게 하려 하심이라"(엡 5:27)라고 했습니다.

거룩하고 흠 없이 온전하게 하는 것이 교회를 향한 예수님의 소망입니다. 설령 지상교회가 흠이 있지만, 예수님의 소망을 희석시킬 수 없습니다. 영국의 윌리엄 버클레이(William Barclay) 목사님은 40년 목회를 마치고 "나는 교회를 믿는다. 믿을 것은 교회밖에 없다. 허물이 보일 때가 있지만 그래도 믿을 것은 교회밖에 없다"라고 말했습니다.

사도 바울은 교회를 하나님께서 자기 피로 사셨다고 했습니다(행 20:28). 예수님은 생명을 모두 주고 교회를 사셨습니다. 교회의 머리는 예수님입니다. 교회의 심장은 예수님의 심장입니다. 교회의 혈관에는 예수님의 보혈이 흐릅니다. 교회는 그리스도의 몸입니다. 예수님은 교회를 핍박하는 바울에게 어찌하여 나를 핍박하느냐고 하셨습니다.

세상은 돈 많고 권세 잡은 사람들이 큰소리를 칩니다. 약자에게는 무자비하고 강자 앞에서는 머리를 조아립니다. 세상은 성공한 사람만이 살아남고, 한 번 넘어진 자는 쉽게 재기할 수 없는 패자 부활전이 없습니다. 그러나 그리스도의 피 값으로 사신 그리스도의 신부인 교회, 성도는 오뚝이처럼 다시 일어설 수 있습니다. 왜냐하면, 우리의 중심축은 예수님이기 때문입니다. 누구든지 그리스도의 신부는 회복과 치료와 소망이 있습니다.

우리는 때로 권세 잡은 사람들과 돈 있는 사람들로부터 무시받고 업신여김을 받기도 했습니다. 그러나 이제 우리는 누구로부터 무시받거나 업신여김을 받지 않는 고귀한 존재가 됩니다. 따라서 이제 우리는 하나님 앞에서 기죽지 말고 소망을 갖고 당당하게 살아야 합니다.

셋째, 사도성이 있다.

거룩한 성 새 예루살렘은 크고 높은 성곽에 열두 문이 있었습니다. 그 문에는 12천사가 있고, 그 문들 위에 이스라엘 자손 12지파의 이름이 쓰여 있었습니다. 이는 새 예루살렘에는 하나님의 백성만이 들어갈 수 있다는 것입니다. 그리고 동서남북에 문이 각각 3개씩 있었습니다. 성벽에는 12개의 기초석이 있고, 그 위에는 어린양의 12사도의 열두 이름이 쓰여 있었습니다(계 21:14).

새 예루살렘의 기초석에 어린양의 12사도의 열두 이름이 있다는 것은 중요한 뜻이 있습니다. 교회는 사도들의 가르침 위에 세워져 있다는 것입니다. 바울은 "너희는 사도들과 선지자들의 터 위에 세우심을 입은 자라 그리스도 예수께서 친히 모퉁잇돌이 되셨느니라"(엡 2:20)라고 했습니다.

교회의 본질은 4가지 속성이 있는데. 보편성, 통일성, 성성(聖性), 사도성입니다. 교회는 시공간을 초월하여 하나라는 점에서 보편성을 지닙니다. 또 교회의 머리는 오직 예수 그리스도뿐이라는 점에서 통일성을 지닙니다.

교회는 세상과 구별되고 성령이 거하시는 성전(聖殿)이라는 점에서 성성(聖性), 거룩성이 있습니다. 바울은 "너희는 너희가 하나님의 성전인 것과 하나님의 성령이 너희 안에 계시는 것을 알지 못하느냐"(고전 3:16)라고 했습니다. 우리 몸은 하나님의 성전입니다. 따라서 우리 몸을 더럽히지 말고 거룩하게 잘 유지해야 합니다(고전 3:17). 특히 하나님이 복을 주셔서 위치가 높아지고 잘될 때 조심해야 합니다. 하나님은 성전을 더럽히면 그 사람을 멸하겠다고 하셨습니다. 사도 바울은 선 자(standing firm)는 넘어질까 조심하라고 했습니다(고전 10:12).

교회는 사도성이 있어야 합니다. 교회가 사도들이 전한 복음의 터 위에 세워지지 않으면 교회의 본질을 잃게 됩니다. 교회가 사도성을 계승하려면 첫째는 사도들이 전한 내용을 계승해야 합니다. 이는 사도들이 전해 준 교훈을 그대로 받아 고백하고 순종하는 것입니다. 둘째는 사도들의 사역을 계승해야 합니다. 사도들의 사역이 무엇입니까? 사도들의 사역을 알기 위해서 신약성경에 나오는 하나님의 뜻이 무엇인가를 알아야 합니다. 신약성경에 나오는 '하나님의 뜻'(θέλημα)은 복수가 아니라 단수입니다. 하나님의 뜻은 오직 한 가지, 예수 그리스도로 세상을 구원하여 하나님 나라를 세우는 것입니다. 그러기 위해 모든 족속에게 복음을 전해야 합니다. 전도는 믿는 사람들에게 은사나 선택이 아니라 필수입니다.

교회는 자기 생각과 사상을 전달하는 학술 단체나 좋은 일을 하는 봉사단체가 아닙니다. 교회는 오로지 사도들의 가르침을 전해야 합니다. 성경보다 자기의 종교 체험을 성경보다 위에 놓는 교회나 성도, 전통을 말씀보다 위에 놓은 교회나 성도, 이성을 말씀보다 위에 놓는 교회나 성도, 종교적 열심을 말씀보다 위에 놓는 교회나 성도는 사도성을 상실한 교회입니다. 전도하지 않는 교회나 성도 또한 사도성을 상실한 교회입니다.

넷째, 완전하고 거룩하다.

요한에게 말하는 자가 금 갈대를 가지고 거룩한 성을 측량했습니다(계 21:15~18). 그 성은 높이 너비 길이가 12,000 스타디온이었습니다. 1스다디온(Stadion)이 약 192m이므로, 높이와 너비와 길이가 약 2,304km입니다. 현재 세계에서 가장 높은 건물은 아랍에미리트(United Arab Emirates) 두바이에 있는 부르즈 칼리파(Burj Khalifa)입니다. 그 높이가 828m입니다. 새 예루살렘은 이와 비교가 안 됩니다. 그러나 여기에서 새 예루살렘은 실제 크기라기보다는 상징적인 의미가 있습니다. 12,000스타디온은 3 × 4 × 1,000입니다. 하늘의 수 3과 땅의 수 4와 완전수 10을 세제곱(10^3) 한 것입니다. 이는 거룩한 새 예루살렘의 완전성을 의미합니다.

그 성의 성곽(wall)의 기초석은 각색 보석으로 꾸몄습니다(계 21:19~21). 이는 다양성 속에서 통일성을 뜻하고, 보석으로 지어졌다는 것은 어떤 극한 상황에 처해도 해를 입지 않는다는 뜻입니다. 성경에 시험이 올 때 보석으로 짓지 않은 집은 모두 타버린다고 했습니다(고전 3:12~15). 당시에 고린도에 큰 화재가 발생하여 나무나 풀이나 짚으로 지은 집은 다 타고, 금과 은과 보석으로 지은 집만 남았다고 합니다. 시카고에도 1871년 10월 8일에 대화재가 나서 시가(市街) 전체가 불에 탔습니다. 그런데 돌로 지은 두 집만 유일하게 남았습니다. 지금 그곳은 유명한 관광명소가 되었습니다.

고상한 철학과 이론과 사상, 자기 이상이나 꿈으로 세워진 인간 기초나 신앙은 불 시련이 닥칠 때 없어집니다. 하나님의 말씀, 십자가와 부활의 복음 위에 세워진 교회(성도)만이 영원합니다.

보석은 저절로 생겨나는 것이 아닙니다. 많은 연단을 거쳐서 이루어집니다. 신앙 또한 많은 연단으로 이루어집니다. 연단으로 다듬어진 신앙은 값집니다. 특히 성에는 12개의 문이 있는데 진주로 되어 있습니다(계 21:21). 진주는 조개의 엷은 살에 모래가 들어가 오랜 시간이 지나는 동안 극심한 아픔과 고통을 겪으며 만들어집니다. 새 예루살렘은 성삼위 하나님의 도우심과 은혜로 주님과 복음을 위해 자기를 부인하고 자기 십자가를 지며 많은 환란과 고통을 인내한 사람들만이 들어갈 수 있습니다.

하나님과 어린양의 보좌

새 예루살렘에는 성전이 없습니다(계 21:22~23). 주 곧 전능하신 하나님과 어린양 그리스도께서 친히 성전이 되시기 때문입니다. 또한, 하나님의 영광이 두루 비취기 때문에 해나 달이 필요 없습니다. 그곳에 만국과 땅의 왕들이 들어가게 됩니다(계 21:24,26).

성문은 항상 열려 있습니다. 사람들이 문을 잠그는 것은 도둑이 올 것에 대한 염려와 두려움 때문입니다. 그러나 하나님 나라에는 밤이 없습니다. 밤이 없으니 도둑이 없습니다. 도둑이 없기에 열쇠와 세콤도 필요 없습니다. 이곳은 속되고, 가증한 것, 거짓말하는 자들은 들어갈 수 없습니다(계 21:27). 또 천사는 수정같이 맑은 생명수의 강을 보여 주셨습니다.

> "또 그가 수정 같이 맑은 생명수의 강을 내게 보이니 하나님과 및 어린양의 보좌로부터 나와서 길 가운데로 흐르더라 강 좌우에 생명나무가 있어 열두 가지 열매를 맺되 달마다 그 열매를 맺고 그 나무 잎사귀들은 만국을 치료하기 위하여 있더라."
> (계 22:1~2)

생명수는 하나님과 및 어린양의 보좌로부터 나와서 길 가운데로 흐르고, 강 좌우에 생명 나무가 있어서 열두 가지 열매를 달마다 맺었습니다. 그 나무 잎사귀들은 만국을 치료하기 위하여 있었습니다. 하나님과 어린양 보좌에서는 모든 질병에서 완전히 자유롭게 됩니다.

'생명수'는 성령의 능력을 뜻합니다. 천국에서는 성령의 능력으로 살게 됩니다. 우리는 세상에서 주님을 의지하며 산다고 하지만 성령의 능력보다는 자기 열심과 의지와 힘과 지혜로 살 때가 많습니다. 그러나 그곳에서는 오직 주님이 주시는 능력으로 삽니다. 그곳에는 성령께서 무한한 생명의 능력을 주십니다. 거기에는 피곤과 침체나 권태가 없습니다. 매일 새로운 생명력과 하루하루가 새로워집니다.

'강이 길 가운데로 흐르다'는 것은 성도의 교제의 아름다움을 나타냅니다. 지금 성도의 교제는 영원한 교제의 시작입니다. 그곳에는 강 좌우에 생명나무가 있습니다. 하나님은 아담이 범죄 했을 때 그룹들과 두루 도는 불 칼(flaming sword)을 두어 생명나무의 길을 지키게 하셨습니다(창 3:24). 이제 생명나무의 열매를 마음대로 먹으며 생명을 누릴 수 있습니다. 그때 우리는 하나님이 왜 우리를 구원하여 이 영광 가운데로 초청하셨는지 알게 됩니다. 또 그곳은 어떠합니까?

> "다시 저주가 없으며 하나님과 그 어린양의 보좌가 그 가운데에 있으리니 그의 종들이 그를 섬기며 그의 얼굴을 볼 터이요 그의 이름도 그들의 이마에 있으리라 다시 밤이 없겠고 등불과 햇빛이 쓸 데 없으니 이는 주 하나님이 저희에게 비치심이라 그들이 세세토록 왕노릇하리로다."(계 22:3~5)

창세기 3장을 보면 죄로 이 땅에 저주와 죽음이 왔습니다. 그래서 하나님을 섬기고 싶은 마음도 없었고, 섬기고 싶어도 섬길 수 없었습니다. 그러나 새 예루살렘에는 저주가 없습니다. 이제 하나님과 예수 그리스도를 영원토록 섬기며 살게 됩니다.

하나님을 직접 본 사람은 아무도 없습니다. 에덴에서도 하나님께서 말씀으로 나타나셨습니다. 모세도 하나님의 얼굴을 직접 뵙지 못했습니다. 그러나 하나님의 얼굴을 직접 뵙게 됩니다. 얼굴과 얼굴을 보는 것 같이 하나님을 보게 됩니다. 성자 예수님의 얼굴을 보고, 예수님과 직접 교제를 갖게 됩니다. 지금은 주님과의 교제가 부분적이고 불완전하지만 새 예루살렘에서는 영광중에 계신 주님과 영원토록 온전한 교제로 예수님과 함께 왕노릇하게 됩니다. 그래서 시편 기자는 "주의 궁정에서의 한 날이 다른 곳에서 천 날보다 나은즉 악인의 장막에 사는 것보다 내 하나님의 성전 문지기로 있는 것이 좋사오니"(시 84:10)라고 고백하였습니다.

거룩한 성 새 예루살렘은 완전합니다. 하나님의 영광과 사도성이 있고 완전하고 거룩합니다. 성도는 새 예루살렘에서 하나님과 어린양의 보좌에서 어린양, 그리스도의 신부로 그리스도와 함께 영원토록 왕노릇하게 됩니다. 그렇다면 이제 어떤 삶을 살아야 합니까? 우리는 사도성의 계승자로 복음 진리를 지키고 전하며 어린양의 신부로 정결하고 거룩하게 살아야 합니다. 더 나아가 하나님의 뜻인 예수 그리스도의 복음을 전하여 하나님 나라가 이 땅에 이루어지도록 해야 합니다.

생각하기

1. 천사가 요한을 데리고 높은 산으로 올라가 어린양 신부의 모습을 보여 주었습니다(계 21:9~11). 어린양의 신부인 교회의 아름다움과 영광스러운 모습을 말해 보세요.
2. 새 예루살렘 성의 성곽에는 열두 기초석이 있고 그 위에는 어린양의 12사도의 열두 이름이 쓰여 있었습니다(계 21:12~27). 성의 크기와 성곽의 아름다움, 12사도의 이름이 쓰여진 의미를 말해 보세요.
3. 수정같이 맑은 생명수의 강이 하나님과 어린양의 보좌로부터 나왔고 강 좌우에 생명 나무가 있었습니다(계 22:1~5). 그곳에 사는 사람들의 복을 말해 보세요.

내가 진실로 속히 오리니

"이것들을 증언하신 이가 이르시되 내가 진실로 속히 오리라 하시거늘 아멘 주 예수여 오시옵소서."(계 22:20)

이육사(李陸史)의 시 〈청포도〉를 보면 암울한 민족현실을 극복하고 밝은 내일을 기다리고 있습니다. 김영랑의 시 〈모란이 피기까지는〉에도 기다림을 읊고 있습니다. 그들의 기다림은 민족의 독립입니다.

시므온은 메시아를 만나기 전에는 눈을 감을 수 없을 정도로 메시아를 간절히기다렸습니다. 안나는 일곱 해 동안 남편과 살다가 과부가 된 후, 84년 동안 성전을 떠나지 않고 주야로 금식하며 메시아를 기다리며 지냈습니다(눅 2:25~38).

요한계시록은 "내가 진실로 속히 오리라"는 예수님의 말씀에 "아멘 주 예수여 오시옵소서!"라는 사도 요한의 화답으로 대단원의 막이 내립니다. 요한의 이 화답은 역사 속에 진실하게 사는 모든 성도의 간절한 기다림입니다. 이 기다림은 모든 피조물의 간절한 바람이기도 합니다(롬 8:21).

예수님이 다시 오심으로 성도들은 마침내 하나님의 영광에 이릅니다. 예수님이 재림하심으로 모든 만물이 회복되고 충만함이 이루어집니다. 그러기에 예수님을 믿는 우리는 오늘도 다시 오실 예수님을 고대하며 기다리며 살아갑니다. "아멘 주 예수여 오십시오." 이 고백이 날마다 우리의 진실한 신앙고백이 되어야 합니다.

이 예언의 말씀을 지켜야 복되다

지금까지 요한에게 계시해 주신 분은 모든 선지자에게 계시의 영을 주신 하나님이십니다. 그러기에 요한에게 계시한 모든 말씀은 신실하고 참됩니다. 하나님이 예수님을 보내심으로 구약의 모든 예언을 다 성취하신 것처럼 요한에게 주신 예언의 말씀도 반드시 속히 이루어집니다(계 22:6).

요한계시록에 기록된 모든 일은 일어날 수도 있고, 안 일어날 수도 있는 일이 아니라 반드시 그대로 이루어집니다. 먼 미래에 일어날 일이 아니라 속히 될 입니다. 그렇다면 우리는 예수님을 기다리는 성도로 이 땅에서 어떻게 살아야 합니까?

> "보라 내가 속히 오리니 이 두루마리의 예언의 말씀을 지키는 자는 복이 있으리라 하더라."(계 22:7)

이 예언의 말씀은 듣고 그 내용을 아는 것이 중요한 것이 아니라 지켜야 복을 받습니다. 요한계시록 1장 3절에서도 똑같은 말씀을 하셨습니다. 사람들은 너 나 할 것이 없이 복 받기를 좋아합니다. 그래서 사람들은 복권을 삽니다. 그런데 복권을 사서 당첨된 사람의 99%가 불행하게 됐다고 합니다.

사람들은 행복이란 '마음먹기'에 달려 있다고 생각합니다. 그래서 자살을 바꾸어 생각하면 '살자'가 된다고 합니다. 그렇게 외치고 다녔던 한 행복 전도사가 2010년 1월 8일에 남편과 함께 자살한 충격적인 일이 있었습니다. 그는 행복의 방법은 알았으나 행복의 원리를 알지 못했습니다. 성경은 행복의 원리를 말씀합니다. 성경은 성경 말씀을 지키고 행하는 사람은 복되다고 했습니다. 신앙이란 무엇입니까? 한마디로 말씀을 지켜 행하는 것입니다. 말씀을 지킨다는 것은 말과 행동이 같고, 믿음과 삶이 같은 언행일치(言行一致), 신행일치(信行一致)를 뜻합니다.

반면에 말과 행동이 다른 사람을 일컬어 구시심비(口是心非), 표리부동(表裏不同), 밖에는 양 머리를 걸어 놓고 안에서는 개고기를 판다는 양두구육(羊頭狗肉)이라고도 합니다. 예수님이 섬섬옥수와 같은 산상보훈을 말씀하신 후의 결론이 무엇입니까?

> "그러므로 누구든지 나의 이 말을 듣고 행하는 자는 그 집을 반석 위에 지은 지혜로운 사람 같으리니 비가 내리고 창수가 나고 바람이 불어 그 집에 부딪히되 무너지지 아니하나니 이는 주추를 반석 위에 놓은 연고요."(마 7:24~25)

예수님은 말씀을 듣고 행하는 자는 집을 반석 위에 짓는 지혜로운 사람과 같다고 말씀하셨습니다. '듣고 행한다'는 것은 한 번 듣고 행하는 것으로 끝나는 것이 아니라 계속 듣고 행한다는 뜻입니다. 듣고 행한다는 것은 하나님의 말씀을 순종하여 말씀이 내 마음과 내 생각에 각인되고 뿌리를 내리어 의식과 무의식 세계를 지배하는 것을 말합니다.

행동주의 심리학에 반복하여 자극을 주면 의식과 무의식적으로 반응한다고 했습니다. 행동주의 심리학은 미국의 왓슨(John B. Watson)이 만든 이론으로 학습 이론에 많은 영향을 끼쳤습니다. 러시아 파블로프는 행동주의 이론에 강도의 원리, 시간의 원리, 계속성의 원리를 강조했습니다.

독일의 심리학자 헤르만 에빙하우스(Hermann Ebbinghaus)는 반복 학습의 주요성을 강조했습니다. 그는 보통 사람의 경우 학습 종료 후 10분이 지나면 학습 내용에 대한 망각이 시작되면서 1시간 뒤에는 학습량의 50%, 1주일 후에는 70%, 1달 후에는 89%를 망각하므로 이런 망각으로부터 기억을 유지하기 위한 가장 효과적인 방법은 복습이라고 했습니다. 그래서 학습 종료 후 10분 이내에 복습하면 학습 효과가 1일 이상 기억할 수 있고, 다시 1주일 후에 복습하면 1달 이상, 1달 후에 복습하면 최초의 학습 내용을 6개월 이상 기억할 수 있는 장기 기억으로 전환된다고 보았습니다. 우리가 말씀의 자극을 받으면 행동으로 나타나야 합니다. 그리고 성경 말씀을 읽고 묵상하고 기록하여 말씀이 기억 장치에 저장되어 저절로 실생활에 나타나야 합니다.

바울은 그리스도를 주로 영접했으면 그 안에서 행하고 뿌리를 내리라고 했습니다(골 2:6). 그런데 우리가 반석 위에 집을 지었다고 해서 바람이 불지 않고 창수(flood)가 없는 것은 아닙니다. 오히려 더 큰 폭풍을 만날 수 있습니다. 우리의 믿음을 흔드는 사탄의 공세가 더 클 수 있습니다. 말씀대로 살고자 할 때 더 큰 시련을 만날 수 있습니다. 예수님은 "끝까지 견디는 자는 구원을 얻으리라"(막 13:13하)라고 말씀하셨습니다. 말씀을 끝까지 지키고 행하면 역경 속에 아름다운 열매를 맺게 됩니다.

하나님의 말씀을 끝까지 지키고 행하여 우리에게 큰 본을 보여준 사람은 믿음의 조상 아브라함입니다. 하나님은 아브라함을 시험하기 위해 이삭을 번제로 드리라고 명령하셨습니다(창 22:1). 번제(burnt offering)는 하나님과 바른 관계를 맺고 자신을 온전히 헌신하기 위하여 드리는 제사로, 제물 전체를 불태워 드리는 제사입니다. 이는 온전한 희생과 헌신을 뜻합니다. 아브라함이 이삭을 번제로 드린다는 것은 여러 면에서 어렵습니다.

그런데 아브라함은 즉시 말씀에 순종했습니다. 그는 아침에 일찍이 일어나 하나님이 일러 주신 곳으로 길을 떠났습니다. 사흘 동안의 여정은 아브라함의 생애에 가장 고통스러운 시간이었습니다. 이삭은 길을 가면서 아버지 아브라함에게 "번제할 어린양은 어디 있습니까?"라고 물었습니다. 그의 질문은 아버지의 마음을 송곳처럼 찔렀을 것입니다. 자신이 번제물로 드려지는 것을 알지 못한 채 아버지를 믿고 따라오는 이삭을 바라보는 아브라함의 심정이 어떠했을까요? 말씀에 순종한다는 것은 그렇게 쉬운 것이 아닙니다.

그러나 아브라함은 온몸에 흐르는 고통을 머금고 구약성경에서 가장 위대한 구절 중 하나인 "내 아들아 번제할 어린양은 하나님이 자기를 위하여 친히 준비하시리라"(창 22:8)라고 대답했습니다. 아브라함은 모리아에 이르러 하나님이 일러 주신 곳에 이르러 제단을 쌓고 나무를 벌여 놓았습니다. 그의 아들 이삭을 결박하여 제단 나무 위에 놓았습니다. 손을 내밀어 칼을 잡고 그의 아들을 잡으려고 할 때였습니다. 바로 그 순간에 하나님이 아브라함을 막으셨습니다.

> "사자가 이르되 그 아이에게 네 손을 대지 말라 그에게 아무 일도 하지 말라 네가 네 아들 네 독자라도 내게 아끼지 아니하였으니 내가 이제야 네가 하나님을 경외하는 줄을 아노라."
> (창 22:12)

하나님이 인정하시는 믿음은 말이 아니라 순종입니다. 아브라함은 인간의 기본 상식과 자녀에 대한 원초적인 사랑의 본능을 넘어서 하나님의 말씀에 순종하여 믿음의 조상(ancestor), 믿음의 명장이 되었습니다.

진짜 다이아몬드와 가짜 다이아몬드를 구별하는 법을 아십니까? 진짜와 가짜 다이아몬드를 물속에 넣으면 가짜는 그 빛이 사라지고, 진짜는 물속에서도 그 영롱한 빛을 발한다고 합니다. 진짜 성도는 역경이 있을 때 그 진가가 더욱더 선명해집니다.

지금은 코로나19로 모두가 힘든 삶을 살아가고 있습니다. 이 길은 흩어지면 살고 모이면 죽는다는 정반대의 구호처럼 누구도 한 번 가 보지 않은 길입니다. 그러다 보니 모두가 모두에게 불신하고 신경이 날카로워집니다. 믿는 사람은 이럴 때일수록 믿음에 행함으로 사랑과 덕스러움이 있어야 합니다. 행함이 없는 믿음은 죽은 믿음, 귀신의 믿음입니다. 귀신은 예수님이 누구인지 알지만 순종하지 않습니다. 우리가 말씀대로 살면 당장 손해를 볼 수도 있습니다. 그러나 하나님의 말씀은 약속입니다. 우리가 요한계시록의 말씀을 잘 지키고 순종하면 다시 오실 예수님께서 영접해 주시고 거룩한 새 예루살렘에서 예수님과 함께 영원토록 왕노릇하게 됩니다.

사도 요한이 본 계시는 황홀경이나 몽상에 의한 것이 아니라 직접 보고 들은 하나님의 말씀입니다. 요한은 말씀을 전해 주는 천사가 하나님처럼 여겨져 그 발 앞에 경배하려고 엎드렸습니다. 그러자 천사는 말씀을 전하는 선지자들과 그 말씀을 듣고 지키는 자들과 똑같은 하나님의 종이므로 경배하지 말라고 했습니다. 천사숭배(worship of angels)는 골로새교회에서 거짓 교사가 가르친 이단 사상입니다(골 2:18). 천주교에서 천사숭배와 동방정교회의 아이콘(icon)을 만들어서 숭배하는 것 또한 잘못된 것입니다. 경배받으실 분은 오직 하나님 한 분뿐입니다(계 22:9).

하나님은 때가 이르지 않았을 때는 말씀을 인봉하라고 했습니다(계 10:4). 이제 때가 가까우니 두루마리에 기록한 모든 예언의 말씀을 인봉하지 말라고 했습니다(계 22:10). 이는 사람들이 말씀을 듣고 회개하고 구원에 이르도록 함이었습니다.

사도 요한이 보고 들은 하나님의 말씀을 공개했습니다. 불의를 행하는 자는 그대로 불의를 행하고 더러운 자는 그대로 더럽고 의로운 자는 그대로 의를 행하고 거룩한 자는 그대로 거룩하게 하라고 했습니다. 계시의 말씀을 들어도 행하지 않으면 그대로 더럽고, 계시의 말씀을 듣고 회개하면 더욱 의를 행하고 거룩한 삶을 살게 됩니다. 이제 우리는 어떤 삶을 살아야 합니까? 계시의 말씀을 듣고 더욱 의를 행하여 거룩한 삶을 살아야 합니다.

오라

> "보라 내가 속히 오리니 내가 줄 상이 내게 있어 각 사람에게 그가 행한 대로 갚아 주리라."(계 22:12)

예수님을 믿고 구원받은 성도들은 생명책에 기록되어 새 예루살렘에 들어가게 됩니다. 거기서 누리는 상은 그가 행한 대로 받게 된다고 하였습니다. 이는 알파와 오메가요 처음과 마지막이요 시작과 마침이 되신 하나님의 말씀입니다(계 22:13).

우리가 이 땅에서 어떻게 사느냐에 따라 새 예루살렘에서의 상(賞)도 달라집니다. 이 땅에서 수고하고 헌신하고 복음을 전한 사람은 큰 영광으로 상을 받습니다. '상'(μισθός)은 보답, 보응, 삯이란 뜻입니다. 하나님 나라에도 상급의 등급이 있습니다(마 25:14~30; 고전 3:8~15).

그런데 하나님 나라에서 상의 등급 기준은 이 땅에서의 등급과 다릅니다. 이 땅에서의 상의 기준은 등수와 수량입니다. 산술적으로 많고 적다, 크고 작다는 것으로 판단합니다. 그래서 유명한 평등(아파트 몇 평, 학교 성적 몇 등)이란 단어가 있고, 학부모와 학생들은 지하철 1호선보다 2호선을 좋아한다는 말이 있습니다. 그러나 하나님 나라에서 등급은 등수와 수량, 은사나 능력이 아닙니다. 맡겨진 일에 대한 충성 여부입니다(마 7:16,20; 고전 4:2; 갈 5:22). 새 하늘 새 땅에서의 상은 모든 성도가 하나님의 은혜 안에 기뻐합니다. 그러나 겨우 자기 한 몸 믿고 구원받은 사람은 부끄러운 구원입니다. 그러면 누가 상을 받습니까?

첫째, 죄 사함을 받은 자입니다.

> "자기 두루마기를 빠는 자들은 복이 있으니 이는 그들이 생명 나무에 나아가며 문들을 통하여 성에 들어갈 권세를 받으려 함이로다."(계 22:14)

'자기 두루마기를 빠는 자들'은 다른 말로 말하면 죄 사함을 받은 사람들입니다. 그리스도의 신부는 더러운 옷을 입고 오실 예수님을 영접할 수 없습니다. 우리가 예수 그리스도의 피로 자기 옷을 빨아 거룩하고 깨끗한 예수 그리스도의 의의 옷을 입어야 합니다.

바울은 "또한 너희가 이 시기를 알거니와 자다가 깰 때가 벌써 되었으니 이는 이제 우리의 구원이 처음 믿을 때보다 가까웠음이라 밤이 깊고 낮이 가까웠으니 그러므로 우리가 어둠의 일을 벗고 빛의 갑옷을 입자 낮에와 같이 단정히 행하고 방탕하거나 술 취하지 말며 음란하거나 호색하지 말며 다투거나 시기하지 말고 오직 주 예수 그리스도로 옷 입고 정욕을 위하여 육신의 일을 도모하지 말라"(롬 13:11~14)라고 했습니다.

우리가 예수 그리스도를 믿고 십자가의 보혈로 깨끗함을 받고 자기 두루마기를 빤 사람들, 그리스도 안에서 새로운 피조물이 된 사람들은 하나님의 도성에 들어가게 됩니다. 반면에 예수님의 보혈로 죄 씻음을 받지 못하고 개같이 사는 사람, 점술가, 음행하는 자, 살인자, 우상숭배자들, 거짓말을 좋아하고 지어내는 자는 성 밖에 있게 됩니다(계 22:14~15). 이는 불과 유황이 타는 지옥에 던져지게 된다는 것입니다.

둘째, 원하는 자들입니다.

> "성령과 신부가 말씀하시기를 오라 하시는도다 듣는 자도 오라 할 것이요 목마른 자도 올 것이요 또 원하는 자는 값없이 생명수를 받으라 하시더라."(계 22:17)

다윗의 뿌리요 곧 광명한 새벽 별이신 예수님이 우리를 초대하십니다(계 22:16). 누구든지 원하기만 하면 예수님께 나아가 값없이 생명수를 마실 수 있습니다. 값이 없다는 것은 값을 계산할 수 없다는 뜻입니다. 부모님의 사랑과 희생을 어떻게 값으로 계산할 수 있습니까? 예수님의 사랑과 고귀한 희생을 어떻게 값으로 계산할 수 있습니까?

그리스도께서 곧 오시리라는 것을 아는 성령께서 우리에게 '오라'고 간절히 초청합니다. 새 예루살렘의 신부, 교회 또한 간곡하게 초청합니다. "오라(Come)!" 그것으로도 모자라서 "듣는 자도 오라!" 아니, 그것도 부족하여 "목마른 자도 오라"고 초청합니다. 그뿐만 아니라 "원하는 자도 오라" 초청합니다. '오라'는 초청의 음성이 신약에 400번, 구약에 200번, 모두 600번이 나옵니다.

죄인은 마땅히 심판받아야 합니다. 그런데 하나님은 죄인들에게 "오라"고 초청하셨습니다. '오라'는 것은 회개(*μετάνοια*)를 뜻합니다. 회개란 '가던 길에서 돌아서다'란 뜻으로, 이전의 삶에서 돌이켜 새로운 삶, 변화된 삶을 살라는 것입니다. 주님의 몸 된 교회에 나와 영과 진리로 예배를 드리라는 것입니다.

예수님이 오실 날도 멀지 않습니다. 우리의 삶이 긴 것 같지만 그렇지 않습니다. 사람들은 근래 100세 시대라고 하니 100살까지 살 수 있지 않을까? 생각할 수도 있을 것입니다. 그러나 2020년도 우리나라 인구 통계를 보면 80세까지 사는 것도 대단한 행운이고 축복입니다. 연령별 생존확률을 보면 70세가 86%, 75세가 54%, 80세가 30%, 85세가 생존확률 15%, 90세가 5%입니다. 이를 풀어 보면 90세가 되면 100명 중 5명만 생존하고, 80세가 되면 30명만 생존합니다. 건강하게 살 평균 나이는 76~78세입니다.

이제 우리는 어떻게 살아야 하겠습니까? "오라!", "듣는 자도 오라!", "목마른 자도 오라", "원하는 자도 오라"라고 초청하시는 간절하고 절박한 음성을 듣고 예수님께 나와야 합니다. 죄로 심판의 불구덩이로 빠져드는 주위의 사람들에게 복음을 전하여 주님께로 나오도록 해야 합니다.

이 예언의 말씀에 더하거나 빼지 말라

> "내가 이 두루마리의 예언의 말씀을 듣는 모든 사람에게 증언하노니 만일 누구든지 이것들 외에 더하면 하나님이 이 두루마리에 기록된 재앙들을 그에게 더하실 것이요 만일 누구든지 이 두루마리의 예언의 말씀에서 제하여 버리면 하나님이 이 두루마리에 기록된 생명나무와 및 거룩한 성에 참여함을 제하여 버리시리라."(계 22:18~19)

이 말씀은 사도 요한의 증언입니다. 사도 요한은 요한계시록을 마무리하면서 예언의 말씀을 듣는 모든 사람에게 증언하고 있습니다. 이 예언의 말씀을 듣는 사람 중에 누구든지 이 예언의 말씀에 무엇을 더하면 이 두루마리에 기록된 재앙들을 더하게 됩니다. '더한다'는 말은 자기 임의로 더 넣어 혼란스럽게 한다는 뜻입니다. 그리고 누구든지 이 두루마리의 예언을 한 자라도 빼면 이 두루마리에 기록된 생명나무와 거룩한 성에 참여하지 못하게 됩니다. 이 경고의 말씀은 하나님께서 요한에게 보여 주신 계시가 더는 없다는 것입니다. 따라서 말씀을 빼고 더하면 안 됩니다. 이는 신명기 4장 2절에도 똑같이 말씀하였습니다.

말씀을 빼고 더하는 데서 이단이 생겨납니다. 가톨릭에서는 1546년 이후에 구약성경 39권 외에 외경을 더했습니다. 신비주의자들과 신사도 운동은 지금도 하나님의 계시가 계속된다고 생각합니다. 자기가 경험한 것을 기록된 성경 말씀과 동등하게 여깁니다. 구약 성경을 인정하지 않으려는 사람들도 있습니다. 자유주의 신학자들은 기록된 말씀을 인간의 이성과 논리로 부정합니다. 그리고 예수님이 육신의 몸으로 오신 것과 육신의 부활을 믿지 않으려는 이들도 있습니다(요일 4:3, 요이 7).

그러나 기록된 신, 구약성경 66권은 하나님의 영감으로 기록된 하나님의 말씀입니다. 66권의 신, 구약성경 이외의 다른 복음은 없습니다. 이승구 교수님은 성경 66권을 "구약은 이미 오래전에 확정되었고, 예수님도 구약성경을 하나님의 말씀으로 인정하셨다. 신약성경 27권은 교회가 오래전부터 수납하여 왔다. 그러다가 아타나시우스(Athanasius)가 367년에 이집트 지역의 교회에 보내는 편지 중에 27권을 언급했다. 이를 볼 때 교회는 영감 된 신약 문서들을 초기부터 수납한 것을 A.D.397년에 아프리카 북부 지역의 카르타고 공의회(Council of Carthage)에서 별 이의 없이 인정했다. 신약성경의 기준은 사도가 쓴 사도성을 가지고 있느냐에 두었다"라고 했습니다.

기록된 신구약 성경 66권 외에 다른 것을 더하고 빼고 새로운 계시를 받았다는 자들은 이단들입니다. 그런데 사람들은 무엇인가를 덧붙이면 더 나은 것이 되는 것으로 알고 있습니다. 그래서 사람들은 더 가미하고, 더 꾸미고, 더 포장하고, 더 칠하고, 더 바르고, 더 손대고, 더 뜯어고칩니다. 그래서 요즘은 타고난 미인은 없고 오직 윤색된 미인만 있다고 합니다. 이런 시대의 영향을 받아 복음에다가 뭔가를 덧칠하고, 뭔가를 가미하고, 뭔가로 포장하고, 그럴듯한 사상들로 조미료를 칩니다. 가공한 것이 혀끝을 자극할지는 몰라도 원재료의 맛이 없습니다. 그런데 사람들이 가공한 것에 길들여지면 자연스러운 것보다 가공한 것이 더 좋은 줄로 알고 착각하여 선호합니다. 아이들이 흰 우유보다 바나나 우유를 더 좋아하는 것과 같습니다. 무엇이든지 자연 그대로가 좋습니다. 무엇이든지 첨가하고 가공한 것은 사람들에게 유익하지 않습니다.

복음도 마찬가지입니다. 뭔가로 덧칠하고 가공한 복음은 복음이 아닙니다. 피 묻은 십자가의 복음, 죄와 죽음을 이긴 부활의 복음, 그 어떤 것으로도 윤색되지 않은 복음이 순수복음입니다. 윤색되지 않은 복음이 힘이 있습니다. 순수복음이 사람을 변화시키고 세계 인류 역사를 변화시킵니다. 따라서 우리는 복음에 뭔가를 덧칠하고 빼는 자들을 엄히 경계해야 합니다(신 13:1~3).

성경에 덧칠한 최초의 사람은 사탄의 미혹을 받은 여자입니다(창세기 3:3). 여자는 '선악을 알게 하는 나무의 열매를 먹지 말라'는 계명에 '만지지도 말라'는 단어를 첨가하였습니다. 이로써 첫 사람 아담과 하와는 에덴에서 추방당해야 했습니다. 모든 이단은 성경 말씀을 빼고 더하는 데서 나옵니다.

내가 진실로 속히 오리라

> "이것들을 증언하신 이가 이르시되 내가 진실로 속히 오리라 하시거늘"(계 22:20상)

'진실로'(surely, KJV)란 반드시 오신다는 것입니다. 그것도 속히 오신다(quickly, KJV)고 했습니다. '내가 속히 오리라'는 말씀을 세 번이나 반복하였습니다(계 22:7, 12, 20). 히브리서 10장 37절에도 "잠시 잠깐 후면 오실 이가 오시리니 지체하지 아니하시리라"라고 하였습니다. '속히 오신다'는 것은 중요한 말씀입니다. '내가 속히 오리라'(I am coming soon)는 단어는 현재진행입니다. 예수님의 재림은 이미 시작되었습니다. 주님의 재림은 미래에 일어날 사건이지만 벌써 시작되었습니다. 하나님의 영원하신 경륜 속에서 진행되고 있는 현재입니다. 예수님은 지금 우리를 향해 오고 계십니다.

예수님의 재림과 세상 종말에 관한 말씀은 성경에 1,518번 나오고, 신약에 300번이 나옵니다. 구약에서 선지자들이 예언했고, 예수님께서 제자들에게 말씀하셨고, 사도들이 예수님의 재림을 증언했고. 천사들이 예수님의 부활과 함께 재림을 주지시켰습니다. 예수님이 초림하심으로 선지자들의 예언이 성취되었습니다.

사람들에게는 누구나 기다림이 있습니다. 좋은 소식을 기다리고 사람을 기다립니다. 우리 조상들은 아침에 까치가 와서 울면 좋은 소식이 온다고 생각하여 까치 소리를 기다렸습니다. 필자의 어머니는 1950년대 큰형님이 군에 가셨는데 아침마다 큰형님으로부터 편지가 오는가 하고 편지를 전달하는 우정국 직원을 기다리시는 것을 보았습니다.

사람들은 사랑하는 사람을 기다리고 아파트 당첨을 기다리고 결혼하지 않은 이들은 왕자님과 공주님을 기다리고 취업을 앞두고 입학을 앞둔 사람들은 합격 통지서를 기다립니다.

사람에게 기다림이 없으면 소망이 없게 되고 소망이 없으면 절망하게 되고 절망하게 되면 우울증에 빠지게 되고, 우울증에 빠지면 무망하게 되고, 무망이 깊어지면 극단적인 선택을 하게 됩니다. 기다림은 때론 사람을 슬프고 고독하게 하지만 삶을 아름답게 합니다. 기다림은 소망이 있기에 삶을 신나게 하고 에너지를 발산하게 합니다.

예수님은 주님을 고대하며 기다리는 그들에게 내가 속히 오리라고 약속하셨습니다. 주님은 지체하지 않고 오시겠다고 약속하셨습니다. 그런데 2000년이 지났는데도 왜 예수님이 오시지 않을까 의문을 가질 수 있습니다. 주님은 이미 이를 아시고 베드로후서 3장 8절~10절에 "사랑하는 자들아 주께는 하루가 천 년 같고 천 년이 하루 같다는 이 한 가지를 잊지 말라 주의 약속은 어떤 이들이 더디다고 생각하는 것 같이 더딘 것이 아니라 오직 주께서는 너희를 대하여 오래 참으사 아무도 멸망하지 아니하고 다 회개하기에 이르기를 원하시느니라 그러나 주의 날이 도둑 같이 오리니 그 날에는 하늘이 큰 소리로 떠나가고 물질이 뜨거운 불에 풀어지고 땅과 그중에 있는 모든 일이 드러나리로다"라고 말씀하셨습니다.

지금은 여러 정황을 볼 때 예수님이 다시 오실 날이 아주 가까워지고 있다는 것을 미루어 짐작할 수 있습니다. 예수님이 속히 오신다고 하시니 요한의 반응이 어떠했습니까?

> "아멘 주 예수여 오시옵소서"(Amen. Come, Lord Jesus) (계 22:20하)

"아멘. 주 예수여, 오시옵소서." 이 고백은 아람어로 '마라나타'(מרנאתא) 입니다. 이 고백은 예수님의 재림을 사모하는 모든 초대교회 성도들의 신앙과 소망이 함축된 기도문이자 신앙고백입니다(고전 16:22; 계 22:20). 이 고백은 모든 세대에 걸쳐 고난받은 성도들의 일치된 신앙고백입니다. 그리고 이 신앙고백은 어느 시대보다도 예수님의 재림이 가까워지고 있는 오늘날 우리의 간절한 신앙고백이기도 합니다.

사랑은 기다림입니다. 사도 요한은 예수님을 너무 사랑했기에 예수님께서 "내가 진실로 속히 오리라" 하셨을 때, 바로 지체하지 않고 "아멘. 주 예수여, 오시옵소서"(마라나타) 대답했습니다. 사도 요한의 삶의 첫째는 약속하신 예수님을 만나는 것이었습니다. 그 이상 중요한 일이 없었습니다.

그렇다면 예수님이 우리에게 나타나서 내가 속히 오시겠다고 말씀하신다면 우리는 어떻게 대답하겠습니까? 도스토옙스키의 《카라마조프 가의 형제들》에서 추기경은 예수님을 추방하면서 '어서 가라. 다시는 오지 마라' 소리쳤습니다. 우리는 그렇게는 못하더라도 "예수님, 지금 오시지 말고 조금만 기다려 주십시오. 내가 아직 회개할 것도 많습니다. 아니면 저는 지금 할 일이 많습니다. 아니면 저는 세상에서 즐거움을 아직 누려보지도 못했습니다. 예수님, 조금만 기다리셨다가 나중에 오십시오." 하지는 않습니까? 우리의 대답이 애매하면 예수님과의 사랑에 대해 다시 한번 생각해 봐야 합니다.

반면에 "아멘 주 예수여 오시옵소서!" 대답한다면 예수님을 사랑하고 있다는 증거입니다. 우리는 언제, 세상의 종말이 오고, 언제 주님이 재림할 것인가에 관심이 많습니다. 그러나 우리의 관심은 언제 어느 때 주님이 오실지라도 "아멘. 주 예수여, 오시옵소서" "아멘. 마라나타" 해야 합니다. 아멘. 주님, 제가 주님을 기다립니다. 제가 마음을 열고 주님을 기다립니다. 아멘. 주 예수여 오시옵소서. 아멘. 마라나타.

손양원 목사님의 〈주님 고대가〉가 있습니다. "낮에나 밤에나 눈물 머금고, 내 주님 오시기만 고대합니다. 가실 때 다시 오마 하신 예수님오 주여 언제나 오시렵니까? 고적하고 쓸쓸한 빈 들판에서 희미한 등불만 밝히어 놓고 오실 줄만 고대하고 기다리오니. 오 주여 언제나 오시렵니까? 먼 하늘 이상한 구름만 떠도 행여나 내 주님 오시는가 해, 머리 들고 멀리멀리 바라보는 맘. 오 주여 언제나 오시렵니까? 내 주님 자비한 손을 붙잡고 면류관 벗어들고 찬송가를 부르며 주님 계신 그곳에 가고 싶어요. 오 주여 언제나 오시렵니까? 신부되는 교회가 흰옷을 입고 기름 준비 다 해 놓고 기다리오니 도적같이 오시마고 하신 예수님. 오 주여 언제나 오시렵니까? 천 년을 하루같이 기다린 주님 내 영혼 당하는 것 볼 수 없어서 이 시간도 기다리고 계신 내 주님, 오 주여 이 시간에 오시옵소서."

예수님이 언제 어느 때 오실지라도 기쁨으로 맞이할 수 있어야 합니다. "아멘. 주 예수여, 오시옵소서." "아멘. '마라나타'(מרנאתא)" "Amen. come, Lord Jesus." "*ἀμήν. Μαρανάθα*"

예수님이 언제 오실지라도 "아멘. 주 예수여, 오시옵소서" 하려면 늘 깨어 있어야 합니다.

지구 종말 시계를 관장하는 BAS(미국핵과학회)는 1947년 자정 7분 전(前)으로 시작하여 2019년 2분 전(前), 2021년은 지구 종말 100초(1분 40초) 전(前)으로 시계를 공개했습니다.

성경은 과학자들이 발표하기 이전에 이미 지구의 종말을 단언하고 있습니다. 그날은 예수님이 재림하시는 날이자 심판의 날입니다. 그날이 점점 가까이 다가오고 있습니다. 그날은 믿지 않는 자들에게는 심판과 멸망의 날입니다. 그러나 믿는 자들에게는 승리와 환희와 기쁨의 날입니다. 우리는 깨어서 주님을 맞을 준비를 해야 합니다. 우리가 주님을 맞을 준비를 하려면 어떻게 해야 합니까?

첫째는 시대의 징조를 보는 눈이 있어야 합니다. 예수님은 무화과나무의 비유를 배우라고 말씀하셨습니다. 당시 사람들은 누구나 무화과나무 가지가 연해지고 잎사귀가 나기 시작하면 여름이 가까이 온 줄로 알았습니다.

우리는 격동하는 역사의 흐름 속에서 하나님의 징조를 보는 눈을 가져야 합니다. 또한, 이 시대가 지나가기 전에 예수님이 재림하실 것이라는 현재 믿음으로 살아야 합니다.

둘째는 깨어 있어야 합니다. 예수님이 언제 재림하실지는 아무도 모릅니다. 예수님 자신도 모른다고 하셨습니다. 오직 하늘에 계신 하나님 아버지만 아십니다. 따라서 주님의 재림이 몇 날 몇 시에 일어난다고 주장하는 사람이 있다면 이는 이단이요, 사이비입니다. 예수님의 재림은 오직 하나님의 주권에 속해 있으므로 하나님만이 아십니다. 그러므로 우리는 언제 올지 알 수 없는 주인을 기다리는 종들처럼 항상 깨어 있어야 합니다(막 13:35). 그러기 위해 종말 신앙을 가져야 합니다.

종말 신앙은 현실을 도피하라는 말이 아닙니다. 하루하루를 하나님 앞에서 부끄러움이 없고 또 후회함이 없이 살라는 것입니다. 하루하루를 하나님 앞에서 부끄러움 없이 살 때 인생 전체가 후회함이 없게 됩니다.

셋째는 충성스러워야 합니다. 예수님은 달란트 비유(마 25:14~30)를 통해 종말 신앙을 가지고 사는 자가 이 땅에서 무엇을 해야 하는가를 구체적으로 말씀해 주셨습니다. 그것은 주님이 주신 은사를 적극적으로 사용해 주님께 유익을 남겨야 합니다. 하나님이 주신 은사를 주님을 위해, 교회를 위해, 어려운 이웃을 위해 아낌없이 사용해야 합니다. 겨우 믿음의 중심만 지키는 소극적인 신앙생활을 해서는 안 됩니다. 주님의 영광을 위해서 목숨을 내놓고 적극적으로 사명을 감당해야 합니다.

넷째는 준비된 삶을 살아야 합니다. 인생이 긴 것 같지만 사실 그렇게 길지 않습니다. 짧은 것이 인생입니다. 청년의 시기는 더 그러합니다. 그래서 시편은 청년의 때를 새벽 이슬로 비유했습니다(시 110:3). 우리는 귀한 짧은 시간을 헛되이 보내서는 안 됩니다. 우리는 예수님이 언제 오실지라도 맞이할 수 있도록 준비해야 합니다. 예수님은 재림에 대비한 삶을 열 처녀 비유를 들어 설명하시면서 "그런즉 깨어 있으라 너희는 그 날과 그 때를 알지 못하느니라"(마 25:13)고 하셨습니다. "기회는 준비된 자에게만 주어진다"는 말이 있습니다. 준비되어 있지 않은 사람은 기회가 와도 잡을 수 없습니다. 문이 열려도 들어가지 못합니다. 준비된 사람만이 기회를 잡을 수 있습니다. 우리는 평소에 믿음과 소망과 사랑을 준비해 장차 오실 예수님을 기쁨으로 맞이할 수 있어야 합니다.

"주 예수의 은혜가 모든 자들에게 있을지어다. 아멘."(계 22:21)

이 말씀으로 요한계시록을 매듭짓습니다. 이 말씀은 그리스도의 주권과 그의 재림을 간절히 바라는 모든 성도에게 주 예수의 은혜가 있기를 축복하는 말씀입니다. 이에 성도들이 '아멘!'으로 화답하였습니다.

요한계시록은 성도들에게 들려주시는 승리의 행진곡입니다. 죄인을 위해 죽으시고 부활하신 어린양이 구속역사의 완성입니다. 예수님은 모든 사탄과 악의 세력을 멸하셨습니다. 그날에 어린양의 신부인 교회는 하나님과 어린양과 함께 새 하늘과 새 땅에서 영원히 왕노릇합니다.

그렇다면 이제 우리는 어떤 삶을 살아야 합니까? "아멘. 주 예수여 오시옵소서" 해야 합니다. 다시 오실 예수님은 "전능하신 하나님"(Almighty God)입니다. 다시 오실 예수님은 "만왕의 왕"(KING OF KINGS)입니다.

다시 오실 예수님은 “만주의 주”(LORD OF LORDS)입니다. 우리는 다시 오실 예수 그리스도를 바라고 소망하며 거룩한 영적인 싸움에서 이겨야 합니다. “아멘. 주 예수여 오시옵소서.”

생각하기

1. 하나님은 반드시, 속히 될 일을 보이려고 천사를 보내셨습니다(계 22:7). 어떤 사람이 복 있는가를 말해 보세요.
2. 천사는 요한이 경배하는 것을 만류하고 책의 예언을 인봉하지 말라고 했습니다(계 22:8~11). 그 이유를 말해 보세요.
3. 예수님이 반드시 속히 오셔서 각 사람에게 상을 주십니다(계 22:12~16). 어떤 이들이 복을 받으며 그날에 죄인들은 어디에 있는가를 말해 보세요.
4. 이 책의 내용을 더하고 빼면 안 됩니다(계 22:17~19). 성경의 절대성을 말해 보세요.
5. 요한은 예수님께서 속히 오시기를 원했습니다. 그러자 성도들이 아멘 화답했습니다(계 22:20). 성도들의 신앙고백을 말해 보세요.

참고문헌

가스펠서브(2007). 라이프성경사전. 생명의말씀사.

간디(1991). 이경자 역. 《그대 가슴 안에 있는 마지막 한마디》. 오늘의 책.

강병도 편저(1993). 《호크마 종합주석(30)》. 기독지혜사.

강영철 외 6인(1999), 《지식혁명보고서》. 매일경제신문사.

국민일보. 2005.9.5.

김상복(2002). 《당신은 확실히 준비하십니까?》. 나침판.

김서택(2000). 《요한계시록(1, 2, 3)》. 성서유니온.

김성동(2002). 《인간 열두 이야기》. 철학과현실사.

김지수.이어령(2021). 《이어령의 마지막 수업》. 열림원,

김홍전(2012). 《요한계시록 강해 1》. 성약.

김홍전(2013). 《요한계시록 강해 2》. 성약.

기독교대백과사전편찬위원회(1984). 《기독교 대백과사전》. 기독교문사

단테 알리기에리(2009). 김운찬 역. 《신곡》. 열린책들.

더글라스 R. 그루두이스(1992). 박영호 역. 《뉴에이지 운동정체》. CLC.

도스토옙스키(2015). 김연경 역. 《카라마조프 가의 형제들》. 민음사.

디트리히 본회퍼(2016). 김순현 역. 《나를 따르라》. 복있는사람.

로렌 스투켄브루크(2021). 이철민 역. 《성경비평주석 요한계시록》. IVP.

루이스. C.S.(2005). 장경철 외. 《순전한 기독교》. 홍성사.

모건 스캇 펙(2020). 《끝나지 않은 여행》. 율리시즈.

모리스 마테를링크(2019). 김주경 역. 《파랑새》. 시공주니어.

모리스 버만(2002). 심현식 역. 《미국 문화의 몰락》. 황금가지.

민태원(2007). 《청춘 예찬》. 범우사.

박윤선(1985). 《신약주석(요한계시록)》. 영음사.

박한식, 강국진(2018). 《선을 넘어 생각한다》. 부키.

스테반 원어성경(1983). 원어성서원 편집부.

스티븐 코비(2002). 김경섭 역. 《소중한 것을 먼저 생각하라》. 김영사.

스펜서 존슨(2015). 이영진 역. 《누가 내 치즈를 옮겼을까?》. 진명출판사.

알렉산더 히슬롭(1997). 안티오크 번역실 역. 《두 개의 바빌론》. 안티오크.

에리히 프롬(2019). 황문수 역. 《사랑의 기술》. 문예출판사.

오창희(2021). 《신사참배》. 서울: 예영커뮤니티.

우남식(2012). 《로마서에서 만난 복음》. 서울: 생명의말씀사.

(2015). 《성심리》. 시그마프레스.

(2016). 《행복과 긍정심리》. 시그마프레스.

(2020). 《데살로니가전·후서에서 만난 복음》. 지식과감성.

윌리엄 바클레이(2009). 편찬위원회 역. 《요한계시록》. 기독교문사.

이동원(2001). 《마지막 계시 마지막 책임》. 나침반.

유발 하라리(2017). 김명주 역, 《호모 데우스》. 김영사.

이면우(1995). 《신사고 이론 20》. 삶과꿈

이민규(2019). 《실행이 답이다》. 더난출판.

이상근(1986). 《요한계시록(신약주해)》. 성동사.

이성호(1996). 《6000 예화사전》. 혜문사.

이필찬(2000). 《요한계시록 어떻게 읽을 것인가》. 성서유니온.

잭 R.테일러(2011). 이석철 역. 《찬양 중에 거하시는 하나님》. 요단출판사.

정도열(2013). 《요한계시록에서 만난 승리의 주 예수》. 생명의말씀사.

존 왈부드(2016). 장돈민 역. 《요한계시록》. 두란노.

존 번연(2020). 《천로역정》. CLC(기독교문서선교회).

찰스 스펄전(1987). 《스펄전전집(요한계시록상·하)》. 보문출판사.

척 스윈돌(2012). 윤종석 역. 《요한계시록》. 디모데.

펄 S. 벅(2001). 유희명 역. 《대지》. 청목사.

편집부(1998). 《교회사에서 골라낸 1882가지 신앙 이야기》. 기독교문사.

편집부(1979). 《성구대사전》. 혜문사.

편집부(1999). 《신앙과 감동이 담긴 1823가지 문학 이야기》. 기독교문사.

편집부(2015). The Holy Bible. 대한성서공회.

편집부(1987). 한영성경전서(NIV). 대한성서공회.

편집부(1981). 《신약 헬·한 사전》. 혜문사.

MBC. 한국 상류층의 얽히고설킨 혼맥도. 2004.1.13.

http://m.kmib.co.kr/view.asp?arcid=0924180230

http://m.kmib.co.kr/view.asp?arcid=0924148907